*Fragmentos sobre poesia
e literatura (1797-1803)*
seguido de
Conversa sobre poesia

FUNDAÇÃO EDITORA DA UNESP

Presidente do Conselho Curador
Mário Sérgio Vasconcelos

Diretor-Presidente
Jézio Hernani Bomfim Gutierre

Editor-Executivo
Tulio Y. Kawata

Superintendente Administrativo e Financeiro
William de Souza Agostinho

Conselho Editorial Acadêmico
Carlos Magno Castelo Branco Fortaleza
Henrique Nunes de Oliveira
Jean Marcel Carvalho França
João Francisco Galera Monico
João Luís Cardoso Tápias Ceccantini
José Leonardo do Nascimento
Lourenço Chacon Jurado Filho
Paula da Cruz Landim
Rogério Rosenfeld
Rosa Maria Feiteiro Cavalari

Editores-Assistentes
Anderson Nobara
Leandro Rodrigues

FRIEDRICH SCHLEGEL

*Fragmentos sobre poesia
e literatura (1797-1803)*

seguido de

Conversa sobre poesia

Tradução e notas

Constantino Luz de Medeiros
Márcio Suzuki

editora
unesp

© 2016 Editora Unesp

Títulos originais: *Fragmente zur Literatur. Zur Philologie
Gespräch über die Poesie*

Direitos de publicação reservados à:

Fundação Editora da Unesp (FEU)
Praça da Sé, 108
01001-900 – São Paulo – SP
Tel.: (0xx11) 3242-7171
Fax: (0xx11) 3242-7172
www.editoraunesp.com.br
www.livrariaunesp.com.br
feu@editora.unesp.br

CIP – Brasil. Catalogação na publicação
Sindicato Nacional dos Editores de Livros, RJ

S366f

Schlegel, Friedrich
  Fragmentos sobre poesia e literatura (1797-1803): seguido de Conversa sobre poesia / Friedrich Schlegel; tradução e notas Constantino Luz de Medeiros, Márcio Suzuki. – 1.ed. – São Paulo: Editora Unesp, 2016.

  Tradução de: *Fragmente zur Literatur. Zur Philologie / Gespräch über die Poesie*
  ISBN 978-85-393-0646-6

  1. Schlegel, Friedrich, 1772-1829.   2. Filosofia alemã.   I. Título.

16-36451   CDD: 193
                                                                        CDU: 1(44)

A publicação desta obra foi amparada por um auxílio do
Goethe-Institut, fundado pelo Ministério alemão de Relações Exteriores.

Editora afiliada:

Sumário

Fragmentos sobre poesia e literatura (1797-1803) . 7
   [I] – Fragmentos sobre filologia – I . 9
   [II] – Fragmentos sobre filologia – II . 47
   [III] – Fragmentos sobre poesia e literatura . 87
   [IV] – Ideias sobre poemas – I . 253
   [V] – Ideias sobre poemas – II . 269
   [VI] – Fragmentos sobre poesia e literatura (1797-1803) . 305
   [VII] – Fragmentos sobre poesia e literatura – II. E ideias sobre poemas . 343
   Notas . 477
   Referências bibliográficas . 479

Conversa sobre poesia . 481

Fragmentos sobre poesia e literatura (1797-1803)[1]

---

[1] Título original: *Fragmente zur Literatur. Zur Philologie — I.* Tradução e notas: Constantino Luz de Medeiros.

[I]
Fragmentos sobre filologia — I

[1] A diferença entre o clássico e o progressivo é de origem *histórica*, por isso ela está ausente na maioria dos filólogos. Também nesse aspecto, com Winckelmann[1] começa uma época inteiramente nova. <Meu mestre> Ele viu a diferença imensurável, a natureza toda própria da Antiguidade. No fundo, permaneceu sem seguidores.

[2] A prova de que a filologia é uma *arte* está no conceito – <Ruhnken, Wolf. – A perfeição do detalhe sem considerar o valor da matéria.>[2]

[3] Copiou-se justamente os erros de Winckelmann, suas maneiras.[3]

---

1 Johann Joachim Winckelmann (1717-1768), historiador de arte e arqueólogo alemão, autor de *História da arte da Antiguidade* (1764).
2 David Ruhnken (1723-1798), filólogo clássico holandês da Escola de Leiden. Friedrich August Wolf (1759-1824), a partir de 1783 professor de filologia clássica em Halle, na Alemanha.
3 Em alemão: *Manieren*. Em todas as ocorrências a tradução verte *Manier* por *maneira*, pela distinção que Schlegel faz entre *maneira* e *estilo*.

[4] Por que será que quase todos os filólogos são *garvianos*?[4] Apologia dos místicos – Delírios. Acrítico. A-histórico.

[5] Pluralidade de conhecimentos, um objetivo da filologia. Micrologia.

[6] Relação da filologia com a crítica – Ideal de um filólogo.

[7] No futuro: doutrina do método da filologia (Os estudos da Antiguidade ou a arte filológica?). Alusões em Winckelmann.

[8] O emprego da filosofia popular na Antiguidade provocou a maior calamidade. Filosofia inglesa em Göttingen. Cf. Monboddo.[5] Salta aos olhos como seria ridículo se um verdadeiro kantiano se entregasse à filologia. É preciso insistir muito mais no *historicismo* necessário à filologia. Insistir no *espírito*, contra a letra. Isso também pertence ao historicismo, assim como leis, tipos, níveis, limites, relações, totalidade etc. <Situação, "classicismo".> Sobre a aplicação de uma filosofia *dada*. Isso é condenável e nocivo. O próprio filólogo deve ser um filósofo. Em última instância, a filosofia não se deixa dar nem receber. Sobre a *aplicação*.

[9] A parte mais importante de uma filosofia da filologia é, portanto, uma teoria da crítica histórica. O historicismo de Winckelmann.

---

4 Christian Garve (1742-1798), filósofo e tradutor de Aristóteles e Cícero. Autor de *Ensaio sobre diversos objetos da moral, literatura e vida social* (1792).

5 James Burnett, Lord Monboddo (1714-1799), filólogo, antropólogo e jurista escocês. Sua obra *Of the Origin and Progress of Language* (1773-1792) antecipa os princípios da teoria evolucionista de Darwin.

Fragmentos sobre poesia e literatura (1797-1803)

[10] Necessidade da filologia deduzida. Não a utilidade para tudo, como até agora. Também nesse aspecto, hoje em dia se pensa muito garvianamente.[6]

[11] A filosofia não pode ser empregada na filologia. Primeiro paradoxo. O segundo: o filólogo deve ser filósofo. Terceiro paradoxo: a filologia é necessária. <Dedução da filologia.>

[12] Sobre a chamada filologia *sacra*. As razões por que o estudo da Antiguidade clássica é a sede e a pátria da filologia. Sobre a nova filologia e literatura.

[13] É possível ser *litterator* sem ser filólogo.[7] <Caracterização dos diferentes tipos de pessoas que pertencem ao caso.>

[14] A filologia é uma paixão, como a filosofia ou a filomusia[8] – uma arte –; não é uma ciência – também não é um agregado. *Princípios negativos.* Essas duas diferenciações de conceitos análogos – Relação com a filosofia. Será que não também com a filomusia? Não se trata da dedução, mas algo para a dedução. O método não pode ser crítico. <Para não entregar nada.> Wolf e Hülsen | elogiados em algum lugar.[9]

---

6 Relacionado a Christian Garve.
7 O termo surge também no ensaio sobre a poesia grega, *Über das Studium der griechischen Poesie* (1795), no qual Schlegel afirma que o *Litterator*, isto é, o estudioso da linguagem e da literatura, deve ter sentido para o belo e o verdadeiro talento para a literatura. Cf. Schlegel, Friedrich. *Über das Studium der griechischen Poesie.* In: *Friedrich Schlegel Kritische Ausgabe.* Paderborn: Ferdinand Schöningh, 1979, p.239. Trata-se da edição crítica das obras de Friedrich Schlegel, citada doravante como [KA], seguido do volume e da página.
8 Filomusia: amor pelas musas.
9 August Ludwig Hülsen (1765-1809), filósofo e pedagogo. Friedrich Schlegel foi um grande admirador das ideias de Hülsen.

[15] A filosofia crítica é um *Epitheton ornans*.[10]

[16] Teoria da polêmica filológica.

[17] Prova de que o léxico estético e filosófico é completamente inoportuno nas *notas* e na interpretação. Tomado em seu conjunto é o que, por enquanto, tenho a dizer sobre a filologia.

[18] Todo filósofo deve ser um filomuso. A filomusia sem história, sem diferenciação entre o progressivo e o clássico, leva a filologia ao fim. Tudo deve se subordinar à história. A atenção deve estar bem voltada à teoria da crítica histórica; mas ela mesma não deve ser dada. <Domínio do filosófico sobre o histórico levaria ao fim a filologia, assim como a estética.>

[19] O tipo e o espírito do ensaio inteiramente *filosófico*. O tratamento tão frouxo quanto possível: mas não esboçado. Ao contrário, *fragmentário*. Será que o tipo e o espírito não devem também ser filológicos? Não podem ser, senão o ensaio tornar-se-ia muito grande e histórico. <Conceito de filosofia, ou sobre o *espírito* do filólogo?>

[20] Nesse ensaio o todo é informe. A forma apenas poderia ser *satírica* ou *retórica*. Ambas seriam inoportunas aqui. Mas o ensaio pode aproximar-se da primeira.

[21] Descrição de como um filósofo conviveria entre os filólogos. <Sobre *ainda é já*. Sobre *quase*.>

---

10 *Epitheton ornans*, epíteto ornamental, em latim no original. Schlegel se refere à filosofia crítica dos kantianos: "A filosofia dos kantianos se chama crítica *per antiphrasin*; ou é um *epitheton ornans*". Schlegel, Friedrich. *O dialeto dos fragmentos*. São Paulo: Iluminuras, 1997, p.54, fragmento [47] *Athenäum*. Tradução e notas de Márcio Suzuki.

[22] Trecho sobre Winckelmann.

[23] Não se deve [estudar] também os fundamentos de uma metodologia filológica? Estudo do clássico como fundamento. <Para isso é necessário unir o estudo do progressivo.>

[24] É notável que os antigos críticos se chamavam *gramáticos*.

[25] Estudo dos *Prolegômenos*[11] considerando o espírito filológico. Quando se descuida do histórico, a arte filológica se torna βαναυσ [banal] e gramática, como ela é na maioria dos casos.

[26] Wolf começa a historicizar um pouco. Mas está longe de ser suficiente.

[27] *O objetivo da filologia é a história*. Um princípio. Isso ainda não ocorreu quase em nenhum lugar. Quase não há história. Novamente aqui a chamada história da humanidade.

[28] Levar em consideração os mais recentes escritos filológicos. Heyne, Wolf, Voss, Garve, Sulzer, Ilgen, Hemsterhuis, Valckenaer e Ernesti, entre outros. (Anarcharsis não levou isso longe demais? Não é melhor se ocupar primeiro dos fundamentos? Não! Isso é o mais simples.)[12]

---

11 Schlegel se refere à obra *Prolegomena ad Homerum*, de F. A. Wolf, publicada em 1795.
12 Christian Gottlob Heyne (1729-1812), arqueólogo e estudioso da Antiguidade clássica, com quem August Wilhelm e Friedrich Schlegel estudaram filologia em Göttingen. Johann Heinrich Voss (1751-1826), famoso tradutor de Homero; Johann Georg Sulzer (1720-1779), filósofo e matemático suíço; Karl David Ilgen (1763-1834), professor de línguas orientais em Jena; Tiberius Hemsterhuis (1685-1766), fundador da escola helenista holandesa; Lodewijk Caspar Valckenaer (1715-1785), filólogo clássico. Johann

[29] Prova que todo historiador deveria ser um filólogo. – A Antiguidade é a arena da arte filológica.

[30] No futuro, opor-se mais abertamente contra toda guerra declarada. Depois da *diaskeuase* e de algumas outras provas do direito filosófico do cidadão.[13]

[31] Na verdade, o historiador não é uma pessoa especificamente diferente – Necessidade da filologia *meramente enquanto arte*, com exceção do valor material dos estudos sobre a Antiguidade – A proteção da filologia-formular.[14] Ainda mais infeliz é a intromissão da moralidade no âmbito da filologia (Heyne). Beck é um *doson ekdoson*.[15]

August Ernesti (1707-1781), professor de retórica e teologia em Leipzig; Jean-Jacques Barthélemy (1716-1795), eclesiástico, arqueólogo e escritor francês, escreveu *Voyage du jeune Anarchasis en Grèce vers le milieu du 4ème siècle avant l'ère vulgaire* (1788).

13 *Diaskeuase*, em grego no original. Trabalho realizado pelos gramáticos da Antiguidade, os denominados *diaskeuastas,* especialmente em Alexandria, onde se buscava o estabelecimento dos cantos homéricos. Schlegel utilizará o termo também em um sentido mais amplo, como estabelecimento, tratamento, reposição, estudo detalhado. Sobre a arte dos *diaskeuastas* na teoria literária de Schlegel, ver Thouard, Denis. *Der unmögliche Abschluss. Schlegel, Wolf und die Kunst der Diaskeuasten.* In: Benne, Christian; Breuer, Ulrich. *Antike – Philologie – Romantik.* Paderborn: Ferdinand Schöningh, 2011, p.41-63.

14 Analogia ao conceito de Johann Gottlieb Fichte (1762-1814) sobre a filosofia-formular e o "filósofo formular", em sua obra *Grundlage des Naturrechts nach Prinzipien der Wissenschaftslehre,* publicada em 1796.

15 Christian Daniel Beck (1757-1832), professor de literatura grega e latina, foi por diversas vezes reitor da Universidade de Leipzig. A expressão grega *doson ekdoson* se refere a "sempre expor no conceito e publicar algo".

Fragmentos sobre poesia e literatura (1797-1803)

[32] Abandonar todos os exemplos. Isso levaria ao incomensurável.

[33] O transcendentalismo estético – quer ele se exteriorize de forma cética ou mística – causa a morte da filologia. Não devem ser mencionados Lessing, Winckelmann, os mortos? Hemsterhuis?

[34] Se até a filologia não é um fim em si mesma, pode então alguém ser *meramente* filólogo, sem historicismo? Sim, está bem correto assim.

[35] Winckelmann se equivocou por meio do misticismo estético e foi seguido apenas nesse ponto.

[36] É preciso abstrair completamente de valores e objetivos positivos no *Conceito*.[16] O mesmo deve ser feito em relação às partes do método, as quais não contemplam a forma, mas a matéria. Pertence a isso também o estudo permanente do clássico. (Mas isso pode muito bem ser derivado do historicismo, assim como da filomusia.)

[37] Será que não deveriam ser introduzidos alguns exemplos para o avivamento, mesmo que não sejam muitos? <Sem isso, o ensaio não [terá] nervos de verdade – Mas, se o isolamento é bom e muito importante para a filosofia, é ainda mais para despertar e aguçar.>

[38] Aplicação do conceito de aniquilação na filologia.

---

16 Refere-se à obra *Ensaio sobre o conceito de filologia*, que Schlegel planejava escrever.

[39] A crítica dos escritos da Antiguidade se fundamenta em princípios históricos – especialmente os chamados [princípios] elevados. Essa diferença é em si mesma correta. Mas isso realizar-se-á de forma mais adequada agora.

[40] A crítica superior é certamente aquilo que de mais elevado existe na filologia isolada, e a gramática é o fundamento. Por essa razão, os antigos críticos se chamavam *grammatikoi*.[17] A hermenêutica é como o elemento habitual, a ocupação contínua. Cf. os pensamentos de Wolf no *Hodegetik*, de Koch.[18] Se a crítica, a gramática e a hermenêutica devem ser levadas à completa perfeição, então elas exigem um conhecimento *histórico* da Antiguidade. <Elas devem ser tratadas *cientificamente* e de acordo com as *regras da arte*.>

[41] Aqui está o estudo do clássico. <As artes plásticas da poesia.> O fundamento. – O objetivo é histórico – prático. A ocupação contínua é colecionar, selecionar, pesquisar historicamente hipóteses verdadeiras. Ler todos os escritores, ler εγκυκλοπαιδ [enciclopedicamente]. <Na verdade, a erudição está em casa aqui.>

[42] Será que isso não se deixaria ainda provar? A relação da cronologia e da geografia com o conhecimento histórico.

---

17 *Grammatikoi*, "gramáticos", em grego no original.
18 Erduin Julius Koch (1764-1834), historiador da literatura e filólogo clássico. A obra a que Schlegel se refere é o *Hodegetik für das Universitätsstudium in Allen Fakultäten* (Berlim, 1792). Hodegetik (ou *Hodegese*) é uma palavra derivada do grego ὁδός [o caminho] e significa "doutrina sobre", "introdução", "manual de instruções".

[43] No entanto, apenas é possível abstrair do conceito aquilo que não pressupõe o valor positivo da Antiguidade clássica[19] – Não se deve se envolver com a crítica de obras filológicas. Mas é necessário pesquisar os mais famosos escritos sobre a essência da filologia (assim como a relação com a filosofia, mas não sobre o propósito da filologia). <Wolf e Koch, Herder, Ernesti, Bayle, Hemsterhuis, Garve.>[20]

[44] O conhecimento histórico da Antiguidade exige na verdade que a crítica e a hermenêutica já estejam concluídas. Esses dois âmbitos da filologia encontram-se em ação recíproca [*Wechselwirkung*]. É importante que os limites não sejam confundidos, como nas interpretações e conjecturas da moda atual.

[45] A hermenêutica é também o propósito e o fim da filologia inferior. (Não menos que [a] crítica.)

[46] <Não entender escritos verdadeiros e entender os falsos têm a mesma inutilidade.>

[47] A crítica dos escritos sobre a essência da filologia [deve estar] sempre entremeada.

[48] Em relação ao gosto, muitos também agiram como se pudéssemos despejá-lo como cal na parede. A escola de Heyne. Ernesti também acredita ter gosto, mas não tem nenhum. É necessário ser um artista em certo grau para compreender a

---

19 Schlegel se refere novamente ao *Ensaio sobre o conceito de filologia* que pretendia realizar.
20 Pierre Bayle (1647-1706), filósofo francês. Christian Garve (1742-1798), filósofo, tradutor de Aristóteles e Cícero e autor de *Ensaio sobre diversos objetos da moral, literatura e vida social* (1792).

Friedrich Schlegel

Antiguidade. Não é uma doutrina e também não surge por si mesma <como [acontece] com a virtude, segundo Platão>. A opinião de Heyne é a de que para ele o espírito filosófico se desenvolveu assim.

[49] Crítica e hermenêutica já pressupõem um propósito histórico, o qual não se pode ignorar de forma alguma.

[50] Gramática é apenas instrumento, mas fundamental.

[51] Prova de que não podemos conhecer o clássico sem o progressivo? Não. <Para o conjunto da formação clássica.>

[52] O fundamento subjetivo da filologia é a filologia, isto é, o entusiasmo histórico.

[53] O tipo de escrita inteiramente popular e informe é fragmentário. É isso que o conceito indica claramente. <É por isso que algumas ideias sobre Winckelmann, Lessing e Wolf podem ser ditas – apenas indicações | tão curiosas na forma como na matéria. – Parece mesquinho que não se possa apreciar Ruhnken e Bentley, assim como Casaubon, Salmasius e os filólogos holandeses. Então é melhor sem essas indicações.> <Ernesti.>[21]

[54] Os *Prolegômenos* de Wolf são únicos em seu gênero por meio do espírito histórico.

---

21 Richard Bentley (1662-1742), um dos mais importantes filólogos clássicos da Inglaterra. Isaac Casaubon (1550-1614), filólogo clássico, residente desde 1610 em Londres, onde formou, junto com Scaliger – Joseph Justus Scaliger (1540-1609) – e Salmasius o conhecido triunvirato da filologia. Claudius Salmasius (Claude Saumaise) (1588-1653), filólogo clássico, sucessor de Scaliger na escola filológica de Leiden, na Holanda.

[55] Os garvianos são os piores, pois pensam que possuem sentimento artístico. Esses devem ser ridicularizados. – Eichstädt, Schütz.[22]

[56] Heyne[23] se atira tão sem entendimento na história da humanidade.

[57] O futuro também sem respeito aos antigos.

[58] *O caráter do clássico* – Winckelmann. *Universalidade da visão.* Heyne, Herder. *Visão teórica, mas a-histórica.* Lessing. <Sem quaisquer indicações pessoais. Essas devem vir todas de uma vez. Certamente sobre os mortos (e sobre escolas inteiras).>

[59] Por que a forma não deve ser satírica? No futuro, isso provocaria uma ruptura filosófica no momento.

[60] A filologia não é um *agregado* da ciência, mas um todo: não um [todo] lógico, mas técnico.

[61] *É necessário ter nascido para a filologia, assim como se nasce filósofo ou poeta.*[24] Isso deve ser um princípio fundamental.

[62] No início causava espanto como uma afeição poderia ser ciência e como o agregado se reunia.

---

22 H. K. A. Eichstädt (1771-1848), filólogo amigo de Goethe, cujo escrito *De dramate Graecorum comico-satyrico* (1793) Schlegel criticou profundamente. Christian Gottfried Schütz (1747-1832), professor de poesia e retórica em Jena.
23 Christian Gottlob Heyne (1729-1812).
24 "Assim como para poesia e filosofia, é preciso ter nascido para a filologia." Schlegel, Friedrich. *O dialeto dos fragmentos.* São Paulo: Iluminuras, 1997, p.128, fragmento [404] da *Athenäum*. Tradução de Márcio Suzuki.

[63] *Caráter do filólogo*, antes do ideal do filólogo.

[64] De Quintiliano, Cícero e Dionísio poderia ser retirado o mais essencial.

[65] Eles editam, interpretam e criticam de tal modo que, com isso, torna-se impossível alcançar um propósito histórico. Mas quando não executavam sua tarefa como um propósito em si mesmo: então, tudo que ainda era artístico neles se perdia (cf. o antigo ensaio *Do valor*).[25]

[66] A aplicação dos conceitos: empírico, eclético, místico, cético, polêmico <garviano> à filologia.[26]

[67] Quem dedica toda a sua existência a essa ocupação, por amor à coisa, e não por vaidade, ganância ou fraqueza, esse não é um tolo. Ele se dedica ao que de mais digno existe, contanto que possua filologia. <Se ele não tiver [filologia], nada vai adiantar. Certo grau de filologia é possível mesmo sem filomusia e filosofia>.

[68] O todo é, portanto, uma arte, e não uma ciência.

[69] Para examinar corretamente o caráter do filólogo é necessário observá-lo de forma pura, sem filomusia e sem filosofia.

[70] *Principia philologiae*. Latim.[27]

---

25 Schlegel se refere a seu ensaio *Vom Wert des Studiums der Griechen und Römer* [Do valor do estudo dos gregos e romanos]. Cf. KA-I, p.621. Como foi descrito, [KA] se refere à edição das obras completas de Schlegel, *Kritische Friedrich Schlegel Ausgabe*, seguido do volume e da página.
26 Relacionado a Christian Garve.
27 Em latim no original, significa "princípios filológicos".

[71] Ideia de uma história do garvianismo na filologia.²⁸

[72] Se um filólogo desconhece completamente seus limites, como acontece com Eichstädt, então a precisão e a agudeza filológicas também não estão inteiramente corretas. É admirável em Wolf como ele conhece seus limites.

[73] Ocupar-se a vida inteira com *poetas*, por exemplo, sem ter nenhum sentido poético; isso é muitas vezes acertado em relação aos filólogos. O mesmo se pode dizer em relação à <necessária> historicidade da filologia.

[74] A veneração de Barthélemy pelos testemunhos da Antiguidade é muito mais estimável do que o método de nossos garvianos. Trivialidade artificial.

[75] Perigo de que aconteça a Wolf o que aconteceu com Winckelmann, Kant e Lessing, na antiga doutrina da arte, na filosofia e na teologia. Uma gota no oceano da trivialidade.

[76] *Axioma do hábito e postulado da trivialidade*, a base dos estudos sobre a Antiguidade atuais.²⁹ <O imediatismo – isso deve mesmo ser assim. Não é possível refletir sobre isso etc.>

---

28 Esse tipo de frase surge com muita frequência na presente coleção de fragmentos, com o significado de "ideia de uma obra a ser realizada".

29 Schlegel ecoa outro fragmento do *Lyceum:* "As duas principais proposições fundamentais da chamada crítica histórica são o postulado da trivialidade e o axioma do hábito. Postulado da trivialidade: tudo o que é verdadeiramente grande, bom e belo é inverossímil, pois é extraordinário e, no mínimo, suspeito. Axioma do hábito: assim como é entre nós e à nossa volta, assim também tem de haver sido em toda parte, pois tudo é tão natural". Schlegel, Friedrich. *O dialeto dos fragmentos*. São Paulo: Iluminuras, 1997, p.23, fragmento [25] do *Lyceum*. Tradução de Márcio Suzuki.

[77] Heyne acertadamente louvado.

[78] O valor material da Antiguidade colocado completamente de lado. – Os filólogos se lamentam pela decadência de sua arte.

[79] É inconsequente, e até mesmo destruidor, quando o filólogo não considera válidos *todos* os princípios históricos; toda a doutrina da formação [*Bildungslehre*], incluindo a doutrina da arte, a doutrina da virtude, a doutrina da sociedade.

[80] A filologia é apenas uma parte da filosofia, ou antes um gênero dela.

[81] Também *são clássicas as fontes* para a história dos gregos e dos romanos. Por essa razão, aqui também há espaço para a filologia. <Por exemplo, um escritor que tivesse estilo também se deixaria completar, corrigir, determinar sua época etc.> Com os outros seria inteiramente diferente.

[82] O absurdo da filologia sacra. O moderno é apenas literatura, e não de fato filologia. <A [filologia] oriental. A revelação levaria a verdadeira filologia ao fim. Deus está acima da gramática e da crítica.>

[83] Diversidade extraordinária de ocasiões para a filologia.

[84] À história progressiva não pertence nenhuma *abstração prática*.

[85] Na verdade, aqui também se encontra o campo da *interpretação* histórica e filológica – a gramática.

[86] A interpretação de documentos atuais não pode ser confundida com isso. Dizer que eles merecem interpretação é em

parte muito, mas também é pouco. Pois nem toda fonte histórica merece interpretação, mas apenas [as] obras clássicas. O *valor universal e clássico* dos antigos escritores deve ser postulado na teoria da filologia.

[87] *O filólogo deveria* <enquanto tal> *filosofar.* <Algo completamente diferente do que afirma a sentença: o filósofo deve aplicar a filosofia também à filologia.> <Talvez o filósofo saiba o que é filologia: então ele se engana – Empregar Fichte e Jacobi sobre a filosofia, e filosofar para ser filósofo.> *O historiador deve filosofar* – Relação do filólogo e do historiador.

[88] Início: como ocorre que a palavra signifique uma afeição?[30]

[89] Se o filósofo *aplicar* a filosofia à filologia e à história: o produto ainda assim será a filosofia, e não a filologia e nem a história. Mas se o historiador ou o filólogo quiserem *aplicar* a filosofia à sua disciplina: então ela cessa de ser filosofia. É filosofia (os pensamentos em si), e também não é filosofia (na cabeça do autor).

[90] Filologar é tão necessário como o filosofar.

[91] Ninguém conhece menos a *Antiguidade* <segundo a matéria> do que os *filólogos*.

[92] O homem empírico espera do *filólogo* que ele seja capaz de esclarecer totalmente qualquer relato ou questão relacionados à Antiguidade. <*Totalidade de relatos.*>

---

30 O crítico faz referência à filologia como afeição. A palavra que significa uma afeição, pendor, inclinação [*Neigung*] é "filologia". Cf. Eichner, Hans. *Noten.* In: KA-XVI, p.529, nota 88.

[93] Winckelmann [é] uma prova do quanto é possível realizar pelo estudo da Antiguidade sem fazer conjecturas, editar autores ou interpretar continuamente.

[94] Considera-se o filólogo material geralmente como um *advogado universal* da Antiguidade.

[95] O ponto de vista da virtuosidade geral é uma mescla da filologia material e formal.

[96] Sobre a designação correta da *crítica* e seu conceito, cf. *Sobre a filosofia*, onde a matéria e a forma são puramente críticas.[31] <Arte ou ciência.> <Em outros aspectos, é também crítica: como se pudesse ser apenas crítica.>

[97] Não é nem arte nem ciência, mas ocupação artística ou científica em direção específica e [com] caráter específico.

[98] A filologia é agora apenas uma ciência *formal*, isto é, arte.

[99] *Ideia de uma filosofia da filologia.* <A filosofia trata tudo como estudos e *epideixis*.>[32]

[100] *Ideia* da filologia? [Um] *conceito* melhor!

[101] Cf. a *História da filologia*, de Heeren.[33]

[102] A predileção de todos os artistas por um texto *ruim*. Mozart, Iffland. <Todos os músicos. Eles consideram erronea-

---

31 Schlegel se refere a seus fragmentos sobre filosofia. Cf. Schlegel, Friedrich. KA-XVIII e KA-XIX.
32 A menção à *Epideixis*, discurso retórico da comemoração, da demonstração e da cerimônia, surge muitas vezes na obra de Schlegel.
33 Arnold Hermann Ludwig Heeren (1760-1842), professor de filosofia e história em Göttingen.

mente o texto como matéria. Estilo alexandrino. — Onde a arte intervir de uma forma mais intensa, o artista deve ser ao mesmo tempo uma pessoa política e sociável. > Aplicar a vida inteira em uma obra de arte, como o artista plástico. Muitas vezes, também passar anos com faladores. De acordo com a inteligência mesquinha do senso comum — apesar de artisticamente verdadeira, a primeira [opção] é uma grande estupidez —, é [uma] prova da razão de sua sacralidade, da *pura* filologia. — Desinteresse artístico da filologia.

[103] A filologia natural e a filologia artificial. <A primeira, de certo modo, em Lessing.> Aplicação de conceitos filosóficos à filologia. Por exemplo, o conceito de filologia absoluta e de filologia da filologia. (A essência da filologia não é constituída pela totalidade dos relatos. Isso não é nem mesmo uma característica dos estudos da Antiguidade.)

[104] Todas [as] descobertas são combinações de diferentes ciências. *Heyne* combinou a crítica inglesa, francesa e alemã, a reflexão e a história da humanidade com a filologia formal, que ele apenas possui de forma incompleta. *Wolf* tem a universalidade de Heyne e uma doutrina da poesia natural moderna com o rigor filológico dos holandeses.

[105] Ocasionalmente, menções superficiais dos antigos como exemplo individual desse ou daquele [autor], como não raro ocorre com os franceses. É o que ensina esse ou aquele. <Como *autoridade*, no mau sentido.>

[106] Tratamento crítico de autores, dos quais eles não entendem absolutamente nada — como eles mesmos devem saber — verdadeiramente filológico.

[107] Há uma filologia *progressiva* e uma filologia clássica. Para caracterizar a filologia progressiva é muito importante a história *talmúdica* dos padres fundadores da igreja, assim como a *hermenêutica* protestante.

[108] É necessário que exista também uma filologia *mística, uma cética e uma empírica*. <Apenas a filologia *crítica* retornou.> A [filologia] talmúdica e teológica e talvez mística. A de Heyne é empirista. A de Wolf, cética. <Bentley – Os holandeses são terrivelmente dogmáticos.>

[109] *Gibbon*, também um conhecedor materialista da Antiguidade, merece, enquanto tal, todo estudo. Ele tem *aptidão para o clássico* como poucos.

[110] Dedução sistemática de *todas as partes constituintes* da arte filológica, análise e *teoria* filosófica de cada uma.

[111] Muito frequentemente, certos princípios filológicos são aplicados falsamente em investigações históricas. Por exemplo, na *etimologia*. – A hermenêutica filológica é arte, não ciência. O mesmo ocorre com a gramática filológica.

[112] Chiste[34] sobre o gênero filológico chistoso.

[113] No *Winckelmann*,[35] uma introdução geral sobre o fato de não se notar <por parte de seus admiradores> o que é verdadeiro em grandes homens.

---

34 *Witz*, "chiste", em alemão no original. Nome de ensaio planejado por Friedrich Schlegel.
35 *Winckelmann*, outra obra que Schlegel planejava fazer, desta vez sobre Johann Joachim Winckelmann.

[114] Ele [Winckelmann] *não tinha nenhum chiste*, mas sentia a diferença absoluta entre os antigos e os modernos.³⁶

[115] Cf. *Miscelânea*. Cf. *Helênica*. Cf. O material para o ensaio *Do valor do estudo dos gregos e romanos*. <*Heeren, Herder, Ernesti, a oratio*, de *Hemsterhuis*, sobre o propósito da filologia, *Bolingbroke* e *Gibbon*, sobre a utilização da história.>³⁷

[116] Crítica das obras de Heeren, onde certa história da ciência e da arte filológica foi confundida. <Estudo da literatura antiga.>

[117] *Heyne* e *Herder*, por preguiça com relação ao rigorismo gramático e crítico, que, todavia, é a essência da filologia enquanto arte. A filologia não é uma ciência. <Enquanto ciência, ela é parte da história. A gramática filológica também não é uma ciência e não pode se tornar uma ciência.>

[118] Conceito de uma filosofia sobre a filologia e anúncio provisório dela segundo um plano.

[119] *Aos historiadores*. Sobre a recomendação da filosofia da história e da filologia enquanto afeição e como arte.

[120] A questão: se todo historiador e todo filósofo também deveria ser filólogo; melhor não responder agora.

---

36 Esse fragmento remete ao *Sobre a filologia*, [I], fragmento [1].
37 As obras *Miscelânea, Helênica* não foram concluídas; o material para o ensaio *Do valor do estudo dos gregos e romanos* perdeu-se. Cf. KA-I. A obra de Hemsterhuis é *Oratio de litterarum humaniorum studiis ad mores emendandos virtutisque cultum conferendis* (1794). A obra de Henry St John, primeiro Visconde de Bolingbroke (1678-1751), é *Letters on the Study and the Use of History* (Londres, 1735). Arnold Hermann Ludwig Heeren (1760-1842), historiador alemão.

[121] Enquanto arte, a filologia está isolada e dominada demais em relação à doutrina material da Antiguidade. <Sem filosofia da história também não há filosofia da filologia.>

[122] Os *Prolegômenos* de Wolf como critério para o sentido histórico de um espírito pequeno. Tal filólogo de conjecturas, como *Eichstädt*.

[123] A filologia não é apenas útil para todo tipo de coisa <como afirmam Garve, Heyne e Rehberg>, mas uma tarefa necessária da humanidade. <Questionar Herz sobre a filologia talmúdica – sobre a interpretação kantiana da Bíblia e seus limites.>[38]

[124] [A] dedução da filologia é necessária.

[125] Toda forma específica e *finita* de utilidade está abaixo da dignidade de uma arte liberal, cujo valor e utilidade são infinitos.

[126] O crítico poético deve ser igualmente filólogo. *Agudeza do sentido e do olho.*

[127] A prova de que todo filósofo também deveria ser um filólogo deve ser poupada da filomusia. Para Hardenberg.[39]

[128] O poeta perfeito deve ser simultaneamente poeta e crítico, ou seja, deve ser também filólogo da arte. Não precisa ser exatamente um *mestre*, mas um *apreciador*. Também nessa arte

---

38 August Wilhelm Rehberg (1757-1836). Marcus Herz, marido de Henriette Herz, em cujo salão em Berlim Schlegel conheceu Dorothea Schlegel.
39 Cf. fragmento [404] da *Athenäum*.

existem *conhecedores, apreciadores e mestres*. <Para ser apreciador e discípulo não é preciso muito.>[40]

[129] Os pequenos escritos de Heyne, especialmente do volume IV.[41] <Interpretação escolástica de Aristóteles etc.; também pertence à caracterização da filologia progressiva.>

[130] Agora, apenas *Conceito* e *Objetivo*. Não os diferentes *gêneros* da filologia, o profano, o sacro, o clássico e o progressivo. <Apenas a diferença e a semelhança da filologia material e formal.>[42]

[131] O que pertence ao *Conceito*?[43] *Essência, razão* <dedução>, *limites, oposições* <diferenças específicas>. <A essência, o fundamento e o propósito representam tudo em um *conceito prático*.> *Partes integrantes*. A diferença da filosofia é muito importante. Isso é a primeira coisa.

[132] *Sobre os gêneros da filologia*, em especial. <Será que há também uma filologia épica, lírica e dramática, assim como

---

40 "Quanto mais a poesia se torna ciência, tanto mais também se torna arte. Se a poesia deve se tornar arte, se o artista deve ter profundo discernimento e ciência dos seus meios e fins, e dos obstáculos e objetos dela, o poeta tem de filosofar sobre sua arte. Se não deve ser meramente inventor e trabalhador, mas também conhecedor de seu ramo, e se deve poder entender seus concidadãos no reino da arte, também tem de se tornar filólogo." Schlegel, Friedrich. *O dialeto dos fragmentos*. São Paulo: Iluminuras, 1997, p.93, fragmento [255] *Athenäum*. Tradução de Márcio Suzuki.
41 O volume IV da obra *Opuscula academica* (1796), de Christian Gottlob Heyne.
42 *Conceito e Objetivo*. Schlegel se refere a planos de obras.
43 *Conceito*, em itálico e iniciando com letra maiúscula toda vez que se referia à obra planejada: *Ensaio sobre o conceito de filologia*.

Friedrich Schlegel

uma filologia crítica, mística, cética e empírica?> *Diferenças e semelhanças com relação à filosofia.* Também um ponto central.

[133] No futuro, um *Codex da filologia*. Uma exposição sistemática dos princípios fundamentais com indicações para sua aplicação. <O que for dito sobre a filologia da filosofia deve ser reunido nos cadernos.>

[134] Na verdade, a filologia deve ser dividida em *sacra* e *profana*. Minha divisão entre a filologia clássica e a progressiva deve ser inserida ainda no *Conceito*. <Hermenêutica do místico criticado, uma parte notável na história da filologia.>

[135] O objetivo da filologia não se deixa determinar de forma alguma. É apenas determinável no infinito.

[136] Em toda parte depara-se com questões que não se deixam responder sem a filosofia da história.

[137] Filologia é interesse por conhecimento limitado. *(Será que todo conhecimento limitado é filológico e histórico?)*

[138] *Relação com conceitos análogos.* <Como filosofia e história.>

[139] O que é a literatura? Um conhecimento não histórico sobre matéria filológica? Será que a antiga formação, os *anticaglie*,[44] não são também matéria filológica? <Como se comporta a *literatura* em relação às outras partes da arte filológica? Ela é *apenas um instrumento*, e não uma *parte* da filologia.> Qual a

---

44 *Anticaglie,* em alemão *"Anticaglien"*. Segundo A. W. Schlegel, *anticaglie* são "instrumentos de todo tipo que se conservaram acidentalmente". Eichner, Hans. Notas. In: KA-XVI, p.530, nota 139.

relação do antiquário com o filólogo? Conhecimento arqueológico sobre os monumentos não escritos da Antiguidade. O fato de que os *monumentos escritos* são o objeto principal da filologia deve ser fundamentado em *princípios históricos*. A arte da interpretação apenas pode se mostrar com plena clareza nas obras *semióticas*. <*Poli-história – Enciclopédia –* A última apenas por meio da filologia histórica.>

[140] Apenas as obras clássicas devem ser criticadas e estudadas filologicamente.

[141] Predileção de grandes filólogos por matéria ruim. Caráter *artístico*. <Toda a nossa filologia é epidêitica e panegírica – Sem festa e sem público – Obra-prima – Corporação, ofício.>

[142] Caracterização do filólogo. Será que também o matemático e o físico, e todo o conhecimento aplicado, são algo determinado, e não filologia?

[143] <Postulado: *deve haver obras clássicas.* Toda a filosofia da história deve poder ser deduzida e postulada a partir da filosofia da filologia.>

[144] História do significado da palavra filologia entre os antigos.

[145] O gramático deve ser filólogo; o crítico também <*kat' exochen*,[45] isto é, o estético>; o exegeta.

[146] Necessária, *micrologia* do filólogo.

---

45 *Kat' exochen*, em grego no original, significa "eminente", "o que se sobressai".

Friedrich Schlegel

[147] Apenas filosofia sem filologia constitui somente *metade da formação lógica* de um homem.

[148] Sentido filológico, espírito, entusiasmo, sensibilidade. <Conceitos importantes.>

[149] Ideal de um filólogo. O ideal de Ruhnken de um crítico. A *Ars critica* de Clericus.[46] A separação absoluta entre a arte filológica e a ciência é tão essencial quanto a unificação absoluta. <*Ideal e conceito são, na prática, a mesma coisa.*>

[150] Indicação de que no princípio as *mulheres* praticavam bastante a antiga literatura. Esclarecer apenas no final da investigação *para quem* a filologia é arte e *ciência*. Embora [seja] *para todos* os eruditos.

[151] *Escrever em latim* como parte integrante da filologia. Isso é [uma parte] verdadeira ou falsa? *Pura epideixis.*

[152] Em Gibbon, em cada página a confusão entre os princípios clássicos e progressivos.

[153] Gibbon tem um pouco de senso clássico e também algum *conceito* disso. Mas de forma alguma aquela concepção da diferenciação *absoluta e universal* como Winckelmann. Será que o filólogo necessita de senso clássico? Naturalmente, sem isso ele não pode interpretar. <Ou seja, formação universal – fi-

---

46 Johann Clericus (Jean Le Clerc) (1657-1736). A obra a que se refere Schlegel é: *Ars critica in qua ad studia linguarum Latinae, Graecae et Hebraicae munitur, veterumque emendandorum spuriorum scriptorium a genuinis dignoscendorum et judicandi de eorum libris ratio traditur,* publicada em Amsterdã em 1696-1700.

losofia — Todo filólogo deve ser filósofo. Isso já pertence às leis da filologia, de modo que poderia ficar de fora. Mas, como pertence também ao *ideal*, pode permanecer.>

[154] De certo modo, toda filologia nada mais é do que *crítica*. Enquanto arte, a *crítica* apenas pode ser exercitada em escritos, e somente nos *clássicos*. Tudo está unificado aqui: crítica poética, gramatical, histórica, filosófica. O mesmo é válido para a *gramática* e para a *hermenêutica*.

[155] A *filologia*, em especial a antiga, é como que clássica. O modelo para o tratamento de toda a literatura nacional, moderna e especial.

[156] *Traduzir de forma perfeita a partir dos antigos é*: I) *Epideixis* da doutrina material da Antiguidade no grau mais inferior. II) Divulgação geral da doutrina da Antiguidade. <Tem dois propósitos, assim aparece também em Voss.>

[157] A divulgação geral é contra-artística, visa à ciência. <Por isso Wolf se opõe a ela.> A filologia surge a partir disso.

[158] A filologia perfeita e absoluta deixaria de ser filologia. *Ela aniquila a si mesma.* As *leis* da filologia são todas emprestadas, históricas. Não imediatamente do fundamento da doutrina da formação, mas da lógica histórica, a qual, como toda ciência, possui sua lógica aplicada, que é composta a partir daquele fundamento e da verdadeira lógica. <Verdadeira lógica nada mais é do que a soma, o resultado, a essência de todas essas lógicas especiais.>

[159] A hermenêutica representa a gramática como a crítica [representa] a poética. Quanto mais partes constitutivas a

filologia tiver, mais ciências materiais ela pressupõe. Primeiramente pensei: a hermenêutica se fundamenta na lógica – a gramática clássica, na gramática filosófica. <Gramática é ciência, e não arte; instrumento, e não parte integrante da filologia. Escrever em latim é uma falsa virtuosidade filológica – De onde se origina a expressão *humaniora*? – Cícero sobre filologia.> Toda crítica, também a denominada crítica da palavra, se fundamenta na doutrina da arte. No final, tudo leva à seguinte questão: Nessas condições, o que é ou não clássico?

[160] Todas as leis e princípios fundamentais, *especiais* e condicionados da filologia surgirão no futuro de forma especial. Os princípios *gerais e absolutos* já se encontram no conceito; tomados de forma prática, eles são inseparáveis da filologia e apenas dizem que ela aniquila a si mesma.

[161] A teoria dos gêneros da filologia se baseia, em parte, na história da filologia e pressupõe também uma reflexão *mais especial e detalhada* da filosofia da filologia do que a que existiu até agora. <As leis filológicas devem se comportar em relação às leis históricas como as filosóficas em relação às lógicas.>

[162] A arqueologia, no sentido amplo da palavra, é apenas um instrumento. <Perguntar ao Spalding[47] o que foi escrito sobre a matéria – Antiguidades.>

[163] A questão sobre a razão de a filologia se chamar *humaniora* deve ser respondida aqui também.

---

47 Georg Ludwig Spalding (1762-1811), professor de línguas clássicas em Berlim.

[164] Ao final, toda a filologia certamente nada mais é do que crítica – Os antigos filólogos eram originalmente mestres práticos da linguagem.

[165] <*O filólogo é um sujeito histórico – um virtuoso na forma histórica.*>

[166] Aquele que transforma o sentido histórico artisticamente é um filólogo.

[167] A realidade e a necessidade da história devem ser deduzidas da filologia.

[168] Será que o filólogo perfeito não deve também ser poeta?

[169] A objeção a respeito da impossibilidade seria muito superficial.

[170] A potenciação do ensaio é a análise e dedução do próprio procedimento.

[171] Em relação à tradução dos clássicos, a filologia dos árabes é absolutamente ruim, estagnada e acrítica. O espírito da religião é antifilológico – O espírito do cristianismo é filológico. <Os escolásticos – Os pais da Igreja em relação com a Bíblia – A hermenêutica ainda é um documento válido e útil, como a retórica é útil para a poesia da verdadeira hermenêutica filológica pela simples sede de conhecimento filológico.> A existência de uma verdadeira filologia é a prova da cultura de um povo. Um critério da natureza do povo. Os primeiros *comentadores do corpus juris* pertencem também à história da filologia progressiva. Investigação sobre a filologia dos chineses e hindus. *Filologia natural e filologia artificial*. Apenas onde a poesia

é arte e a gramática e a história são ciências é que a filologia pode ser uma verdadeira arte.

[172] Entre os bizantinos havia filólogos brilhantes, verdadeiros virtuosos na arte em comparação com os árabes, os ocidentais e os escolásticos.

[173] Mística é a filologia que ultrapassa a crítica, a hermenêutica, assim como a literatura, a arqueologia e até mesmo a gramática, e traduz sem tudo isso, como os árabes. <Por essa razão, o lexicógrafo ainda não é um filólogo.>

[174] Cética é a filologia crítica, artificial e a-histórica <anticientífica>. A filologia de Wolf é um pouco assim.

[175] A diferença entre a filologia natural e a filologia artificial baseia-se apenas nos fundamentos científicos e nas relações desta última.

[176] Alguns filólogos parecem ter o sentimento artístico pela metade. Eles são cegos e nulos em relação à Modernidade, e por isso também não conhecem realmente a Antiguidade, para a qual, todavia, não se pode negar-lhes todo o sentido. <Para matérias da doutrina da Antiguidade.>

[177] A ciência que corresponde à hermenêutica não é a gramática, mas a lógica. É apenas aí que principia a interpretação, quando já se compreendeu a linguagem. Naturalmente, a gramática é importante para a hermenêutica; o mesmo pode ser dito sobre a poética. <A filologia é, ela mesma, cada uma de suas partes integrantes, e vice-versa>. <Hermenêutica e crítica> – Heyne considera a filologia apenas como hermenêutica e busca apenas a mais elevada finalidade histórica e científica.

Alguns visam mais à essência κριτικοι. Outros, à matéria, instrumento, *medium*, Γραματικοι. Outros levam em consideração os materiais, a *totalidade de relatos*, de literatura e arqueologia. <O conceito mais popular.>[48]

[178] Segundo sua essência, a hermenêutica e a crítica são *absolutamente* inseparáveis, mesmo que na prática ou na representação elas possam ser separadas e seja mais preponderante a tendência de cada filólogo.[49]

[179] Cf. Quintiliano sobre a antiga filologia. Cícero. Dionísio de Halicarnasso.

[180] Se a finalidade histórica é o que se busca, a *restitutio* [restituição] do texto é o mais importante. Pertence a isso também uma crítica *superior*. – No que concerne à arte e à virtuosidade, a crítica também merece preceder à hermenêutica.

[181] Não! Ao menos em relação às ciências, elas [a crítica e a hermenêutica] têm o mesmo valor. De que me adianta o texto verdadeiro se eu não (o) entendo?[50]

[182] A filologia *sacra* é quase sempre mística.

[183] A doutrina dos tipos de filologia pertence mesmo, em grande parte, a uma teoria especial e aplicada da filologia. Isso pertence aos fundamentos da filologia. De certa maneira, re-

---

48 Κριτικοι, *kritikoi*, "críticos", em grego no original; Γραματικοι, *grammatikoi*, "gramáticos", em grego no original.
49 Hans Eichner indica a substituição de "filólogo" por "filologia" no manuscrito original. Cf. KA-XVI, p.531, nota 178.
50 Schlegel discute a questão do fragmento anterior sobre a precedência da crítica sobre a hermenêutica.

pudiar novamente esses princípios. <Sacra?> – <Será que é mesmo possível dizer que a filologia deve filosofar?>

[184] Ao final – Anúncio de todos os ensaios sobre a filosofia da filologia. Começar novamente a cada segundo ensaio. Nem sempre dessa maneira.

[185] Material para minha *História dos gregos e romanos*.[51] Há, com certeza, filologemas líricos e dramáticos. Definição de um filologema.[52]

[186] Quem desejar ser filólogo em tudo que permaneça preferivelmente afastado até chegar a uma concepção retórica da história e da filologia.

[187] Não será uma tese histórica, a qual não posso presumir aqui, o fato de a doutrina da arte ser o fundamento da crítica e do que for semelhante? É necessário que isso se torne ao menos provável – <Todavia, é melhor tratar individualmente.>

[188] Os princípios fundamentais da filologia devem chegar à conclusão, e só depois serem expostos. <Do mesmo modo, a doutrina do método da filologia – objetiva até mesmo para a arte científica e para o artista –, assim também na metodologia da história.>

[189] I) Diversidade da filosofia. II) Diversidade da história. III) Partes integrantes. IV) Completude, identidade entre a filosofia e a história.

---

51 *Os gregos e romanos. Ensaio histórico e crítico sobre a Antiguidade clássica*, de Friedrich Schlegel, publicado em 1797. Ver KA-I, p.203-368.
52 Schlegel faz referência ao fragmento de filologia, o filologema, como o fragmento de filosofia, o filosofema.

[190] Não é a filologia, mas os filologemas, que devem ser divididos em comentários épicos e dissertações líricas, epidêiticas e dramáticas. (Os prolegômenos de Thomas Warton e a métrica de Johann Gottfried Hermann e Richard Bentley) – (deixar dividir).[53]

[191] Filologemas *dramáticos* são necessariamente *obras histórico-científicas*. A filologia crítica é também necessariamente filosófica e histórica. Ela deve ser *ao mesmo tempo* progressiva e clássica; aquela que assim for será, ao mesmo tempo, filosófica e histórica. <Será que isso não pertence igualmente ao primeiro ensaio que procurava confirmar o princípio: a filologia, quando perfeita, deixa de ser filologia, aniquilando a si mesma?> <É melhor como fundamentação subsequente, assim como prova do exemplo.>

[192] Quando *unidas*, não serão a filologia natural e a filologia artificial como o exemplo acima?

[193] Toda filologia é necessariamente filosófica; *queira ou não; goste ou não*. <Nada é pressuposto aqui. A prova de que a filologia tornar-se-á uma história perfeita e acabada deixa-se demonstrar completamente.>

[194] O primeiro ciclo já deverá ter sido completado para que se possa diferenciar entre a filologia natural e a filologia artificial.

---

53 Schlegel talvez se refira à obra de Thomas Warton (1728-1790), *Inscriptionum romanarum metricarum delectus* (Londres, 1758); Johann Gottfried Hermann (1707-1791) escreveu a obra *De metris poetarum graecorum et romanorum* (Leipzig, 1796); Richard Bentley (1642-1742), *Schediasma de metris terentianis* (Cambridge, 1726).

[195] Esse é o fundamento da filologia da filologia [filologia ao quadrado].

[196] A terceira etapa <ciclo> é composta pelos *princípios fundamentais da filologia*, segundo o desenvolvimento dos princípios de todas as ciências que pertencem à arte. <Wolf e Winckelmann são minhas bases.>

[197] Na obra retórica *Aos filósofos* <muito propícia nessa época> apenas metade da harmonia da filosofia e da filologia. <Tudo isso na retórica.> A outra metade no *Filosofema*, de modo *que o filósofo deve filologar*. <Não, isso também deve fazer parte da visão retórica. Mas principalmente [o fato] de que o filólogo deve filosofar.>

[198] Agora não tão retórico, porém o mais *filologicamente* possível.

[199] Relação da filologia com a doutrina da arte, com a doutrina da linguagem, com a lógica. O conceito central relacionado à primeira é o clássico.
   I) *Nenhuma crítica sem doutrina da arte.*
   II) *Nenhuma hermenêutica sem lógica.*
   III) *Nenhuma doutrina da arte sem doutrina da linguagem.*

[200] O filólogo deve interpretar apenas o *que é compreensível*.

[201] O primeiro ensaio é a filologia da filologia. O segundo também não será diferente. Assim também a terceira etapa.

[202] Essas três equações devem ser confirmadas.

[203] 4) O fim da filologia é a história; 5) A filologia é filosofia. <Cinco paradoxos.>

[204] Na questão sobre o clássico está contida *toda* a crítica, inclusive a poética e aquela que trata da verdade. <Sobre obras – monumentos –, não sobre acontecimentos históricos | entre os antigos isso jamais é separado.> A questão do clássico tem grande influência mesmo na crítica histórica de acontecimentos.

[205] Entre os antigos a crítica *inteira* era *uma* arte, [era] inseparável.

[206]   I) Fundamento, motivo, origem da filologia. } Ambos [são] apenas um.
   II) Necessidade, objetivo, dedução.
<Isso apenas após a filologia como arte. Na introdução, um pouco menos, o resultado geral disso.>

[207] Os *Philosophical Inquiries*, de James Harris.[54] A filologia surgiu do espanto e da investigação sobre os fundamentos de obras em prosa e poesia que eram procuradas – equívoco. As obras clássicas são apenas *a razão exterior*. Buscavam-se muitas coisas além dessas razões.

[208] *Conceito de escoliasta* em comparação com o *filólogo. Conceito de literato, de antiquário.* Quem for ambos é um *polímata*. <*Filósofo histórico.*>

[209] *A diferenciação entre a filologia e os conceitos relacionados. Aonde isso leva?*

[210] O *escoliasta* é certamente diferente do comentador e do *intérprete*. A *interpretatio perpetua*, em especial, se fundamenta em uma ideia de interpretação *absoluta*. Isso pertence à diferencia-

---

54 Publicados em Londres em 1781.

ção da filologia clássica e progressiva. (Isso também seria o *princípio fundamental de uma história da filologia*. | Referência à história da filologia *enquanto arte*, como ramo específico da formação humana — Então, não apenas sobre as formas, mas também sobre *os graus de formação*, sobre *as condições de formação*, as relações e limites da formação da filologia. Sobre *escolas* e épocas.)

[211] Há também uma filologia *gramática, crítica, literária, arqueológica, interpretativa*, segundo a parte *dominante*. A escola de Heyne, por exemplo, negligencia as duas primeiras.

[212] Aplicação do conceito de *estilo* sobre a filologia, assim como na filosofia.

[213] As condições de formação da filologia = *condições*. No primeiro ensaio: *motivos, partes, limites, objetivo*. (Essência.) O verdadeiro *ideal* positivo, determinado, condicionado, histórico, pragmático e necessário de um filólogo apenas pode ser exposto no segundo ensaio; na teoria das *condições* da filologia e do filólogo. *As diferenças entre os conceitos aparentados também apenas no segundo ensaio*. <Com exceção do que pertence à determinação do que é essencial.> Apenas por meio desse conceito surgirá luz na história da filologia.

[214] Em seu primeiro significado, a filologia é naturalmente uma *condição* da [própria] filologia; no segundo significado é de fato a condição de existência, condição do surgimento, isto é, o fundamento da filologia. Não é apenas uma condição que condiciona *a maneira da existência*.[55]

---

55 A tradução buscou manter o jogo elaborado por Schlegel entre *Bedingung* [condição] e *Daseinsbedingung* [condição de existência], *Entstehungsbedingung* [condição de surgimento] e *bedingt* [condiciona, condicionado].

[215] Ainda não sabemos de verdade o *que é uma tradução*.

[216] Pertenço aos filólogos interpretadores, Voss pertence aos gramáticos. <Interpretação em segunda potência | Absoluta – com *totalidade* – a única possível.>

[217] Os postulados da filologia são: I) História. II) Clássico. III) Filosofia. Enquanto: I) Objetivo. II) Objeto. III) Fundamento, órgão e critério.

[218] Onde o texto é apenas o motivo para dissertações, *idílios* filológicos. Controvérsias [são] improvisações filológicas. Esses pertencem à επιδειζις [*epideixis*]. Escritos em línguas mortas também pertencem aos *mimos* filológicos. Em ambos, a perfeição é inalcançável. Eles são de natureza progressiva. <Miscelâneas filológicas são sátiras filológicas – Traduções são *mimos* filológicos. Pensamento muito fértil.>[56]

[219] Tudo o que de algum modo pertence ao caráter *artístico* da filologia deve aparecer nesse ensaio. Sou um filósofo filológico, e não um artista filológico. (Sou mais filólogo ou menos, depende de como me compreenderem.)

[220] *Minha doutrina da Antiguidade é um romance filológico.*

[221] Os julgamentos de Herder e Schiller sobre os antigos [são] escólios filológicos.

---

56 "Notas são epigramas filológicos; traduções, mimos filológicos; alguns comentários, onde o texto é apenas travo ou não eu, idílios filológicos." Schlegel, Friedrich. *O dialeto dos fragmentos*. São Paulo: Iluminuras, 1997, p.32, fragmento [75] do *Lyceum*. Tradução de Márcio Suzuki.

[222] Insistir violentamente na filologia *material* contra a puramente formal. <Filologia formular.>

[223] Improvisações e *mimos* são as características da *epideixis* absoluta. Equívoco entre o clássico e o progressivo. A *epideixis* é algo clássico. (Com certeza, muito frequente na arte filológica.)

[224] Nada mais que investigação filológica, filologia da filologia. <Reflexão – autointuição> da filologia sobre si mesma.

[225] Não! É filosofia da filologia. Será que não é isso o mesmo? Será que filosofar sobre um assunto significa outra coisa senão *potenciá-lo*?

[226] Toda filologia artística e epidêitica é mística ou cética. Levando em consideração a *epideixis,* as traduções do moderno para o antigo são preferíveis às traduções do antigo para o moderno, mesmo que aquelas sejam mais trabalhosas. A preferência por essas últimas hoje em dia só se explica em princípios históricos, científicos, lógicos. Mas ainda se procede de modo muito epidêitico e não científico. Não se investiga o que deve ser traduzido, *não se sabe nem ao menos por que deve ser traduzido, ou mesmo como.*

[227] <*Mistificar toda arte.*>
 <É também uma *aproximação* da filologia crítica.>
 <*Escólios* nunca visam à totalidade, nem na crítica nem na interpretação.>

[228] Há muito tempo é aceito que a crítica estética pressupõe a doutrina da arte, e que a filologia requer a crítica estética.

[229] Harris é certamente um filólogo importante, talvez apenas por sua pouca filosofia; pelo mesmo motivo é também um crítico importante.[57]

[230] Voss anseia por uma máxima mímica, como se seu objetivo fosse apenas *epidêitico*.[58]

[231] A filologia *apenas pode se conservar enquanto arte* tornando-se uma *ciência*. <Tudo isso no segundo ensaio – sobre os presságios e indicações da época.>

[232] Até mesmo Heyne tornou-se útil pela unificação e disseminação da filosofia da história e da arte. Menos pela lógica e pela gramática.

[233] Uma boa tradução a partir da Antiguidade é também um *mimo filológico* de um filólogo crítico. Será que existe mesmo uma boa tradução, ou em toda parte apenas na verdade uma tradução?

[234] <Klopstock tem ainda outra *epideixis* que a língua alemã pode copiar por inteiro: Voss sabe o que se pode nela copiar. Ativo e passivo da grande diferença.>

[235] Ninguém teve ainda a intenção de *propagar o clássico*; traduzir por *obrigação filológica*, ninguém ainda traduziu.

[236] Há uma verdadeira *antinomia* no *primado da crítica ou da hermenêutica*.

---

57 James Harris (1709-1780), gramático, filólogo e político inglês, sobrinho do terceiro conde de Shaftesbury (1671-1713).

58 Em carta a seu irmão August Wilhelm, Friedrich Schlegel afirma que Voss não traduziu Homero, mas o imitou. Cf. KA-XXIII, carta datada de 15 de junho de 1796.

[237] Tudo o que for relacionado à questão de saber se a filologia é arte ou ciência, sua relação e de que modo ela é uma ou outra deve pertencer ao primeiro ensaio. <Fundamentação | Nosso tratamento não é de modo algum acrítico como entre os outros.>

[238] Não levar em consideração nem Pölitz nem Woltmann.[59] Nada sobre os filósofos e sobre seu necessário filologar.

[239] *Antinomias da filologia*. Há certamente muitas. *Crítica da filologia*. A dedução deve preceder de forma detalhada[60] ao resto da crítica. <Para os princípios fundamentais e as leis.>

---

59 Karl Heinrich Ludwig Pölitz (1772-1838), professor de moral e história na *Ritterakademie* de Dresden; Karl Ludwig von Woltmann (1770-1817), historiador e professor de filosofia em Jena de 1795 a 1797. [Nota de Hans Eichner.]
60 *En detail*, "detalhadamente", em francês no original.

[II]
Fragmentos sobre filologia — II[1]

[1] Não seria um título melhor: *Fundamento da filologia*? A rigor, ela não tem diferenciação própria, específica. Então, na prática, ela é o mesmo que o conceito.[2]

[2] No primeiro ensaio, não tanto o ideal filológico quanto o *absoluto e máximo* filológico | filologia absoluta.

[3] As antinomias a propósito da essência da filologia sobre o primado, a relação e o número dos componentes devem naturalmente ser levadas em consideração agora.

[4] Lessing é um filólogo tão bom quanto Harris. Ele *filosofou* sobre a Antiguidade. Mas, sem dúvida, a Antiguidade em sua melhor forma estava ausente nele, em todos os sentidos.

[5] *Erudição* é bem diferente de literatura e de polimatia.[3] <Erudição gramática.> <Crítica, clássica.>

---
1 Título original: *Zur Philologie — II.*
2 Schlegel se refere à planejada obra *Sobre o conceito de filologia*. No entanto, o estudioso não chegou a concretizar seu intento.
3 Do grego *polimathes*, conhecimento de diversas áreas.

[6] A interpretação estoica dos poetas merece toda atenção.

[7] Além disso, o tratamento dos filósofos clássicos pelos filólogos filósofos. Mas isso é uma *singularidade da filologia clássica*. Em sentido restrito, os filosofemas não são clássicos, não podendo, por isso, ser filologados ou criticados. <Será que não há mais nenhuma aplicação que se possa fazer disso?>

[8] As línguas antigas só podem mesmo ser aprendidas por meio do *estudo* dos escritos clássicos. <Será que o estudo e a erudição são coisas diferentes?> Por isso, os filólogos [são] *grammatikoi*.[4] Tudo partiu da retórica – Não devo me envolver na primeira parte com a genealogia histórica da filologia, mas apenas com a genealogia filosófica. A *dedução*.

[9] <Protestos contra o fato de que minha doutrina não é nenhuma aplicação da filosofia crítica à filologia. Na verdade, eu nem queria mencionar a influência de tal filologia sobre a filosofia. Não antecipar nada. Crítica – epíteto ornamental. – Sobre a crítica transcendental, ver *Filosofia*.>[5]

[10] Harris <páginas 6 e 7> é completamente falso e modernizador quando afirma que a crítica surgiu de uma profunda especulação das obras clássicas.[6]

---

4 *Grammatikoi*, gramáticos, em grego no original. Denominação atribuída aos estudiosos de Alexandria, os quais eram responsáveis pelo estabelecimento dos cantos homéricos. Inspirado nesses antigos estudiosos, Schlegel imputava à crítica literária a função de complementar a obra de arte. "O verdadeiro crítico é um autor em segunda potência." Schlegel, Friedrich. *Philosophische Fragmente*. [II]. In: KA-XVIII, p.106, fragmento [927].
5 Schlegel se refere a um manuscrito que se perdeu: "Sobre a filosofia". [Nota de Hans Eichner.]
6 James Harris (1709-1780). *Philological Inquiries* (Londres, 1781).

[11] Considera-se a doutrina da arte não como uma ciência, mas como parte ou ramo da crítica. Especialmente [os] ingleses. Na *Língua latina*, de Varro,[7] há muita coisa que pode ser utilizada sobre filosofia da gramática e filologia.

[12] A denominada *divina crítica* já não é nem mesmo crítica. É *a absoluta mímica filosófica*, quando não é executada com rigor científico e micrologia histórica. É *magia* filológica. Filologia *experimental*. <Do modo como *Ilgen* a executa.> <Senhor, não sabes o que fazes. Etimólogos e conjecturadores.>

[13] Entre os filólogos a *autoridade* tinha muito mais importância do que entre os filósofos.

[14] A gênese histórica da filologia para a parte II [do *ensaio sobre filologia*]. Será que a interpretação estoica pertence mesmo ao progressivo?

[15] [A] tradução não se deixa reduzir ao conceito de explicação, como quer Harris.[8]

[16] Até hoje, a filologia tem sido, na maior parte das vezes, apenas *analítica*. Ideia de uma filologia universalmente *sintética*.

[17] Ninguém se preocupou até agora em saber se traduções são *possíveis*. Como a arte da tradução ainda busca compreender seus primeiros elementos, deve-se dar a ela a maior liberdade possível, caso sua trajetória não seja completamente negativa e seus princípios fundamentais não aniquilem a si mesmos.

---

7 Marcus Terentius Varro (116-27 a.C.), escreveu *De lingua latina*.
8 Segundo Hans Eichner, Harris afirmava: "*Translation is a species of explanation*". Cf. KA-XVI, p.533, nota 15.

Nesse século ainda não é possível pensar em correções ou conclusões.

[18] Toda tradução é uma tarefa indeterminada, infinita.

[19] Crítica dos mais famosos escritores que poderiam ser considerados filólogos, especialmente os *estetizantes* e *filosofantes* dos últimos tempos. Moritz, por exemplo. (Barthélemy, Gibbon, Rousseau, Voltaire, Garve, Bouterwek etc.) Essa crítica principalmente para a parte II do ensaio histórico.

[20] A quarta parte de uma filosofia da filologia seria uma *história da doutrina material da Antiguidade*. Fonte, princípio. O sentido clássico é *en kai pan*[9] da doutrina material da Antiguidade. <*Sobre os progressos e princípios da doutrina material da Antiguidade.*>

[21] Pertencem também à doutrina material da Antiguidade *os imitadores de toda arte da Antiguidade*. (Para materiais: Lessing, Moritz, Winckelmann, Herder, Schiller, Humboldt, Garve, Bouterwek, Sulzer, Barthélemy, Hemsterhuis, Gibbon – Harris e Lessing pertencem mais à filosofia da filologia. *História da filosofia da filologia* – Rousseau, Voltaire, Jacobi, Goethe. Sobre as *condições da doutrina material da Antiguidade*.)

[22] Agora apenas [a] crítica da filologia formal. Apenas um olhar [foi] lançado sobre Winckelmann.

---

9 Termo filosófico que designa a indivisível unidade de todo ser. Márcio Suzuki afirma que *en kai pan* pode ser traduzido literalmente por "um e tudo", "expressão com que o idealismo alemão traduz essa fórmula panteísta". Cf. Suzuki, Márcio. Notas. In: Schlegel, Friedrich. *O dialeto dos fragmentos*. São Paulo: Iluminuras, 1997, p.179, nota 7.

[23] Até mesmo a ideia de uma filosofia da filologia é ainda uma novidade. Hemsterhuis e Winckelmann foram os que mais se ocuparam *de tudo isso*. Goethe ainda mais. Moritz e Herder.

[24] Tudo isso pertence à *metodologia e à história da história*.

[25] O sentido clássico é uma parte do *espírito histórico*. A filosofia da filologia nada mais é do que *filosofia da história*. Aproveitar para a [parte] II *a crítica da filologia formal*.

[26] *História da história clássica — e história da história progressiva*.

[27] É melhor deixar para os *Gregos e Romanos*[10] a visão retórica da filologia e da história clássica. <Não! É melhor também inserir ambos no periódico de Niethammer.>[11] <É melhor inserir a doutrina das condições e a metodologia da doutrina material da Antiguidade no ensaio sobre os *Gregos e Romanos*. Até mesmo a *História da Antiguidade* e a crítica de todas as curiosidades também devem ser inseridas aí — com certeza, nos dois textos.>

[28] Eu posso apontar uma definição basicamente errônea da tradução. Harris.[12]

[29] A recepção do antigo Direito romano e mesmo das Cruzadas revelou-se uma *regressão* ao que é antigo; o primeiro início da doutrina material da Antiguidade. <Entre os próprios

---

10 Obra que deveria dar continuidade ao *Ensaio sobre a história*.
11 *Philosophisches Journal einer Gesellschaft Teutscher Gelehrten*, periódico editado por Friedrich Immanuel Niethammer (1766-1848). (Fichte também colaborou com o periódico desde 1797.)
12 Schlegel se refere à citada afirmação equivocada de Harris. Ver "Fragmentos sobre filologia – I", fragmento [15].

antigos isso já era habitual. É apenas a doutrina *progressiva* da Antiguidade que investigamos.>

[30] Nos filosofemas dos antigos encontra-se o início da história progressiva.

[31] Considerar as opiniões dos outros o mínimo possível *agora*. O ideal de Ruhnken será certamente *determinado*. Também pertence à [parte] II ou III [do ensaio]. <Ainda melhor.>

[32] Até mesmo o conceito de editar é moderno e aponta para a popularização absoluta. Apenas os romanos editaram os antigos; os outros foram apenas capazes de recenseá-los; eles já estavam lá. <Será que ainda podemos *diaskeuaisar*?>[13]

[33] Enciclopédia filológica não é um bom nome. Deve se chamar *Filosofia da filologia*.

[34] O verdadeiro lugar da *crítica* é a filologia. É apenas no âmbito estético e histórico – não no âmbito moral e político – [que] os objetos da crítica são *permanentes* e *fixos*, como deveriam ser quando a crítica é feita de *forma artística*. <Há uma *crítica natural* e uma *crítica artificial*.> A crítica *histórica* encontra mais material na história clássica e na história progressiva. A verdadeira crítica filológica – que pertence à *veracidade* dos documentos inteiros ou às suas partes – possui mais dificuldades e razões, mas também tem princípios mais seguros <tipos de leitura, *emendas críticas*, assim como a *crítica conjectural*, não são mais crítica>, e quase só pode ser exercitada aqui *de um modo ar-*

---

13 *Diaskeuase* é a arte crítica e de exegese exercida pelos antigos gramáticos e críticos [*kritikoi*] de Alexandria, os quais trataram os antigos cantos homéricos, dando-lhes a forma atual. Ver nota 13 da página 14.

tístico. Afinal, apenas aqui se encontram os casos *em que coincidem os três modos de crítica*. Quem unifica em si *todos os modos de crítica* merece principalmente o nome de *crítico*, de crítico virtuoso. O crítico mais *elevado* e absolutamente completo deve, tanto quanto possível, unificar em si todas as formas de *crítica natural*, sem as quais a crítica frequentemente acaba interrompida. <A crítica filosófica não foi possível até o momento: apenas a polêmica.> A crítica necessita [de] *obras clássicas* como objeto. <Todas as formas de crítica natural, em toda a esfera prática, também pertencem à crítica filosófica.>

[35] Será que a hermenêutica não é também uma forma de crítica? Ou será que não há ao menos uma forma de *crítica hermenêutica*? A utilização de materiais hermenêuticos <comentários e instrumentos históricos, a gramática etc.> é uma arte, e não ciência; na verdade, não é uma obra formadora, mas uma arte *julgadora*, ou seja, crítica. <Será que isso deveria se chamar crítica *lógica* ou *gramática*? A última.>

[36] A *crítica* percorre todos os âmbitos, como a *arte*, mas tem sua terra natal, seu lugar favorito.

[37] Uma filosofia *correta* também poderia ser denominada crítica. Nesse caso, seria sempre o sistema, a própria obra, que deveria ser denominada assim, como a própria filosofia. <Na filosofia, até agora, apenas foi possível aplicar a crítica filológica e a crítica hermenêutica, mas não a crítica filosófica. É somente por meio disso que a filosofia se torna uma arte, em um sentido bem mais elevado que nos antigos, onde era apenas um produto clássico natural.>

[38] Como pode o conhecimento | erudição, enquanto *material hermenêutico*, não se chamar científico?

[39] Enquanto *arte*, a filologia não tem partes integrantes <especificamente diferenciadas>. A divisão entre crítica e hermenêutica foi deduzida do objetivo histórico. *Os documentos devem ser corrigidos e explicados.* <*Antinomia*. Primeiro eles devem ser corrigidos e *depois* explicados, e vice-versa. Fazer ambas as coisas *simultaneamente* é ocupação do *gênio filológico*.>

[40] A interpretação de Heyne é quase inteiramente analítica. Conceito de uma interpretação *sintética*.

[41] A crítica conjectural procede *sinteticamente*. Quanto mais rigoroso for seu procedimento, mais ela terá uma aparência *genial*.

[42] Johannes Secundus,[14] assim como outros filósofos mímicos similares, é inteiramente respeitável. Mas essa foi a mais simples forma de mímica filológica. Matéria antiga e forma antiga. <Onde a matéria não era antiga, como em Balde,[15] também não o era a forma.> Mais difícil é traduzir pensamentos modernos para a Antiguidade. E ainda mais difícil é traduzir da Antiguidade para a Modernidade. Por que é ainda mais difícil?

[43] Uma tradução não é de modo algum uma imitação [*Nachbildung*]. Sobre a palavrinha *Nach* nas traduções.[16]

---

14 Johannes Secundus, nome do poeta neolatino holandês Jan Everaerts (1511-1536).
15 Jacob Balde (1604-1668), poeta neolatino redescoberto por Herder.
16 Além de ser um prefixo verbal, *Nach* pode significar "de acordo", "segundo", "após", "depois". *Wörtchen*, "palavrinha", "pequena palavra", em alemão no original. Schlegel especula sobre o prefixo *Nach* na palavra "imitação", *Nachbildung*.

[44] A questão sobre o sentido <verdadeiramente individual> de um autor é *histórica*, ou ainda filológica. <Frequentemente, é também retórica ou poética.> A questão sobre qual sentido pode ter [é] *lógica ou gramática*. <De certo modo, essa questão é determinada apenas pelo *universal*.>

[45] [A] crítica *lógico-negativa* já foi utilizada há muito tempo na filosofia. <Em relação a outras. O mesmo se deu com a crítica gramática.> Foi também uma forma rudimentar de autocorreção, o *reflexo* desses dois modos de crítica. O mesmo ocorre com uma forma <de apreciação> extremamente rudimentar e imperfeita de crítica *positiva* na história da filosofia. <Não se pode negar a Aristóteles um procedimento muito crítico na filosofia.> Desde que se relacione a isso a investigação *filológica* de cada filosofema. Mas com a [crítica] positiva acabava sempre pior. Se todas as partes integrantes da crítica filosófica já existissem, o que seria novo agora? O que [aconteceria] por meio de Kant?

[46] Um filósofo crítico pode se movimentar com muito mais liberdade, é *mais seguro* e procede a partir de princípios fundamentais deduzidos da lógica material; assim, ele é *mais artista* que os socráticos. Sim, ele precisa ser ainda mais socrático que o próprio Sócrates.

[47] A crítica filológica talvez não seja nada mais que lógica à segunda potência. <Sobre os limites da faculdade de conhecimento já foram realizadas *investigações* anteriormente.> A crítica filosófica e lógica do filósofo crítico aplica-se não somente ao filosofema individualmente, ao indivíduo filosófico singular, aos conjuntos históricos da filosofia e aos gêneros e classes filosóficas, mas também à própria filosofia. Nesse sentido, a

crítica filosófica nada mais é do que filosofia da filosofia. Apenas por meio da ideia de *totalidade crítica*, de uma filosofia absolutamente *criticante e criticada*,[17] e por meio da aproximação *artística* progressiva e regular a essa ideia inalcançável poderá o filósofo merecer a alcunha de crítico. Kant não é um crítico, apenas um filósofo *criticante*; Fichte, um filósofo *criticado*. <Crítico ativo e crítico passivo – Kant e Fichte. Todos os trechos de Kant sobre a essência da crítica foram minuciosamente recolhidos.>

[48] Ao final do primeiro ensaio, [fazer] uma indicação clara sobre a segunda parte e sobre a história da filologia enquanto arte.

[49] Tenho mais esperanças de que os filósofos venham a filologar do que o oposto.

[50] A *tradução* pertence completamente à filologia, sendo uma arte inteiramente filológica. <Todavia, [ela] pressupõe filologia científica, estética, universal e liberal. Uma filologia material.> A tradução de Shakespeare feita por August Wilhelm Schlegel contrapõe-se, em todos os aspectos, à tradução de Voss do [trecho] *Hipérion comparado a um sátiro*.[18] Alguns são famosos, outros deveriam ser. Verdadeira época da arte da tradução.

[51] Uma utilidade grandiosa e importante da filologia consiste no fato de que *ela forma artisticamente a disposição crítica do homem*. <Os filólogos são frequentemente os que menos

---

17 *Kritisierten und kritisierenden*, em alemão no original.
18 "Um rei tão excelente que, em comparação com este, é como confrontar Hipérion com um sátiro." Trecho de *Hamlet*, de Shakespeare (ato I, cena II, solilóquio).

conhecem os antigos.> <O valor *determinado* da filologia, e sua relação com as outras formas de formação, somente no segundo ensaio. Aqui, apenas a *necessidade* do *imperativo filológico.*>

[52] A mais leve mímica filológica – a poesia latina – é precisamente a mais primorosa no que concerne ao sentido artístico e epidêitico.

[53] A crítica hermenêutica é *simultaneamente* lógica e gramática: muitas vezes também histórica. A crítica histórica requer a filosofia e a perfeita *crítica natural.* <E bastante matéria histórica acabada.> A questão sobre a verdade das obras é histórica. <E isso em última instância, certamente em um sentido altamente *prático*. Mas em primeiro lugar, também em um sentido universal, isto é, factual.> Apenas pertence à crítica o que pode ser decidido *somente pelo julgamento* em última instância; o que pode ser decido sem a arte do julgamento, e sem o gênio de julgar, não é um assunto crítico. *A filologia nada mais é do que a crítica: em cada passo seu ela necessita de toda a crítica, e apenas na filologia toda a crítica pode ser exercitada.* <Será que isso não [acontece] igualmente na filosofia crítica e filológica? – Também: mas, nesse caso, ela é executada enquanto um meio, e não como objeto, ou seja, não é *desenvolvida artisticamente.*>

[54] A doutrina da relação de todas as ciências é realmente filosófica. Um grego começaria a história da filologia com a filologia de Homero.

[55] Estudo do escrito aristotélico περι ερμηνειας [*Peri hermeneias*].[19]

---

19 περι ερμηνειας, em grego no original. Trata-se do texto *Da interpretação*, de Aristóteles.

[56] Quem quisesse traduzir perfeitamente para o moderno teria de dominá-lo de tal modo que fosse capaz de *transformar tudo em moderno*; ao mesmo tempo, deveria entender o antigo de tal modo que pudesse não só imitá-lo, mas até mesmo criá-lo novamente. <A relação da crítica com a filologia deve também ser levada em consideração.>[20]

[57] Ah, se fosse possível introduzir a recriação na doutrina da Antiguidade! Hardenberg[21] poderia até ter a ideia de que todos os clássicos perdidos poderiam ser recriados outra vez. <Isso não é completamente sem sentido.>

[58] A *diaskeuase* só pode ser defendida em uma filologia material, e precisamente em uma filologia crítica. <Os antigos se permitiram bem mais do que o que se deixa justificar.>

[59] Relação e parentesco do método cíclico e da filologia que se encontra na palavra εγκυκλοπαιδεία.[22]

[60] O menor filologema é do tipo enciclopédico e só pode ser respondido por um poli-historiador.

[61] Será que o método *cíclico* é de fato o único *filológico*? Do contrário, não haveria nenhum [método] específico, autêntico e diferente. O lógico *segue em linha reta*. <Assim como todo

---

20 "Para poder traduzir perfeitamente dos antigos para o moderno, o tradutor precisaria dominar tanto este último que, se necessário, poderia transformar todo o moderno, e ao mesmo tempo [deveria] entender o antigo de tal modo que, se necessário, poderia não apenas imitá-lo, mas também recriá-lo." Schlegel, Friedrich. *Athenäum Fragmente*. In: KA-II, p.239, fragmento [393].
21 Georg Philipp Friedrich von Hardenberg, o Novalis (1772-1801).
22 εγκυκλοπαιδεία, enciclopédia, em grego no original.

[método] científico e rigoroso.> O histórico é heteronímico na filologia, desde que a filologia seja *arte*. A filologia apenas pode se tornar arte por meio de uma arte filosófica, deve então aprender com a arte. O [método] matemático não *cicliciza*.[23] O ciclicizar de Fichte, uma ciclicização ainda não tão bem explicada, é uma inconsequência da crítica, mas é essencialmente [cíclico] em seu espírito e em seu sistema. *A mística leva à filologia e tem parentesco com ela*.[24]

[62] Muito antes de conhecer Fichte eu já reconhecia o método da doutrina material da Antiguidade como *cíclico*. Isso deve ser inserido e comentado na primeira parte do *Ensaio* [histórico], ou deve ser guardado até que escreva um *ensaio próprio* sobre o *método filológico*. A primeira opção é melhor; pertence ao anúncio do caminho que se segue. É necessário tratar disso ao menos de forma *provisória*. (Mas também *apenas* isso.)

[63] No primeiro ensaio deve-se tratar também do *âmbito* da filologia. Isso levará também ao conceito de enciclopédia e ao método cíclico. (Klopstock estava muito errado.)

[64] O âmbito da filologia deve ser tratado apenas em traços gerais no primeiro ensaio. *De outro modo, isso limitaria*. O método deve ser determinado de um modo completamente geral, <nem tanto determinado como *deduzido*>, pois a teoria *detalhada* do método pressupõe a doutrina acabada das *leis* da filologia. <Aqui devem ser descritos apenas o critério, a definição real e a diferença específica do método filológico.>

---

23 No original: *cyclisirt nicht*.
24 "A filosofia ainda caminha demasiadamente em linha reta, e ainda não é suficientemente cíclica." Schlegel, Friedrich. *Athenäum Fragmente*. In: KA-II, p.171, [43].

[65] A dedução do método *cíclico* talvez se encontre no conceito de uma *arte científica*.

[66] Os conjecturantes, os etimólogos e, de certo modo, também os *diaskeuastas* são filólogos *transcendentes*. <Não apenas dos limites laterais, mas também dos limites superiores.>

[67] Sobre filologia, crítica e gramática, ver Bayle,[25] os *Prolegômenos*, de Wolf.

[68] Os críticos ingleses, como Harris, não têm entusiasmo algum para o clássico em *si*, mas apenas para o *conceito* de clássico.

[69] *Wolf* filosofa de fato sobre filologia, por exemplo, quando diz que ela corre o risco de se tornar *sofista*. Enciclopédia.

[70] Por meio de sua *Geografia*,[26] Voss é também um filólogo material.

[71] Os materiais do filólogo talvez não se deixem classificar. <Para onde [aponta] a geografia. A descrição de viagem. Os conhecimentos de outras nações para a *analogia histórica*. *Conhecimentos auxiliares são infinitos*. Para a filologia real.>

[72] O que é uma *resenha*? O que são *notas*? *Escólios*? Um *comentário*? Um *léxico*?

[73] Ler tudo criticamente; ler tudo levando em consideração ao "classicismo" <o caráter> é *cíclico*. <Foi assim que sempre li. – *Winckelmann*>. Apenas a leitura cíclica merece o nome de estudo.[27]

---

25 Pierre Bayle (1647-1706), *Dictionnaire historique et critique* (1697).
26 Johann Heinrich Voss: *Über die Gestalt der Erde nach den Begriffen der Alten. Neues Deutsches Museum* (1790).
27 Tratando de Lessing, Schlegel afirmaria: "Uma leitura contínua, uma leitura reiterada dos escritos clássicos; uma leitura que começa

[74] Mas o que em geral significa ler? Evidentemente algo filológico.[28]

[75] Em seu primeiro sentido, chama-se filologia toda a essência do que nasce da afeição. Esse nome não precisa pertencer exclusivamente à filologia da arte. Ela pode ser chamada de *crítica*. <Um virtuoso na *arte* da filologia já *pode* ser chamado de *crítico*, ou seja, mais que filólogo. Nem todo filólogo é um crítico, mas todo crítico é um filólogo. Quem produz uma obra científica de modo filológico é um historiador, mas apenas quando a *forma* é histórica, e não simplesmente filológica.> A ciência que nasce da filologia se chama *história*. Um nome tão universalmente liberal e belo traz muita coisa em si, como [o] filósofo. Crítico é quase como σοφος [*Sophos*].[29]

[76] Há também uma *forma crítica* própria, como uma histórica? Apenas não há obras críticas. Será que as *resenhas* não são o mesmo?

[77] Todo filologema se baseia em uma quantidade *imensurável* de conhecimentos limitados, e muitas vezes altamente micrológicos. Esse é o *absoluto* filológico. Por meio dessa relação contínua a filologia torna-se *ideal*.

[78] É necessário traduzir para formar a língua moderna no [espírito] antigo, apropriar-se do que é clássico de corpo e

---

sempre do início do ciclo completo; apenas isso pode se chamar de leitura verdadeira". Schlegel, Friedrich. In: KA-III, p.53.
28 "Ler significa satisfazer o impulso filológico, afetar literariamente a si mesmo. Não se pode ler por pura filosofia ou poesia sem filologia." Schlegel, Friedrich. *O dialeto dos fragmentos*. São Paulo: Iluminuras, 1997, p.126, fragmento [391] da *Athenäum*. Tradução de Márcio Suzuki.
29 Sobre essa atitude crítica e filológica, ver o fragmento [404] da *Athenäum*.

alma, de modo *prático*, promovendo a grande divulgação do que é antigo. Esses são os princípios fundamentais que interessam.

[79] Até mesmo o menor filologema pode ter uma relação com o absoluto filológico em aspectos e direções infinitas – Será que saber fazer isso é espírito ou sentido filológico? <O que é espírito ou sentido? Será que espírito é algo como o sentido potenciado?>[30]

[80] Ler significa afetar, determinar e limitar filologicamente a si mesmo. Mas isso também é possível sem ler.[31]

[81] O lugar da análise encontra-se bem fora do âmbito da matemática, na verdade na filologia.

[82] *Ler* significa satisfazer o impulso filológico. Não se pode ler por pura filosofia sem filologia. Também dificilmente por puro *sentimento* e *impulso artísticos*.

---

30 "Sentido que vê a si mesmo se torna espírito; espírito é sociabilidade interna, alma é amabilidade oculta. Mas o ânimo é a verdadeira força vital da beleza e da perfeição e acabamento interno. Pode-se ter algo de espírito sem alma, e muita alma em pouco ânimo. Mas assim que aprende a falar, esse instinto da grandeza moral que chamamos ânimo tem espírito. Assim que se agita é alma, é completamente alma; e, quando amadurece, tem sentido para tudo. Espírito é como uma música de pensamentos; onde há alma, aí também os sentimentos têm contorno e figura, nobre proporção e atraente colorido. Ânimo é a poesia da razão sublime e, pela unificação com filosofia e experiência moral, dele surge a arte inefável que capta a vida confusa, fugaz e a forma para a unidade eterna." Schlegel, Friedrich. *O dialeto dos fragmentos*. São Paulo: Iluminuras, 1997, p.126, fragmento [391] da *Athenäum*. Tradução de Márcio Suzuki.

31 "Ler significa satisfazer o impulso filológico, afetar literariamente a si mesmo. Não se pode ler por pura filosofia ou poesia sem filologia." Schlegel, Friedrich. *Athenäum Fragmente*. In: KA-II, p.293, fragmento [391].

[83] O homem lê apenas por tédio ou pela filologia. A diferença entre ler e ler algo.

[84] A ciclicização [*Cyclisazion*] é como uma totalização de baixo para cima. <Já em Fichte vem de cima para baixo.>

[85] Compêndios lexicais são *sátiras* filológicas. Notas e escólios são *epigramas* e *xênias* filológicas. <O comentário contínuo é uma épica lexical, uma epopeia.>

[86] Os *resenhistas* também são frequentemente críticos transcendentais.

[87] A filologia poderia ser traduzida como *amor pela formação* ou amor pelo conhecimento. <Nem toda formação, mas apenas a que se refere à formação espiritual. | Nem todo conhecimento, como física ou matemática; conhecimento condicionado, mais que conhecimento, interesse ou até mesmo gosto pelo julgamento.>

[88] O comentário contínuo é uma cadeia de epigramas.

[89] Os pontos mais interessantes estão na gramática – o purismo – a composição das palavras <Platner, Tiedemann, língua inglesa>,[32] observada a partir de um ponto de vista lógico e poético; a doutrina do acento etc., da *tradução*, das leis de formação da língua. <Etimologia.> Elas devem ser tratadas *antes* da métrica, e essa *após* a poética aplicada. <Não, *antes*. A métrica como apêndice.>

---

32 Ernst Platner (1744-1818), professor de fisiologia em Leipzig, publicou *Philosophische Aphorismen* (1776); Dietrich Tiedemann (1748-1803), professor de filosofia e língua grega em Marburg.

[90] Não seria melhor começar em toda parte de forma crítica, filosófica, filológica, e não com os fundamentos da *doutrina da arte*, da *doutrina da linguagem*, mas com a *crítica* do tratamento recebido até agora por essas ciências? Especialmente na doutrina da linguagem, não seria de todo inoportuna uma *introdução* crítico-retórica sobre a filosofia da doutrina da linguagem. Tudo isso deve ser inserido nos princípios fundamentais da doutrina da arte e na poética pura. Pode-se compreender *criticamente* sem se envolver com a *história da ciência*. <Tão logo se deixe envolver pela *história da ciência*, ela [a crítica] não é nem verdadeiramente filosofia, nem simplesmente fundamento.>

[91] Na verdade, seria necessário que a filosofia da crítica precedesse o *Codex* filológico. Em certo sentido, ambos são idênticos, e mesmo o *Codex* é uma filosofia da crítica.

[92] Enciclopédia filosófica é algo contraditório. Filosofia = Enciclopédia.

[93] A filosofia da hermenêutica também deve preceder [o *Codex filológico*]. Talvez ela também seja uma *ciência própria*, assim como a gramática. Será que não é bem mais uma *arte*? Se for arte, também é ciência.

[94] A crítica deve ser também uma ciência própria! Aquela classificação <em ético, lógico, poético, político, histórico> não é a única.

[95] Há também um imperativo hermenêutico.

[96] Na filologia sentimental, como em toda forma de sentimentalidade, há tal ingenuidade estúpida, um ímpeto repugnante.

[97] <[O] comentário contínuo é filologia *sentimental* que simplesmente também se torna *ingênua*. No bom sentido, os antigos escólios clássicos são ingênuos. Uma confissão franca, mas inconsciente, do autoaniquilamento – do não entender absoluto.>

[98] <*Episódios geniais*: Sobre o chiste filológico – Sobre as traduções – Sobre a leitura – Cf. O chiste sobre ciclicizar.>

[99] O chiste filológico para a completude, o autoaniquilamento e a transição a uma doutrina material da Antiguidade. <Será que também sem sentido clássico? Ou o chiste filológico é ele próprio a primeira fraca exteriorização de si mesmo?>

[100] O *espírito antiquário* é bem diferente do sentido clássico: o interesse nos antigos porque é antigo: o interesse na matéria da Antiguidade, nas relíquias, no *solo clássico*. Os grandes homens têm esse sentido. <O temor pela religião é belo e sagrado.> <Interesse pela *letra* da Antiguidade.>

[101] Assim como o *chiste* filológico, o espírito antiquário leva à doutrina material da Antiguidade por meio da *clareza*. <A filosofia também leva a isso. O verdadeiro *sentimento artístico* igualmente – Goethe e Winckelmann. Mas eles também trilharam o caminho do antiquário.>

[102] O que são *relíquias*?

[103] Aquele interesse na Antiguidade como algo antigo, na *localidade, identidade* etc. Cf. *Filosofia*.[33] O sentimento de que algo é assim. Gibbon, Moritz.

---

33 *Filosofia* é um escrito de Schlegel que se perdeu.

[104] A *dialética* não interessa ao filólogo. A lógica contém as leis para a filologia e para a filosofia.

[105] Será que não é necessário adicionar algo mais ao interesse antiquário, como ao sentimento artístico, se for para levar a uma doutrina material da Antiguidade? Será que Goethe tem algo disso? A precisão geográfica e a arte da tradução não levam também a isso? O interesse antiquário em Winckelmann é bem secundário. *Ele nada sabe* sobre esse tipo de *sentimentalidade* em Moritz e Gibbon. Goethe é superior a Winckelmann no sentimento artístico, mas não tem conhecimento suficiente. O sentimento artístico de Winckelmann guia o julgamento de outras coisas de uma forma mais correta do que o entendimento de Goethe o faz, como em relação ao que é burguês. <Ele era um místico e tinha mais senso filosófico e político que Goethe.>

[106] Nesse aspecto, Wolf é quem causa a regressão para a filosofia *clássica*. O filológico em Goethe, ou melhor, o filológico em Fichte. <O que significa mesmo a *precisão?* E na filologia? Sem precisão não há filologia clássica verdadeira.>

[107] Sem misticismo, Winckelmann não teria conseguido alcançar o todo.

[108] A precisão filológica de todo tipo, hermenêutica, crítica, antiquária, gramática, provoca certamente a necessidade de totalidade; nesse aspecto, ela também pode levar à doutrina material da Antiguidade.

[109] Não foi por meio do chiste, do sentimento artístico e da sentimentalidade que Voss conseguiu alcançar a *letra* da Antiguidade, mas simplesmente por meio da *solidez* e da pre-

cisão. Ele não sabe nada sobre a *diferença absoluta*.[34] Assim, não conseguiu chegar ao reino de Deus. <*Crença rude e estúpida na Antiguidade*; como em Harris. Acredita na autoridade da Antiguidade porque outros acreditam. Somado a isso está também o *costume*. Quase sempre é *pura imitação*.>

[110] A aversão de Winckelmann em relação ao moderno só pode ser explicada por meio do *entendimento para o que é clássico*. <Isso ele tinha em alto grau em *comparação com todos os outros*.> Ele transformava tudo em clássico. Sua dicção [era] uniforme, não para tudo o que fosse clássico. *Nenhuma universalidade. Nenhuma abstração*. <Onde quer que se agarrasse, permanecia como chumbo.>

[111] Em relação à *forma*, Voss tem algo de um filólogo clássico. Com sua classificação ele ajudou a promover nossa filologia. Sua forma filológica é mais valorosa que sua matéria filológica.

[112] O amor de Herder pelos antigos é mais *interesse em cultura* em geral; ela pode ser progressiva, clássica e até mesmo bárbara, ou ainda bem infantil. <A propósito, ele tem estudo, crença, costume, um pouco de sentimento artístico, mas nenhum senso para o que é clássico.>

[113] Voss tem muito chiste passivo. Os mimos têm um modo levemente bufão. O que acontece com os mimos de Voss? São *bufonerias naturais*. Mimos assim não imitam tão fielmente como

---

34 A diferença absoluta entre o antigo e o moderno, uma das qualidades que Schlegel observa em Winckelmann.

a mais elevada individualidade moderna do próprio bufão natural.

[114] A interpretação de Heyne é liberal. O velho costume acadêmico dos filólogos é *estético*, pois ele é inútil. (Toda a *epideixis*. Manutenção da meticulosidade?)

[115] O que é um índex? Um léxico individual.

[116] *A teoria da tradução* para as críticas entremescladas. Especialmente para elas também algo do Suetônio. (Trechos de Heródoto, do *Brutus*, de Cícero, do *Ático*, de Cornélio Nepos – *Agrícola*, *Germania*, de Tácito; *Poética*, de Aristóteles. Talvez o *Marcelo*, de Cícero; algo breve de Platão; os escritos lógicos *Peri hermeneias* [*Da interpretação*] de Aristóteles, ou sobre a eloquência sofista.)

[117] Há filólogos que são *ridículos* e *muito temerosos*. Beck (como Feder) – *amplos* – Wyttenbach, Eichstädt – Insípidos – seu nome é uma verdadeira legião – *equivocados* – Harles, Ilgen, Hermann.[35]

[118] Será que uma história grega das artes plásticas é também *possível*? Winckelmann nunca se questionou sobre isso.

[119] Voss é um tradutor absoluto e *místico*, porque quer anular *esteticamente* o original, e apenas pode desfrutar de Homero

---

35 Johann Georg Heinrich Feder (1740-1821), professor de filosofia em Göttingen; Daniel Wyttenbach (1746-1820), filósofo holandês; Gottlieb Christoph Harles (1738-1815), professor de filologia clássica em Erlangen.

em sua tradução. <Além disso, poder falar tudo é uma prova de grande trivialidade.>

[120] Os verdadeiros filósofos críticos leem de modo bem filosófico sem o saber. Anseiam pela compreensão *absoluta*.

[121] A dedução da filologia como afeição lógica e condição necessária e subjetiva para a realização do imperativo lógico não é um começo melhor?

[122] Não posso escrever sobre algo *puramente* filológico que não fosse ao mesmo tempo filosófico. Ou seja, sou mais filósofo. Pois eu poderia escrever algo puramente lógico. Preciso ver se consigo escrever algo puramente filológico.

[123] Minhas *traduções* são mesmo puramente filológicas. Também não são únicas. De acordo com seus objetivos e princípios, pertencem aos materiais da doutrina material da Antiguidade. <A *diaskeuase* deve ser feita de modo puramente filológico.>

[124] Minha afinação não é mais clássica. O clássico não está mais [determinado] em mim.[36] <filosofia menos filologia = 0>

[125] Até mesmo os fundamentos, desde que sejam desenvolvidos, já são filo-*lógicos*.[37]

[126] O fundamento de toda a doutrina da formação. Fundamentos iniciais da universalidade. Depois, fundamen-

---

36 O fragmento foi riscado por Schlegel. A palavra tachada começa com *Be* [o que poderia ser *bestimmt*, "determinado"]. Segundo afirma Hans Eichner, Schlegel se refere à fase em que procurava contornar sua paixão pelos gregos, a chamada *grecomania*, dedicando-se ao estudo dos modernos. Cf. Eichner, Hans. Notas. In: KA-XVI, p.534.
37 Palavra separada intencionalmente por Schlegel.

tos arqueológicos, clássicos, progressivos. <Os clássicos detalhadamente.>

[127] Se de algum modo for possível, devo tentar escrever algo puramente filológico e clássico, sem procurar desenvolver toda a filosofia.

[128] O *clássico* enquanto ciência própria é talvez o fundamento da doutrina material da Antiguidade. <Não [uma doutrina] histórica, mas, em primeiro lugar, puramente prática – É isso que se deve *buscar* na história.>

[129] O clássico atravessa todas as faculdades, partes integrantes e facetas do espírito humano. É um modo de formação específico, autêntico e diferenciado, que pode se tornar arte, assim como poderia vir a ser ciência. Ele é certamente apenas uma parte da história.

[130] O clássico e a doutrina da perfeição nada mais são do que o desenvolvimento de *ambas as ideias históricas*. <O clássico também poderia se chamar doutrina primordial da formação [*Urbildungslehre*]. Mas esta é apenas uma parte de (toda) a doutrina da perfeição. Provisoriamente, talvez as duas pudessem ser tratadas de modo separado.>

[131] Moritz sofre uma punição pela diferença absoluta da gramática clássica e da progressiva. As métricas clássicas não podem ser imitadas de *forma alguma* nas línguas progressivas. Entre os modernos, a acentuação recai frequentemente sobre o radical, representado de forma *longa*, enquanto a outra sílaba é mais alta. Nós *contamos* até a última sílaba que escandimos; já os ingleses ignoram a última sílaba. Nações meridionais e clás-

sicas a descrevem de forma sutil, deixando cada tom acontecer de acordo com sua qualidade. Há uma profunda razão para isso. <A *distensão* – Nossa demora é *arbitrária*. A fala clássica é ao mesmo tempo tranquila e espontânea. A [fala] progressiva apressasse em direção a um objetivo.>

[132] Nossa prosódia é até certo ponto bastante lógica.

[133] O clássico é inteiramente diferente das *leis* <históricas> da formação clássica, da vida, da circularidade etc.

[134] O fundamento de toda a doutrina da formação – As razões iniciais da doutrina universal da formação – Sobre a filosofia da história – Fundamento de uma história da humanidade – Compêndio – Clássico.

[135] A poética pura também já pressupõe uma gramática. Na ciclicização, agir de forma analítica em toda parte. Um a partir do outro. A propósito, tão sintético quanto possível. A doutrina da arte não pode ser deduzida dessa filosofia da filologia. Então, é necessário começar tudo novamente.

[136] A teoria do clássico e a crítica devem ser precedidas até mesmo pelas *razões artísticas iniciais*. Como deve, então, ser introduzido aqui o conceito de gênio? <Aqui também [deve ser tratada] a relação entre a teoria e a práxis na arte, ou seja, filosofia da filosofia da arte.> É assim que certamente deve ser.

[137] *Filosofia da filosofia da filologia, ou filosofia da filologia da filologia.*[38] Essa deve também conter o conceito, ao menos *como*

---

38 No original em alemão: *Philosophie der Philosophie der Philologie oder Philosophie der Philologie der Philologie.*

esboço; detalhado apenas no último ciclo. <Para a metodologia da filologia – a saber, para a filologia; o que ela representa para a filosofia não nos interessa aqui.>

[138] A hermenêutica e a gramática devem ser trabalhadas em conjunto.

[139] A relação exata entre a doutrina da arte e a filologia apenas se deixa deduzir da filosofia do clássico e da teoria da crítica.

[140] A lógica precisa apenas ser postulada na hermenêutica.

[141] Mesmo no *Conceito*, muita coisa deve antecipar o clássico e a crítica como aspectos pertencentes às razões críticas iniciais da doutrina da arte.

[142] *Conceito de filologia – Fundamento de toda doutrina da arte – Fundamento inicial da doutrina universal da arte –* <*Leis*> *da poética pura – poética aplicada, duas partes – métrica – retórica pura e aplicada – Fundamento de toda doutrina da linguagem – Filosofia da gramática* <*Sobre a filosofia da história.*> *Hermenêutica, crítica, clássica – Fundamento de toda doutrina da formação* <*Razões iniciais da universalidade etc.*> *Sobre crítica histórica; visão retórica da história e filosofia para os filósofos; estudo provisório da filosofia clássica; sobre as formas da filologia; sobre as leis da filologia – Metodologia da história da filologia. Princípios de uma história da humanidade.* A crítica histórica deve anteceder a filosofia da crítica. A tendência clássica, crítica de toda filosofia, deve ser tratada como filosofia da filologia. As ciências materiais, como a gramática e a hermenêutica, devem ser tratadas como a doutrina da arte.

[143] *Teoria do clássico. A metodologia da filologia é diferente* da metodologia da história.

[144] *Sobre a filosofia da filologia*. Onde é que se consegue tudo isso? Dedução como parte integrante da filosofia da filologia. Nenhum ensaio que contenha *apenas* a história da ciência. <Ideal de um filólogo levando em consideração a doutrina material da Antiguidade. As condições subjetivas dela. Isso para o clássico – antiquário para a doutrina histórica da Antiguidade.>

[145] Será que o *conjunto* da *doutrina de formação* não abarca também toda a filosofia prática? <Não – de forma puramente prática, não; talvez o técnico-histórico possa ser inserido aí etc.>

[146] O segundo ciclo da doutrina da arte filosófica seria, portanto, uma *técnica pura*.

[147] O movimento da investigação histórica *individual* não deve ser nem em linha reta nem cíclico, mas hiperbólico, como Lessing.

[148] O que é mesmo uma *sílaba*? Tentativa de *dedução* dela.

[149] Conceito de literatura. Ideal de um literato.

[150] A Bíblia não pode e não deve ser *criticada*; pois ela não é um livro clássico.

[151] Winckelmann foi na verdade mais que um antiquário. *Moritz* tinha toda a predisposição para se tornar um *grande antiquário*. <Mas tinha uma enorme falta de senso artístico.>

[152] Um poli-historiador é bem diferente de um literato.

[153] O grande mérito de Herder se situa no âmbito da poesia natural e da humanidade natural.

[154] Investigação: será que por acaso não existem *conhecedores da história política da Antiguidade* que não sejam mais que isso? Eles certamente não podem compreender muita coisa!

[155] *Autor, público* etc. são conceitos literários – Autor, criador, protoescritor. Determinar isso, ou seja, quem é ou não, não é coisa comum. O mesmo ocorre em relação ao *público*.

[156] Que a melhor escola da crítica seja toda a doutrina material da Antiguidade, e não simplesmente a arte antiga, ou a história da arte, é uma indicação de grande importância.

[157] O *literato* ocupa-se com *autores*, como o antiquário ocupa-se com antiguidades, o filólogo e o crítico com coisas *clássicas*; ele trabalha para o *público*, assim como o filólogo e o crítico trabalham para o conhecedor, e o antiquário para o amante da arte; o historiador, em sentido amplo, trabalha para o conhecedor da história. <*Pragmático.*>

[158] Há muito tempo já se sentiu a intimidade entre o clássico e a crítica.

[159] As sátiras, histórias e críticas dos antigos são as que devem ser mais traduzidas. Elas podem ser traduzidas bem melhor do que a mera poesia.

[160] Traduzir com esmero o escrito de Dionísio sobre Platão.

[161] Gibbon chama os membros da *Académie des Inscriptions* de escola da literatura antiga.[39]

---

39 A *Académie des Inscriptions et Belles-Lettres* é uma sociedade científica francesa fundada em 1663.

[162] As descrições de viagem da Antiguidade são coisa para o antiquário. Cronologia e geografia, enquanto *compilação*, são matéria do *poli-historiador*. Investido de crítica, o último leva de forma rápida e precisa à doutrina material da Antiguidade, como Voss.

[163] O livro de Barthélemy[40] é uma compilação de antiquário sem espírito histórico, sem qualquer filosofia ou sentimento para o belo, sem estilo e sem senso para o clássico. <Não sem tudo.>

[164] A *compilação* também precisa encontrar o lugar ao qual pertence na filologia, onde possa aparecer de forma digna. <Necessário.>

[165] Estudo de Bentley, especialmente de Warburton enquanto filósofo da natureza.[41] O último deve também ser estudado em relação à filosofia da prosa e a forma retórica, polêmica e filológica. <Cf. *Opuscula academica* IV, de Heyne. A questão de saber se Nemesius foi realmente editado por Beck. As obras de Muret.>[42]

[166] Sem querer me glorificar, minha concepção sobre os *gregos* em especial é mesmo crítica absoluta, e não apenas a dos

---

40 Jean-Jacques Barthélemy, *Voyage du jeune Anarchasis en Grèce vers le milieu du 4ème siècle avant l'ère vulgaire* (1788).
41 William Warburton (1698-1779), bispo de Gloucester e literato inglês.
42 Heyne, *Opuscula academica*, Bd. IV, Göttingen, 1796; Nemesius (aprox. 400 a.C., bispo de Emesa, na Fenícia, sua obra grega *Sobre a natureza do homem* foi publicada em 1802 por Christian Frederick Matthaei; Marc Antoine Muret (1526-1585), famoso filólogo francês.

romanos, os quais eu conheci mais tarde. <A propósito, há ali retórica absoluta, crítica absoluta, mímica absoluta, prática absoluta, política absoluta, síntese absoluta.> Muito antes de eu possuir o *conceito* de clássico.

[167] Estranha divisão e oposição entre crítica e interpretação! <Por exemplo, em Herren.> O que é a *interpretação* senão a crítica hermenêutica comunicada, lição sobre a crítica do sentido? <*Lógico*, não o poético, e também não o *histórico* sobre a verdade etc.> Mas todas as formas são inseparáveis.

[168] Eles querem escrever uma história das ciências em Göttingen, mas não sabem onde começar ou onde terminar.

[169] A classificação das ciências completas e a enciclopédia geral são também assuntos da filologia; se não tudo, ao menos uma parte.

[170] Aos árabes deve ter faltado completamente o conceito de clássico. De outro modo, eles jamais teriam desdenhado dos originais após fazer as traduções.[43] <Crítica negativa absoluta.>

---

43 "Aniquiladores entre as nações, os árabes são uma natureza altamente polêmica. Sua predileção em exterminar ou eliminar originais quando a tradução estivesse pronta caracteriza o espírito de sua filosofia. Talvez justamente por isso fossem infinitamente mais cultos, mas, apesar de toda a cultura, mais profundamente bárbaros que os europeus da Idade Média. Bárbaro é aquilo que é ao mesmo tempo anticlássico e antiprogressivo." Schlegel, Friedrich. *O dialeto dos fragmentos*. São Paulo: Iluminuras, 1997, p.126, fragmento [229] da *Athenäum*. Tradução de Márcio Suzuki.

[171] É estranho que na Idade Média, no Ocidente, se tenha estudado e amado especialmente as obras *enciclopédicas* dos antigos. Essa é uma grande prova de cultura e demonstra ainda mais sentido *filológico* do que as traduções dos árabes das obras científicas da matemática, medicina e filosofia. Pois o que esses faziam não era filologia ou crítica, mas filosofia. <Por meio disso, a filologia se conservou como semente para os materiais e as formas. Não se ama preferivelmente os *gramáticos*? Segundo a divulgação geral do estudo dos gregos, esse deve ter sido o caso.> <Primeiro foi a *Patrística* nos mosteiros. O que ocorreu em Constantinopla?>

[172] Os árabes absolutizam em todo lugar. O que não lhes parecia útil eles prontamente destruíam. (*Aniquiladores.*)

[173] Foi também magnífico o fato de que se *escrevia* em *latim*. Conservação da filologia.

[174] [A] retórica da Idade Média, o que foi ela? Investigação sobre isso. Parece que a *filosofia* quase desapareceu do ciclo do clássico e do filológico, com exceção dos escolásticos e dos árabes. Não! Na Oxford, construída por Alfredo – 26 gramáticos, 26 filósofos e 26 teólogos.[44]

[175] Eles *precisavam* da literatura clássica para a *explicação* da Bíblia. Ou seja, para um fim filológico.

---

44 Segundo a lenda, a Universidade de Oxford foi fundada pelo Rei Alfredo da Inglaterra, em 872; todavia, testemunhos históricos datam a fundação de Oxford no século XII.

Friedrich Schlegel

[176] Em Constantinopla, na época de Plotino, Constantino Porfirogênito acreditava que a retórica e a filosofia eram *importantes para a formação do homem de Estado*.[45]

[177] Extratos de históricos de Constantinopla da mesma época tendem mais a um *conhecimento material enciclopédico*. Ainda se exercitava história em Bizâncio, e, como isso acontecia *por meio da imitação* dos clássicos, era mais artística do que entre os ocidentais. <Em Constantinopla, a filologia era praticada mais da forma que os antigos estudavam. No Ocidente também. Mas isso era bem menos que em Constantinopla.>

[178] Havia lexicógrafos, comentadores e compiladores de todo tipo na enciclopédia material bizantina – *Eustácio* para a filologia formal.[46]

[179] Qual foi o motivo verdadeiro do renascimento das ciências nos séculos IX e X em Bizâncio? Cf. Gibbon. <Primeiro, homens como Proclo e Simplício, depois outros como Fócio e Eustácio, e o etimológico.>[47]

[180] Preponderância da filosofia também em Bizâncio. Na época de Psellós.[48] Mudança similar com a escolástica no Ocidente.

---

45 Constantino Porfirogênito (905-959), rei bizantino, grande promotor das ciências e do conhecimento.
46 Eustácio de Tessalônica (1110-1195/6) produziu um famoso comentário sobre a *Ilíada* e a *Odisseia*.
47 Proclo (século V d.C.), neoplatônico famoso por seus comentários sobre Platão. Simplício (século VI d.C.), outro neoplatônico e comentador de Aristóteles. Fócio I de Constantinopla (ca. 810/820-893), patriarca de Constantinopla.
48 Mikhaél Psellós (1018-1078), polímata e estadista de Constantinopla.

[181] *A filologia nunca desapareceu completamente.*

[182] Uma história da filologia desde a Antiguidade seria uma obra muito útil e necessária.

[183] Que uma seita de filósofos negava todo o valor do estudo dos antigos. Cf. *Metalogicon*, de João de Salisbury,[49] livro I, capítulos 3, 5 e 10. É o primeiro alvorecer da filosofia da filologia.

[184] Investigação sobre a enciclopédia bárbara – Sobre as *sete artes liberais.*

[185] É significante que a filologia, como a crítica, já se chamava *gramática* entre os antigos.

[186] O que é uma *construção* gramática? Como ela se comporta em relação ao matemático e ao fichteano?

[187] De certo modo, a gramática foi tornada absoluta na Idade Média. *As obras dos autores eram lidas apenas para retirar exemplos gramaticais delas.* <O Clero. Ali, a corte era filológica; no Ocidente apenas o Clero.>

[188] A língua grega se conservou por muito mais tempo *pura* e *viva* que a romana.

[189] Os escritos retóricos de Cícero foram lidos continuamente na Idade Média. <Até bem tarde manteve-se uma verdadeira *imitação* dos clássicos.>

[190] No caráter da filologia *limitada* se encontra um ódio contra a filosofia, e *também vice-versa.*

---

49 O *Metalogicon* (1159), de João de Salisbury (ca. 1115/1120-1180), é uma apologia das artes liberais e da formação humanista.

[191] O propósito e a crença de Petrarca, de aprender a *moralidade* dos antigos, são muito *infantis*, como a rejeição absoluta daqueles céticos; primoroso apenas pela *positividade*. <Talvez por meio do sentido *antiquário*, por exemplo, em seu amor pelo grego Homero, o qual ele não compreendia.>

[192] A crítica conjectural moderna foi *ocasionada* pelos erros das últimas cópias, fundamentada no progressismo da filologia moderna e também na diferença completa da filologia conjectural dos antigos.

[193] O imperativo da tradução [*Translatorische Imperativ*] não será deduzido simplesmente do clássico, mas também da gramática.

[194] A *diaskeuase* não é transcendente e se deixa justificar.

[195] <Será a *mitologia* uma parte autônoma da filosofia natural?>

[196] Na verdade, o rigorismo de Wolf já é filosofia natural.

[197] A *diaskeuase* pertence à filologia clássica ou progressiva? Não saber o que pode vir a ser é na verdade apenas progressismo negativo – Ela pertence certamente ao clássico, mas o progressivo também deve ser clássico.

[198] Há igualmente uma ironia propriamente filológica, e Wolf é o único que a possui.

[199] A ortografia etimológica é a única crítica. Querer diferenciar tudo [é] *arbitrário* – por exemplo, *punir* e *pressentir*[50] –, é

---

50 Schlegel joga com os verbos *ahnden* [punir] e *ahnen* [pressentir].

muito empírico e sem gosto. <Mais importante ainda é que permaneça aberto o regresso para a síntese originária.>

[200] Em uma *enciclopédia* <o método cíclico, apenas a tendência sistemática> o método não deve ser completamente analítico ou sintético, mas, de acordo com o julgamento da situação, pode ser ambos.

[201] Literatura [Bibliografia sugerida por Friedrich Schlegel]:

Jakob Wegelin, *Sur la philosophie de l'histoire* (Escritos da Academia de Berlim, 1770-1776), *Sur les Biographies de Plutarque* (1780). G. J. Vossius, *De artium et scientiarum natura ac constitution libri quinque, Bd. I: De quatuor artibus popularibus; Bd. III: De universae matheseos natura per constitution liber* (Amsterdã, 1650). D'Alembert, *Discours préliminaire de l'encyclopédie* (1751). G. B. Mably, *De la Maniére d'écrire l'histoire* (1782). Henry Bolingbroke, *Letters on the Study and Use of History* (1735). Cf. todos os cadernos antigos sobre a história da humanidade. A crítica inglesa. Daniel Beck, *Anleitung zur Kenntnis der allgemeinen Welt und Völkergeschichte* (Leipzig, 1787). Johann Georg Meusel, *Biblioteca historica* (Leipzig, 1782). David Ruhnken, *De Graecia* (1754), *Elogium Tiberii Hemsterhusii* (Amsterdã, 1768). T. Hemsterhuis, *Oratio de mathematum et philosophiae studio cum literis humanioribus conjugendo* (1725). Friedrich Bouterwek, *Parallelen vom griechischen und modernen Genius. Nur Fragmente* (Göttingen, 1791).

[202] O método enciclopédico não é fragmentário, mas *rapsódico*. Ou seja, não é um léxico.

<O método de tratamento rapsódico de um tema "X" é sua absolutização e potenciação.>

[203] No conceito de rapsódia já se encontra a tendência sistemática.

[204] *Os ensaios entremesclados de Garve,*⁵¹ p.314. A filologia é apenas um instrumento ou parte de outras ciências, p.316-317. Atribuímos importância demasiada aos antigos pelo trabalho excessivo que nos deram para aprender a compreendê-los.

[205] Um título melhor: *Princípios da filologia*. <E ainda não suficientemente sistemático ou histórico.>

[206] Ironia socrática: *sentido artístico da vida*.⁵²

[207] Não seria melhor reunir *tudo em um fundamento da filosofia da filologia?* <Construção do tom.> Verificação e comunicação popular de minha doutrina material da Antiguidade nesse escrito.

[208] Filologia clássica, natural, bárbara = filosofia natural progressiva; filologia *romântica, abstrata, transcendental. Diaskeun.*⁵³

[209] Dedução das categorias, fatos, ideias e ideais filológicos etc.

[210] O todo rapsódico, o mais ciclicizante possível, mas sem ser ciclicizado. Analítico, delgado.

---

51 Publicados em 1796.
52 Cf. fragmento [108] do *Lyceum*: "A ironia socrática nasce da unificação do sentido artístico da vida e do espírito científico, do encontro da perfeita e acabada filosofia da natureza e da perfeita e acabada filosofia da arte". Schlegel, Friedrich. *O dialeto dos fragmentos*. São Paulo: Iluminuras, 1997, p.36, fragmento [108] do *Lyceum*. Tradução de Márcio Suzuki.
53 Schlegel se refere à *diaskeuase*, o tratamento e restabelecimento de obras antigas. Em grego no original (διασκευη)

[211] Filosofia da tradução –
Filosofia da gramática –
Filosofia da retórica.
Tudo a partir do ciclo completo, o que for e o que possa ser analítico, filológico e rapsódico.

[212] Não pretender ler tudo de forma cursiva e apenas fragmentária na filologia, isso é o mesmo que exigir da filosofia demonstrações em toda parte.

[213] Os *Prolegômenos* de Wolf são talvez a melhor rapsódia que existe.

[214] *Wolf* parece que chegou apenas até a *polêmica* na verdadeira filologia, e não até a própria crítica. <Ele sabe o que é falso, mas não pode suplementar, substituir o verdadeiro.>

[215] *Funck*, sobre o estudo da filologia.[54]

[216] Conjecturas são *diaskeuase* em miniatura.

[217] Seria muito importante uma investigação sobre o espírito *científico* da mais nova filologia holandesa. E mesmo sobre seu caráter. A virtuosidade está bem próxima. <A crítica é o espírito da filologia holandesa.> Então, também algo geral sobre a influência do caráter nacional sobre a filologia. Os ingleses [são] mais históricos e clássicos. <Até mesmo suas investigações sobre a poesia/poesia de natureza são de qualidade histórica.> Os franceses amam investigações sobre trechos nodosos e filosofia universal sobre o objetivo <científico *epi-*

---

54 Johann Nicolaus Funck (1693-1777), *De lectione actorum classicorum.* Hamburgo, 1778.

deixis e preparatório> e muita mitologia prática, modernizada dos antigos, política e filosofia em Rousseau. <Os polos da filologia alemã parecem ser a *humanidade* e a *literatura*.>

[218] Na literatura, Fabrício em vez dos outros.[55]

[219] A compilação não é desconhecida dos franceses. Casaubon também se refere a trechos nodosos. <Não criticamente, mas historicamente, nodosos>, sendo, em certo sentido, também compilador e filósofo. Os italianos são apenas antiquários. A filologia alemã deve ser sistemática. Até agora, Winckelmann foi o único. <A filologia se fundamenta no paradoxo histórico da Antiguidade e no valor dela, assim como a finalidade do estudo. Ela quer realizar a Antiguidade novamente.>

[220] A compilação é certamente universal, não se atendo a nenhuma nação.

[221] Talvez a filologia holandesa apenas pudesse florescer na Holanda, no seio da estupidez.

[222] Na doutrina universal da *humanidade* encontra-se a semente da *universalidade* filológica. Sem abstração ela naturalmente não tem valor algum. <A única filologia abstrata é a holandesa e a holandesa-alemã.> Wolf é o fisiólogo da filologia. <Por isso, a *diaskeuase*; forma rapsódica; polêmica; *epideixis*; ironia; consequência.> Para a mímica, assim como a história, ele tem um sentido *apenas negativo*.

[223] Heyne nada mais é que um literato humanista. Um Fabricius, um Ernesti, modernizado.

---

55 Johann Albert Fabricius (1668-1736), filólogo de Hamburgo. Publicou a *Bibliotheca Graeca*, 14 volumes (1705-1728).

[224] Winckelmann é o histórico da doutrina da Antiguidade. <Tudo começa com os modernos e, ao que parece, com a história.> Minha intenção vai daqui até a mitologia da doutrina da Antiguidade.

[III]
Fragmentos sobre poesia e literatura[1]

<1797>

[1] O que falta aos hexâmetros de Goethe <a forma rigorosa> falta indiscutivelmente também a seu raciocínio físico. Ele é igualmente antirrigoroso na arte. O rigorismo surge apenas da mística ou da crítica.[2]

[2] Apenas por meio do progressismo absoluto <aspirar ao infinito> o sentimental se torna sentimental e esteticamente interessante. Senão, é apenas psicológico, quer dizer, interessante física ou moralmente como parte de uma individualidade digna.

---

1 Título original: *Fragmente zur Poesie und Literatur.*
2 "Desaprova-se a negligência métrica dos poemas de Goethe. Mas as leis do hexâmetro alemão deveriam ser tão consequentes e universalmente válidas quanto o caráter da poesia goethiana?" Schlegel, Friedrich. *O dialeto dos fragmentos.* São Paulo: Iluminuras, 1997, p.21, fragmento [8] do *Lyceum.* Tradução de Márcio Suzuki.

[3] Toda poesia que não é clássica ou progressiva é poesia natural. Shakespeare é um clássico sentimental e máximo da mímica.

[4] A opinião de que o *romance* não é uma poesia fundamenta-se na frase: *toda poesia deve ser métrica*. A partir dessa frase pode-se fazer uma exceção para o progressismo, mas apenas para este. O romance é uma *poesia mista*, misturada de forma ainda mais desigual que o idílio ou a sátira, os quais, ainda assim, seguem uma lei categórica da mistura.[3]

[5] Somente os gêneros poéticos totalmente válidos podem ser deduzidos em uma poética pura. O poema épico deve ser deduzido primeiro na poética *aplicada*, assim como tudo o que vale *apenas* para a poesia clássica ou *apenas* para a poesia progressiva.

[6] Diferença entre a sentimentalidade *material* por temor, suavidade, sensualidade insatisfeita ou vaidade <Jacobi> e a sentimentalidade mais elevada por puro misticismo. Shakespeare por último. Será que ele pode ser superado na poesia sentimental?

[7] A totalidade histórica é física, lógica, teórica ou prática; além disso, uma aproximação à épica, à lírica e, o quanto for possível, à unidade política.

[8] Na obra retórica a totalidade é ética; nos escritos satíricos deve prevalecer a totalidade política, não apenas unidade política. – Há escritos puramente satíricos?

---

3 Procuramos manter o jogo original entre *gemicht* [misturado], *Mischgedicht* [poesia misturada] e *Mischung* [mistura].

[9] O romance deve ter uma totalidade política ou satírica. Qualquer outra seria defeituosa.

[10] Klopstock é um coribante gramático.[4]

[11] Por meio da mistura do meramente filosófico, lógico e poético, a obra filológica se diferencia da histórica; e por meio da mistura do filológico com o histórico, a obra filosófica se diferencia da obra lógica. Ambas ocorrem por meio do *criticar* e do *polemizar*.

[12] Será que não deveria haver escritos *puramente éticos*, que se comportassem em relação aos retóricos assim como os lógicos diante dos filosóficos, os históricos diante dos filológicos, os poéticos diante dos satíricos? Escritos político-retóricos não são diferentes de ético-retóricos? A totalidade deve sempre ser ética, mesmo que o assunto seja político. <*Nota*: exato.>[5]

[13] Nada deve ser apenas histórico, poético, crítico e filosófico no estilo retórico; tudo deve se amalgamar ao ético, tudo deve ter um tom ético. Onde a totalidade não for histórica, mas filológica, o tom deve ser satírico; do mesmo modo deve ser onde a totalidade for apenas filosófica, assim como nos escritos críticos.

[14] *Caracterização*. Um gênero próprio, no qual a representação da impressão do belo é o principal. Poética. Gênero poético,

---

4 Segundo o dicionário Houaiss: "Cada um dos sacerdotes da deusa Cibele, que nas festas da deusa dançavam desvairadamente, soltando gritos estridentes para representar a desolação de Cibele pela morte de Átis". Houaiss, Antonio. *Dicionário da língua portuguesa*. Rio de Janeiro: Objetiva, 2004, p.837, verbete "coribante".

5 Todas as notas são de Schlegel.

com totalidade poética e *objetivo rapsódico*. <*Íon*, de Platão.> – Ou seja, a *comunicação do belo*. Esse gênero era desconhecido dos antigos. Tudo o que for poético deve ser evitado na forma; apenas o espírito e a matéria devem ser poéticos; a expressão [deve ser] a mais prosaica possível. <Há, portanto, [uma] verdadeira prosa poética; mas o poético logo se transforma em retórico, o qual é a morte do filosófico, do histórico e do filológico.>[6]

[15] <*Sobre o chiste. Sobre o estudo da filosofia clássica*.>

[16] A prosa *satírica* combina apenas com a mistura de assuntos heterogêneos; a prosa *urbana* parece se diferenciar ainda mais.

[17] Sem a totalidade ética o retórico é sofístico.

[18] Toda prosa é poética, lógica, ética, (retórica,) política, histórica, filosófica, filológica, satírica, idílica e *romântica*. Será que não há também um gênero filorretórico e filopoético da prosa? Será que não há uma prosa mística, cética, empírica e eclética?

[19] Ideia de um estilo *teológico econômico* – O primeiro é o ético, depois da retirada de tudo o que for histórico, retórico, filosófico etc. – O último, após a retirada do entusiasmo ético; esse é o estilo puramente *empírico*. O primeiro é o *místico*; o *eclético* relaciona-se ao *romântico*.

[20] Será que a prosa *mímica* não é ainda mais diferente da idílica ou da satírica? Nos gêneros mímico, idílico, satírico, a

---

6 "Uma caracterização é uma obra de arte da crítica." Cf. Schlegel, Friedrich. *Athenäum Fragmente I*. In: KA-II, p.253, fragmento [439].

métrica não é essencial, pois esses gêneros não são eles mesmos rigorosos. A prosa *romântica* é uma mistura desses três [gêneros]; caso predomine o idílico, então é um romance sentimental; [se predominar] o satírico, então é um romance cômico; [se predominar] o progressivo, então é um romance filosófico. Mas todos esses extremos são defeituosos, pois por meio da própria essência do romance até mesmo a mistura é destruída. <Assim, já não será mais um romance – Essa preponderância vai contra a totalidade *política*.>

[21] A sublime pressa e brevidade de alguns escritores romanos. Forma de escrita esboçada. É um contrassenso e um erro não escrever uma obra esboçada em um estilo que não seja esboçado.

[22] Espinosa é o modelo do *estilo* lógico. – Aristóteles e Platão também nos *logikois* [lógicos].[7]

[23] Será que não deveria prevalecer a forma de escrita *romântica*, no sentido acima, em todos os escritos do mundo progressivo? <O gênero romântico predomina totalmente entre os modernos, como o satírico entre os romanos?>

[24] Em uma poética pura talvez não houvesse gênero poético algum. | Assim, a poética deve ser simultaneamente pura e aplicada, empírica e racional.

[25] Diferentes maneiras de se ler um filologema de um filósofo <lógica, rigorosa>, de um historiador <estética, crítica>; e a forma política e popular de ler.

---

7 Trata-se de obra planejada intitulada *Escritos lógicos*.

[26] A mistura de heterogeneidades gramaticais é mais permitida nas formas de escrita satírica e filológica, <também nas filológicas> e nem tanto nas formas idílicas e românticas; ainda menos nas formas poéticas, e no que se aproximar destas na escrita histórica, assim como na [escrita] retórica.

[27] Será que o erótico é o que visa à totalidade da unificação <casamento>, sendo uma parte integrante essencial, conforme o surgimento do gênero romântico? <A necessidade do erótico no drama moderno pertence à aparência romântica.>

[28] O matemático em Espinosa é extremamente ilógico – A abundância lógica <dialética> não é boa nos escritos dogmáticos esboçados; nos sistemas esboçados o tom deve ser dogmático.

[29] Escritos puramente éticos devem unir a abundância, a simplicidade e o calor idílicos com beleza e homogeneidade líricas e força retórica.

[30] A correção política, a adição romântica do erótico, a intriga e a influência teórica tornam a tragédia francesa um produto completamente moderno. <A conservação do mito antigo foi uma cópia, e não imitação;[8] o abandono do coro foi uma infidelidade substancial.>

[31] Os clássicos românticos foram aqueles nos quais o caráter e a progressão do gênero se mostraram da melhor forma.

[32] Três *gêneros poéticos dominantes*. I) *Tragédia* entre os gregos. II) *Sátira* entre os romanos. III) *Romance* [entre] os modernos.

---

8 No original: *"Eine Nachmachung und nicht Nachahmung"*.

[33] A própria arte seria apenas uma limitação para a mais elevada beleza.

[34] Contemplar a escultura das nações bárbaras como escultura *natural*.

[35] As leis antitéticas da doutrina da arte pura são:
I) Todo gênero artístico deve ser necessário, isto é, determinado, delimitado, clássico.
II) Todo gênero artístico deve ser ilimitado; não apenas diversidade individual, mas gênero consequente.
<A partir do princípio: não deve haver gêneros artísticos especiais, a unificação de todas as artes será deduzida.>

[36] Não é a arte que faz o artista, mas o entusiasmo musical.⁹

[37] A dança é ao mesmo tempo lírica e épica; a divisão entre o lírico, o épico e o dramático não se limita apenas à poesia.

[38] Não deve haver nenhum *intervalo* no gênero épico; ele é completamente apoético e apenas retórico.

[39] O mais elevado e sublime na crítica apenas é possível pela *abstração prática*.

[40] Toda prosa é poética – Caso se oponha a prosa inteiramente à poesia, apenas a lógica será verdadeiramente prosa.

[41] As leis do número prosaico surgem por meio da simples modificação do imperativo métrico.

---

9 "Não são a arte e as obras que fazem o artista, mas o sentido, o entusiasmo e o impulso." Schlegel, Friedrich. *O dialeto dos fragmentos*. São Paulo: Iluminuras, 1997, p.30, fragmento [63] do *Lyceum*. Tradução de Márcio Suzuki.

[42] O poeta romântico deve também ser aquilo que o poeta clássico nunca poderá ser: retórico.

[43] O espírito humano é em si uma antítese; o coração também tem suas antíteses.

[44] No estilo antitético é necessário contornar a aridez do assunto; isso é benéfico para uma matéria fluida, assim como para matéria histórica. O que já é tão árido como a matéria filosófica deve se tornar então mais fluido.[10]

[45] <O parentesco entre a parisose, paramoio etc. com a *rima*. Seria quase possível dizer que a prosa dos gregos era rimada.[11] A prosa romana *não* tem tanto parentesco com a rima como a grega. Entre eles, a grandiosidade política repudiava esses falsos adornos.> A verdadeira razão de tais adornos era mesmo a ausência de totalidade ética.

[46] Onde se queira desenvolver as partes integrantes não apenas de modo *homogêneo*, mas também de modo diverso, deve-se buscar a totalidade, e não apenas a *unidade*.

[47] A perfeição da beleza de Sófocles é impossível no estilo retórico. Aqui, Ésquilo é o modelo.

[48] Onde há o *acaso* também pode existir o *maravilhoso*, ou seja, também no drama moderno. Mas o místico e o ideal precisam ser tratados de modo mímico, como em *Sonho de uma noite de verão*, de Shakespeare. <Justificação da *opera*.>

---

10 Schlegel joga com as palavras *Ecken* e *eckig*, traduzidas como "ásperos", "duros", "difíceis".

11 Parisose é uma figura de linguagem que consiste na similaridade de sentenças; paramoio é uma parisose com palavras similares.

[49] O mimo é mais ou menos que a poesia, depende do ponto de vista.

[50] *Arrebatar* é a verdadeira expressão do efeito da mais alta beleza.

[51] Será o drama de Shakespeare apenas o Ésquilo do gênero romântico?[12]

[52] A importante diferença entre a poesia analítica e a sintética.

[53] O chiste romântico é o mais elevado – O satírico é o que mais se aproxima dele, e também o que mais se assemelha. A ironia socrática pertence a isso.

[54] <Antíteses históricas em Haller?[13] – Frequentemente um substituto para a determinação lógica; determinação sensível e preparatória.>

[55] <A história é um mimo épico. Por isso, o histórico no romance | O romance é a mescla de todos os gêneros, a poesia natural sem arte, e os gêneros mesclados da poesia natural.>

[56] No mimo imperfeito <Shakespeare é o mimo perfeito>, que abarca apenas o geral e se atém somente ao que é rudimentar, naturalmente sempre se repete um ciclo de caracteres <máscaras>.

---

12 Cf. O ensaio *Sobre o estudo da poesia grega*, também chamado de *Studium Aufsatz* (KA-I, p.246), onde Shakespeare é tratado como um Ésquilo moderno.

13 Hans Eichner não está certo se o manuscrito se refere a Albrecht von Haller (1708-1777), médico, poeta e naturalista suíço, afirmando que o nome está quase ilegível.

[57] *Fundamento da doutrina da arte*: apenas a mais elevada unificação do rigorismo e da liberalidade.[14]

[58] Em Romeu e Petrarca, o antitético está mais na matéria; nos antigos oradores, mais na forma – *Admirar o caráter opositório nos modernos; a igualdade era pressuposta*; [e] ainda mais sintética.

[59] Em *Herder*, a massa sintética de seu espírito se liquefaz.

[60] A força é maravilhosa em Gozzi; no completo desenlace interior do homem a destruição de todo sentimento.

[61] As duas objeções mais comuns contra a caricatura são: I) Ela é desnaturada. II) Ela é comum; mas as próprias objeções são elas mesmas tão comuns quanto desnaturadas.

[62] A poesia de Gozzi [é] desenhada de modo leve e rudimentar, [é] *poesia decorativa*. Em Gozzi, estranho conceito da necessidade de ser *novo*. O demagógico em Gozzi é o mais parecido com Aristófanes; o *mágico* maravilhoso é na verdade uma vantagem.

[63] <Petrarca e os princípios fundamentais franceses de Bembo[15] sobre os componentes necessários de um soneto.>

[64] Na tragédia antiga, acontecimentos físicos ocorrem o menos possível, na comédia acontecem mais.

[65] Especialmente como exercício preparatório para a poesia romântica, além da poesia satírica, também a idílica, e de preferência a mímica. – A *sátira* é muito receptiva para exteriori-

---

14 *Liberalität*, traduzida por "liberalidade", como em outros fragmentos, tem o sentido de "tolerância".
15 Pietro Bembo (1470-1547), cardeal humanista italiano.

zação da formação moral, científica, sociável e civil. O *arábico*, romântico, absolutamente maravilhoso, também é um exercício preparatório para o *romance*. <Todos os gêneros, com exceção dos três antigos gêneros clássicos. Esses componentes devem ser combinados em uma unidade progressiva.>

[66] A épica romântica é uma forma de idílio.

[67] As obras de Aristófanes são obras de arte plásticas, que se pode contemplar por todos os lados. As obras de Gozzi precisam de um ponto de vista.[16]

[68] <No *Pantalone* e *Truffaldino* há um lisonjeio muito delicado do povo *veneziano*.>[17]

[69] *Graus* do romântico. I) Entre os antigos: épica e o drama. Início da poesia misturada em prosa e da sentimentalidade mística do amor. ερωτικα [erótica]. II) O maravilhoso e místico absoluto é o verdadeiro romântico. III) *Dom Quixote*.

[70] Não deveria a tragédia ser traduzida para o antigo novamente?[18]

---

16 Carlo Gozzi (1720-1806), dramaturgo italiano, defensor da *commedia dell'arte*, autor de *Turandot* (1762). O fragmento se assemelha muito a outro da *Athenäum*: "As comédias de Aristófanes são obras de arte que se deixam observar por todos os lados. Os dramas de Gozzi têm um ponto de vista". Schlegel, Friedrich. *O dialeto dos fragmentos*. São Paulo: Iluminuras, 1997, p.90, fragmento [244] da *Athenäum*. Tradução de Márcio Suzuki.

17 Pantalone é o médico descuidado, enquanto o Truffaldino é o servo atrevido. São personagens da antiga comédia italiana, normalmente em dialeto veneziano. [Nota de Hans Eichner.]

18 Schlegel utiliza o verbo *antiquiert werden*, que significaria literalmente "ser transformada em antiga".

[71] De acordo com sua natureza, todos os juízos estéticos são *vereditos de poder*, não podendo ser outra coisa. Não se pode prová-los, mas é necessário que se legitime para isso. É muito certo que não se deveriam julgar obras ruins.[19]

[72] Quantos enganos não comete o crítico quando conhece apenas uma parte do domínio da poesia, e ainda mais quando essa parte é muito vasta e ele é incapaz do rigor!

[73] O *público* existe apenas tão problematicamente quanto a igreja.[20]

[74] <*Anais da literatura alemã de 1789.*>
<*Sobre o chiste* | *Teoria do romance.*>[21]

[75] Entre todos os eruditos wolfianos, Sulzer é o que tem mais singularidade.

[76] A comédia de Dante é um *romance*.

[77] Artistas, conhecedores e amantes da arte – Todos devem agir a partir de um cinismo puramente elevado. E não por

---

19 "Um verdadeiro juízo artístico, você há de concordar comigo, uma visão elaborada e totalmente acabada de uma obra, é sempre um fato crítico, se assim o posso dizer. Mas é apenas um fato e, justamente por isso, é trabalho inútil querer motivá-lo, pois o próprio motivo deveria conter um novo fato ou uma determinação mais precisa do primeiro." Cf. Schlegel, Friedrich. *Gespräch über die Poesie*. In: KA-II, p.349.

20 "Alguns falam do público como se fosse alguém com quem tivessem almoçado no Hotel de Saxe durante a Feira de Leipzig. Quem é esse público? Público não é uma coisa, mas um pensamento, um postulado, como a igreja." Schlegel, Friedrich. *O dialeto dos fragmentos*. São Paulo: Iluminuras, 1997, p.25, fragmento [35] do *Lyceum*. Tradução de Márcio Suzuki.

21 Sobre a planejada teoria do romance, ver KA-II, p.337.

honra, ouro, ou pretender controlar, utilizar ou deleitar o público.

[78] Grande diferença entre a capacidade de representação psicológica e a objetividade técnica de um personagem <*Sancho* e *Aquiles*>.²²

[79] Utilidade do surgimento de todas as variantes do gosto, da individualidade estética e da mistura dos componentes originais na poesia moderna. Fundamentar o *imperativo genial* e satisfazer a separação da formação artificial entre os modernos.

[80] Toda obra de arte traz sua moldura ao mundo, a qual deve chamar a atenção para a arte.

[81] Na verdade, é preciso que se vejam as personagens do *Meister*²³ entre uma chuva de fogos de artifício.

[82] Ideia de uma casuística estética | Interpretação mística das conveniências da cortesia.

[83] No artista genuíno coexistem a intenção, o propósito, o entendimento e o gênio involuntário; cada um em superioridade sobre o outro.

[84] Um *bonum dictum* é uma combinação prática, uma semelhança sintética em forma sociável.²⁴

[85] Não é de todo impossível que os poetas modernos realizem novamente *estudos*, como as tragédias de Sófocles ou

---

22 Sobre a "objetividade técnica", ver KA-I, *Studium Aufsatz*, p.291, 414.
23 *Os anos de aprendizado de Wilhelm Meister*, de Johann Wolfgang von Goethe, publicado entre 1795 e 1796.
24 *Bonum dictum*, "bom ditado", em latim no original.

a épica de Homero. O problema é que o grau de abstração necessário para isso ainda vai estar longe de ser alcançado. E o caráter desfavorável dos instrumentos de representação da arte clássica fará que sempre falte *um não sei quê*.²⁵

[86] Os dramas de Shakespeare são uma mistura da tragédia clássica e do romance.

[87] Será que a arte é apenas um meio, como o Estado?

[88] Há uma forma de chiste que procura apenas limitações e contradições; *Voltaire*. O chiste romano não é assim.

[89] Combinações compactas que não sejam um achado lógico, mas sintético – isto é, que sejam produto da imaginação sem urbanidade e sal na expressão –, são matéria do chiste sem a forma dele.

[90] Os poetas clássicos são simultaneamente sintéticos e analíticos.

[91] <Imagem de um poeta sobre Goethe – no futuro, para um *estudo*.>

[92] Assim como o objetivo da ciência é tornar-se arte, a arte também deve finalmente tornar-se ciência.²⁶

[93] Até agora, a filosofia apenas ensinou o artista a conhecer seu objetivo e a corrigir, elevar e ampliar seu espírito e seus pen-

---

25 *Ein gewisses Etwas*, em alemão no original.
26 "Toda a história da poesia moderna é um comentário contínuo ao breve texto da filosofia: toda arte deve se tornar ciência e toda ciência, arte; poesia e filosofia devem ser unificadas." Schlegel, Friedrich. *O dialeto dos fragmentos*. São Paulo: Iluminuras, 1997, p.38, fragmento [115] do *Lyceum*. Tradução de Márcio Suzuki.

samentos. Somente quando houver uma psicologia material e sintética a ciência vai servir como guia dos experimentos e *instrumento* para conhecer de forma teórica o objetivo que ele [o artista] só conheceu de forma prática.

[94] Existe uma forma analítica de receber, e até mesmo de sentir, e outra forma sintética. – O juízo de gosto sintético não deve ser apresentado apenas geneticamente, mas também deve ser construído de forma necessária.

[95] Diferentemente de Boileau e Addison, Horácio não é um *prescritor do gosto*, como algumas pessoas *gostariam de torná-lo*.

[96] A história da poesia progressiva apenas se deixaria construir *a priori* quando estivesse *acabada*; até agora, apenas é possível exibir confirmações da ideia progressiva da história da poesia moderna e seguir as suposições.

[97] Já que na tragédia sentimental o destino é apresentado frequentemente como o Deus pai, ou o diabo, [como] *arbitrário*; então, segundo o ponto de vista clássico, ela se aproxima do gênero da comédia.[27]

[98] Para uma aproximação ao mais elevado na comédia, cuja completude apenas se deixa realizar na poesia progressiva, há traços de uma *palingênese*[28] da arte poética até mesmo na Itália nesse século.

---

27 "Na tragédia moderna, o destino é algumas vezes substituído pelo Deus pai, mas ainda com mais frequência pelo diabo. Como é que isso ainda não levou nenhum douto em artes a uma teoria do gênero poético diabólico?" Schlegel, Friedrich. *O dialeto dos fragmentos*. São Paulo: Iluminuras, 1997, p.24, fragmento [30] do *Lyceum*. Tradução de Márcio Suzuki.
28 *Palingênese*, "renascimento", "ressurreição", em grego no original.

[99] É na poesia moderna que se encontra a predisposição de um dia se tornar ciência.

[100] A prosa ainda não é arte atualmente.

[101] Pedantismo com a letra da Antiguidade pode até ser bom, mas apenas se também se tem o espírito.

[102] A poesia alemã é mais *moral* que qualquer outra; <não negativa, mas positiva>.

[103] A maioria dos romances são apenas compêndios da individualidade.

[104] Por que não deveriam existir pessoas imorais, do mesmo modo que se tolera o apoético e o afilosófico? Apenas pessoas apolíticas e antipolíticas não deveriam ser toleradas.

[105] Klopstock é inteiramente poeta lírico; é tão antiépico quanto se pode ser. Klopstock possui a letra da Antiguidade mais que Goethe, e o espírito da Antiguidade mais que Voss. É o exemplo de uma unificação futura.

[106] Será que não deveria existir uma obra de arte poética que *fosse* ao mesmo tempo um romance e uma *comédia clássica*, e onde a mitologia se situasse no futuro; [que fosse] clássica no espírito e na letra, mas ainda assim universal e progressiva?

[107] Quem tem fantasia tem de poder aprender a poesia; ainda se tem de chegar ao ponto em que todo filósofo escreva um romance.[29]

---

29 "Aquele que tem fantasia, ou *pathos*, ou talento mímico teria de poder aprender poesia como qualquer outra coisa mecânica. Fan-

[108] Shakespeare supera todos os antigos no *pathos*; sua mímica é perfeita; na fantasia ele também é o primeiro. Ou seja, [é] o *maximum* da poesia natural.

[109] Klopstock salta por sobre si mesmo, desconhecendo completamente o sábio limite que, na arte, como em qualquer outro âmbito especial, é tão necessário. <O *Messias*, de Klopstock, é um rosário de canções religiosas <antigas [canções] calvinistas>. Um compêndio de afetação. A obra tem mais afetação do Absoluto do que o próprio Absoluto. Ao invés disso, o *imensamente pecador*.>

[110] A estética moderna consistiu, por muito tempo, apenas em explicações *psicológicas* de fenômenos *estéticos*. | Encontra-se nisso ao menos uma indicação de que a arte deve tornar-se ciência. Era melhor que se procurasse cientificamente o meio da dissolução para as tarefas estéticas.

[111] No futuro, os antigos podem ser superados até mesmo no clássico.

[112] Como *Shakuntala* é mais valiosa que *Ossian*, e como ambos tiveram sorte tão desigual![30]

---

tasia é, ao mesmo tempo, entusiasmo e imaginação; *pathos* é alma e afeto; mímica é olhar e expressão." Schlegel, Friedrich. *O dialeto dos fragmentos*. São Paulo: Iluminuras, 1997, p.91, fragmento [250] da *Athenäum*. Tradução de Márcio Suzuki.

30 *Shakuntala* é a mãe do Imperador Bharata; sua história é narrada no *Mahabharata*, obra épica hindu escrita séculos antes de Cristo. *Ossian* é o nome de uma fraude literária publicada por James Macpherson (1736-1796) em 1762, atribuída a um suposto poeta irlandês chamado Ossian, que, como se descobriu mais tarde, nunca havia existido.

[113] Klopstock é ao mesmo tempo um Ovídio cristão e um Estácio (Lucano).[31]

[114] Em dez anos os filosofemas de Schiller – todos os que estão em destaque – deverão estar parecidos com os de Garve (agora). <1797.>

[115] A ideia equivocada de Goethe sobre o romance. O fato de que a intriga analítica pertence essencialmente a ele, que o herói deve ser um fracote, e que o *Tom Jones* seria um bom romance. Ele age de forma completamente *empírica* na busca pelo espírito dos gêneros poéticos; mas é precisamente o caráter desse gênero que não se pode encontrar completamente de forma empírica. <Goethe poliu as arestas de todos os gêneros.>

[116] Índice de clássicos *negativos* para a *Teoria do feio*.

[117] O princípio: estão resenhando agora, então também queremos participar da resenha para que seja bem feita <e nos colocarmos em vantagem>; é como querer tomar parte nos assassinatos em uma revolução.

[118] Voss tem uma letra realmente encorpada, larga, empírica e arrogante.

[119] Há também um chiste natural, assim como um chiste artístico.

[120] Se deve ou não haver gêneros poéticos, então deve também existir *um* gênero que unifique todos os outros.

---

31 Públio Ovídio Naso (43-17/18 a.C.), Cecílio Estácio (230-168 a.C.), Marco Anneo Lucano (39-65 d.C.), poetas romanos.

[121] Os escritos de Schiller consideram seus amigos profundos, visto que na filosofia ele é superficial e como poeta chegou apenas até o cálculo.

[122] Garve não é total, ou seja, também não se atém à letra.

[123] Não é pela tolerância <hipócrita> de Goethe que se deve renunciar à crítica. Isso ainda não é possível. Ainda não há uma sociedade. Seu *primeiro princípio* deve ser crítico e moral, e não literário e mercantilista. Onde surge o último, tudo que é bom deve permanecer apenas contingente.

[124] O *belo* é tanto a aparição agradável do verdadeiro, do correto e do moral quanto do bem.[32]

[125] Apenas o que é clássico ou progressivo merece ser criticado.

[126] A sociedade crítica deve ser composta de <muitos> políticos cínicos. Quem tem coragem de se levantar e dizer que relações, preferências, compaixão, cuidado, amizade *nunca* tiveram a mínima influência sobre seus juízos? <Os resenhistas habituais são apenas como auxiliares de mercado ou encadernadores; outros panfletários.>

[127] Leviandade condenável na divulgação pública de produtos intelectuais de desconhecidos. <A *Histoire*, de Woltmann, é um *Elfin*.>[33]

---

32 "Belo é a aparição daquilo que é ao mesmo tempo atraente e sublime." Schlegel, Friedrich. *Vom Wert des Studiums der Griechen und Römer.* In: KA-I, p.638.
33 *Elfin*, "plágio", coloquialismo alemão. Schlegel suspeitava que Woltmann havia plagiado uma obra. Essa suspeita foi levantada por Schlegel em sua resenha feita para o periódico de Schiller *Die Horen*, em 1796.

[128] Na Prússia predomina na literatura algo da trivialidade universal francesa.

[129] Falha no juízo dos grandes mestres em suas próprias áreas; Kant, Fichte.

[130] <No escrito sobre *Chiste de uma apologia de Cícero*, o qual teria sido uma cabeça chistosa que quis ser muita coisa que não era, e foi sempre julgado de forma muito errônea.>[34] <Almanaque crítico.>

[131] Uma obra puramente polêmica não faz o suficiente na retórica progressiva, pois a ética é positivamente prática. Reinhold e Schiller são apenas declamadores progressivos, e não retores, no bom sentido.

[132] *Permaneça sóbrio e não se esqueça de desconfiar*[35] é o lema de Garve, em seu próprio sentido.

[133] No início, Herder escrevia com tenacidade, de forma plena e massiva. Mas sua escrita se fragmentou, e ele se perdeu no meio da dissolução em água.

[134] Não me interessa uma única obra de *Goethe*, mas o próprio Goethe, como um todo. Em algumas obras pode até se encontrar muito pouco [de Goethe], e eu não culpo ninguém por pensar assim. Mas mesmo na menor parte de Goethe ainda há Goethe, [de um modo] singular e irreconhecível.

---

34 "Cícero foi um grande virtuose da urbanidade, que queria ser orador e até filósofo, e poderia ter-se tornado um antiquário bem genial, um literato e polímata da virtude e festividade da Roma antiga." Schlegel, Friedrich. *O dialeto dos fragmentos*. São Paulo: Iluminuras, 1997, p.91, fragmento [250] da *Athenäum*. Tradução de Márcio Suzuki.
35 Frase atribuída ao comediógrafo grego Epicarmo (540-450 a.C.).

[135] Alguns críticos bem intencionados procedem com as poesias que admiram de forma quase *botânica*.

[136] *Herder* é o mais distinto de todos os poetas populares. Ele tem tanto mérito no âmbito da poesia natural, e no necessário retorno dos alemães a todos os elementos da poesia, quanto Klopstock na língua e na poesia alemãs, ou Goethe e Schiller no âmbito do ideal.

[137] O romance tem a tendência da parábase, a qual, quando contínua, tem algo humorístico.

[138] No humor há uma aparência de arbitrariedade, mas que deve ser fundamentada por leis.

[139] <*Cartas antiquárias.*>

[140] A crítica da filosofia clássica contra a poesia clássica contém os primeiros princípios da poesia progressiva. Aqui também se encontra o mais antigo início da poesia moderna.

[141] Exigências morais são certamente feitas ao virtuoso *mímico*. Ele *pode* imitar tudo o que quiser; ele apenas *deve*, então, querer imitar aquilo que pode e deve. Vem daí a moralidade da poesia moderna, e parte da crítica da filosofia clássica contra os poetas. O artista mímico deve representar não exatamente apenas o moral, mas também o que é culto, e se possível o que de mais culto existir.

[142] A *sentimentalidade* sem a energia e a compreensão infinitas de um Shakespeare não é muito interessante; mas com elas é infinitamente interessante.

[143] As condições de formação e os graus, ou os limites *práticos* e *históricos*.

[144] A *arte* atravessa todos os âmbitos, como a crítica, mas é no âmbito estético que ela tem seu lugar próprio. Há uma arte ética, política, social, lógica, histórica – mas apenas na arte estética ela pode realizar *obras permanentes*.

[145] O estilo é uma singularidade histórica objetiva da arte clássica ou progressiva; [a] maneira é apenas individual e a-histórica.

[146] Tudo o que se fundamenta sobre a oposição entre aparência e realidade, como a elegia, no sentido de Schiller, não é puramente poético.[36]

[147] O fundamento da métrica é musicar o imperativo da poesia tanto quanto for possível; o fundamento da arte dramática é tornar plástica a poesia tanto quanto for possível.

[148] <É muito limitado e antiliberal da parte de Herder não poder suportar Sula,[37] Fichte e o pecado original.>

[149] A *Ópera-bufa* tem a vantagem em relação à antiga comédia de poder admitir para si a poesia natural <A parábase e outras formas de improvisação artísticas são uma verdadeira poesia natural.>

[150] A poesia clássica aniquilou a si mesma historicamente; a poesia sentimental de Shakespeare também se aniquilou totalmente. Apenas a poesia progressiva não; isto é, ela se autoaniquila, mas logo em seguida se autoproduz novamente.

---

36 Segundo Schiller, a elegia se fundamenta na oposição entre a realidade e a aparência. [Nota de Hans Eichner.] [Ver Edição XII, 93 da *Horen*.]

37 Lúcio Cornélio Sula (ou Sila) (138-78 a.C.), general e estadista romano.

[151] O fantástico absoluto contém o fundamento épico do romance épico.

[152] *Schiller* é um sentimentalista retórico cheio de violência polêmica, mas sem autonomia, que ruge e vocifera longamente, mas depois poda a si mesmo e se cultiva; foi um servo e voltou a sê-lo.

[153] Será que não há também uma prosa crítica, prática, cética, polêmica e mística? Uma prosa épica, lírica, dramática, idílica, satírica e epigramática?

[154] <Mesmo a representação de martírios *absolutos* (*A religiosa*, de Diderot) também pertence essencialmente à poesia moderna e aos prolegômenos do romance.>[38]

[155] *Hermann* é o mais afetuoso, probo, sentimental, nobre, amável e moral entre todos os poemas de Goethe.[39]

[156] Muitas obras não são mais que ideias.

[157] Três escolas da doutrina da arte na Alemanha. I) Estética – Sulzer. II) Winckelmann, Lessing, Moritz, Herder. III) Kant, Schiller etc.

[158] *Hermann e Doroteia* é uma épica romantizada, que por isso mesmo é idílica.

[159] <Se encontra entre van der Werff e Rafael>.[40]

---

38 Denis Diderot (1713-1784). O romance *A religiosa* foi publicado em 1796.
39 *Hermann e Doroteia*, poema épico escrito por Johann Wolfgang von Goethe (1749-1832) entre 1796 e 1797.
40 Adriaen van der Werff (1659-1722), pintor holandês. Schlegel o opõe a Rafael por sua tendência realista.

[160] Dúvida se os ingleses têm qualquer outro conceito que não seja o quantitativo — *Estranha seleção* de escritos de grandes críticos estrangeiros.[41]

[161] Será que não há, nas personagens alegóricas dos mistérios, uma analogia com os caracteres sistemáticos de que o romance acabado necessita?

[162] O *romance* perfeito e acabado deve também ser uma epopeia <isto é, uma poesia natural clássica e universal> | Assim, ele também deve ser uma *ode*; deve ser *coro* e *melodia* em relação à individualidade e ao público; onde não o for, [deve] ao menos se aproximar.

[163] Os antigos representam em demasia apenas o *empírico*. Eles não representaram Sócrates ou Diotima; e nem mesmo Sófocles. Os modernos acabam frequentemente no extremo oposto. <Defender em algum lugar a representação direta do absoluto na poesia; de algum modo também é necessário que haja um imperativo de que a matéria da poesia deve ser absoluta.>

[164] Os verdadeiros dramas de *uma* nação são tão pouco clássicos para os modernos, como a imitação, a tradução e a cópia dos antigos e modernos, assim como tudo o que for útil para tornar uma nação similar à outra.

[165] Johnson afirma que Shakespeare escrevia *without rules*.[42] Quem então alguma vez escreveu com *rules*?

---

41 A *Seleção de obras cômicas* não foi levada a cabo por Schlegel, mas, na *Conversa sobre a poesia*, ele trata do caráter cômico nas obras literárias.
42 No original em inglês, "sem regras". Samuel Johnson (1709-1784), *Preface to Shakespeare* (1765).

[166] <Diferença entre a antipoesia de *Johnson*, *Fichte* e a *minha*. Diferentes tipos de antipoesia caracterizada.>

[167] Tudo o que é provincial é oposto ao clássico; toda nação na Europa deve ser compreendida apenas como uma província da modernidade. <Um clássico moderno deve ser ao mesmo tempo *universal*.>

[168] Na *prosa crítica* deve estar contido tudo: filologia, filosofia, lógica, retórica, história, sátira, idílio, mimo etc.; tudo deve ser clássico, nada deve ser polido pela sociabilidade; nada deve ser fundido como no estilo romântico. <Teoria da *prosa*.>

[169] Quem leva adiante sua língua e a *desenvolve* verdadeiramente é, para ela, um clássico; ainda que ele também se torne obsoleto – pois mesmo os clássicos podem se tornar obsoletos.

[170] Similaridades entre Dryden e Schiller.

[171] Será que o *belo* também se deixa promover? Onde realmente ocorreu, [o belo] promoveu a si mesmo. Onde se quis promover o belo, o que ocorreu foi sempre apenas aparência, vaidade, sensualidade etc.

[172] Desvios necessários na trajetória do gênero, ou na trajetória da formação moderna, não são, em verdade, desvios. *Shakespeare é correto.*[43]

[173] O estudo absoluto é o princípio fundamental da crítica.

---

43 Ver fragmento [253] da *Athenäum*.

[174] Os clássicos modernos não devem ser assinalados segundo *gêneros poéticos*, mas assim:
I) Clássicos da poesia moderna.
II) Clássicos da arte romântica.
III) Clássicos em prosa.
IV) Clássicos universais da modernidade.

[175] Os franceses e os ingleses concordam mais do que eles próprios sabem.

[176] *Formas de pensar predominantes sobre a arte*: gênios são incorretos; autores corretos não são geniais; regra é o que está no livro; o público é o parceiro; digno de admiração é o que conseguiu superar o maior número de dificuldades; a arte surge da imoralidade, porém a torna um pouco moral; ela não precisa, por isso, ser moral, mas também não pode ser decididamente imoral. <O gênio é rudimentar; [a] cultura torna-o medíocre.>

[177] Nossa correção deve visar à totalidade; a dos antigos visava ao individual.

[178] A *Jerusalém*, de Tasso, é uma romança sentimental.[44]

[179] Apenas a obra genial pode ser correta.

[180] "Nada ainda foi dito." (*Tout est dit.*)[45]

[181] Enquanto busca-se a poesia absoluta, a filosofia absoluta ou a crítica absoluta, não se está satisfeito com nenhuma obra.

---

44 A tradução segue a diferenciação que Schlegel faz entre *romanzo*, isto é, as narrativas medievais, de cavalaria, em prosa ou em verso etc., e *roman*, como o romance moderno (ou romântico).

45 "Tudo foi dito", em francês no original.

[182] A opinião habitual dos pensadores analíticos é a de que o gênio é necessário, natural, predestinado e inexplicável; o gênio é um ato e um efeito da liberdade. Naturalmente, não se pode considerar assim na história, mas isso é possível na doutrina da arte de viver [*Lebenkunstlehre*] e na crítica.

[183] *Sentido* é a particularidade dominante de Herder. Qual é, então, a virilidade, a agudez, o sal que lhe falta? Primeiramente lhe falta a filosofia e, com isso, tudo o mais. Mas também lhe falta a práxis e, com isso, igualmente a *força produtiva*.

[184] *Sentimental* é um gênero de grandes dimensões; toda poesia progressiva que seja regressiva, toda poesia que se aniquile não de forma histórica, mas poética. Mas como é diferente a sentimentalidade *mística* de Dante, a sentimentalidade *romântica* de Tasso e Petrarca, a sentimentalidade *retórica* de Rousseau e Schiller, a *idílica* de Guarini, a *satírica* e elegíaca de Klopstock, a sentimentalidade *absoluta* de Shakespeare etc.

[185] No romance, todas as partes integrantes devem estar tão amalgamadas que a pessoa culta, que não é [um] poeta clássico, nem filósofo, nem filólogo, possa compreender tudo. Nesse sentido, o estilo crítico é a antítese absoluta do romântico, pois no estilo crítico todas as partes integrantes da formação devem ser recortadas e isoladas de modo clássico. O estilo crítico é, assim, verdadeiramente satírico.

Para os fundamentos da doutrina da arte

[186] [Os fundamentos] devem conter os princípios da arte progressiva e da clássica – *Tese*. Deve haver modelos. Antítese. Não deve haver nenhum modelo; a arte deve progredir eterna-

mente. Antinomia do clássico e do progressivo. Será que não há na arte também uma antinomia do patético ou *musical* e do *plástico*?

[187] Uma obra verdadeiramente lógica deve ser tão *fluida* quanto possível, deixando de lado qualquer pretensão à totalidade. Quanto menos *totalidade* há em um escrito, mais *unidade* deve estar lá. Isso é alcançado pela *homogeneidade* do espírito, a forma, o desenvolvimento, a cor.

[188] O começo de uma obra lógica deve ser *tético*, na verdade, ela pode tão pouco começar quanto terminar. <A tese absoluta como fundamento; então antíteses e hipóteses puras.> Começo: que a beleza e a arte devem ser, enquanto seres isolados – Conclusão: que não devem ser, isto é, enquanto tais. <A beleza, uma ficção.> Unificação da beleza, verdade, moralidade, sociabilidade – por meio do *romance*. Todas as soluções das antíteses e antinomias dessa fundamentação apenas podem, em geral, ser históricas.

[189] <Deve haver arte natural e arte artificial.>

[190] Em geral, podemos aprender com os antigos *como* se deve classificar; o fundamento da classificação devemos adicionar de forma mística.

[191] Será a arte apenas um meio, como o Estado?

[192] Amadorismo torna unilateral, excesso de *expertise* faz o homem teimosamente severo, e erudição torna frio. A filosofia, ao contrário, não deve tornar o homem um pouco liberal na arte, mas causar a *absoluta* liberalidade.

[193] Deve-se filosofar sobre a arte, pois se deve filosofar sobre tudo; mas é preciso que se saiba ao menos algo sobre a

arte. Naturalmente, tudo o que se experimentou na arte apenas se torna saber por meio da filosofia. Que os antigos sejam clássicos, isso não se sabe a partir da filosofia; pois Goethe também o sabe; mas, naturalmente, apenas *com* a filosofia é que se sabe disso.[46]

[194] Não há equívoco mais perigoso para a arte do que procurá-la na política e na universalidade, como faz Schiller.

[195] Toda arte deve se tornar natureza, aí se encontra a dedução da poesia natural.

[196] <Por que Fichte ligou sua *Doutrina da ciência* à *história de um Eu*, se ele não fez o mesmo no direito natural?>[47]

[197] Semelhante *fundamento* seria a *construção de um indivíduo* sem qualquer característica. *História pura*, ao contrário, é caracterização sem construção.[48]

[198] Por meio da meditação sobre os antigos, algo se passou na cabeça dos ingleses sobre o clássico e a crítica.

---

46 "[...] A filosofia não pode produzir, por inoculação ou por magia, experiências e sentidos. Mas também não o deve querer. Quem já sabia algo certamente não experimenta nada de novo com ela; no entanto, somente por meio dela esse algo se torna um saber para ele e, portanto, um saber em nova figura." Schlegel, Friedrich. *O dialeto dos fragmentos*. São Paulo: Iluminuras, 1997, p.92, fragmento [252] da *Athenäum*. Tradução de Márcio Suzuki.
47 Johann Gottlieb Fichte (1762-1814), *Grundlage der gesamten Wissenschaftslehre* [Doutrina da ciência] (1796). *Direito natural* é a obra de Fichte: *Fundamentos do direito natural segundo os princípios da doutrina da ciência* (1796).
48 *Grundlage* [fundamento]. Schlegel trata da referida obra de Fichte: *Grundlage der gesamten Wissenschaftslehre* [A doutrina da ciência], de 1794.

Friedrich Schlegel

[199] Aprende-se o senso para a individualidade apenas com o moderno. Crítica absoluta aprende-se apenas com os antigos.

[200] Johnson é até engraçado para um inglês.

[201] <Dryden também afirmava (como os franceses) a vantagem da tragédia francesa ante a tragédia grega.>⁴⁹

[202] A arquitetura gótica para o conhecimento da época sentimental.

[203] Goethe não é um moderno, mas um progressivo, portanto [é] ao mesmo tempo antigo.

[204] *Aparência* do autoaniquilamento é manifestação da liberdade absoluta, da autocriação. *Graça* é liberdade; (natureza animal em segunda potência) pois não a aproximamos de nenhum animal.

[205] O clássico é necessariamente autolimitação. Correção é autodeterminação, autorrevisão. Não serão toda reflexão e toda formação nada mais do que potenciação?

[206] <Todo misticismo é apenas a potenciação de outras funções – Polêmica potenciada – lógica potenciada – Ética potenciada – Poesia potenciada.>⁵⁰

---

49 Talvez Schlegel queira afirmar: "Dryden afirmava [por exemplo, no *Essay on Dramatic Poesy*] a vantagem da tragédia inglesa ante a grega, assim como os franceses afirmavam a vantagem da tragédia francesa ante a grega". [Comentário de Hans Eichner. In: KA-XVI, p.544, nota 201.]

50 A tradução verte aqui, e em todas as ocorrências, o termo alemão *potenziert* por "potenciado(a)". Por potenciado, Schlegel se refere a algo que realiza uma autorreflexão, como no caso da literatura que

[207] Sentido é autolimitação, ou seja, um resultado de autocriação e autoaniquilamento.[51]

[208] A poesia clássica, a poesia natural, a poesia sentimental <isto é, a absoluta, a ética, a mística> se autoaniquilam. A *progressiva* unifica todas e se *autoaniquila* sempre, mas põe-se [*setzt sich*] sempre de novo.

[209] Exige-se agora de toda poesia a *unidade romântica*, isto é, ao mesmo tempo, unidade poética total, lógica, filosófica, histórica, retórica e *ética*.

[210] *Unidade* é uma qualidade necessária de toda obra, e não apenas da poesia; deve então a poesia possuir uma forma particular de unidade?

[211] Exige-se frequentemente também das poesias uma organização e relação físicas, as quais muitas vezes são sacrificadas nos clássicos artísticos. É isso a unidade histórica? – Na *poesia natural* não há unidade artística, mas apenas organização mímica e física.

[212] O conceito de uma unidade condicionada e limitada não é, de modo algum, contraditório. Assim também o animal, a obra, o homem e tudo etc.

---

    reflete sobre si mesma por meio da ironia romântica, tornando-se poesia da poesia, ou poesia elevada à segunda potência (Márcio Suzuki utiliza esse termo), em diálogo com a filosofia de Fichte.

51 "Sentido (para uma arte, ciência, um homem particular etc.) é espírito dividido; autolimitação, resultado, portanto, de autocriação e autoaniquilamento." Schlegel, Friedrich. *O dialeto dos fragmentos*. São Paulo: Iluminuras, 1997, p.24, fragmento [28] da *Athenäum*. Tradução de Márcio Suzuki.

[213] Há *totalidade ilimitada* no romance, isto é, parcialidade limitada, [o] aspirar por aquela.

[214] O anseio por *um único* herói é *romântico*; muito embora no romance perfeito cada um tenha de ser o herói.

[215] A *satisfação é totalidade filosófica*.

[216] A unidade *ética* é individualidade absoluta.

[217] A tragédia antiga também não anseia pela denominada *unidade de ação*. Nenhuma ação é uma [unidade]; ações são divisíveis ao infinito. Portanto, a unidade é uma coisa do arbítrio. – Atribui-se unidade à ação que é ou parece ser *inteiramente* filosófica, poética ou ética, ou que anseia por essa totalidade. – A totalidade política consiste na universalidade e liberalidade absolutas. Toda unidade é prática, e não física, embora possa existir tal relação.

[218] O poeta não deve conhecer apenas seu *objeto*, isto é, aquilo sobre o que ele deve e quer atuar, mas também conhecer *cientificamente* sua matéria, aquilo que ele expõe <a natureza humana>.

[219] A unidade histórica encontra-se na associação da unidade física e de todas as unidades práticas.

[220] A poesia deve expor apenas indivíduos e gêneros; muitos poemas expõem indivíduos, os quais são representantes de um gênero.

[221] Todas as figuras poéticas e retóricas devem ser ou sintéticas <metáfora, símile, alegoria, símbolo, personificação> ou analíticas <antíteses, parisoses> | A personificação fundamenta o imperativo: *espiritualizar tudo o que for sensível*. A alegoria

fundamenta o imperativo: *tornar sensível tudo o que for espiritual*. <Ambos juntos são a determinação da arte.>

[222] Há na sátira uma unidade de sociabilidade, assim como a disposição e a direção.

[223] *Aparência* é jogo de representações, e *jogo* é aparência de ações.[52] Vontade é a matéria da impressão artística; jogo e aparência são a forma. *Prazer é consciência* da animalidade elevada à segunda potência. <Sentido é vida potenciada, dividida.>

[224] A arte deve ser precedida por um fato empírico ou histórico, o qual fundamenta a classificação em lógica, poesia e ética.

[225] Não se pode deduzir poesia da ética ou da lógica; todas elas surgem simultaneamente e têm o mesmo valor.

[226] O que não se autoaniquila não tem valor.

[227] Pertence à filosofia da práxis [a concepção] de que tudo deve se tornar arte.

[228] *Doutrina da arte* como antítese absoluta da doutrina da ciência.

[229] Ingênuo = autolimitado.

[230] Pode mesmo haver música progressiva, ou essa será apenas uma *arte puramente sentimental*, como a escultura é uma arte clássica, e a poesia, uma arte progressiva?

[231] Toda a poesia clássica tem um tom escultural, a poesia sentimental tem um tom musical, e a progressiva, um tom poético.

---

52 "Aparência poética é jogo de representações, e jogo é aparência de ações." Schlegel, Friedrich. *Athenäum Fragmente*. In: KA-II, p.180.

[232] Goethe é um Kant poético com graça; um empírico crítico na poesia. <O primeiro universalista poético.>

[233] Não existiam *estudos* entre os antigos, nem na Idade Média romântica.

[234] Demonstrar que se pode saber e fazer tudo por meio do *ethos* e do *pathos* é sempre um princípio melhor do que querer que as coisas surtam efeito de qualquer modo. *Idolatria do efeito*.

[235] A pintura não é uma arte sentimental, mas uma arte fantástica.

[236] Winckelmann foi o primeiro a sentir a antinomia entre o antigo e o moderno.

[237] Quase todo o *cômico* se fundamenta na aparência do autoaniquilamento.

[238] *Diderot* tem muito mais sentido artístico do que Rousseau ou Voltaire.

[239] *Ariosto* é um poeta *fantástico*; Petrarca e Guarini são *sentimentais*. A lírica de Petrarca não é italiana, mas geralmente europeia.

[240] O drama sentimental de Guarini é idílico e também elegíaco. Os dramas de Shakespeare são satírico-elegíacos.

[241] (*Discurso contra a poesia*.)

[242] Com o auxílio da magia, Hamlet poderia superar ainda mais.

[243] Podemos superar os antigos também na natureza clássica do individual e no grau de natureza clássica, isto é, na quan-

tidade de máximas de uma obra. <Na altura dos expoentes, não apenas na universalidade e na natureza clássica do homem como um todo, mas também de modo intensivo.>

[244] A crítica moderna deve ter tanto a tendência ao Absoluto quanto a poesia.

[245] Habitualmente, não é a crítica, mas apenas entusiasmo declamado que se deixa perceber a respeito dos trechos individuais, fazendo recair o chiste ignorante da polêmica sobre o todo.

[246] <Há também uma retórica absoluta; essa fundamenta meu *Studium*.>[53]

[247] A épica cômica ou paródica é, na maioria das vezes, feita por críticos e, por isso, tão estimada por eles. É um fio longamente traçado a partir da comédia antiga. Visa completamente à forma épica, assim como a épica didática erudita alexandrina visa à matéria.

[248] A poesia moderna visa à fantasia absoluta ou à vontade absoluta – dor absoluta – mímica absoluta <Shakespeare>. (Entusiasmo absoluto | Arte absoluta | Ciência absoluta | Maravilhoso absoluto.)

[249] Acontece com o entendimento e a apreciação de valor de alguns poetas o mesmo que se dá com o [entendimento] dos filósofos, o qual é frequentemente esclarecido mais tarde pelos sucessores.

---

53 Schlegel, Friedrich. *Über das Studium der Griechischen Poesie* [Sobre o estudo da poesia grega]. In: KA-I, p.246.

[250] Muitas vezes, os modernos procuram e encontram toda poesia em uma expressão, locução, trecho – frequentemente eles colocam tudo o que possuem e sabem, seu universo inteiro, em um poema.

[251] Pertence a todo escrito crítico perfeito a capacidade de síntese e análise absolutas.

[252] Será que a pintura não domina o ingênuo, assim como a música o sentimental? Mas há também música ingênua e pintura sentimental.

[253] Representação absoluta é ingênua; a representação do Absoluto é sentimental. Shakespeare é, ao mesmo tempo, ingênuo e sentimental no mais alto grau. Um colosso da poesia moderna; o ingênuo em *Romeu*, por exemplo, é evidentemente *intencional*. <Não será toda mímica absoluta, ética, infinita e potenciada uma representação do ingênuo?>

[254] Todo autoaniquilamento aniquila a si mesmo. É muito mais sensato quando se diz a alguém *quão pouco* ele é, em vez de se dizer que ele não é nada.

[255] Para ser um conhecedor na música e na pintura é necessário que o homem seja ele mesmo um artista. Na poesia isso não é necessário, pois *todo homem é, por natureza, um poeta*.

[256] *Verdadeira filosofia da arte é apenas mística pura e polêmica pura.* <Não se pode certamente aprender em parte alguma nada positivo a partir da filosofia.>[54]

---

54 "É uma presunção irrefletida e imodesta querer aprender algo sobre a arte a partir da filosofia." Schlegel, Friedrich. *O dialeto dos fragmentos*.

Fragmentos sobre poesia e literatura (1797-1803)

[257] Na filosofia da poesia pode-se ver claramente como os *videntes* precedem os filósofos, como os poetas naturais precedem os artistas da poesia.

[258] Shakespeare é intencionalmente mais ingênuo que Goethe, mas ele não demonstra isso claramente.

[259] Winckelmann possuía a intuição histórica da história natural da arte.

[260] Apenas da universalidade absoluta é que surge a filosofia da poesia.

[261] Os alemães são o primeiro povo do mundo, contudo, existem poucos alemães.[55]

[262] Nenhum grego escreveu para o leitor. O mais desprezível na concepção do poeta entre os filósofos é sempre a repreensão de que eles escrevem para a multidão. <Como os dançarinos, cantores, atores e palhaços.>

[263] Todas as obras são apenas estudos, e todas as obras devem ser romances.

[264] Em Goethe, as partes integrantes do moderno e do romântico não estão de modo algum separadas.

São Paulo: Iluminuras, 1997, p.40, fragmento [123] do *Lyceum*. Tradução de Márcio Suzuki.

55 "No que diz respeito à elevação do sentido artístico e do espírito científico, os alemães, afirma-se, são o primeiro povo no mundo. Sem dúvida: só que existem bem poucos alemães." Schlegel, Friedrich. *O dialeto dos fragmentos*. São Paulo: Iluminuras, 1997, p.38, fragmento [116] do *Lyceum*. Tradução de Márcio Suzuki.

[265] O conhecedor perfeito deve ter poesia natural, senso artístico, erudição artística, filosofia da arte e, acima de tudo, espírito crítico.

[266] No que consiste a essência do *sentimento poético*? Que o homem seja tocado pelo real não prova absolutamente nada. A ausência do sentimento poético torna o real ainda mais tocante para o público. Isso consiste na afetação de si mesmo, tanto em sentimento quanto na imaginação.

[267] Shakespeare não tem apenas um sentimento poético natural, mas também sentimento moral no mais alto grau. <Sentimento moral é a capacidade para o amor e a amizade – sentimento de honra.>

[268] <Toda execução – desde que assim o seja – pertence à poesia natural. Todo homem é um poeta.>

[269] Existe também uma arte dramática natural <mímica do bufão>, mas, com certeza, não há uma *escultura natural*.

[270] Existe também uma *retórica natural*, a qual os antigos encontraram em Homero.

[271] Shakespeare é o mais moral entre os poetas modernos; também nesse aspecto ele se assemelha a Sófocles. *Dante* é o mesmo.

[272] Não se pode emprestar mais sentimentalidade satírico--absoluta a Shakespeare do que ele tem. Aqui, me inclino a buscar o *desespero* de Voltaire, Swift, Hume, Emanuel Bach.[56]

---

56 Carl Philipp Emanuel Bach (1714-1788), músico e compositor alemão.

[273] *Schiller* é apenas retórico, procura uma poesia que contenha o máximo de *ethos*, mas, por falta de sentido, não tem nem mesmo o conceito disso.

[274] O romance deveria ser poesia ética absoluta de potência infinita, que fosse filosófica absoluta de potência infinita e política absoluta de potência infinita.

[275] Filosofia absoluta de potência infinita seria melhor em um estudo satírico-sentimental absoluto de potência infinita; e a poesia absoluta de potência infinita em uma tragédia antiga que fosse ao mesmo tempo comédia. <Filosofia pura = cético-satírico-sentimental. No satírico sentimental se encontra também o absoluto polêmico.>

[276] A épica moderna começa com Virgílio.

[277] Não será a representação de volúpia absoluta e de martírios absolutos etc. uma forma moderna similar a um alexandrinismo moderno?

[278] Estudar no teatro cênico além da mímica absoluta e o *pathos* absoluto, o tratamento científico do *ethos*.

[279] *Nêmesis* é também um sentimento político.

[280] Todos os estudos românticos devem ser transformados em clássicos; todos os clássicos devem ser romantizados.

[281] *Dante* e *Shakespeare* são <também> clássicos no que se refere à unificação do *ethos*, da filosofia e da poesia.

[282] *Estudo* é o nome da obra em que o artista se desenvolve; obra é aquilo por meio do qual a própria arte se desenvolve.

[283] Para a poesia absoluta de potência infinita é exigida a métrica clássica; para o idílio sentimental é necessária a métrica moderna; para a sátira chistosa é preciso o hexâmetro; todavia, para a sátira filosófica é preciso a prosa. Para a mímica absoluta, o idílio sentimental absoluto; para a crítica absoluta, a sátira chistosa ingênua individual; a práxis na maioria das vezes na sátira chistosa, e a retórica na sátira sentimental.

[284] Como Shakespeare é amável, moral, espirituoso e natural também em sua sátira sentimental absoluta!

[285] O poeta perfeito também deve ser filólogo.

[286] Os críticos sempre falam de *regras*, mas onde estão as regras que sejam realmente poéticas, e não apenas gramáticas, métricas, lógicas, ou que sejam válidas para todas as obras de arte?

[287] A única doutrina da arte pragmática para os artistas é a doutrina do clássico e do romântico.

[288] É supérfluo que se escreva mais que um romance.[57]

[289] Um romance perfeito deveria ser uma obra de arte muito mais romântica que *Meister*; moderno e antigo, filosófico, ético e político-poético, sociável, universal e liberal.

[290] O pragmático na doutrina da arte é a *hierarquia de gêneros poéticos* e a indicação, deduzida daí, de novas *formas artísticas*, ou

---

57 "Não seria supérfluo escrever mais de um romance, se o artista não se tornou um novo homem? Não raro todos os romances de um autor são manifestamente interdependentes uns dos outros e, de certo modo, apenas um romance." Schlegel, Friedrich. *O dialeto dos fragmentos*. São Paulo: Iluminuras, 1997, p.34, fragmento [89] do *Lyceum*. Tradução de Márcio Suzuki.

melhor, de *indivíduos artísticos* (*determinação das subespécies e antiespécies puras*).

[291] O poeta certamente não aprende absolutamente nada a partir da mera filosofia.

[292] Toda regressão nasce *a partir da* progressão, mesmo que a aniquile eternamente.

[293] O romance é poesia progressiva. Algumas obras de arte são regressivas; há também as paralisadas, as que não possuem tendência alguma; o absoluto absolutizante. Sátira sentimental absoluta é fixa. Regressivos na forma, poemas que buscam o clássico são sátiras sentimentais na matéria.

[294] Será que não se deveria primeiro escrever um romance, depois estudos e então mais um romance?

[295] <Nenhuma tendência da poesia moderna pode ser esgotada.>

[296] <Parece necessário que surja uma poesia completamente universal, uma poesia polêmica absoluta.>

[297] Clássicos romantizados são menos populares do que românticos tornados clássicos. <Por exemplo, as *Conversas de imigrantes alemães*, de Goethe, e alguns poemas latinos dos modernos.>

[298] O idílio sentimental absoluto é a antítese da sátira sentimental absoluta. Ela não pode ser atada a nenhum tempo; isso vai contra seu caráter absoluto.

[299] A princípio, Richardson tinha objetos sentimentais – ou seja, caracteres ideais.

[300] Jacobi é superior a Schiller na poesia da sátira sentimental absoluta. <Jacobi tem mais profundidade e verdade nos caracteres sentimentais; Schiller tem mais psicologia e artificialidade, todavia é mais enviesado.>

[301] Não é possível tratar uma sátira sentimental absoluta estética com mais poesia do que no *Werther*. No *Clavigo* e em *Estela* há uma sentimentalidade mais comum, e não a sentimentalidade sublime e ideal que predomina no *Werther* e no *Fausto*.

[302] A antiga poesia épica e a mélica são poesia clássica natural.

[303] Apenas a forma épica é apropriada para a sátira sentimental e a sátira idílica, porque apenas ela tem universalidade e liberdade.

[304] Na sátira chistosa deve prevalecer o ético; no idílio sentimental, o histórico.

[305] Há no *Richter* uma mescla de sátira chistosa, sátira sentimental e idílio sentimental.[58]

[306] Nenhum poeta é tão grande orador quando quer, e ainda assim tão pouco retórico em sua poesia, como Shakespeare.

[307] Ridícula e desprezível é como se pode caracterizar a pequena beleza grega perante a qualidade colossal da arte informe dos modernos.

---

58 Jean Paul ou Johann Paul Friedrich Richter (1763-1825), escritor romântico alemão.

[308] Será que a sátira sentimental e o idílio sentimental pertencem à poesia? A mesma matéria tratada de forma retórica e verdadeiramente histórica não tem o mesmo efeito? A *polêmica* poderia aprender muita coisa a partir da sátira sentimental.

[309] Toda a poesia clássica foi simultaneamente *regressiva* e *progressiva*; apenas a progressão cresceu cada vez mais, enquanto a regressão diminuiu. Ideia de uma poesia *fixa* e *vaga* em oposição à *progressiva*. Entre os modernos, a progressão e a regressão devem crescer continuamente. <A *Eneida*, de Virgílio, como primeira tentativa de uma poesia fixa.>

[310] Shakespeare gosta de encerrar suas obras com funerais.

[311] Todo romance não é, enquanto poesia aplicada, uma obra *retórica*? <Será que a poesia retórica é apenas necessária no romance?>

[312] A *poetização* de todos os outros objetos e esferas, mesmo as não poéticas, se opõe à *universalização* ou interpenetração de outras ciências e artes por meio do espírito. <Tecnicização e naturalização | Idealização e realização.>

[313] Quanto mais a poesia se torna ciência, tanto mais também se torna arte.[59]

[314] *Intriga* é tratamento fantástico do acontecimento envolvido.

---

[59] Frase inicial do fragmento [255] da *Athenäum*. Cf. Schlegel, Friedrich. *O dialeto dos fragmentos*. São Paulo: Iluminuras, 1997, p.93, fragmento [255] da *Athenäum*. Tradução de Márcio Suzuki.

[315] Entre os poemas filosóficos há poemas do *entendimento*, como em Tasso, ou poemas da razão, como no *Fausto*.

[316] A filosofia em Schiller é um indivíduo rudimentar, que não foi poetizado.

[317] Os antigos poetas já gostavam de filosofar, e sua filosofia era, naquele tempo, tão transcendental e nova quanto possível, sem prejuízo da popularidade. Em Píndaro, nos trágicos, em Ésquilo e Eurípedes, a filosofia frequentemente não está poetizada. Finalmente, isolou-se essa tendência, surgindo os poemas didáticos alexandrinos; esse isolamento já é algo moderno. Aqui, não existia disposição alguma para poetizar o todo.

[318] *Tudo o que na poesia antiga era separado, na poesia dos modernos está misturado; e o que estava separado nos modernos, nos antigos estava misturado.* O mesmo ocorre com a tendência mística, polêmica – a filosofia poética –, a tendência ética ou sintética. A poesia polêmica também começou a se separar em Alexandria.

[319] A mistura da filosofia e da poesia é muito mais íntima na história do que na retórica.

[320] Na sátira sentimental absoluta a filosofia deve necessariamente ser cética. No idílio ela precisa e deve ser puramente mística. Na poesia filosófica deve ser crítica.

[321] Na sátira chistosa absoluta a política absoluta de potência infinita deve se subordinar ao *ethos* absoluto; no romance elas são coordenadas.

[322] Há uma *forma* épica, lírica, dramática, sem o espírito do antigo gênero desse nome, mas com diferença determina-

da e eterna. A épica, enquanto forma, tem a vantagem de ser subjetivo-objetiva. A lírica é *apenas subjetiva*, o drama é *apenas objetivo*. A antiga épica também é muito apropriada para ser romantizada. A nova comédia se deixa romantizar a partir do drama; a poesia natural é tanto subjetiva quanto objetiva; a mesma mistura ainda não é possível ao homem natural.

[323] Um poema filosófico em forma dramática da história da arte.

[324] Ainda não existe nenhum *romance* que seja realmente *alemão*.

[325] O tom do romance deveria ser elegíaco, a forma idílica.

[326] O lugar da *intriga* é bem mais no romance do que no drama. <O mais antigo romance já era *fantástico* e *intrigante*, assim como *histórico* e *retórico* e, de *certo modo*, filosófico.>

[327] O descuido com a métrica, quando não incomoda, prova que não era essencial.

[328] Levando em consideração o tom e o sentimento, o romântico nada mais é do que *simultaneamente* o elegíaco e o idílico. Essa mistura é o fundamento da sentimentalidade. Observado de forma genética, o *fantástico* também pertence a ela.

[329] Por meio de seu deslocamento para a Antiguidade, o idílico-elegíaco é bastante promovido; é para lá que tende todo princípio da arte romântica. Deve haver aí tanta verdade quanto na épica, não devendo necessariamente ser *fantástico*.

[330] O *Novo Testamento* é o primeiro livro realmente sentimental.

[331] *Profeta* é todo filósofo poeta, e todo poeta filósofo.[60]

[332] Não deveriam todos os filosofemas poéticos que representam o *todo* ser *visões*, de acordo com Dante e o Velho Testamento?

[333] Tudo o que o poeta toca se transforma em poesia; naturalmente, nessa poetização ele parte de si mesmo, do ponto central. Então, na sátira chistosa, ingênua, individual, ética e absoluta, ele não parte de si mesmo; onde surge o filosofema poético absoluto não há motivos para não partir de si mesmo.

[334] A divisão artístico-científica da paixão e do caráter fica melhor no romance do que no drama.

[335] A estância é a métrica clássica que visa à beleza sensual, e não à expressão acompanhante. O hexâmetro não é suficientemente atrativo, não enfatiza o sentido. <O romance fantástico em estâncias; o romance sentimental também em versos.>

[336] Toda poesia *aplicada* deve surtir um *efeito*. Todo romance retórico é desse tipo, assim como todo drama destinado ao palco.

[337] O romance de Ariosto é fantástico; o de Tasso é sentimental. O *Oberon* deve ser ambos.[61]

[338] Na poesia absoluta satírico-chistosa é necessário o grau *máximo* no último *retoque*.

---

60 "O filósofo poetizante, o poeta filosofante, é um profeta. O poema didático deveria ser, e também ter disposição de se tornar, profético." Schlegel, Friedrich. *O dialeto dos fragmentos*. São Paulo: Iluminuras, 1997, p.91, fragmento [249] da *Athenäum*. Tradução de Márcio Suzuki.

61 Oberon, rei das sombras e dos elfos, é um personagem fantástico na peça *Sonho de uma noite de verão*, de William Shakespeare.

[339] A voluptuosidade não é levada suficientemente a sério em Ariosto; ele jamais provoca a *risada absoluta*.

[340] Não é a matéria do romance que deve ser histórica, mas o espírito do todo.

[341] Há quatro tipos de romance imperfeito:

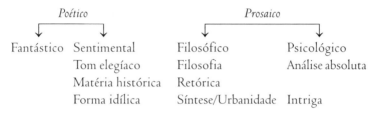

Poético		*Prosaico*	
Fantástico	Sentimental	Filosófico	Psicológico
	Tom elegíaco	Filosofia	Análise absoluta
	Matéria histórica	Retórica	
	Forma idílica	Síntese/Urbanidade	Intriga

<Todas essas formas secundárias podem ter apenas uma forma, apenas uma *analogia de unidade ou de totalidade* — na verdade só existe *um* romance.>

[342] <Goethe não faz a mínima ideia do que seja a totalidade romântica.>

[343] Todas as *formas*, mesmo as mais estranhas, devem *retornar* e receber um *novo significado*.

[344] A poesia sentimental leva ao *místico*.

[345] Em todos os gêneros em que a forma possuir totalidade a matéria deve ser construída a partir da forma; senão, [deverá ser] o oposto.

[346] O *drama retórico* deve imitar os *mimos clássicos* na forma; todavia, essa forma deve ser romantizada <segundo a maneira do romance psicológico>, aproximando-se, tanto quanto possível, da forma de Shakespeare.

[347] É possível fazer poemas *a priori*, e a ideia de que se podem escrever receitas de poesias é correta; apenas ninguém poderá escrever essas receitas se não souber fazer poemas.⁶²

[348] No drama, as personagens e situações devem ser tratadas de forma sintética; a *análise* se perde no palco e não surte efeito algum. Em *Gozzi* há uma qualidade decorativa no efeito, o qual é buscado com força e tratado de forma extremamente sintética.

[349] As partes individuais do imperativo poético são a *poetização, tecnicização, idealização, naturalização, realização, filosofização* absolutas.

[350] Os espanhóis [são] clássicos na intriga.

[351] A ilusão é o efeito poético, quando a isso se adiciona a mímica.

[352] Em um romance filosófico e retórico tudo deve ser construído a partir da doutrina principal; as partes estruturantes e fixas de um poema. Todo romance sintético deve terminar

---

62 A questão da possibilidade de criação de poemas *a priori* também é tratada na *Conversa sobre a poesia*: "*Antônio*. Então não devemos desejar nada mais que encontrar ideias para poemas em nós mesmos e, depois, a louvada capacidade de fazer poesia segundo ideias. *Ludovico*. Você considera mesmo impossível compor poemas futuros *a priori*? *Antônio*. Dê-me ideias para poemas, e atrever-me-ei a dar-lhe essa capacidade. *Lotário*. Você deve ter razão, segundo sua maneira de pensar, ao considerar impossível o que você disse. – Mas, por experiência própria, eu sei o contrário. Posso afirmar que, algumas vezes, o êxito correspondeu a minhas expectativas acerca de um poema determinado, o que, neste ou naquele campo da arte, poderia ser necessário ou, ao menos, possível." Cf. p.553-4 desta edição.

de forma mística. Alguns terminam de forma polêmica. Já por esse motivo o *Meister* é imperfeito, pois não é de todo místico.⁶³

[353] Contemplar a tragédia francesa como um tipo de ópera; sem declamação musical e gesticulação orquestrada ela não é suportável.

[354] Os poemas de Petrarca são fragmentos clássicos de um romance.

[355] Para minha *Poemata*. Aqui, diferentemente da filosofia e da filologia, *tudo deve ser construído de dentro para fora, sendo o todo concluído de forma absoluta, a partir de uma única obra e de uma só vez.*

[356] *O arbitrário absoluto* na forma métrica da poesia artificial romântica, a regularidade absoluta e a consequência dessa arbitrariedade estabelecida são uma *beleza romântica* — como as joias e o vestuário das mulheres.

[357] No drama poético todas as partes devem ser ao mesmo tempo estruturantes e fixas.

[358] É infinitamente estranho <principalmente para a poesia moderna> *como Shakespeare trabalhou*. Ele recebia as intrigas (novelas, história), trabalhando de forma profunda e grandiosa os personagens, adicionando a eles outros novos. *Assim, ele não apenas construiu seus dramas, como os retirou de uma estrutura.*⁶⁴

---

63 Trata-se do romance *Os anos de aprendizado de Wilhelm Meister*, de J. W. Goethe.

64 Schlegel faz um jogo com a etimologia de construir, do latim *extruere*, que significa "empilhar", "estruturar". A partir desse conhecimento ele afirma que Shakespeare não apenas construiu [*construirt*], mas retirou da estrutura [*extruirt*].

[359] As obras de Shakespeare, segundo sua essência, [são] *romances psicológicos*, mas a representação dos personagens é sintética; por isso é tão rica a matéria da análise crítica.

[360] A beleza do romance psicológico, ou ainda sua grandeza, são constituídas por uma frieza inabalável. Ele apenas precisa excitar a imaginação, não precisa ocupar nem o coração nem os sentidos. Ele toma a matéria de *Shakespeare* e a forma dos *modernos*.

[361] A romança *fantástica* é para a *sensualidade* e para a imaginação; a *sentimental* é para o coração; o romance psicológico é para o *entendimento*; o romance filosófico para a razão. O chiste deve predominar aí. Na [romança] psicológica *a fantasia é ocupada até a exaltação, movimentando-se, todavia, nas amarras do entendimento*. Na fantástica, *ela faz troça do entendimento, goza da razão e não entrega nada ao coração*.

[362] Um drama retórico não precisa vir do sentimento; também não tem necessidade de *retoques*, mas deve ser *leve*. O drama *heroico* e retórico se aproxima da ópera; tudo nele depende das paixões, e bem menos das personagens, as quais devem ser compostas apenas com leves toques, como em Gozzi.[65]

[363] Na poesia fantástica e sentimental a aspiração aos belos trechos encontra-se em seu lugar, mas deve haver uma cadeia de tais trechos.

---

65 Schlegel utiliza o verbo *toccirt*, uma corruptela de *tockiert*, que, segundo o dicionário Adelung, é uma derivação do verbo italiano *toccare*, no sentido do toque utilizado na pintura, como um esboço. Cf. Adelung, Johann Christoph. *Grammatisch-kritisches Wörterbuch der hochdeutschen Mundart*. Viena, 1808, p.611.

[364] *Shakuntala* é um poema magnífico e *fantástico*. Muita coisa oriental é *fantástica*.[66]

[365] O romance absoluto deve ser como em Homero, o conceito de formação de todos os tempos.

[366] A *estância* é tão forte em sua atração como uma mulher bela e casta.[67]

[367] *Cordialidade* é a mais bela qualidade do romance sentimental. *Orgulho virginal*, vergonha em completude suave.

[368] <A magia dos *segredos* de Goethe, a fantasia do *conto de fadas* e a voluptuosidade da elegia devem ser unidas em um poema. Ele se divide demais.>

[369] O diálogo simétrico pertence apenas ao drama poético, e não ao drama retórico. A dicção pertence ao drama *retórico*, deve ser retórica e dialógica, *patética* e *mímica*. Assim como Demóstenes podia fazer um discurso de acordo com o *relógio de areia*, também o dramaturgo retórico deve ser capaz de fazer sua obra segundo a duração longa ou breve que lhe for assinalada.

[370] Muito do que se considera um poema absoluto é apenas um poema imperfeito, poema negativo potenciado ou poema negativo. E o que se considera uma obra poética é frequentemente apenas *esboço*, *estudo* ou *fragmento*.[68]

---

66 *Shakuntala* é uma das narrativas inserida na épica hindu *Mahabharata*.
67 *Estancia*, em espanhol no original. Termo geral para série de versos que formam um todo rítmico, variando entre quatro, seis, oito ou dez linhas, seis ou oito sílabas ou mesmo versos alexandrinos.
68 "Há tanta poesia e, no entanto, nada mais raro que um poema! Eis o que faz a abundância de esboços, estudos, fragmentos, tendên-

[371] É possível fazer um número infinito de dramas retóricos; já não se podem encontrar aí muitas diferenças, então é preciso que seja o epílogo.

[372] *Na escolha das formas, na mescla dos componentes e no método de construção, nenhum poeta moderno ainda é correto.*

[373] No romance filosófico, a matéria não é apenas fantástica e absoluta, mas, *ao mesmo tempo, fantástica, mímica* e *absoluta*. Todavia, não é necessário que o fantástico e o mímico estejam amalgamados em toda parte.

[374] Romances filosóficos imperfeitos e romances psicológicos imperfeitos podem ser feitos infinitamente; mas é preciso que se faça apenas uma romança sentimental e apenas uma romança fantástica. Na verdade, ama-se apenas uma vez, assim como apenas uma vez pode-se alcançar o auge da voluptuosidade.

[375] Nas modernas epopeias artificiais se escondem dois poemas, um poema profético e um poema poético absoluto. Em Dante há, além disso, um poema sintético absoluto.

[376] <A tríade dos componentes essenciais para toda construção poética, como em *toda* construção.>

[377] <Os idílios de Goethe são mais elegíacos do que suas elegias.>

---

cias, ruínas e materiais poéticos." Schlegel, Friedrich. *O dialeto dos fragmentos*. São Paulo: Iluminuras, 1997, p.21, fragmento [4] do *Lyceum*. Tradução de Márcio Suzuki.

[378] A filosofia do romance no próprio romance.[69]

[379] O romance não pode ser completamente polêmico, isso vai contra o sintético absoluto do romance absoluto, do qual todo outro romance deve se aproximar.

[380] O objeto do romance psicológico também precisa ser assim, de modo que ele não se deixe demonstrar completamente em um ensaio. Ele deve ser psicológico de potência absoluta e infinita.

[381] Filosofia do chiste no romance filosófico – no romance psicológico não deve haver nenhum amor.

[382] Profecia, poesia absoluta e romance absoluto são ideais, *ideias e também indivíduos* verdadeiros. Os antigos não trabalharam segundo ideais. Os modernos sempre o afirmam e tentam, mas tudo é um engano.[70] O romance fantástico absoluto, assim como o romance sentimental absoluto, consiste em ideais aplicados, enquanto aqueles são *puros*.

[383] <O idealista absoluto é aquele que pode construir indivíduos *a priori*.>

[384] A *arbitrariedade absoluta* é, em certo sentido, picante e romântica. Essa é a romantização positiva na matéria. O não polêmico é a forma negativa.

---

69 O *topos* de que a teoria do romance deveria ser ela mesma o romance – o que também se relaciona ao conceito de ironia romântica de Schlegel – surge também em *Conversa sobre a poesia*: "Tal teoria do romance tem de ser ela mesma um romance". Schlegel, Friedrich. *Gespräch über die Poesie*. In: KA-II, p.337.

70 Friedrich Schlegel utiliza uma expressão: *Es sind Wolken statt der Juno* [Há nuvens em vez de Juno].

[385] A parabase do romance filosófico, o mímico e o urbano formam juntos aquilo que se chama de *humor*.

[386] No romance psicológico e no romance filosófico, devem estar um ao lado do outro, sem se amalgamarem, o fantástico absoluto e o mímico absoluto. <*A religiosa* é um romance psicológico. | *Jacques* é um romance filosófico.>[71]

[387] *Personagens* sintéticos são aqueles geniais, mas incorretos.

[388] O romance filosófico é um livro que dá um nocaute na correção.[72]

[389] Romance psicológico e romance filológico = romances retóricos. *Romança* fantástica e *romança* sentimental = romances poéticos.

[390] Ditirambos já [são] algo moderno.

[391] Apenas a maximização sem a *tríade* das partes integrantes jamais vai transformar um conceito em ideal. Uma poesia que foi tratada por tal conceito meramente analítico absoluto é sempre geral, e não ideal. Três partes estruturantes fazem parte de *todo* indivíduo. A doutrina da *tríade* <não> é simplesmente matemática. Todo ideal tem o caráter de tríade; existem muitos deuses, isto é, ideais, tríades, unidades.

[392] *O conto de fadas* é fantástico, [a] *saga* é sentimental.

[393] No romance filosófico não há nem heróis nem homens inteiramente passivos; todos devem ser heróis. Senão, isso será muito iliberal. Nesses dois romances tudo é doutrina moral.

---

71 *A religiosa* e *Jacques, o fatalista, e seu amo* são dois romances de Diderot.
72 Schlegel utiliza a expressão *Nasenstüber geben*, literalmente "dá um soco no nariz".

No romance psicológico, um herói e uma heroína, e todos os outros personagens no matiz conveniente. No romance psicológico, tudo o que aumente a expectativa, aumentando sempre mais, até que finalmente possa satisfazer. No romance filosófico, a teoria do cinismo.[73]

[394] A forma romântica é uma *epopeia prosaica*.

[395] No romance psicológico tudo [deve ser] executado, fundamentado e desenvolvido. No romance filosófico tudo deve ter um toque audacioso e ser despejado de modo genial <como um raio na tempestade>. Quase uma caricatura. Tudo excêntrico e extremo.

[396] Em *Aristófanes*, o fantástico e o mímico estão um ao lado do outro de forma rudimentar. Em *Menandro*, eles já estão amalgamados até uma bela forma média.

[397] A parábase pode ser tanto mímica absoluta quanto fantástica absoluta; na verdade ambas, mas juntas de forma muito pura, ou seja, uma *antiforma* e *poesia natural*. <No romance, a parábase deve ser ocultada, não deve ser revelada como na comédia antiga.>
<Parábase = fantástico menos o mímico>
<Personalidade = mímico menos o fantástico>
<Polêmica contra indivíduos.>

---

73 De acordo com Márcio Suzuki, esse tratamento dos heróis no romance por parte de Schlegel revela uma visão singular: "Essa equidade que se estabelece entre os heróis de um romance também é assinalada por Schlegel para marcar a diferença entre um herói épico e um herói trágico na literatura grega". Suzuki, Márcio. Notas. In: Schlegel, Friedrich. *O dialeto dos fragmentos*. São Paulo: Iluminuras, 1997, p.186, nota 68.

[398] Em toda forma de poesia retórica existem infinitas variedades possíveis.

[399] O romance psicológico e o romance filosófico jamais podem sentir na própria pessoa.[74]

[400] Todo bom romance deve ser *amaneirado* por causa da individualidade.

[401] Apenas a poesia deveria ter maneiras, pois somente ela pode ser *humorística*. O humor é constituído pelo poético amaneirado.

[402] A *ópera* deve ser romântica, pois a música e a pintura o são; a *arte da dança* moderna talvez seja uma *mistura da fantasia romântica e da escultura clássica*. Deve-se poder superar os antigos nisso. Também a vestimenta moderna tende completamente ao romântico.

[403] O *máximo de acabamento* na escultura é o mais elevado enquanto arte clássica, retórica e satírica.

[404] A música é uma romança *sentimental*. Toda música que não o for é música aplicada.

[405] No drama retórico os personagens devem ser representados ao mesmo tempo sintética e analiticamente, sendo simultaneamente um romance psicológico e um romance filosófico.

---

74 Schlegel parece se referir ao foco narrativo em primeira pessoa, ou seja, que tanto o romance psicológico quanto o filosófico devem evitar narrar em primeira pessoa.

[406] "The artists" [Os artistas] e "Os deuses", de Schiller, não são uma fantasia ditirâmbica, tampouco uma forma determinada. Eles são um estranho erro.[75]

[407] O que faz a *cena* de um bom romance é a linguagem na qual ele foi escrito; *localidades*, que são na verdade elementos individuais e parábases, nada contribuem para isso.

[408] Para o romance filosófico seria necessário tornar completamente obscena a língua alemã.

[409] <Nota> O chiste *arabesco* é o mais elevado – Ironia e *paródia* apenas negativas. O mesmo se dá com o verdadeiro *satírico* – Mas naquelas, ao lado do combinatório, se encontra a indicação da plenitude infinita.

[410] O *amaneirado*, quando o próprio homem já se distanciou de suas maneiras, é o mais elevado para a *urbanidade*.

[411] Todos os poemas (obras) imperfeitos são *tendências, esboços, estudos, fragmentos, ruínas.*

[412] No romance filosófico, todos os extremos possíveis; uma senhora idosa já é um bom extremo.

[413] Toda poesia é *absoluta ideal, absoluta abstrata* ou *absoluta individual*. A poesia ideal surge apenas da unificação absoluta entre o conceito de poesia e a poesia individual.

[414] A pintura de paisagens é talvez a mais *pura* e a mais fantástica. O sentimento da carne é, para o pintor, o mais elevado.

---

75 Trata-se de obras de Schiller publicadas nos anos de 1788 e 1789.

[415] Em um poema bom e ideal tudo deve ser intenção e tudo deve ser instinto. Nenhuma poesia do homem é menos idealista que a de *Schiller*; ora ela é completamente individual, ora é poesia vazia e formular; esta última na maioria das vezes; nunca ambas simultaneamente.[76]

[416] Polêmica contra a vela de sebo[77] do Iluminismo.

[417] Fantasia ditirâmbica.[78] Na *deformação, antiforma e sobreforma*[79] a matéria deve ser *absolutamente absoluta* e *absolutamente universal*. <Para as fantasias ditirâmbicas, das quais pode haver apenas duas, o *estudo da religião persa*, onde essas ideias foram introduzidas pela primeira vez.>

[418] O verdadeiro *acaso* é sintético; situações geniais. O *gênio*, o *poder constitutivo* na poesia, a habilidade de pôr o Absoluto,[80] joga seu jogo de verdade no romance filosófico.

[419] Romance fantástico, romance sentimental, romance psicológico e romance filosófico são os quatro únicos romances artísticos. Todo romance que não pertencer a esses é um *romance natural*.

---

76 "Em todo bom poema, tudo tem de ser intenção e tudo tem de ser instinto. Com isso, se torna ideal." Schlegel, Friedrich. *O dialeto dos fragmentos*. São Paulo: Iluminuras, 1997, p.23, fragmento [23] do *Lyceum*. Tradução de Márcio Suzuki.
77 Schlegel se refere ao vocábulo *Talglicht*, que, segundo o dicionário Adelung, significa "vela de sebo", em oposição à vela de cera *Wachslicht*.
78 Nome de obra que Schlegel planejava concluir.
79 Schlegel joga com as palavras *Unform, Antiform, Überform*.
80 No original em alemão *"setzen"* [pôr, colocar], remete à filosofia de Fichte e a ação da consciência de "pôr" a si mesma no ato de reflexão.

[420] Romance absoluto = Romance psicológico + Romance filosófico + Romance fantástico + Romance sentimental + Mímica absoluta + Fantástico sentimental absoluto + Drama poético absoluto + Drama retórico + Profecia.

[421] No romance filosófico tudo deve ser despejado *em massa*, sem entrelaçamento.

[422] Não se pode fazer mais nada com os poemas sáficos. Se não são completamente verdadeiros e singulares, não servem para nada. Mas se uma natureza fosse tão consequentemente bela e clássica, de modo que pudesse aparecer nua, como Friné diante de todos os gregos;[81] só assim eles transformar-se-iam em Friné. Não existe mais um público olímpico para uma Friné <clássica.> Poemas líricos não podem ser feitos; eles devem *crescer* e ser encontrados.[82]

[423] A *Bíblia* é o único *romance popular* verdadeiro e absolutamente universal. <Como romance prosaico>; ela também deve ser romantizada na forma. <Em romanças.>[83]

[424] A *gradação* é uma figura de linguagem absolutamente analítica.

---

81 Famosa hetaira (cortesã) grega do século IV a.C. Teria sido o modelo para a Afrodite de Apeles e de Praxiteles. Friedrich Schlegel escreveu um ensaio sobre as hetairas. Cf. KA-I.
82 Fragmento que guarda alguma semelhança com o fragmento [119] do *Lyceum*: "Poemas sáficos precisam crescer e ser encontrados". Schlegel, Friedrich. *O dialeto dos fragmentos*. São Paulo: Iluminuras, 1997, p.39, fragmento [119] do *Lyceum*. Tradução de Márcio Suzuki.
83 Plural de *romanzo*.

[425] Notas, <prefácios> personalidades, artificialidades ilusórias < por meio do nomear e do anonimato> e particularidades individuais são *vilanias*, pois elas atentam contra a forma épica e histórica da *arte romântica*, rebaixando a obra de arte à obra natural.

[426] O ingênuo, o que é apenas instinto, é tolo; o que é apenas instinto, afetado. O belo ingênuo deve ser ambos simultaneamente. <Mesmo que Homero também não tenha tido intenção alguma, sua obra, assim como a natureza que a deixou crescer, tiveram intenção.> Tudo o que é ingênuo é exteriorização da individualidade absoluta, é diretamente oposto ao que é objetivo. (*Nota*. O ingênuo é chiste ético positivo; a sátira, chiste ético negativo; a *urbanidade*, chiste ético universal.)

[427] Nenhum poeta teve *estudo*, conhecimento e entendimento suficientes para utilizar tudo o que já estava aí. Cada um cria a arte a partir do nada; por essa razão ela permanece eternamente em sua infância.

[428] *Sentimental* é a unificação do *elegíaco* com o *idílico*.

[429] A representação da loucura em Cervantes é divina; a polêmica, a personalidade e a parábase são comuns.

[430] O ingênuo no idílio antigo é apenas contingente; também o correto, estudado. O mesmo se dá com o *satírico* na elegia romana. Primeiro é preciso tornar ambos sáficos em pensamento. Por meio de tal *redução* o contingente seria retirado de todos os gêneros.

[431] A linguagem na romança sentimental deve ter o máximo possível de *abundância, nobreza, atração, benevolência*; Ariosto e

Tasso apenas fracos. A linguagem deve ser casta e severa, mas não deve ser pomposa. A matéria da romança fantástica deve ser completamente inventada, na mais simbólica linguagem.

[432] Não são todas as *representações da volúpia* – segundo a forma – *idílios*? <Não segundo a mistura, mas segundo a tendência.>

[433] A imitação de Pulci fez muito mal a Ariosto.

[434] Os antigos panegíricos são mestres na prosa analítica.

[435] Na romança sentimental, a matéria épica, a atmosfera elegíaca e a representação idílica. <O sentimento alemão de nobreza e o sentido para a cavalaria para a romança sentimental. *Imaginação árabe* para a romança fantástica.>

[436] Se a tendência da romança fantástica e da romança sentimental é *fixada* e *tornada absoluta*, surge então a poesia mística. É mais na poesia *polêmica* que o romance psicológico e o romance filosófico estão juntos. O romance é sem dúvida a unificação de dois absolutos, a *individualidade absoluta* e a *universalidade absoluta*.

[437] Toda *estância*, em sua forma fechada, é uma imagem, um idílio; também o que na construção da rima tem um movimento descendente é elegíaco; a homogeneidade do número de sílabas é épica. O *soneto* é a forma mais perfeita para o fragmento romântico.[84] Na *tercina* há talvez algo do espírito do *paralelismo* hebraico; o duro encadeamento ela retirou da filosofia escolástica.

---

84 Nesse caso, *fragmento romântico* é o mesmo que *fragmento de um romance*, segundo Hans Eichner. Cf. KA-XVI, p.549, nota 437.

Friedrich Schlegel

[438] No romance psicológico a *dignidade nobre e a simetria* da história romana | O *preenchimento* e a *circularidade poéticos* dos gregos. | No romance filosófico a plenitude pesada, insistente, a *agudeza* da retórica grega e o arrojo da retórica romana.

[439] Escritos meramente clássicos podem até ter uma tendência retórica, mas não têm tendência *abstrata*.

[440] Tudo que é objetivo já está, na verdade, completamente pronto.

[441] Em escritos modernos de verdade tudo é espírito e tendência. Espírito é *individualidade absoluta*.

[442] Tudo que é aplicado é *retórico*, assim as *cartas* também.

[443] O espírito de uma obra é sempre algo *indeterminado*, ou seja, incondicionado. *Espírito* é unidade e totalidade determinada de uma maioria indeterminada de singularidades incondicionadas. *Tom* é uma unidade indeterminada de especificidades. *Forma* é uma totalidade de limites absolutos. *Matéria* é uma parte da realidade absoluta. Escritos clássicos, enquanto tais, não têm *tom*, apenas *estilo*.

[444] Na profecia, desde Dante, só se andou *para trás*.

[445] *Caráter é espírito, tom, forma, matéria, estilo e tendência* juntos.

[446] As formas poéticas clássicas têm apenas *unidade*; as progressivas, apenas *totalidade*.

[447] *Forma* e *estilo* são intencionais; mas não o *espírito*, o *tom* e a *tendência*.

[448] O começo e o fim da história são *proféticos*, não são mais objetos da pura história.

[449] Muitos romances de um autor são com frequência apenas um, <enquanto sistema de obras que são complementares, ou como repetição de uma única e mesma obra>.

[450] A antiga história da arte seria matéria para uma romança sentimental, enquanto a poesia futura o seria para uma romança fantástica.

[451] O romance deve se referir a um *determinado tempo*; esse realismo está fundamentado em sua essência.

[452] *Novelle* é um romance analítico sem psicologia.

[453] A moral natural está em seu lugar no drama retórico.

[454] *Homero* é composto de uma mistura homogênea de história, *sentimentalidade, fantasia* e *mímica*.

[455] A *ironia* é o *tom* ou o *estilo* da filosofia analítica?

[456] Em gêneros condicionados [há] também infinito, não fixo, mas aproximativo.

[457] O denominado *romance cômico* é um romance filosófico com um dominante falso. Há romances formulares vazios (*Nota*: agora também românticos).

[458] Não é só o todo que deve ser *ideal* na poesia moderna, mas também cada parte e cada ponto devem ser passíveis de ser construídos a partir de três partes integrantes.

[459] A poesia puramente bárbara é aquela que não é *nem natural nem artística, nem aristocrática nem comum, nem clássica nem progressiva*. <Assim como a francesa, e também a *neogreca*.>

[460] A Bíblia tem a bela disposição de ser um romance popular absoluto e universal que poderia ser *sempre continuado*. Fixar aqui os erros de Lutero para isolar a lenda.

[461] No drama poético absoluto nada pode ser rudemente épico, nada pode ser rudemente lírico; mas tudo deve ser amalgamado. Mas também não pode ser rudemente elegíaco ou rudemente idílico.

[462] A *canzone*[85] é o coro romântico; o *madrigal* é a monodia romântica.

[463] A parábase deve ser permanente no romance fantástico.

[464] Uma epopeia antiga de cavalaria alemã é possível. *Representação do belo universo da cavalaria no romance*. Na verdadeira epopeia a matéria deve ser histórica.

[465] O *Pastor Fido*[86] é muito mais desenvolvido na forma do que Shakespeare. O único drama completamente construído, puro *a priori* – o mais antigo e o mais moderno. Shakespeare se apoderava das intrigas, sintetizando-as depois; nessa sintetização ele é superior a todos os outros. Em Guarini predomina o místico, Shakespeare é mais polêmico.

---

85 Schlegel faz uma distinção entre a *canzone* e a canção popular. De acordo com J. A. Cuddon, a *canzone* é uma forma de lírica italiana e provençal que consiste em uma série de versos na forma de estâncias, mas sem um refrão, normalmente composta em hendecassílabos. Cf. Cuddon, J. A. *Dictionary of Literary Terms & Literary Theory*. Londres: Penguin Books, 1999, p.109.

86 Pastoril de Guarini. August Wilhelm Schlegel e Friedrich Schlegel foram os responsáveis pela redescoberta da obra de Guarini na Alemanha do século XVIII. Cf. Eichner, Hans. Notas. In: KA-XVI, p.549, nota 465.

[466] A romança é um pequeno e fragmentário *romance*, ou um *romance* sentimental.⁸⁷

[467] Pertence já ao conceito de um romance o fato de que ele não precisa ter nenhuma nacionalidade.

[468] Um *maximum* de inversão dos sentidos é menos mal do que um corte mediano.

[469] *Nacionalidade* e *moral* <geral, universal, popular> são requisitos necessários do drama retórico.

[470] *Guarini* é antitético também nos personagens; Shakespeare apenas nos acontecimentos.

[471] Existe um *maximum* de *maldade natural* ou será que a *maldade* (inveja, avareza, vingança) surge simplesmente da formação antinatural?

[472] Um *enigma* é um chiste perfeitamente construído.

[473] Matéria, forma e estilo formam juntos a letra. (O estilo é o espírito nos antigos.)

[474] A *fábula* foi primeiramente um enigma profético, entre os hebreus, depois uma figura retórica, entre os gregos. Entre os modernos é novamente alegoria.

[475] O romântico permanece eternamente novo – o moderno muda com a moda.

[476] A crítica absoluta pertence ao sentido para os gregos, a retórica absoluta pertence ainda à sua prosa.

---

87 *Romance*, em itálico, se refere às antigas narrativas poéticas medievais, não devendo ser confundindo com o romance moderno.

[477] *Chiste* é um ditirambo prosaico <ditirambos *chistosos* em *cartas* a *todos*>.

[478] Enquanto tais, todos os fragmentos pertencem certamente à poesia individual absoluta.

[479] Por sua rapidez, Böttiger pode ser muito útil entre os filólogos atuantes – apenas lhe falta o espírito de seu espírito.

[480] A intriga do romance deve ser <todo> um sistema de intrigas dramáticas.

[481] Se o espírito domina absoluto, uma obra se torna *informe*.

[482] Léxicos deveriam ser *chistosos*.[88]

[483] Ironia é obrigação.

[484] Shakespeare tem *maneiras*; seus pressentimentos, presságios, suas figuras retóricas na construção. Descrições favoritas. <Pensamentos.>

[485] *Sacchetti* publicou contos antes de *Boccaccio* nos quais se encontram muitas anedotas de *Dante* e seus contemporâneos.[89]

[486] *Romeu* e *Hamlet* são ambos = Romance sentimental + Romance filosófico. Mas em *Hamlet* prepondera o romance

---

88 "[...] [U]ma definição que não seja chistosa não vale nada [...]." Schlegel, Friedrich. *O dialeto dos fragmentos*. São Paulo: Iluminuras, 1997, p.59, fragmento [82] da *Athenäum*. Tradução de Márcio Suzuki.

89 Franco Sacchetti (1335-1400) publicou *Il trecento novelle* [Livro das trezentas novelas], mas apenas depois do *Decamerão*, de Giovanni Boccaccio. [Nota de Hans Eichner.] Schlegel escreveu esse fragmento em inglês.

filosófico, no *Romeu* prepondera o romance sentimental. Em *A tempestade* e no *Sonho de uma noite de verão* predomina o *fantástico*.

[487] O *Pastor Fido* é <também> mais uma enciclopédia. Romeu [é] um *maximum*. Dorinda é quase uma ninfomaníaca.[90] Na caracterização, nada contra Shakespeare. O sentido artístico puro, sem sentimento, é mesmo algo muito tedioso.

[488] Será que um romance pode ter lugares superiores a outros, como o próprio homem?

[489] Entre os antigos, especialmente os gregos, um máximo de instinto. Ao mesmo tempo, a infalibilidade necessária da natureza e a abundância infinita da liberdade.

[490] A *Louise* de Voss é a *Ifland*[91] épica homerizada da nação. *Hermann* é bem mais romântico. <*Hermann e Doroteia* é tão romântico quanto épico.>

[491] O romance crítico e o romance filosófico têm uma tendência composta feita por uma forma construída, e uma tendência composta por três formas construídas. Toda tendência idealística não é diagonal?

[492] Em Humboldt e Schiller, tendência diabólica sem gênio diabólico.

[493] O romance absoluto deve ser a *representação da época*, como a epopeia clássica. O romance absoluto = poesia histórica absoluta + poesia política absoluta + poesia individual

---

90 Dorinda é uma pastora na obra *Pastor Fido*.
91 Referência a August Wilhelm Iffland (1759-1814), diretor de teatro, ator e dramaturgo.

absoluta = doutrina da formação universal, doutrina poética da arte da vida, representação da época e a mais alta representação do artista.

[494] Até mesmo sobre a *filosofia* da polêmica coberta por teias de aranha[92] pode-se polemizar; apenas assim a polêmica meramente jurídica torna-se liberal na literatura e recebe um interesse literário, se ela já não tiver esse interesse por meio da forma e da matéria.

[495] A narrativa da genialidade tem quase o mesmo grau de genialidade que a *arte*, ainda mais se o artista gosta de escolher matéria *difícil*, baixa e pobre.

[496] Todo sistema *cresce* apenas a partir de fragmentos.

[497] Se tiver relação com o *sistema*, então não se deve parar nunca de *polemizar*; se for relacionado à *forma*, deve-se proceder *sem consideração alguma com a intenção*; do mesmo modo, no primeiro caso não se deve considerar a extensão. Mas se for apenas por uma causa literária <defender-se ou defender seu juízo>, então não se deve ter um conflito com qualquer um <como se deve fazer para defender um sistema> nem de forma contínua <em honra de Deus – ou por nada e absolutamente nada>.

[498] Polêmica *estética*, como em minha resenha sobre o *Woldemar*, é extremamente rara.[93]

[499] De *Woltmann*, poder-se-ia dizer que teve a *disenteria negra*.

---

92 No original *en couverts toiles*, expressão idiomática francesa.
93 A caracterização sobre Woldemar foi publicada em 1796 no periódico *Deutschland*. Cf. Schlegel, Friedrich. *Jacobis Woldemar.* In: KA-II, p.78-100.

[500] A *dança* é uma arte para moças e rapazes; assim, algumas artes restritas têm uma esfera determinada.

[501] Enquanto arte romântica entre os antigos, a *música* e a *pintura* tomavam muito frequentemente uma direção equivocada. | Entre nós, uma mistura incorreta como as artes plásticas.

[502] Na verdadeira ironia, não deve haver apenas a busca pelo infinito, mas a posse do infinito ligada à meticulosidade micrológica na filosofia e na poesia.

[503] Shakespeare chegou até a ironia no amor, na fantasia e na sentimentalidade; ou seja, sua ironia é completamente romântica. A de Ariosto não é assim.

[504] Será que o sentido para a genialidade não se comporta em relação ao sentido artístico como o chiste em relação ao sentimento poético?

[505] Será que a *ironia* pode surgir apenas da altura de um tipo de formação, ou apenas da confluência entre diversos tipos?

[506] Será que o sentido para a genialidade não é ele mesmo genialidade?

[507] Em Shakespeare *todo* o romântico está misturado – romance crítico, romance filosófico, romance fantástico, romance sentimental –, ele não tem nenhuma tendência específica. – Na mímica, ele chegou até a ironia, mas não ocorreu o mesmo na forma dramática; aí, ele chegou apenas até a paródia, a qual surge da oposição entre tipos de formação conflitantes, não levando a nenhuma formação para o infinito e a nenhuma mística aplicada.

[508] Nada é mais diverso que sátira, polêmica e ironia. Ironia é autopolêmica superada e sátira infinita, no antigo sentido. A sátira é a mãe adotiva da polêmica; sem polêmica não existe mística verdadeira.

[509] A *paródia* da forma dramática em Shakespeare surge mesmo de sua inconveniência para a obra de arte romântica. A ironia torna o chiste de Shakespeare tão sublimemente delicado.

[510] Será que a paródia é polêmica poética? Ah, não; existe uma paródia poética que não é polêmica, e uma paródia hostil que é prosaica.

[511] <Poesia em prosa é ridícula, prosa em poesia é desprezível.>

[512] A essência do *moderno* consiste no caráter absoluto,[94] na universalidade e na abstração da tendência.

[513] Todo tipo de romance tem sua unidade específica própria; no romance filosófico, a parisose; no romance crítico, a concatenação não da épica, mas interna; o romance absoluto tem todo tipo possível de unidade. O romance fantástico e o romance sentimental têm uma unidade não tanto épica, mas lírica, e ao mesmo tempo com *liberalidade satírica* na matéria.

[514] *Tieck* não tem sentido algum para a arte, mas para a arte-poesia; para genialidade, fantástico e sentimentalidade. Falta-lhe matéria no realismo, na filosofia. Suas personagens excên-

---

94 *Absolutheit,* em alemão no original.

tricas têm apenas a forma da genialidade. Assim, suas fantasias e sentimentalidade são frias. Ele é absolutamente *anticlássico* e *antiprogressivo*; ou seja, é um espírito completamente *anti-histórico*.

[515] Pura sentimentalidade absoluta e fantasia absoluta não significam, de modo algum, sentido para o amor.

[516] *Humor* é chiste romântico absoluto, com falsa tendência.

[517] *Tom* é espírito exterior, *espírito* é mais que tendência, é caráter interior, *caráter* é caráter^2 [caráter potenciado].^{95}

[518] Também pertence à *unidade* musical da romança sentimental, e mesmo do romance filosófico, o retorno simétrico do tema.

[519] A ironia socrática é paródia alternada, paródia potenciada.

[520] *Pontos para o estudo de Shakespeare*. Ironia. Ânsia pela unidade. Espírito romântico. Arte, intencionalidade, perfeição e acabamento <construção>. Universalidade em todos os gêneros do romântico. π^2 [Poesia da poesia.] Sua doutrina da arte – indiferença da forma dramática – suas maneiras – seu classicismo – sua moralidade individual.

[521] O *comediar* é mais paródia do que ironia.^{96}

---

95 O número acima da palavra "caráter" significa "elevado à segunda potência", ou seja, caráter do caráter, ou caráter potenciado. Como foi dito, Schlegel deduziu essa temática da filosofia de Johann Gottfried Fichte e sua noção de reflexão potenciada, isto é, um pensar sobre o pensar.
96 *Das Komödieren*, [o comediar], em alemão no original.

[522] Tieck sofre de uma loucura rara; ele é um virtuoso no enfado passivo, e às vezes também no ativo. <Modelo do tipo de escrita sóbria no delírio. Tieck odeia a filosofia, por isso deve estudá-la.>

[523] Reflexão histórica como matéria para um coro lírico moderno.

[524] Poemas líricos são fragmentos românticos.

[525] Poesia poética absoluta e poesia ética absoluta são apenas uma; cada uma é apenas um indivíduo na sociedade, e não a própria sociedade.

[526] Em alguns romances, como no *Lovell*,[97] existe um homem em segundo plano, o qual joga xadrez com todos os outros e é tão grande em espírito que não entra pela porta.

[527] O único caráter no *Lovell* é ele mesmo, um homem sem caráter. Sentimento dominante em *Lovell* – aversão à vida e temor da morte; pensamento dominante –, tudo é desprezível e igual. Seu caráter, no entanto, é poesia da poesia. O espírito do livro é o desprezo incondicionado da prosa e a autoaniquilação da poesia. *Transitoriedade* de todo jogo, sentimento e imagens poéticas. Se ficassem, seria ainda pior: desafinariam para a vida.

[528] O que um *caráter* poético deve significar, nele todas as partes devem ser *construtoras* e *construídas*.

[529] *Tato* é juízo instintivo.

[530] Cativar a *juventude* e o *amor* já é em si mesmo uma forma de poesia.

---

97 *William Lovell*, obra de Ludwig Tieck.

[531] O livro inteiro (*Lovell*) é um duelo entre a poesia e a prosa. Andrea é na verdade também um tolo poético. Por desespero ele se torna um malvado. (A poesia comete suicídio, a prosa é tratada aos pontapés.)

[532] A forma dramática não é apenas a antiga, mas também a de Shakespeare, que em seu retalhamento perfeito se assemelha muito mais à forma matemática do que à forma histórica.

[533] Será que um artista clássico, ou um artista chistoso absolutamente tapado, é realmente um tolo? (Tieck – autoaniquilação ou autocriação; acontece com ele em relação ao gênio o mesmo que com Kant em relação à razão.) (O *Tieck* sério é também muito melhor do que o engraçado nos escritos.)

[534] *Jogos de palavras* devem ser poéticos ou, no mínimo, urbanos; é chiste filológico formular.

[535] Toda sátira mímica absoluta individual e ética é fragmentária.

[536] *Estudo* é fragmento intencional.

[537] O *humor* surge da aparência da arbitrariedade absoluta, tendendo, por isso, à subjetividade.

[538] O *chiste* de *Cervantes* é ainda a época áurea da inocência no chiste moderno.

[539] A razão do chiste na filosofia é o imperativo (imperativo da sintética): a filosofia deve se tornar poesia. O chiste é na filosofia o que a profecia é na poesia.

[540] O *disparate* é chiste místico, e vice-versa.

[541] (Ideia de uma história *cômica* da poesia clássica.)

[542] A *forma* do chiste é a *aparência* da antítese absoluta. Ou assim: no falso chiste apenas as antíteses absolutas são sintetizadas, sem que *algo se transforme em tese.*

[543] O chiste iâmbico, cômico, satírico tem uma tendência polêmica; o chiste *épico* é um jogo *polêmico*, por isso mesmo é o mais poético.

[544] Apenas as formas mais elevadas, severas e perfeitas devem ser parodiadas; faz-se, assim, polêmica contra o objeto liberal poetizado.

[545] O cômico de Ariosto é muitas vezes realmente épico.

[546] Ideia de um poema ético absoluto, tal qual uma autobiografia épica do sujeito absoluto que exponha o objeto absoluto? Ou seja, uma comédia teológica?

[547] Polêmica absoluta contra a poesia torna-se novamente poesia, sem, todavia, fazer a filosofia ficar supérflua.

[548] (Conceito de chiste absoluto a partir do chiste infinito reduzido ao absoluto, e chiste infinito potenciado ao absoluto. Na poesia ética absoluta predomina o chiste infinito reduzido ao absoluto.)

[549] O romance crítico não deve ser trágico, já que o romance filosófico é cômico?

[550] O movimento da poesia moderna deve ser cíclico, isto é, ser ciclicizante, assim como o da filosofia. Na história, o movimento parece ser assim:

I) Poesia universal. II) Poesia absoluta. III) Poesia abstrata segundo a tendência filosófico-ético-poética. IV) Romance absoluto, depois cíclico, e assim por diante, sempre do mesmo modo.

[551] Fantástico absoluto, sentimental absoluto e mímica absoluta podem muito bem estar um ao lado do outro; eles têm então um efeito *paródico*, mas quando se amalgamam eles se aniquilam.

[552] Na mímica absoluta a forma é tão objetiva quanto possível.

[553] Um romance como o *Faublas*,[98] ou uma *descrição de viagem chistosa* na forma da epopeia antiga, segundo *Louise* e *Hermann*.

[554] Poetização de toda a física em um poema romântico fantástico absoluto.

[555] (Potenciação = Enobrecimento.)

[556] A poesia universal divide-se em analítica e sintética; a poesia absoluta divide-se em positiva e negativa (ou objetiva e subjetiva).

[557] O fantástico-sentimental absoluto tem como matéria o objeto absoluto, mas é completamente subjetivo na forma. A mímica do objeto absoluto seria polêmica – paródia de sua representação impossível. No fantástico sentimental indiferente absoluto predomina a retórica absoluta. O fantástico absoluto (-) [menos] o sentimental absoluto = 0 [zero], e vice-versa.

---

98 *Les Amours du chevalier de Faublas*, romance de Jean-Baptiste Louvet de Couvray (1760-1797), publicado entre 1787 e 1790.

Para o mímico absoluto, a épica, assim como os ditirambos para o fantástico sentimental absoluto. Para o fantástico sentimental absoluto e o mímico *absoluto*, as formas absolutas. A situação política ou estética atual é a melhor matéria para o mímico absoluto.

[558] No que concerne ao âmbito, à liberdade e à separação entre o objeto e o sujeito, a épica homérica e os ditirambos [...].[99]

[559] Tudo o que é mímico absoluto é satírico e cômico no espírito e paródico na forma.

[560] A poesia absoluta = poesia transcendental e especulativa.

[561] Dicotomia da poesia *romântica* em *métrica* e *prosaica*.

[562] A intriga é bem romântica em Gozzi.

[563] Em Shakespeare se encontram todos os tipos românticos e todos os tipos dramáticos; ele é moral, mágico, místico e histórico. Em Shakespeare encontra-se até mesmo o espírito da opereta.

[564] Paródia = mistura de opostos = indiferença. (Paródia é a poesia antitética absoluta.)

[565] Dante é a semente de toda a poesia moderna. Dante = Fantástico-sentimental indiferente absoluto + Mímico absoluto + Profecia + Poesia poética + Poesia ética. Fantasia absoluta e profecia prevalecem. Até mesmo Petrarca ri de sua

---

99 Segundo Hans Eichner, que transcreveu os manuscritos de Schlegel, falta um predicado no fragmento.

sentimentalidade. Porém, ele deveria ser ainda mais fantástico e irônico.

[566] O fantástico e o sentimental não são separáveis no romance, ou um predomina e ambos se amalgamam, ou ambos são idênticos e eles não se amalgamam.

[567]

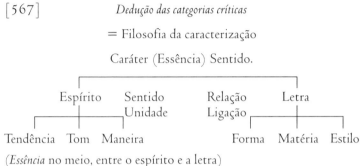

(*Essência* no meio, entre o espírito e a letra)

A filosofia da caracterização deveria conter: I) Dedução das categorias críticas. II) Dedução das ideias críticas. III) Dedução das intuições críticas. Clássico e Progressismo. IV) Dedução do *ideal* crítico. *Máximas* críticas a partir da construção do ideal crítico e da definição do conceito crítico.

[568] Ideias *críticas* são matemática prática | Análise absoluta e hermenêutica absoluta.

[569] Sentido no entendimento prático também é um conceito crítico.

[570] Toda formação e toda poesia são cíclicas. A antiga é ciclicizada, a moderna é ciclicizante.

[571] Quando, de repente, os espanhóis e os ingleses são românticos, são bem mais fantásticos e interessantes que os italianos.

[572] Todo chiste prosaico é crítico. Todos que chamei de filológicos, e também a ironia filosófica; ou + mímico positivo. Chiste combinatório (Leibniz, Lessing). | Na verdade, chiste *transcendental*; ou - mímica negativa. Chiste = retórico = polêmico. O chiste *combinatório* combina com romances filosóficos. Mas, frequentemente, essa forma não é mais um chiste. Todo chiste poético é transcendental; o chiste político é universal. O chiste político apenas pode ser escrito de forma *poetizada*. O chiste combinatório é verdadeiramente *profético*.

[573] A filosofia de *Schiller* contém a carência de Goethe e os julgamentos pré-concebidos na terminologia de Reinhold.

[574] Invenção = Matéria + *Organização* do tom = Forma + Tendência. Expressão = Estilo + Maneira.

Para o romance

[575] Em um romance perfeito, não apenas a parte deve ser filosófica, mas também o todo. Será que o romance também deve ter componentes filológicos? Quase parece que sim, pois eles são ingredientes indispensáveis a toda sociedade boa, bela e grande. Temos romances filosóficos (Jacobi) e poéticos (Goethe), falta apenas um romance romântico.

[576] Todo homem progressivo traz dentro de seu íntimo um romance necessário, *a priori*, o qual nada mais é do que *a mais acabada expressão de toda a sua essência*. Ou seja, uma organização necessária, e não uma cristalização contingente.

[577] Em certo sentido, todos os poemas são romances, assim como todas as histórias que têm valor clássico ou progressivo pertencem à progressão da poesia.

[578] Em um romance perfeito deve ser observada a totalidade de *todos* os indivíduos.

[579] Todo romance perfeito deve ser obsceno; ele deve também oferecer o absoluto na voluptuosidade e na sensibilidade. No *Meister* nem a voluptuosidade nem o cristianismo são suficientes para um romance.

[580] (Similaridade do romance com o cristianismo e com a doutrina da arte da vida. Assim como a similaridade do cristianismo com o que há de mais elevado e mais humilde. Universalidade em consideração à gradação dos indivíduos.)

[581] Em Shakespeare há *pathos* absoluto, tragédia sentimental, *ethos* absoluto e mímica absoluta. Fantástico absoluto nos contos de fadas, encanto *absoluto* vem por si mesmo, Romeu; não é o fim.

[582] Todos os romances são revolucionários. Apenas um gênio pode, na verdade, escrever um romance.

[583] Toda obra de arte romântica $= \pi^2$ [poesia da poesia] $=$ poesia crítica aparentada com a caracterização.

[584] A unidade romântica não é poética, mas mística; o romance é uma obra de arte *mística*.

[585] Obras que são aparentadas com o romance: diálogos filosóficos, descrições de viagens individuais, obras chistosas, confissões, obras voluptuosas, toda representação de conversações, toda representação de ideais, como a *Ciropédia* —[100] como a

---

100 Obra de Xenofonte (430-355 a.C.).

biografia, as *anedotas*. O *Emílio*, de Rousseau, tem também uma tendência romântica.

[586] (O imperativo romântico exige a mistura de todos os gêneros poéticos. Toda natureza e toda ciência devem se tornar arte. Arte deve se tornar natureza e ciência.)

[587] Pode-se tanto dizer que existem inúmeros gêneros progressivos como que existe apenas um. Ou seja, na verdade não existe nenhum, pois não se pode pensar em tipos sem subtipos.

<Para a teoria da prosa>

[588] O que é realmente a prosa, ninguém disse até agora. Existe uma prosa natural e uma prosa artística, como na poesia. Existe poesia sem métrica (*Meister*) e prosa métrica (*Natan*). O fundamento da prosa é dialético, isto é, lógico-político, não gramático.

[589] Na prosa verdadeiramente romântica todos os componentes precisam estar mesclados até a saturação recíproca.

[590] Os tipos de prosa, justificados a partir da doutrina de formação originária [*Urbildungslehre*]; trata-se, com isso, de aproximações sem a limitação da liberalidade absoluta. (Todas as obras devem se tornar romances; toda prosa deve ser romantizada. Por isso, a oposição contra os tipos de prosa.)

[591] O estilo filológico pode ter bem mais *arcaísmos* e *inovações* do que o estilo *sociável* ou o romântico. Esplendor de Píndaro em Gibbon.

[592] Na prosa (alemã) moderna muita coisa que se encontrava depositada nas profundezas ocultas pode ser descrita, [coisas] que nas línguas clássicas não seria possível descrever.

[593] A incapacidade de Gibbon na organização do todo; seu estilo é um mosaico. A afetação surge bem menos do esforço de ser novo do que do temor de ser antiquado; o verdadeiro estilo sintético é espontaneamente sempre novo.

[594] A filosofia da prosa, ou retórica, só pode ser dividida segundo os tipos e figuras; o todo comum é puramente lógico e gramático.

[595] Os princípios gerais que compõem o fundamento da retórica são *políticos*, e não gramáticos e lógicos. Esse fundamento não é apenas político e lógico, o imperativo da comunicabilidade lógica, mas sim política elevada universal.

[596] Filosofia das obras é comum à retórica e à poética.

[597] Será a prosa de Sólon e Justiniano um gênero próprio?

[598] Prosa sistemática = lógica + histórica.

[599] Os gêneros da prosa são apenas os seguintes: o romântico, o crítico – (o chistoso sintético é apenas o fragmentário crítico) –, o lógico, o histórico, o retórico. As formas de escrita polêmica são apenas uma modificação do retórico.

[600] Será que a prosa natural é poética, como algumas poesias naturais são prosaicas? Existe prosa poética ou ela se autoaniquila? Como existe poesia prosaica, (o romance,) também deve existir a prosa poética.

[601] Existe também uma prosa *biográfica* autêntica ainda mais diferente da histórica, que se aproxima bastante da crítico-satírica. Suetônio é mestre; mais caracterização do que história.[101]

[602] O estilo sociável é essencialmente diferente do estilo romântico.

[603] A singularidade dos gêneros poéticos é que a forma, a matéria, a matéria fundamental e a expressão (linguagem e métrica) têm as mesmas qualidades características em comum.

[604] As fórmulas ocupam uma importante posição na história da prosa, por exemplo, aquelas das leis de Sólon. No estilo de Heráclito também há talvez algo do tipo.

[605] A verdadeira e pura poesia natural deve ser prosaica. Tão logo apareça a arte da métrica e a arte da dicção, como em Homero, [ela] se transforma em algo artístico e deixa de ser inteiramente poesia natural. É mais um *grau* do que um tipo.

[606] Toda prosa deve ser poesia, e toda poesia deve ser prosa. Toda prosa deve ser romântica — todas as obras de arte devem romantizar e se aproximar o máximo possível do romance.

[607] A prosa *negativa* dos franceses contra uma verdadeiramente romantizada, como a tragédia francesa. O espírito, e não a letra, será exigido.

---

101 Schlegel se refere à "caracterização", gênero ensaístico introduzido na literatura alemã por ele e seu irmão August Wilhelm. Schlegel escreveu caracterizações tanto das obras de um autor, como no caso do "Relato sobre as obras poéticas de Giovanni Boccaccio", quanto de personalidades de seu tempo, como a do naturalista e revolucionário Johann Georg Forster.

[608] A prosa matemática é o auge da prosa sistemática empírica.

[609] Todos os retóricos modernos são unânimes em não aceitar nenhum gênero no estilo; isso é estranho e prova o imperativo da romantização.

[610] *Imagens* com partes duplas são sintéticas; a prosa sintética clássica deve ser errônea em relação à analítica.

[611] É estranho que a prosa filosófica e a prosa crítica sejam idênticas.

[612] Toda prosa é na verdade poética; em menor grau a analítica. A prosa analítica não pode ser suficientemente *determinada*.

[613] O estilo filosófico deve ser crítico com a mescla do lógico, às vezes um, e muitas vezes o outro. O estilo histórico é sistemático = analítico + sintético. Como a prosa romântica, a prosa crítica deve ter de tudo, apenas em uma composição oposta. (Aquela misturada, essa fundida.)

[614] No estilo analítico não há lugar para o *sublinhado*, porque ele sempre pressupõe um *espaço* em branco.

[615] Em todo romance há pessoas que são pessoas, e outras pessoas que são coisas.

[616] Um tolo e um louco são necessários no romance filosófico. Os *homens* têm mais disposição para a *loucura* e a *tolice*; as *mulheres*, todavia, para a *maldade*. (O sábio deve ser simultaneamente louco e tolo; santo e malvado; visionário e chistoso. Caso contrário, ele não abarca tudo. O louco é um escolástico, o tolo é um cosmopolita.) Também na voluptuosidade e na sensualidade, as mulheres levam mais vantagem do que os homens.

[617] Imperativo: a poesia deve ser sociável, e a sociabilidade deve ser poética.

[618] Imperativo: a poesia deve ser moral, e a moralidade deve ser poética.

[619] O *auge* é a esfera da intenção, e a esfera é o auge da extensão.

[620] Para a visão profética a sátira totalizada é mesmo a melhor forma; ao contrário, para a poesia absolutizada a *época* de uma *sátira profética* – no sentido romano antigo e no moderno –, por ser uma visão muito determinada, não é a forma mais apropriada.

Para a crítica

[621] Será que já houve um crítico? Apenas o filósofo pode ser um crítico. Fichte considera minha crítica – no que concerne ao caráter moral – como *transcendente*.

[622] A crítica, como a filologia, é uma arte científica; apenas a filosofia crítica é uma arte, e precisamente uma arte científica.

[623] *Aristóteles* ainda é para toda a crítica o que Sócrates foi para toda a filosofia.

[624] A *caracterização* é um mimo crítico; a polêmica, uma paródia crítica.

[625] Para um escritor sociável como *Forster*, a ausência de chiste é muito importante.

[626] A crítica = poesia da poesia imperfeita. Toda crítica é potenciada. Toda abstração, especialmente a prática, é crítica.

Crítica existe apenas onde o absoluto e o empírico são sintetizados, e não onde um dos dois é potenciado de modo isolado; mas a própria potenciação já é em si uma aproximação da crítica.

[627] O histórico na crítica deve ser poético – com razão genial, segundo as leis naturais da história inventada da impressão, por exemplo, a transformação de uma obra, de um todo – os autores mais *universais*, o verdadeiro assunto da crítica progressiva.

[628] Com crítica, Winckelmann teria sido o maior conhecedor material da Antiguidade. O mais elevado clássico. Seu juízo de arte [é] místico; na forma, idílico.

[629] A caracterização é um gênero autêntico, específico e diferente, cuja totalidade não é histórica, mas *crítica*. (Uma obra de arte crítica.)

[630] Toda crítica é literária, polêmica, mística (Winckelmann), antiquária, teorizadora (como em Schiller), naturalizadora (como em Herder), ou romântica, como, em certos aspectos inferiores, em *Goethe*.

[631] A *caracterização* não é histórica; ela contempla seu objeto em repouso, [como] existência, um todo indivisível; [contempla] a história enquanto fluida, em transformação, de acordo com suas partes, sem relacionar o todo. Crítica é ao mesmo tempo história potenciada.

[632] A caracterização deve, frequentemente, ser *genética*, mas deve historicizar ou poetizar exatamente aquilo que o historiador habitual nem percebe, e o que o melhor historiador pode *apenas* deixar entrever.

[633] Uma resenha é uma *caracterização aplicada* (considera a literatura existente).

[634] Tudo o que deve ser criticado precisa ser um *indivíduo*, mas a individualidade não deve ser representada na caracterização de um modo histórico, mas mímico.

[635] O bom crítico e caracterizador deve ser fiel e observar de modo escrupuloso e diversificado como o físico, mensurar de modo preciso como o matemático, classificar detalhadamente como o botânico, desmembrar como o anatomista, dividir como o químico, sentir como o músico, imitar como o ator, abarcar de forma prática como o amante, ter uma visão panorâmica como um filósofo, estudar ciclicamente como um artista plástico, ser severo como um juiz, ser religioso como um antiquário e entender o momento como um político.

[636] As obras de Dionísio e o *Bruto* de Cícero representam ao máximo o que considero como caracterização crítica.

[637] (*Estudo* é uma leitura potenciada ao infinito. Contemplar uma escultura de tal modo.)

[638] Um mimo crítico pode ser dogmático ou cético, assim como a filosofia; caso seja ambos, na maioria dos casos um se sobrepõe ao outro.

[639] A imaginação pertence, na maioria das vezes, à poesia clássica e à filosofia. A formação e a riqueza, ao mimo crítico; a força artística plástica pertence, na maioria das vezes, à história.

[640] *Clássico* é tudo que deve ser estudado de forma cíclica.

[641] Desprezar e insultar o público existente, assim como ignorar o público ideal, é uma maneira muito ruim de pensar por parte de autores. O público não existe, essa ideia pode no máximo ser representada por aquilo que se chama de empírico.

[642] *Pedantismo* é um rigor científico ou artístico no lugar inadequado; muitas vezes se origina mais da limitação do gênio consequente e do virtuoso do que da falta de tato.

[643] Saber quem é ou não um *autor* (no sentido originário) exigiria um conhecimento literário infinito.

[644] *Estudo* é como a teoria (um contemplar apreensível e não intencional), uma leitura não intencional, que deve ser necessariamente cíclica.

[645] Um mimo crítico deve ser romantizado, [deve] quase tornar-se um romance.

[646] A crítica é a mãe da poética. A crítica deve se deixar objetivar tanto quanto os postulados da matemática.

[647] Minha crítica absoluta para o clássico e o progressivo tão transcendental como a doutrina da ciência, de Fichte.

[648] Um mimo crítico muito perfeito, como *epideixis*, sobre um pequeno poema.

[649] Todo homem tem certas *maneiras espirituais*, expressões, movimentos espirituais e formas de que gosta em especial. Todo indivíduo tem, finalmente, seus *pontos, linhas* e *ciclos*; por serem *fluidos*, esses são bem mais difíceis de caracterizar do que o tipo, o grau, os limites e as relações; aquelas maneiras, o auge do caráter, surgem de tais pontos, linhas e ciclos. (Há maneiras ativas e passivas.)

[650] A história pode até ser um mimo crítico a todo momento, mas nunca deve ser limitada de forma absoluta a um indivíduo; isso iria contra sua dignidade.

[651] Todo homem culto e potenciado abarca uma quantidade infinita de ciclos, é alinhado em todas as direções, tudo é [um] ponto para ele.

[652] Todo mimo crítico também contém uma visão polêmica do objeto.

[653] (Nota. Crítica enquanto síntese da filosofia da poesia e história – Na primeira época, o que a religião é na segunda.)

[654] Muitos espíritos oscilam e vibram com regularidade, maré alta e baixa, pulsação do ser espiritual. Todo objeto de uma caracterização (mimo crítico passivo) só pode ser conhecido de uma só vez, por meio de *uma* intuição. O homem precisa ser ele mesmo e também outro para poder caracterizar alguém. (Nota. Número infinito de intuições intelectuais.)

[655] A caracterização vai em todas as direções, até o infinito. Segundo qual máxima deve-se cortar aqui? Qual é o poder constitutivo, que pode *pôr* [*setzen*] de modo absoluto aqui?

[656] Todo ponto de formação deve ser comparado a um *travo* [*Stoss*];[102] tendências são linhas de formação.[103]

[657] Todo homem tem cantos, dos quais depende muita coisa; eles surgem do entrecortar de diversas linhas, são *pontos polêmicos*. Um homem que fosse apenas cantos; assim como

---

102 "Travo" traduz "*Stoss*", o qual tem relação com a filosofia da consciência de Johann Gottlieb Fichte, especialmente em sua obra "Doutrina-da-Ciência" (1794).
103 Esse fragmento e o anterior tratam de aspectos que Schlegel deriva da filosofia de Fichte e do movimento do Eu e do Não Eu, ou seja, o *pôr* [*setzen*] e o travo [*Stoss*].

aquele para o qual tudo fosse apenas pontos (atração, travo). Os pontos de formação poderiam também ser chamados de pontos históricos. (*Pontos críticos* que exigem um máximo de sistema crítico surgem onde tudo se entrecorta. A melhor forma de encontrar as linhas de formação de um homem são seus pontos práticos.)

[658] Todo mundo tem seus pontos fracos e fortes; muitas vezes, considera-se entre os primeiros apenas o que é limitação.

[659] *Suetônio* é um dos grandes mestres da sátira prosaica na crítica, isto é, na arte de caracterizar. Ele é quem se encontra mais próximo da sátira absoluta.

[660] Crítica potenciada ou caracterização da crítica. A crítica potenciada em estilo sintético.

[661] Para os estudos críticos. Um mimo satírico-crítico-absoluto, (Lessing);[104] além disso: síntese absoluta, análise absoluta, polêmica absoluta, história absoluta, retórica absoluta, filosofia absoluta, entusiasmo absoluto, mimo absoluto.

[662] Crítica surge primeiramente da *universalidade absoluta*; ou seja, a isolação intencional de um componente dominante não pode ser considerada como um estudo.

[663] Um estudo poético pode ser mais poético do que um estudo crítico pode ser crítico.

[664] Biografia, um ponto de indiferença entre a história e a caracterização = crítica, na verdade, doutrina moral, ou doutrina da arte da vida.

---

104 *Ensaio sobre Lessing.* In: KA-II, p.100.

[665] Os verdadeiros objetos da crítica são obras e sistemas de obras, e não homens. (Meu *Caesar* também é um estudo crítico.)[105]

[666] Apenas obras clássicas são os verdadeiros objetos da crítica; obras bárbaras absolutas, ou o que não for uma obra, nações, (toda a natureza,) para os estudos críticos, depositados nos limites externos dessa arte. Assim, se aprende a conhecer os extremos da crítica. Crítica = doutrina do juízo, em oposição direta à doutrina da arte.

[667] O *delectus classicorum* contém e se fundamenta em um sistema de caracterizações.

[668] Caracterizar também massas no estudo.

[669] Apenas quem viveu de forma clássica merece uma biografia.

[670] Um escrito filosófico necessita mais da resenha do que um escrito poético, pois sem ela, embora seja perfeito, pode permanecer desconhecido.

[671] Todos os escritos clássicos jamais serão completamente compreendidos; devem, por isso, ser eternamente criticados e interpretados.[106]

---

105 Ensaio de Schlegel publicado em 1796. *Caesar und Alexander* [Cesar e Alexandre]. KA-VII, p.26.
106 "Um escrito clássico jamais tem de poder ser totalmente entendido. Aqueles que são cultos e se cultivam têm, no entanto, de querer aprender sempre mais com ele." Schlegel, Friedrich. *O dialeto dos fragmentos*. São Paulo: Iluminuras, 1997, p.23, fragmento [20] da *Athenäum*. Tradução de Márcio Suzuki.

[672] Para a *polêmica* faz uma grande diferença que na filosofia o producente e a força reflexiva não estejam tão separados como na crítica.

[673] Revisão de um mimo científico crítico, a resenha de anais literários da história da literatura.

[674] (*Revisão das Cartas literárias*[107] | *Revisão da doutrina da arte platônica* | *Cartas antiquárias* | *Revisão da Crítica da faculdade do juízo, de Kant* | Caracterização da urbanidade romana.)

[675] A crítica de Lessing tem um traço inglês.

[676] Na *caracterização* estão unidas: a poesia, a história, a filosofia, a hermenêutica, a crítica filológica. Caracterização de *todas* as denominadas épocas áureas dos modernos. *Panorama*, uma *soma* de características. Paralelos, um grupo crítico. Da unificação de ambos surge o *delectus classicorum* [seleção de clássicos].

[677] Só é possível caracterizar indivíduos (as naturezas clássica, progressiva e universal) (indivíduos que se pode e se deve absolutizar). Tudo o que for clássico é, assim, também crítico. Quanto mais crítico, mais individual o indivíduo, tanto mais interessante. Um indivíduo que seja digno de uma obra deve ser *infinitamente interessante*. Apenas assim é possível a totalidade na obra.

[678] Para a biografia literária do autor, o melhor, o que vive como autor, o que mais se aproxima do *caráter natural do poeta e do*

---

107 Trata-se da correspondência entre os filósofos Gottfried Ephraim Lessing, Moses Mendelssohn e Friedrich Nicolai, as chamadas *Briefe die neueste Literatur betreffend*, publicadas entre os anos de 1759 e 1765.

filósofo. O autor moderno tem também sempre mais ou menos do caráter de um cosmopolita e de um político em si.

[679] Apenas Winckelmann possuía síntese absoluta na crítica.

[680] *Forster* é um filósofo natural alemão[108] (enquanto tal, Moser é bem melhor).

[681] Goethe é poeta demais para ser um conhecedor da arte.

[682] Tudo o que é novo é apenas a combinação e o resultado do antigo.

[683] Aristóteles transformou a história completa em crítica; sua caracterização das constituições dos estados. Caracterizações polêmicas na política.

[684] Escritos filológicos raramente são obras.

[685] Aristóteles é mesmo hipercrítico, isto é, crítico, clássico e parcial; pode-se ser crítico demais.

[686] Os *elogios* são um tipo paralelo e derivado de crítica potenciada que se deve reprovar por completo.

[687] Toda prosa alemã tem a tendência para a crítica.

[688] Pertence à caracterização de um homem também a impressão poética que o homem causa.

[689] A prosa crítica deve ser fluida, pairar no ar e lutar contra uma terminologia fixa; pois por meio disso ela recebe um prestígio antiliberal *como se apenas servisse à filosofia.*

---

108 Um filósofo natural é um pensador com o espírito filosófico natural. [Nota de Hans Eichner.]

[690] Diferença entre os homens que começam de forma absoluta e aqueles que crescem gradualmente, como uma avalanche. (Klopstock e Winckelmann | Naturezas são *téticas* no primeiro caso.)

[691] Caracterização = Filosofia + Filologia.

[692] Shakespeare tem moralidade romântica. Sua mistura de poesia e prosa românticas aponta para o romântico absoluto.

[693] *Elementos* ou *categorias* críticas.

Sobre a poesia

[694] Os gêneros sintéticos geralmente se encontram antes dos tipos abstratos na poesia moderna; e os negativos, antes dos positivos. Nesse aspecto, *Pulci* é estranho. *Dom Quixote* é um romance fantástico sentimental negativo (romance crítico-filosófico positivo) – (também em relação à matéria filosófica – louco e tolo – um negativo).

[695] A *essência* de uma obra é ao mesmo tempo o *transcendental*, o *absoluto interior*, o condensado e o espírito potenciado, todos juntos em *um*. (Letra = atributos. Espírito = modos. Essência = *essentia*).

[696] A obra de Dante nada mais é que toda a poesia transcendental – Sentimental, negativo, fantástico, absoluto + Sentimental, positivo, fantástico, absoluto + mímica positiva absoluta na própria matéria subjetiva absoluta, objetivo absoluto na forma.

Friedrich Schlegel

[697] No mimo positivo absoluto a matéria é apoética absoluta, a forma é poética absoluta; no mimo negativo absoluto é então o oposto.

[698] É uma visão profética do presente político em Dante.

[699] Existem muitos tipos de romance absoluto, dependendo se este ou aquele componente é preponderante e de onde se parte: da poesia abstrata, da poesia romântica ou da poesia absoluta.

[700] A ironia perfeita absoluta deixa de ser ironia e se torna séria.

[701] Mimo absoluto deve imitar o retrato, mimo sentimental, fantástico e absoluto deve imitar a fantasia musical.

[702] A poesia deve ser transformada em *tese* [*thesirt*][109] até o infinito, isto é, ser potenciada = poesia transcendental sintetizada até o infinito, poesia romântica e poesia antitética, poesia transcendental. Será que não deve haver infinitos tipos de poesia moderna?

[703] Tudo o que é arbitrário = retórico; mímico = poesia ética. Sentimental e fantástico = poesia filosófica. Toda poesia paródica não é apenas *negativa*, mas *sintética*.

[704] Tempo e espaço [de] todo gênero poético têm de se deixar construir *a priori*. A poesia transcendental age em todos os espaços e todos os tempos, ou nesse tempo e espaço determinado – o romance poético, no passado (romance sentimental),

---

109 Nas palavras em alemão mantivemos a grafia da época de Schlegel.

ou, no futuro, (romance fantástico,) em determinado tempo, mas em espaço indeterminado; romance crítico e romance filosófico, ao contrário, em espaço determinado e em tempo indeterminado. No drama poético absoluto, um determinado *então* e ali.[110] O *aqui* e *agora* são sinais característicos da poesia ética absoluta, em um tempo *e* espaço bem determinados. *Aqui* não é apenas uma *esfera*, mas também um *ponto central* dado ao sujeito. O artista levanta a tese sobre esse ponto absoluto.

[705] O drama histórico deve ter algo do romance sentimental; a ópera deve ter algo do romance fantástico. | Quando o histórico realmente domina, e não é apenas o travo do romântico, a épica é a única poesia conveniente para toda poesia histórica.

[706] O drama heroico místico tem mais do romance fantástico, e deve ter do romance fantástico também a sensualidade.

[707] Nos dramas de Shakespeare não é o elemento retórico que domina, mas o romântico. Combinações possíveis dos gêneros românticos para os dramas. Drama fantástico, sentimental, drama sentimental romântico, drama crítico romântico, drama filosófico romântico. (Psicológico-romântico e sintético-romântico.)

[708] A mistura de prosa e poesia é mesmo *clássica* para o moderno drama retórico. Misturar no drama o romance psicológico, romance sentimental, romance filosófico, romance fantástico.

---

110 *Ein bestimmtes Dann und Dort*, em alemão no original.

[709] Será que a ironia romântica é mesmo necessária para todos os dramas retóricos?

[710] Caracteres abstratos para o romance sentimental e romance crítico – caracteres ideais para o romance fantástico e romance filosófico.

[711] O romance *indeterminado* não pode mesmo ser parodiado?

[712] *Romeu* é uma romança sentimental; a obra clássica para o amor romântico.

[713] Petrarca também tem *ironia* romântica.

[714] Paródia é negação poética empírica; transcendental não é [o] mais paródico, mas [o] polêmico.

[715] Tratamento crítico do romance filosófico é atrocidade. Tratamento sentimental do romance fantástico é entediante, e vice-versa.

[716] Sentimentalidade absoluta e fantasia absoluta levam também ao romântico, mesmo sem a poesia universal, mas é apenas a partir dessa divisão e oposição que surge o romântico absoluto e a ironia romântica.

[717] A *essência* de Shakespeare é romântica, sua *tendência* transcendental. Ele é romântico e classiciza. A essência de Goethe é abstração e poesia, sua tendência é romântica. É clássico e romantiza. (Goethe ultrapassa o clássico até o progressivo. Shakespeare ultrapassa o romântico até o transcendental – *Dante* e *Shakespeare* brotam da terra como *gigantes*.)

[718] *Clássico* e *progressivo* são *ideias históricas* e *intuições* críticas. Nelas se reúnem a crítica e a história.

[719] Dedução dos conceitos históricos.

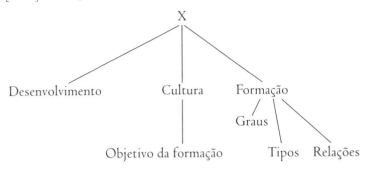

[720] (Condições de formação: I) Travo. II) Direção. III) Esfera de efeito. Todos os *modelos* pertencem à direção.)

[721] Tudo que for histórico sobre um assunto pertence também a uma crítica desse assunto; e tudo que for crítico, a uma história. Depende apenas daquilo que determina a forma, e esta é determinada por aquilo que o objeto é. A crítica pertence ao indivíduo *enquanto tal*; se for parte de um sistema, ao contrário, pertence à história. (Na maior parte das vezes ainda é muito cedo para a história.)

[722] Shakespeare é um filósofo romântico, talvez tanto quanto um poeta romântico. Ele é inteiramente *universal*; nele há tanta filosofia, poesia e *ethos*; fantasia, sentimentalidade e mímica em igual proporção.

[723] Mímica positiva absoluta e mímica negativa absoluta não se deixam dividir; o que faz surgir a diferença é apenas a confusão entre objeto e sujeito, entre forma e matéria. Mímica indiferente absoluta é mímica positiva ou negativa do sujeito absoluto; ou mímica negativa absoluta do objeto absoluto; na Bíblia ela deve ser ingênua e paródica, assim como uma autobiografia épica, enquanto ponto de indiferença. Talvez assim:

I) Visão mística do ponto subjetivo; II) Visão polemizada do mundo subjetivo; esfera do *político*.

[724] De onde decorre que o poeta transcendental queira com tanta frequência realizar uma mímica com o objeto absoluto? Isso é na verdade sentimental, fantástico, positivo, absoluto e mímico negativo absoluto, ou seja, paródia transcendental; paródia que deixa de ser paródia. O caráter do *Caliban* não é fantástico negativo absoluto?

[725] Petrarca não é mais transcendental que romântico, ou seja, *elegíaco* a partir de si mesmo?

[726] O objeto da lírica romântica é irrepresentável (a rigor, sentimental absoluto) – (a rigor, sentimentalidade absoluta); o interior é inexprimível.

[727] Shakespeare não ultrapassou os limites do transcendental no romântico? Ele não é transcendental demais?

[728] A essência da poesia romântica, assim como a separação de fantasia, sentimentalidade e de mímica positiva e mímica negativa enquanto a mistura de todos os componentes clássicos.

[729] Mímica indiferente absoluta é representação objetiva absoluta do objeto absoluto; sentimental, fantástico, indiferente absoluto é a representação completamente subjetiva do objeto absoluto.

[730] A incompatibilidade absoluta do sujeito e do objeto torna-se ela mesma novamente objeto e sujeito da poesia na lírica romântica.

[731] Na poesia transcendental predomina a ironia, na poesia romântica predomina a paródia, na poesia ética absoluta predomina a urbanidade.

[732] Os modernos têm instinto absoluto apenas em *massas*; (no individual, mais ou menos). Os antigos no individual, não no todo.

[733] *Baladas* e *romanças*, as formas para o romance natural.

[734] Petrarca é um gênero intermediário entre a poesia transcendental e a poesia romântica.

[735] O romance absoluto para a poesia ética pura absoluta.

[736] O ideal impossível da poesia = romance reduzido infinito absoluto potenciado + profecia reduzida infinita absoluta potenciada + poesia reduzida infinita absoluta potenciada.

[737] A essência de Goethe é mímica reduzida infinita absoluta potenciada, até mesmo com ódio e desprezo da fantasia absoluta e da sentimentalidade absoluta. Por isso, Shakespeare é mais mímico absoluto do que Goethe; a mímica de Goethe visa mais à forma, a de Shakespeare à matéria.

[738] *Mythos, pathos, ethos*. Categorias dramáticas.

[739] Fantástico absoluto, sentimentalidade absoluta, mímica absoluta são ideias poéticas. O ideal poético = Deus.[111]

$$\frac{1/0\sqrt{FSM\ 1/0}}{0} = Deus$$

---

111 Descrita em prosa, a equação do fragmento [739] significa que "o fantástico, o sentimental e o mímico, elevados ao absoluto, são iguais a Deus". A unidade entre o fantástico [a imaginação criativa], o sentimental [a reflexão crítico-literária e filosófica] e o mímico [a exposição ou representação da realidade na arte] no conceito de romance absoluto alude à concretização do Ideal poético em uma

[740] *Ethos, drama, poesia mélica.* Categorias poéticas.

[741] *Mythos*, em sentido natural [?] *datum e fatum* poéticos, as intuições poéticas | o mesmo se dá com a métrica e a linguagem.

[742] Todos os estudos devem ser bem rigorosos na forma, como todas as paródias.

[743] A FORMA de *Hans Sachsen*, a forma do romance nacional alemão. (O que a antiga romança foi para os espanhóis.)

[744] *Formas artísticas* métricas não surgem apenas por meio da rima sem uma quantidade de sílabas determinada e uma organização das rimas.

[745] Toda poesia ética absoluta tem como fundamento o seguinte princípio: *eu devo me tornar poesia.*

[746] Todos os *estudos* e *poetizações* para a poesia poética. A poesia didática é um gênero intermediário entre a poesia transcendental e abstrata ou profética.

[747] *Na fantasia ditirâmbica*, além da relação com um objeto, a *unidade* do *entusiasmo*; no mimo absoluto, *unidade de urbanidade.*

---

forma futura de literatura. De acordo com Raimund Belgardt, a solução matemática dessa equação enfatiza a unidade de todos os aspectos poetológicos do romance absoluto, cujo equivalente seria Deus. O estudioso indica que a solução dessa equação matemática equivale a "1" (como todo número elevado a zero), o que representaria a unidade. O crítico compreende o símbolo /°/ como uma elevação à potência zero. Cf. Belgardt, Raimund. *Begriff und Bedeutung bei Friedrich Schlegel.* The Hague – Paris: Mouton, 1969, p.111.

[748] A poesia abstrata abarca a clássica e a progressiva ou poesia transcendental. Na poesia romântica valem todas as divisões da poesia transcendental e da poesia abstrata; doze romances.

[749] Apenas o objetivo pode ser parodiado, e não este ou aquele assunto.

[750] Deve existir uma poesia política absoluta, em que o ideal político seja poetizado; algo como no drama poético absoluto; o espírito da sociabilidade seria melhor em uma sátira que fosse romantizada ou totalizada, ou em um romance.

[751] A maioria dos romances absolutos é individual com tendência para romance absoluto; neles o espírito deve prevalecer sobre a virtude, assim como o espírito prevalece sobre a arte nos dramas poéticos absolutos, e a ciência prevalece na profecia absoluta. No romance absoluto podem aparecer *histórias artísticas*, mas nenhuma outra.

[752] Para toda poesia ética absoluta as melhores formas são a fantasia ditirâmbica e a sátira épica.

[753] A poesia política é uma mera poesia média, que não contém nada de indivíduos objetivos, mas apenas *nacionalidades objetivas*.

[754] Em todo romance imperfeito *todas* [as partes] são partes integrantes; apenas o dominante é diferente.

[755] A poesia romântica é dividida segundo os elementos absolutos da poesia; sentimental, fantástico, mímico e patético. Toda a poesia romântica = indiferente = elegíaca.

[756] Por meio do drama é realizada a sensibilização da poesia.

[757] Elementos são a essência analisada de forma absoluta; uma ideia crítico-histórica.

[758] A *urbanidade* não é necessária no romance político e no romance histórico, mas no romance mímico e no romance retórico. Não seria possível pensar em um romance *profético--político* que projetasse o ideal da nação no *futuro*? Todas as peças históricas de Shakespeare juntas são um máximo de romance político. No romance político, o espírito da nação (representado). | Um herói, uma ação não são eles mesmos essenciais.

[759] Assim como o drama antigo foi uma mistura da epopeia e da melodia, a poesia moderna romântica é uma mistura de poesia e prosa românticas.

[760] Não deveria o drama político-romântico e histórico--romântico poder ter a mesma *liberdade* no [que concerne ao] *tempo* que Shakespeare tem em relação ao espaço? O drama deve representar o agora e o passado. A ópera deve representar o passado, o agora e o futuro.

[761] A divisão da poesia em *ingênua* e *sentimental* é válida, mas apenas na poesia transcendental.

[762] Elegíaco é indiferente no espírito, a paródia é também indiferente, mas na letra.

[763] A *dianoia*,[112] o elemento político do drama.

---

112 *Dianoia*: forma de pensar, espírito, tipo de conhecimento. Um dos seis elementos do drama na *Poética*, de Aristóteles.

[764] Na poesia transcendental é reprovável apenas a *transcendentalidade* RUDIMENTAR

[765] *Equação indissolúvel* na poesia é a unificação absoluta do sentimental e do ingênuo; da poesia natural e da poesia artificial; da poesia romântica e da prosa romântica; do clássico e do progressivo; da poesia absoluta e universal e da poesia abstrata; da poesia ético-filosófica e da poesia política; do poético e do crítico.

[766] Tipos de *drama*: drama fantástico, drama sentimental, drama político ou drama histórico e drama mímico.

[767] *Eu*. Um retrato épico. *A época*. Uma sátira profética.

[768] *Chiste* é belo, lógico.

[769] Toda a poesia sentimental tem como fundamento o imperativo de que a beleza artística e a beleza natural devem estar unificadas.

[770] Ideia de uma crítica *romântica* da mistura e relação de todos os elementos românticos com todos os elementos críticos.

[771] A divisão da poesia transcendental segue também o imperativo da abstração. A poesia romântica é empírica, a poesia transcendental é mística ou polêmica, a poesia abstrata apenas se torna crítica após juntar-se à poesia absoluta ou à poesia universal. A poesia abstrata unifica a poesia universal. | A poesia romântica universal é misturada a partir da poesia transcendental e da poesia abstrata. A poesia absoluta surge da unificação da universal e da abstrata. A poesia transcendental possui de

novo algo da natureza clássica. Ela é mística, báquica,[113] órfica.[114] Poesia *correta* é a formada negativamente, negativa na maneira e no estilo. Na tendência e na forma, a poesia *paródica* é negativa; na matéria e no tom, a poesia polêmica é negativa.

[772] Apenas a forma severa ainda não é suficiente para legitimar a publicação da poesia ética absoluta. Apenas a *urbanidade a justifica*; ela deve ter valor filosófico. A poesia transcendental é na verdade poesia histórica absoluta.

[773] Quanto mais clássico um indivíduo poético moderno, menos instinto. Essa é a oposição da natureza no indivíduo contra a arte no todo.

[774] Caracterização segundo categorias críticas é apenas análise exterior e anatomia de partes *visíveis*; descoberta de elementos é divisão química interior. *Elemento*, uma categoria histórica ou ideia histórica.

[775] Será que a forma dramática surge já da mistura de poesia e retórica?

[776] Existem *quatro* tipos de chiste prosaico: I) O combinatório-transcendental, que é quase todo matéria. II) O analítico – nele se encontra o elevado chiste filológico e a ironia socrática. III) O chiste sociável, chiste urbano, chiste fragmentário, *nasus* dos romanos. IV) O chiste retórico misturado a partir dos três.

[777] Transcendental tem afinidade com sublime – abstrato tem afinidade com o severamente belo; o empírico, com o que é atrativo.

---

113 Relacionada a Baco.
114 Relacionada aos mistérios órficos.

[778] O preponderante, o que domina um elemento, pode ser *mecânico* ou dinâmico; no último caso é chamado de dominante.

[779] Considerar o *romance* como poesia *progressiva*. O mímico absoluto = romance biográfico.

[780] A abstração do absoluto e a tendência do abstrato ou dividido pelo todo são princípios históricos; toda tendência, todo querer é apenas a vontade de retornar a algum lugar.

[781] Até mesmo a essência da poesia romântica, a mistura, é um princípio político. Existe uma parte constitutiva entre as partes da mistura romântica, ou o que vale aqui é uma constituição republicana?

[782] *Humor* = chiste poético, sentimental, transcendental. Chiste puramente mímico = chiste épico e cômico + chiste épico e iâmbico.[115] Todo chiste lírico é iâmbico. Todo chiste dramático é cômico. Homero é também a fonte originária [*Urquell*] do chiste, isto é, do épico.

[783] Ironia = autoparódia? *Paródia* é o chiste épico. | Chiste *profético* é um gênero próprio. | Chiste clássico e progressivo, chiste poético, chiste prosaico, chiste épico, chiste lírico, chiste dramático, chiste romântico, chiste satírico.

[784] *Sócrates* tem sátira transcendental, falta-lhe apenas a sentimentalidade para ser chistoso.

---

115 "O chiste cômico é uma mescla de chiste épico e jâmbico. Aristófanes é ao mesmo tempo Homero e Arquíloco." Schlegel, Friedrich. *O dialeto dos fragmentos*. São Paulo: Iluminuras, 1997, p.72, fragmento [156] da *Athenäum*. Tradução de Márcio Suzuki.

[785] O verdadeiro crítico deve possuir *todos* os tipos de chiste.

[786] Chiste grosseiro épico e chiste grosseiro iâmbico se encontram com muita frequência na tragédia clássica, apenas não estão fundidos; a mescla é mais íntima na comédia.

[787] Tudo é chiste, e há chiste em toda parte.

[788] Existem tantos tipos de *amor* como existem tipos de romance.

[789] As sátiras dos gregos talvez sejam meio sérias e meio paródicas; a *ironia* da tragédia. Mero chiste *épico* nela, sem a tendência iâmbica que se encontra em Eurípedes.

[790] O chiste retórico é vibrante em toques breves – ele visa à diferença absoluta dos indivíduos.

[791] Quando a história quer se tornar ciência, ela deixa de ser *histórica* no *estilo*; este se torna crítico-filosófico até que ela volte a ser sistemática.

[792] Separação dos gêneros dos objetos eternos por meio da combinação contrastiva; ligação dos indivíduos por meio do que é verdadeiramente combinatório no chiste.

[793] Seria horrivelmente ingênuo se trouxessem para o palco todas as classes sociais da nação com fidelidade objetiva.

[794] Humor = sentimentalidade + chiste filológico – Chiste crítico-filosófico = tempero romano com fantástico moderno.

[795] Fantasia absoluta e sentimentalidade absoluta são o que é livre na poesia; político absoluto e mímico absoluto, o que é *necessário*.

[796] Na comédia estão amalgamados todos os tipos de chiste, na sátira eles se encontram separados um ao lado do outro.

[797] Na poesia romântica a crítica romântica deve estar unida com a poesia; por meio do fato de que a poesia e a poesia crítica estão unidas, amalgamadas ou misturadas ela é potenciada e sua esfera ainda mais potenciada.

[798] No romance absoluto tudo deve ser amalgamado, e o que não puder ser amalgamado deve ficar de fora.

[799] Para a poesia transcendental, misturar as formas transcendentais | *Fantasia épica – Fantasia satírica – Épica fantástica – Sátira ditirâmbica.*

[800] *A poesia*, uma fantasia ditirâmbica | Fantasia | *O romance.* Uma *sátira. A fantasia.* Um ditirambo. Ou melhor. A *crítica.* Fantasia ditirâmbica!! A *sátira.* Uma fantasia ditirâmbica. A *poesia.* Uma sátira profética. A filosofia. Uma fantasia ditirâmbica.[116]

[801] Toda prosa é crítica, histórica, panegírica e retórica. A retórica é uma mistura de tudo, com tendência individual determinada.

[802] Cavalaria, o ideal de patriotismo romântico.

[803] A verdadeira *comédia* é mesmo = romântico-fantástico + drama crítico-filosófico. A comédia romântica = romântico-sentimental + drama filológico-sentimental. A tragédia romântica = romântico-mímico + romântico-retórico.

---

116 Lista de nomes de obras. É frequente o surgimento de listas de nomes com projetos de obras na coleção de fragmentos.

[804] A poesia transcendental deve ser potenciada infinitamente e analisada infinitamente; isso apenas pode ser transmitido por meio de uma *ficção* ou [um] *substituto*.

[805] A *dramatização* pertence também à poesia abstrata, desde que a *popularização* seja promovida por meio do imperativo da conexão com a música e as artes plásticas.

[806] A *doutrina harmônica da trivialidade* em tercinas proféticas.

[807] *Epos* e *Satura* são obras naturais do instinto, *mas absolutamente perfeitas* em seu gênero.

[808] Todos os fragmentos poéticos devem – em algum lugar – ser partes de um todo.

[809] *Ironia* é análise da tese e da antítese.

[810] A comédia romântica evapora rápida, de tão leve que é.

[811] *Tendências* pertencem à poesia ética; *estudos*, à poesia filosófica.

[812] A forma do fragmento é a forma pura do "classicismo", progressismo e da urbanidade.

[813] A poesia transcendental dividida em *ideal* e *real*. A poesia ideal é dividida em mística e poética.

[814] Todo drama deve ser considerado não apenas segundo princípios puros, mas como determinado problema e solução de tal princípio.

[815] Guerra contra críticos e teóricos ruins em versos belos tem um efeito completamente diferente; não parece tão parti-

dário, generoso; a razão disso se encontra oculta no imperativo absoluto romântico.[117]

[816] O conceito de *esboço* pertence à poesia artística ou à poesia poética absoluta. Ideia de poemas para totalização de todos os estudos, tendências, esboços — *obra*; *sistema* é tanto estudo quanto tendência etc. — tudo isso junto.

[817] É preciso que exista também uma *prosa transcendental*; para isso, o físico e o factual (a linguagem simbólica da matemática e da química).

[818] Mescla transitória, a essência da prosa romântica absoluta. O transcendental é *lógico* ou factual (tético). Aristóteles e Fichte são mestres na primeira.

[819] A verdadeira poesia transcendental é, em parte, *centrípeta* e em parte *centrífuga*.

[820] Nada é mais raro do que sentido para a abstração, mesmo sem abstração.

[821] O poema romântico pode ser potenciado tantas vezes quanto se queira; o clássico e o progressivo podem ser divididos tantas vezes quanto se queira.

[822] (O estilo lógico é dialético <negativo>, transcendental ou *hermenêutico* <positivo>.)

---

117 O imperativo absoluto romântico: "A poesia crítica deve ser poética". O postulado remete novamente ao âmbito da ironia romântica na teorização de Schlegel. Cf. fragmento [238] da *Athenäum*. In: KA-II, p.204.

[823] *Richter*[118] não ri do chorar, mas chora do sorrir.

[824] A poesia transcendental é biográfica ou cronográfica.[119]

[825] Apenas um *polêmico* contempla uma obra como produto da pura arbitrariedade; isso é a essência da polêmica.

[826] *Richter* nos retrata sua *Maria* como uma sacristã lacrimosa, e *Cristo* é um candidato da teologia.

[827] *Intriga, situação, caráter, efeito*; serão essas, por acaso, as *categorias românticas*?

[828] A filosofia de Richter é sentimentalidade absoluta + Empírica, e também fantasia absoluta, apenas em outra direção, ou seja, inserção da sentimentalidade absoluta nas relações mais gerais, em um verdadeiro fantástico absoluto negativo; assim, pertence ao verdadeiro fantástico absoluto negativo o fantástico positivo absoluto. Em Richter está bem representada e exteriorizada a germanidade mestra.

[829] No romance sentimental predomina o *espírito da solidão*.

[830] A poesia e a prosa não devem ser apenas misturadas no romance, mas também amalgamadas; isso ocorre em formas naturais enobrecidas como o pentâmetro iâmbico. Sem o objetivo da popularidade no palco, esse tipo de relaxamento da forma não é permitido.

[831] *Ideia* para todos os tipos de romance é um máximo de mistura dele.

---

118 Friedrich Richter (1763-1825), também conhecido por seu nome artístico Jean Paul.
119 Schlegel associa o cronológico ao geográfico.

[832] É estranho que na antiga prosa seus elementos (crítico-
-filosófico, histórico, urbano, retórico) estejam separados e
constituam os tipos; na poesia isso não acontece.

[833] Um escrito filosófico não pode de modo algum terminar com mera retórica. A conclusão deve ser feita pela ironia
(aniquilando ou ironizando).

[834] Ideia de uma forma romântica onde o todo e a maior parte
fossem uma única prosa; ao contrário da forma da prosa com
muitos versos entremesclados. (Em Shakespeare já é assim.)

[835] A *voluptuosidade* como fantasia ditirâmbica.

[836] Em todos os tipos de romance, tudo o que é subjetivo
deve ser objetivado; é um engano [o fato de] que o romance
seria um gênero subjetivo.

[837] Todos os dramas que devem causar um efeito devem
se aproximar do romance absoluto; talvez, *quanto mais, melhor*.

[838] A prosa *romântica* deve ser composta a partir do transcendental e do abstrato.

[839] Será que não seria possível parodiar *Petrarca*, embora ele
mesmo já se tenha parodiado?

[840] Visão *secundária* dos antigos em Richter.

[841] A *canzone* é, pelo visto, mais fantástica, o *soneto* é mais
sentimental.

[842] *Excêntrico* é oposto ao central, é *centrífugo*.

[843] Romance mímico = fantástico indiferente, sentimental
indiferente; deste, há em *Petrarca* apenas uma semente; há mais

em Pulci; no *Dom Quixote* encontra-se na mais alta perfeição. (Apenas é imperfeito em relação à paródia da forma severa romântica que deveria ser poética.) – (Aqui, o todo é parodiado primeiro.) O romance fantástico e o romance sentimental podem ser tanto líricos quanto épicos. O dramático misturado e o drama poético absoluto também = romance fantástico + romance sentimental = *Guarini* (mais sentimental). No profético o romance fantástico tem o sobrepeso.

[844] Tercina é = *canzone* + estância.

[845] Princípio geral: *Quando todas as partes integrantes do poema romântico estiverem amalgamadas, ele deixará de ser romântico* <obscuro>.

[846] Aprender muito a partir da *canzone* para a *Fantasia ditirâmbica*. (Para a romança *fantástica*, há muito que aprender dos poetas teológicos.)

[847] O sério romântico e o romântico indiferente, fantástico, sentimental são o que de mais belo há em *Dom Quixote*.

[848] Dante tende ao mesmo tempo para o romance absoluto, o drama poético absoluto e a profecia absoluta. Ele abarca toda a poesia transcendental, a poesia abstrata e como que toda a poesia romântica.

[849] No romance, todos os *elementos* devem aparecer como *necessariamente* deduzidos; isso falta mesmo ao *Dom Quixote*, pois nele o romântico sério indiferente fantástico sentimental e a mitologia romântica são apenas um *factum contingente* que aí aparece.

[850] Um romance *individual* não se deixa *acabar* nunca, pois até mesmo o conceito do gênero jamais pode dar fim ao seu ideal.

[851] Nos gêneros do romance a *maneira*, a *tendência* e o *tom* são determinados. Nos gêneros clássicos, ao contrário, *forma, matéria* e *estilo*.

[852] Há também *maneiras* objetivas, mas elas são inalcançáveis.

[853] Dom Quixote é o Pulci prosaico.

[854] A *forma* é *romântica* em Dante.

[855] Todos os romances pastoris tendem ao drama poético absoluto. Todos os poemas de cavalaria muito longos tendem ao romance mímico. (Poetização de toda a mitologia romântica, por exemplo.)

[856] Novelas sistematizadas estão relacionadas no profético, como as tercinas.

[857] *Marino, Guarini, Cervantes* são o fim do *primeiro ciclo poético. Dante, Petrarca, Pulci. Boiardo, o início. Ariosto* e *Tasso*, o auge. *Shakespeare* é início, auge e fim do segundo ciclo, em que a poesia romântica é realmente romântica, isto é, realmente misturada. Os romances ingleses e franceses são tendências do terceiro ciclo, [do qual] Goethe é o início. *Shakespeare é romança potenciada.* No primeiro ciclo, a *letra* romântica; no segundo ciclo, o *espírito*. No segundo ciclo, unificação entre a poesia natural e a poesia artificial; no terceiro ciclo, a unificação da poesia e da crítica.[120] O primeiro ciclo é mais romântico; o segundo é mais transcendental; o terceiro, mais abstrato.

[858] Pulci é mais *fantástico*; Boiardo é mais *sentimental*.

---

120 A unificação da poesia e da crítica por meio da ironia romântica.

Friedrich Schlegel

[859] O romance mímico prepondera no inferno de Dante; no purgatório prepondera o romance sentimental; no céu, o romance fantástico.

[860] A *história* do romance também não se deixa acabar *nunca*; desse modo, ela mesma é objeto de um romance fantástico.

[861] Os romances prosaicos (romance crítico-filosófico; romance histórico) também podem ser chamados de romance fantástico e romance sentimental.

[862] Em Ésquilo e Aristófanes, entre os antigos, onde há mais fantasia absoluta.

[863] Deve existir também uma prosa fantástica (Espinosa e Leibniz) e uma prosa sentimental, assim como uma prosa crítica, uma prosa histórica etc.

[864] Em *Ariosto* (e Cervantes) tudo é poético, romântico – romance fantástico, romance sentimental, romance mímico, até mesmo romance político.

[865] *Shakespeare*. Uma fantasia ditirâmbica.

[866] *Concetti*[121] são excentricidades ou urbanidades fantásticas. (São todas as monstruosidades românticas modernas erros?)

[867] Sem rigor romântico, a rima tem sempre algo comum, como a nobreza sem o fantástico político.

---

121 *Concetti,* em italiano no original, ideias chistosas em formas espirituosas de discurso, encontradas principalmente nos autores da Renascença italiana tardia, como Tasso, Marini, na literatura espanhola etc.

[868] Como o contraposto dos pintores sobre a *antítese*, a variação dos músicos se fundamenta na *tese*. (Repetição do tema.)

[869] Dom Quixote é mais uma cadeia de novelas do que um sistema. Muitos romances são na verdade apenas cadeias ou coroas de novelas. A novela é uma rapsódia romântica.

[870] *Shakespeare* não é de fato transcendental demais, ele apenas às vezes se encontra no lugar errado.

[871] O *romântico* nunca foi em toda a [sua] extensão apenas intenção.

[872] A poesia transcendental parece adentrar a massa da poesia moderna como a variação das marés.

[873] Os povos meridionais sempre tiveram mais autoridade na pronúncia das vogais, e os povos nórdicos na pronúncia das consoantes.

[874] *Lessing* apenas tem sentido para a poesia abstrata, mas é sem sentido para o clássico.

[875] Imitar Platão, especialmente em relação à *prosa ditirâmbica*.

[876] Panegírico = retórico, pois apenas isso é retoricamente livre. *Dikanikon*[122] já aplicado a um objetivo determinado.

[877] Em Platão todos os tipos de estilo misturados (lógica, panegírico), mas não fundidos.

[878] (*Diaskeuase* é crítica prática, pertencendo, assim, à unificação de poesia e crítica. Não devem tais *diaskeuases* ser irônicas ou paródicas?)

---

122 *Dikanikon*, em grego no original, discurso de defesa na Grécia antiga.

[879] A (verdadeira) retórica pura dos antigos não é diferente do estilo histórico | No Platão retórico bem superior aos outros panegíricos. Apenas não [é] *agonios*.[123]

[880] A prosa *mística* e a *legisladora* de Sólon é prosa natural. A prosa ditirâmbica de Platão = prosa artística sentimental fantástica absoluta.[124]

[881] Apenas a prosa lógica e a prosa dialética juntas fazem um *estilo transcendental*, para onde Fichte parece querer se dirigir. No que concerne ao *tético* e ao *legislatório*, as XII tábuas têm mais força. Também em Espinosa e Leibniz se encontra o *tético*.

[882] A repetição musical do mesmo tema por Kant. O chiste combinatório em *Kant* é o melhor.

[883] Em relação à universalidade, Platão é o *Shakespeare* da prosa grega. Ele escreveu de forma *dialética, ditirâmbica, panegírica*, analítica, *lógica, mística* e até mesmo *tética* (legislatória). Apenas não [tem] o estilo mesclado de Tácito, nem o estilo combinatório-crítico. *Platão* não compôs nenhuma obra, <nota> somente estudos.

[884] Toda a prosa romana tem uma aparência legisladora, tética e satírica. Por isso os romanos são *mais superiores* do que os gregos na prosa *factual*; por isso também a *majestade* da prosa romana. Apenas por meio da *combinação* bárbara a prosa romana satírica recebeu todo o seu sentido. Assim como a prosa romana, a prosa grega foi pouco analisada.

---

123 *Panegírico*, discurso de caráter encomiástico, laudatório; *agonios*, prece ou discurso destinado a vários deuses, geralmente em louvor à guerra, ao conflito, ao combate verbal [*agon*].

124 Sólon (638-558 a.C.), legislador, jurista e poeta grego.

[885] Existe uma prosa *escolástica* própria? Em oposição ao romântico, o arbitrário, e ainda assim sancionado pela escola. Analogia da terminologia escolástica com a métrica romântica. Toda terminologia é combinatória, e esse é o fundamento do estilo crítico-filosófico.

[886] A poesia transcendental também tem origem *bárbara*.

[887] A filosofia (talvez bem mais que a poesia) é a verdadeira pátria da *diaskeuase*. A interpretação, segundo o espírito, tem uma tendência a tal *crítica transcendental elevada*.

[888] Toda a prosa clássica é *flutuante*, em comparação com a escolástica. A prosa transcendental não pode ser flutuante. A prosa romântica absoluta deve ser ao mesmo tempo fixa e flutuante. A prosa escolástica tem origem romântica. Na verdade, Fichte não é *flutuante*; ele ama apenas o que se altera no fixo.

[889] Prosa poética. Épica = prosa mística. Lírica = panegírica. Dramática = prosa mímica. Uma prosa *filosófica*. I) Hermenêutica. II) Dialética. III) Empírica. Uma [prosa] *política*. I) Legisladora. II) Retórica, política + histórica + *filosófica*. III) Satírica. Uma prosa *histórica*. Também uma prosa filológica. Mímica nas traduções (que deve ser hermenêutica). (A prosa ética é a romântico-absoluta. A prosa satírica é crítico-filosófica e pertence à política elevada.)

[890] Antigo ditado sobre a prosa natural *ética*. (*Teses* éticas) [...][125]

---

125 De acordo com a transcrição do manuscrito, falta uma palavra. Cf. KA-XVI, p.160.

[891] Deve-se conhecer toda a poesia para poder entender os alemães.

[892] *Dante* é único – *uma imagem enciclopédica da época* – entre todos os poetas modernos. Shakespeare não é assim.

[893] A poesia natural grega é a épica, a moderna é o romance.

[894] O próprio Shakespeare construiu e realizou a *diaskeuase* da matéria, de um modo que os antigos não o fizeram, transformando e desenvolvendo o tratamento dado anteriormente, não apenas segundo seu gênero e seu estilo, mas também potenciando. Ele *desconstruiu* a matéria, segundo o ideal de uma poesia individual, e não segundo o ideal de um gênero.

[895] (Na sentimentalidade enlouquecida de Young.)

[896] Tão logo a prosa seja *escrita*, ela deixa completamente de ser prosa natural.

[897] *Demóstenes* é o mais refinado dos prosadores gregos.[126]

[898] *Modelos para a História da Poesia Grega*[127] – Winckelmann, Müller, Gibbon, Goethe.

[899] A divisão em transcendental – romântico – abstrato visa a todas as obras, e não apenas à poesia; contempla não apenas o tom e o estilo, mas a *construção interna*.

[900] Por meio do romântico uma obra recebe a *plenitude*, a *universalidade* e a potenciação; por meio da abstração, recebe a

---
126 Demóstenes (384-322 a.C.), orador e político grego.
127 Trata-se do ensaio (incompleto) *Geschichte der Poesie der Griechen und Römer.* Cf. KA-I.

unidade, o "classicismo" e o progressismo; por meio do transcendental recebe a *totalidade*, a integralidade, o absoluto e o sistemático. As três obras poéticas, drama poético absoluto, romance absoluto, sistema profético absoluto, não são mais simples poesia abstrata. Elas são ao mesmo tempo abstratas, românticas e transcendentais. *Tríade poética*.

[901] Ao que parece, o estilo panegírico é de natureza política. (O retórico é certamente de natureza ética. O estilo legislatório [é de natureza] *prática*. Também o estilo dialético tem em si algo político.) O estilo sistemático não é *apenas* transcendental, mas ao mesmo tempo abstrato e romântico.

[902] Apenas um sistema é na verdade uma *obra*. Qualquer outro escrito não é capaz de concluir, apenas cortar ou cessar; eles sempre terminam de uma forma necessariamente aniquiladora ou irônica.

[903] Talvez haja na *República*, de Platão, um pressentimento do romântico absoluto no estilo.

[904] As condições do sistema são: *ideais, cíclicas, potenciadas, clássicas*. – Toda forma não sistemática é passível de ironia.

[905] Os quatro elementos da prosa: místico, ditirâmbico, dialético, tético. História = místico + ditirâmbico + tético + empírico + panegírico.

[906] Paródia retórica = ironia amarga. | Paródia alemã antiga ou ideal de uma prosa pedante que sempre se autoaniquila para o romance urbano. O chiste pertence ao âmbito em que o homem, inocente, sempre destrói a si mesmo para o romance urbano.

[907] O verdadeiro *azar* potenciado ainda foi muito pouco representado, assim como a sorte.

[908] Para as *novelas* é essencial a variedade do tom e do colorido.

[909] Jogos de palavras são *parisoses* do chiste, chiste musical, comentários ditirâmbicos. Sem sentimentalidade, nada correto; então, muito bom e horrível.

[910] *Conjunções* e *adjetivos*, muito importantes no sentido histórico.

[911] Apenas com Shakespeare é que se aprendeu a compreender o valor e o significado das figuras retóricas. Por meio do verdadeiro ensino das figuras o *clássico* se torna intenção e arte; passa-se a ter controle sobre isso.

[912] No romance absoluto o estilo deve ser progressivo, o interior deve ser clássico; o estilo do sistema histórico deve ser tão clássico quanto possível; o interior progressivo.

[913] No romance os caracteres, situações, paixões e situações devem ser *potenciados*.

[914] As rapsódias, as massas e os esboços também deixam-se figurar e construir para [alcançar] a mais elevada unidade e harmonia em seu gênero.

[915] A *combinação* é uma imagem escolástica.

[916] Para a massa, o estilo *tético* é o melhor.

[917] Clássico = cíclico.

[918] <Nota.> Escritos que *não* são obras são – *Estudos. Diaskeuase. Tendência. Fragmento.* <*Esboço.*> *Epideixis.* Materiais.

[919] O potenciar é uma figura moderna; combinação do indivíduo consigo mesmo. Figuras *iniciadoras, conclusivas, contraentes* para o estilo sistemático. Figuras ciclicizantes para o último.

[920] Todo indivíduo constitui uma massa.

[921] Um *período* é um indivíduo lógico ou gramático.

[922] Não será toda caracterização um esboço?

[923] *Método* é maneira lógica, ou forma do movimento lógico.

[924] Os loucos de *Tieck* são todos sérios, mesmo que pareçam engraçados; todavia, seus personagens são loucos.

[925] *Sócrates* = Platão + Sófocles, Aristófanes, Goethe. <Universais.>

[926] *Tieck* acredita se tornar incomum pelo fato de inverter o habitual.

[927] Um bom tradutor deve na verdade poder construir e poetizar tudo.

[928] O panorama e a indicação de uma obra pertencem à sua tendência; encontra-se em toda obra. O todo, a imagem clássica austera.

[929] O *chiste combinatório* é verdadeiramente profético.

[930] Mesmo o maior sistema é apenas um fragmento.

[931] Toda resenha filosófica é uma rapsódia.

[932] *Maneira* e *tom*, o indeterminável, o que deve ser construído a partir do restante.

[933] Toda rapsódia filosófica deve começar de forma retórica e terminar com ironia.

[934] Categorias sistemáticas são os conceitos. Método, ponto central, início, fim. (Centro, esboços, ciclos, linhas. *Fundamento* e *resultado* são fatos sistemáticos). *Totalidade* é uma *ideia* sistemática.

[935] *Winckelmann* e *Fichte* têm um *pressentimento* do sistema.

[936] Toda filosofia que não seja sistemática é rapsódica.

[937] Entre os melhores antigos, o retórico no histórico é inteiramente historicizado.

[938] *Maneiras* são por natureza um *plural*. (*Tom* é matéria *espiritual*. O tom é a exteriorização da tendência *en gros* [no todo]; a *maneira* é exteriorização da tendência *en detail* [no detalhe]).

[939] Todo sistema é uma rapsódia de massas e uma massa de rapsódias.

[940] Quanto mais orgânico, mais sistemático. Sistema não é tanto um *tipo* de forma quanto a própria *essência* da obra.

[941] *Episódios* pertencem a toda rapsódia.

[942] Em toda obra sistemática deve haver um *prólogo*, um *epílogo* e um *centrólogo* (ou uma parábase). Quanto mais cêntrica, mais sistemática [a obra].

[943] *Indivíduo* é um conceito histórico, ou, ao contrário, uma ideia histórica.

[944] A filosofia de Espinosa para a teoria da caracterização. O espírito se exterioriza no modo, os atributos fazem a letra. Caracterização *transcendental*.

[945] *Método* é forma lógica. Não existe também um método *poético*?

[946] As maneiras são um fruto da originalidade ou da passividade.

[947] Sistema é um caráter absoluto e um indivíduo absoluto. Sistematizar todas as obras criadas apenas em graus diferentes. Sistema = dramático; massa = lírico; rapsódia = épico. No sistema, como no drama, mescla absoluta ou separação e articulação absolutas.

[948] Em todo indivíduo existe um aspecto transcendental, um romântico, um abstrato e UM sistemático.

[949] A matemática é o protótipo da mais pura rapsódia.

[950] *Construção* se opõe à caracterização analítica absoluta. Sistema = construção + caracterização de um indivíduo.

[951] Um homem é raramente uma massa; ele jamais se deixa construir, não se deixa tratar de modo sistemático. <O verdadeiro objeto da sistemática?>

[952] Sistema = drama absoluto. Fragmento = drama reduzido.

[953] Fragmentos são falados (eles vêm ao homem); massas são colecionadas; rapsódias são poetizadas (elas fluem do homem); sistemas devem crescer. A semente de todo sistema

deve ser orgânica. <Massa = corpos | Fragmento = ponto | Rapsódia = linha.>

[954] Entre os historiadores, *Salustiano* é especialmente sistemático. Entre os poetas, *Dante, Shakespeare, Guarini, Aristófanes* (?).[128] Existem pessoas que vivem de forma sistemática; *César* e *Sócrates*.

[955] A *fineza* poética (Tieck e Goethe) é própria dos poetas transcendentais e abstratos.

[956] *Tieck* tem razão em afirmar que nos contos populares frequentemente há fantasia absoluta.

[957] *Alegoria* é a que tem mais parentesco com o romance fantástico. Na *Märchen* de Goethe há fantasia indiferente absoluta do modo mais perfeito.[129]

[958] Ironia e paródia de todas as formas correntes atuais de romance, como um *quadro familiar*.

[959] *Virgílio* também tem uma tendência sistemática.

[960] *Estudos* românticos (tratamento de contos populares etc.) são necessários para a mistura da crítica romântica poética e da poesia romântica. A novela é uma tendência romântica, fragmento, estudo, *esboço* em prosa; um, ou tudo junto.

[961] Nos contos mais grosseiros, assim como nos mistérios dramáticos, se encontra muitas vezes a semente de um siste-

---

[128] Hans Eichner se questiona sobre a inserção de Aristófanes entre os antigos românticos.
[129] *Märchen* é como se denomina a última parte da obra *Conversas de imigrantes alemães*, de Goethe.

ma absoluto, segundo a matéria; assim como nos mistérios, segundo a forma.

[962] Clássico = fixo, sintético | Progressivo = móvel, analítico.

[963] A mais antiga forma para o romance em prosa é um sistema de novelas.

[964] A poesia bárbara provençal é a semente da poesia transcendental e da romântica, assim como a poesia natural clássica é a semente da poesia clássica, e a poesia artística é a semente da poesia progressiva.

[965] O final da poesia clássica já é o primeiro ciclo da poesia romântica.

[966] Um *estudo*, em uma maneira antiga, deve ser ao mesmo tempo potenciado com composições tardias; isso é consequência do imperativo da progressividade. (Trechos antigos em *Ariosto* como ruínas clássicas em igrejas góticas <com melhorias modernas>.)

[967] *Tieck* é infinitamente *analítico*.

[968] A infâmia não é tanto um elemento na composição de todas as naturezas não completamente universais e éticas quanto um suplemento. Cotidiano = economia = ética negativa.

[969] Sentenças são sempre em estilo tético, teses éticas. (Não existem também teses poéticas?)

[970] Será que a poesia *nobre* e a poesia *burguesa* da Idade Média não se deixam sintetizar? Isso ocorreu em Shakespeare. <Nota. Falta apenas o elemento espiritual de Calderón.>

Friedrich Schlegel

[971] Saga + *conto de fadas* = romance. Novela, no sentido mais antigo = *anedota*.[130]

[972] A unidade por meio de grandes *antíteses* e *paramoios* é sistemática.

[973] A poesia moderna deve surgir da sintetização de toda poesia romântica antiga.

[974] *Heródoto*, *Plutarco* e *Tácito* são românticos; Platão também.

[975] Espírito de uma mística suave para o romance sentimental.

[976] As *intuições* (progressivas) talvez sejam, na poesia moderna, o mesmo que as *considerações* na poesia antiga.

[977] O que há de espírito e letra no romance fantástico e no romance sentimental torna-se ainda mais romântico por meio da forma prosaica.

---

130 Para Friedrich Schlegel *anedota* tem o sentido de *novidade*; do grego *anékdotos* [inédito], relato sucinto de um fato jocoso ou curioso. Cf. Hollanda Ferreira, Aurélio Buarque de. *Novo dicionário da língua portuguesa*. Rio de Janeiro: Nova Fronteira, 1986, p.118, verbete: "anedota". "Mas o que é a novela senão um acontecimento inaudito?" Goethe, Johann Wolfgang von apud Von Wiese, Benno. *Die Deutsche Novelle seit Goethe*. Düsseldorf: August Bargel Verlag, 1963, p.15. Na caracterização de Boccaccio, Schlegel afirma: "A novela é uma anedota, uma história ainda desconhecida, narrada de tal forma como se narraria em sociedade, uma história que deve interessar em si e por si só, sem atentar para a relação histórica das nações e das épocas, para o progresso da humanidade e a condição para a formação da mesma." Cf. KA-II, p.392.

[978] A poesia natural clássica é romântica, a progressiva é transcendental.

[979] Novelas podem ser *antigas* na letra, se apenas o espírito for novo.

[980] No romance se encontra tanto um aspecto idílico e infantil do moderno quanto um aspecto elegíaco e infantil dos antigos.

[981] A forma *inteira* de Skakespeare seria mesmo sistemática, seu espírito trágico e cômico deixar-se-ia expressar muito bem em *novelas*; nestas, tudo mais seria misturado, apenas o *trágico* e o *cômico* ficariam separados.

[982] Com efeito, toda poesia = romântica.

[983] Podem também existir novelas e romances *sem amor*.

[984] A letra de toda obra é *poesia*, o espírito [é] filosofia.

[985] O conceito coordenado para o *ingênuo* é, na verdade, *correto*; isto é, formado até a ironia, como o *ingênuo* pode ser [formado] até a ironia naturalmente. A poesia *correta* não se encontra entre a *clássica* e a *progressiva*?

[986] (*Paisagem* completamente sem figuras, idílica romântica em grande estilo. *Arabescos* são fantasia absoluta, pintura absoluta.)

[987] Tieck tem mais *colorido* que *tom*.

[988] Em uma massa tudo deve ser sublinhado, como no fragmento; no rapsódico não é assim. *Versos* interrompem a continuidade na rapsódia e a homogeneidade na massa.

[989] Em fragmentos perfeitos o poético deveria de fato estar misturado.

[990] <*Não tenho um mestre* na filosofia, como *Lessing* na crítica; *Winckelmann* foi um mestre na doutrina da Antiguidade.>

[991] Tieck inverte um poema tantas vezes quanto eu inverto um filosofema.

[992] Na verdade, crítica nada mais é que a comparação entre o espírito e a letra de uma obra, a qual é tratada como infinito, como absoluto e como indivíduo. *Criticar* significa entender um autor melhor do que ele próprio se entendeu.[131]

[993] A crítica romântica deve ser, ao mesmo tempo, crítica, poética, polêmica, retórica, histórica e filosófica.

[994] *Dissonância*, no geral, para as obras construídas, céticas e verdadeiramente polêmicas; articulações harmônicas para os sistemas.

[995] Aspectos históricos da filosofia.[132] *Princípios da política* | *Princípios da história* | Carta sobre a filosofia natural.[133]

---

131 "Para entender alguém que se entende somente pela metade, se tem primeiro de o entender por inteiro e melhor do que ele mesmo, mas então também apenas pela metade e exatamente tanto quanto ele mesmo." Schlegel, Friedrich. *O dialeto dos fragmentos*. São Paulo: Iluminuras, 1997, p.128, fragmento [401] da *Athenäum*. Tradução de Márcio Suzuki.
132 Ensaio planejado por Schlegel. Ver KA-XXIII, carta de 28 de novembro de 1797.
133 Texto planejado por Schlegel, mas não escrito; acabou se tornando o texto *Sobre a filosofia ou a carta a Doroteia*.

[996] O autor do escrito *De causis corruptae eloquentiae* é um dos mais interessantes opositores da poesia.[134]

[997] Ao lado da *gradação*, a *diminuição* é uma figura útil.

[998] Obras como um grande hipérbato, anacoluto *hysteron proteron*.[135]

[999] A crítica de um poema deve conter: I) Uma exposição poética (na matéria) da impressão necessária; II) Uma exposição poética (na forma) do espírito e da letra.

[1000] Em relação aos poetas, os poemas antigos parecem apenas objetivos e *são* altamente subjetivos. Os poemas modernos devem parecer subjetivos e ser subjetivos. Pode-se dizer tal coisa apenas de pouquíssimos poemas.

[1001] A poesia antiga é *elementar*. A épica é mímica. A lírica é crítica. O drama é empírico. A sátira é cética. Esses são apenas os elementos da *forma* poética. Os elementos da matéria poética são a fantasia, a sentimentalidade, a mímica, a política. A poesia fantástica, a poesia sentimental, a poesia mímica e a poesia política apenas podem existir em uma forma fragmentária (histórica), na forma de fragmentos românticos. Desse modo, o mímico, o empírico, o crítico e o cético são os *elementos* da poesia.

[1002] A *sintaxe* poética contém as leis da mistura e da subordinação das partes integrantes.

---

134 O texto é de Cornelius Tacitus (56-117 d.C.) e foi publicado novamente em 1788 por Johann Heinrich August Schulze (1755-1803).
135 Figura de linguagem que consiste em inverter a ordem natural das sentenças.

[1003] Apenas o poético deve ser construído nos poemas, não o lógico. Nesse sentido, será que existem obras puramente poéticas ou *poesia sem lógica*?

[1004] A genialidade é o objeto da crítica.

[1005] Só se pode criticar a poesia antiga em seu conjunto, não nas obras individuais, pois o espírito e a letra são idênticos.

[1006] Explicar os conceitos de sublime, belo, nobre etc. por meio da síntese dos elementos poéticos. Sentimental + mímico = belo. Fantástico + mímico = encantador.

[1007] Em algumas obras de Shakespeare predomina a fantasia, como em *Sonho de uma noite de verão*; em outras obras predomina a sentimentalidade, como em *Romeu e Julieta*; nas obras cômicas prevalece a mímica; nas históricas, a política.

[1008] A comédia é *positiva*, a tragédia é *negativa*; duas formas de poesia idealista. Pertence à poesia transcendental a separação entre o positivo e o negativo, entre o central e o horizontal.

[1009] A poesia moderna é filosófica em seu conjunto; a antiga poesia é poética e política; a poesia moderna é verdadeiramente ética.

[1010] A procura pelos elementos da poesia é uma destruição. Na análise histórica o anseio por encontrar é o que predomina, é o princípio dominante.

[1011] O mais importante nas rapsódias é a abundância e a constância. A *ironia* não é apropriada para os fragmentos.

[1012] Em *Homero* há ironia; ele mesmo sorriu.

[1013] A forma da polêmica e do ecletismo é a rapsódia fragmentária. A forma natural de Schleiermacher. A massa de fragmentos é a forma da crítica e do sincretismo.

[1014] No *Lovell* o fantástico expõe a si mesmo.[136]

[1015] Há uma falta de gosto que é encantadoramente romântica. (Novalis.) <Novalis é o jovem sem esperança da literatura alemã.>

[1016] Ideia de uma crítica ansiosa e fantasiosa.

[1017] *Humor* nada mais é do que poesia e filosofia simultâneas, chiste potenciado e combinado.

[1018] Alguns tipos de chiste são mais uma forma vazia de chiste do que propriamente chiste.

[1019] A divisa de Richter: tudo é Jean Paul; sempre Jean Paul; nada a não ser Jean Paul.[137] Onde Friedrich Richter parece pensar, na verdade ele está apenas parodiando o pensamento de outros.

[1020] Da mesma forma que não é possível endireitar uma mesa torta, há pessoas que não se pode querer educar.

[1021] Todos aqueles artistas que não desenvolvem a arte, mas apenas cultivam a arte estrangeira em seu país, são na verdade *tradutores*.

[1022] Massas inteiras da poesia antiga pertencem ao mesmo conjunto e devem ser contempladas como *um* único autor.

---

136 *William Lovell*, obra de Ludwig Tieck.
137 Jean Paul: pseudônimo de Friedrich Richter.

[1023] Pertence à poesia *sistemática*, além de Dante e Virgílio e a tragédia de Guarini, também o Dom Quixote.

[1024] A crítica é, de certo modo, a *lógica da poesia*.

[1025] Prefácios são muitas vezes partes da obra, e frequentemente o que se encontra na obra são apenas prolegômenos.

[1026] Em uma caracterização o principal é a atenção ao que é *prático* em um autor, isto é, o que deseja, o que oculta, o que compreende sobre outros autores, o que critica e qual a razão dessa crítica etc.; além disso, também é importante considerar sua potência, ou seja, seu autoconhecimento.

[1027] A poesia é a potência da filosofia. A filosofia é a potência da poesia.

[1028] Um homem pode ser muito singular e nada original.

[1029] Talento é a antítese de caráter, é gênio incompleto. O virtuoso é o proprietário de um talento, o profissional de uma bela e livre arte. Originalidade é individualidade dupla ou genialidade individual.

[1030] Pertence à verdadeira paródia aquilo que deve ser parodiado. Aristófanes pode fazer comédia sobre Sócrates, mas não o parodiar. Toda [forma de] poesia, *ethos*, filosofia somente pode ser parodiada por seu igual.

[1031] Em sentido amplo, a arte é apenas a polêmica da poesia; ela se fundamenta na absolutização da forma; a crítica, ao contrário, se fundamenta na absolutização da matéria.

[1032] *Dom Quixote* contém um sistema da poesia romântica elementar. Shakespeare contém um sistema de poetas românticos e de gêneros românticos.

[1033] Se a poesia e a prosa devem ser misturadas, então o todo deve <se revelar> de um modo prosaico.

[1034] A forma sistemática do romance [é] uma cadeia de novelas, as quais, como o *teorema, aporema e problema*, seguem uns aos outros. (A forma do fragmento é uma *lanx satura* de novelas.)[138]

[1035] No romance filosófico deve vir uma visão filosófica do romance e uma visão romântica da filosofia. Assim também no romance poético.

[1036] A poesia moderna começa com Dante, a filosofia moderna começa com Espinosa.

[1037] A *tercina* é a rapsódia romântica; o madrigal é o fragmento romântico.

[1038] Apenas o chiste *humorístico* é romântico, aquele que seja *ao mesmo tempo* filosófico, ético, poético; e o chiste *grotesco* que seja ao mesmo tempo combinatório, irônico e paródico. Não será o chiste completamente idêntico à genialidade?

[1039] A ironia e a paródia são as formas absolutas de chiste. A primeira é a ideal e a segunda a real. Chiste sistemático = ironia + paródia. *Projetos* são as únicas indicações de chiste prático. A forma do chiste combinatório sobre matéria totalmente individual, ou seja, matéria antissistemática aplicada, resulta no chiste grotesco. O chiste tem um âmbito muito maior do que a arte e a ciência.

---

138 "*Lanx satura* significa originalmente um prato de legumes, de onde se originou a palavra sátira, ou seja, de uma mescla de gêneros." Cf. Schlegel, Friedrich. *O dialeto dos fragmentos*. São Paulo: Iluminuras, 1997, p.196, nota 152. Nota de Márcio Suzuki.

[1040] Quatro tipos de *humor*: fantástico, sentimental, inocente e satírico.

[1041] Fala-se demais sobre unidade poética. Apenas para variar pergunta-se então: Por que razão deve a poesia trazer a unidade em suas obras? Encontrar uma resposta analítica ou econômica é bem simples, mas isso não ajuda muito. Demonstrar o porquê de ser assim não é nada simples; não é uma resposta de utilidade, mas de necessidade.

[1042] Não há como colocar limites para a síntese entre a poesia romântica e a poesia histórica ou a filosofia. Na poesia romântica ocorre a união entre a poesia e a filosofia, pela mistura na profecia e pela mescla.

[1043] *Moderna* é a poesia transcendental, abstrata e romântica. A poesia antiga é elementar, sistemática e absoluta. Shakespeare é ao mesmo tempo poesia transcendental, absoluta e sistemática.

[1044] Ideia de um romance fantástico sobre poesia histórica e um romance sentimental como a mais elevada poesia poética.

[1045] Muitos gêneros poéticos entre os modernos já são transcendentalizados, assim como romantizados, mas poucas vezes abstratizados.

[1046] A divisão histórica e visível da poesia em uma poesia superior, uma poesia inferior, uma poesia nobre e uma poesia comum se baseia na *dignidade* da formação.

[1047] O sincretismo e o ecletismo devem ocorrer de acordo com leis, seja na arte ou no instinto; caso contrário, não merecem o nome.

[1048] Chiste como natureza e ciência.

[1049] Sempre li os antigos como um único autor.

[1050] *Belo* é poesia poética. A poesia transcendental começa com a diferença absoluta entre o ideal e o real. É nesse ponto que se encontra Schiller, um iniciador da poesia transcendental, e apenas metade da poesia transcendental, que deve terminar com a identidade [do ideal e do real].

[1051] Shakespeare é um *romântico romântico* [romântico potenciado].

[1052] <*História de meu sentimento poético.* Sentido para a poesia negativa transcendental, para a poesia polêmica, absoluta e satírica> − sentido para a ausência de costumes poética, autonomia da poesia, para a santidade da *plenitude, completude, beleza.* Dessa última, um sentido muito *polêmico*, mas, ao mesmo tempo, uma visão histórica da poesia (música polêmica). Primeira época da filosofia. Ciência pura ideal e real, mas sem ironia. Intuição absoluta e satírica − [sentido] para o romântico.

[1053] O esteta puro diz: *amo* a poesia assim; o filósofo puro: assim compreendo a poesia. A questão sobre o valor já é originalmente ética.

[1054] A matéria de Dante é ideal: real de acordo com as três relações possíveis.

[1055] A forma *métrica* das canções que são originalmente modernas e comuns, mas não regularmente românticas, é mera preparação para a música.

[1056] Nada é mais trivial do que a forma vazia da ironia sem entusiasmo e sem ideal-realismo.[139]

---

139 O conceito de ideal-realismo é deduzido de Johann Gottlieb Fichte.

[1057] Há agora uma poesia que tem analogia com a lógica formal e a psicologia empírica.

[1058] A poesia cristã é o símbolo do ideal absoluto.

[1059] Entre os modernos também parece que há uma pintura eclesiástica; e esse é o gênero mais nobre e superior.

[1060] Ao que parece, o drama retórico é uma poesia ética. Quase toda poesia política é também ética e tem uma tendência econômica.

[1061] Apenas a individualidade passiva não transforma um romance em romance ético. *Agnes von Lilien*.[140] Uma suave papa[141] de clareza, pureza, unidade e formação. *Nordheim* como o templo da razão na *Flauta mágica*.

[1062] A poesia absoluta = *Aurora*. Sistemática, universal = *Natureza das coisas*. Transcendental = *Dodecamerão*.[142]

[1063] As mulheres têm mais genialidade que entusiasmo. É com razão que encontramos nos romances uma visão unilateral dos homens, uma visão mais objetiva que a das mulheres, porque os homens são mais objetivos e formados que as mulheres.

[1064] Na poesia sistemática o todo deve ser belo; a *beleza* do indivíduo é sacrificada. Mito. Por isso o ideal, o *ethos* e o *pathos* = real absoluto. Na poesia absoluta é o oposto.

---

140 *Agnes von Lilien* (1796), romance da cunhada de Schiller, Caroline von Wolzogen (1763-1847).
141 A expressão utilizada por Schlegel é *weicher Brei*, em alemão no original.
142 *Aurora*, *Natureza das coisas* e *Dodecamerão* são planos de obras de Schlegel.

[1065] Será que a unidade no poema é sempre filosófica, mas no filosofema sempre poética?

[1066] A essência do drama não é o *presente sensível*, como disse Goethe; isso também ocorre no romance.

[1067] A união entre o cômico e o trágico talvez também pertença à *equação indissolúvel* na poesia.

[1068] *Novelas* são fragmentos românticos, buscam o barroco nas intrigas.

[1069] A procura de todos os grotescos poéticos, como o drama burguês, o romance psicológico, a comédia lacrimos[143] etc.

[1070] *Clássico* é aquilo que possui simultaneamente intenção e instinto, onde se harmonizam a forma e a matéria, o interior e o exterior. *Correto* é negativo e intencionalmente clássico. Todo clássico é cíclico; clássico é ao mesmo tempo regressivo e progressivo. A poesia ética é regressiva, é profecia progressiva. A poesia ética é atual.

[1071] Algumas divisões da poesia compõem a própria coisa, outras são a intenção do poeta; já outras são exigências filosóficas da razão.

[1072] Todo *período* é massa, fragmento, rapsódia ou sistema. Assim como todo estilo tem sua própria ortografia, todo período também tem sua própria pontuação.

---

143 Comédia *larmoyant*, ou comédia lacrimosa. Em 1754, Gotthold Ephraim Lessing (1729-1781) publicou a obra *Discursos sobre a comédia lacrimosa ou comovente*, onde discute os limites do gênero.

Friedrich Schlegel

[1073] Entre os romanos também há um gênero lírico, épico e dramático.

[1074] O centro de uma obra = instinto + intenção. Horizonte é forma + matéria.

[1075] O oposto do ingênuo – <do infinito ou do ingênuo natural até a ironia> – seria o *grotesco* ou o infinito, arbitrário e contingente (o fabuloso, arabesco). O que joga com a matéria e com a forma, como o ingênuo joga com a intenção e o instinto.

[1076] A mais antiga poesia universal é a poesia natural. A poesia física é o fundamento da poesia romântica.

[1077] Sátira transcendental. Chiste elegíaco. Humor é em parte sentimental e em parte fantástico. *Persiflage*[144] é uma rapsódia de urbanidade.

[1078] O *paradoxo* é, para a ironia, a *conditio sine qua non*, a alma, a fonte e o princípio, aquilo que a liberalidade é para o chiste.

[1079] O chiste escolástico está originalmente em casa na Alemanha. Mas outras formas de chiste também foram nacionalizadas. Apenas um alemão pode ser inteiramente (universalmente) chistoso.

[1080] O caráter cômico enquanto caricatura é uma *aristeia*[145] negativa. É possível encontrá-la também na épica, Térsites,[146] Iro[147] etc.

---

144 *Persiflage*, em francês no original: zombaria.
145 *Aristeia*, em grego no original: ação heroica.
146 Exemplo grego de anti-herói.
147 Personagem da Odisseia, o mendigo de Ítaca.

[1081] *Aparência* é teórica – (uma transferência do centro e do horizonte). O jogo é a transposição prática do positivo e do negativo. *Chiste* é jogo lógico sobre aparência prática. (Em brilho e aparência retóricos) – (*Chiste* e *retórica* são os polos da filosofia pragmática).

[1082] A filosofia do bom senso (um grotesco) aplicada à poesia sem sentido para a poesia resulta na crítica inglesa. (Uma transposição da filosofia da arte e da filosofia da natureza.)

[1083] Os italianos falam sua própria língua de um modo caricato.

[1084] O parentesco e a vizinhança entre os homens fazem surgir facilmente inimizades; o mesmo se dá entre a arte e a ciência.

[1085] <Falta a *Goethe* a palavra de Deus.>

[1086] A ideia de que só exista *um* intermediário é mesmo infinitamente grotesca.

[1087] Há um chiste que se assemelha ao excremento do espírito.

[1088] Schiller e Klopstock são duas metades de um todo; juntos eles fariam um bom poeta profético.

[1089] A poesia francesa nada mais é que *representação*.

[1090] Assim como os filósofos entre os antigos, entre os modernos os artistas formam uma cidade dentro do Estado. Em sua maioria, todavia, são pessoas moralistas em uma igreja oprimida também contra os filósofos.[148]

---

148 *Ecclesia pressa*, igreja oprimida, em latim no original.

[1091] A poesia romântica é poesia ao mesmo tempo mística, física e histórica.

[1092] A *sátira* é simultaneamente a poesia mais individual e mais universal. (Muito mais individual do que a lírica, pois naquela há apenas um indivíduo, enquanto aqui *tudo* deve ser individual.)

[1093] Fantasia ditirâmbica, forma de poesia mística. Romance, forma de poesia histórica.

[1094] Para a novela, todas as formas de prosa, especialmente a grega.

[1095] *Dante* é transcendental, *Petrarca* é mais elementar, *Ariosto* é absoluto e Guarini é sistemático.

[1096] Fantasia ditirâmbica das formas clássicas naturais para a poesia transcendental, assim como a sátira para a poesia elementar e universal.

[1097] De tempos em tempos surgem em mim pensamentos individuais que eu mesmo não compreendo inicialmente, os quais são muito firmes e claros, e que eu aprendo então a caracterizar e reconhecer gradativamente, assim como indivíduos existentes.

[1098] A matéria apropriada para a poesia filosófica é a *ciência da arte e a arte da ciência*. A indicação histórica da mitologia – no íntimo uma interpretação poética – é algo diferente, pois a mitologia contém bem mais do que a poesia artificial e a filosofia artificial. Desse modo, são *três* elegias: uma enérgica da *época*, uma mística e alegórica e uma característica. (*Espírito – natureza – formação – um sistema elegíaco.*)

[1099] *Representação da época* na forma elegíaca, com *antevisão e retrospectiva*. Uma elegia sistemática da matéria poético-poética.[149]

[1100] *Eu* como autobiografia épica. Já é suficientemente universal quando o autor é ele mesmo romântico. (*Elegia alegórica e romanças didáticas.*)

[1101] A forma elegíaca é a melhor para a poesia transcendental.

[1102] Goethe não é romântico. Ele é poesia poética universal, e não poesia universal.

[1103] Os gêneros poéticos modernos são apenas *um*, ou infinitamente diversos. Todo poema é um gênero em si.

[1104] A revolução gigantesca – tese e antítese somente podem ser expressas em ditirambos.

[1105] A sátira é mais filosófica; a elegia é mais apropriada para o poético; o idílio é mais ético.

[1106] A gênese do *ideal* nos artistas plásticos, por exemplo, não deve ser explicada como uma coleção matemática, mas de um modo *químico*, enquanto saturação e penetração; a expressão é uma *decomposição*.

[1107] A *fábula moderna* é uma épica epigramática com conteúdo alegórico e objetivo moral.

[1108] <Épico> *Romance* = romança + novela + história. Talvez os melhores tenham sido os de Ariosto.

---

149 *Poético-poética*, isto é, poesia da poesia, poesia elevada à máxima potência.

[1109] Em *romanças*, novelas e romances[150] os espanhóis são bem superiores aos italianos porque têm mais formação ética.

[1110] O *Dom Quixote* ainda é o único romance completamente romântico – Os ingleses – Goethe no *Wilhelm Meister* – foram os que primeiro restauraram a ideia de uma poesia romântica em prosa.

[1111] Tudo na literatura alemã é cheio de tendências importantes, mas pouca coisa que tenha duração.

[1112] *Klopstock* era completamente filosófico ético-poético e buscava a poesia absoluta.

[1113] A verdadeira comédia *romântica* deve ser, na forma, um meio-termo entre Shakespeare e a mais fina e moderna comédia ática.

[1114] Um autor rigorosamente moral ainda não existe (assim como Goethe é poeta e Fichte, filósofo) – (para esse fim, Jacobi, Forster e Müller deveriam ser sintetizados). Schiller é um filósofo poético, mas não poeta filósofo. *Müller* é ético do começo ao fim – <Moritz era inteiramente mitólogo também na psicologia e história. Um filósofo natural. Friedrich, o Grande, tinha grande predisposição para ser um bom escritor moralista. Kant é o mitólogo da arte grotesca [filosofia]. *Lavater*, também um mitólogo da filosofia.>

[1115] *Garve* é muito calmo e completo em si mesmo.

---

150 Schlegel diferencia entre romanças, que são pequenos poemas medievais de cunho narrativo; novelas, isto é, os antecedentes do conto moderno, como as novelas de Giovanni Boccaccio no *Decamerão*, e romances, no sentido moderno do termo.

Fragmentos sobre poesia e literatura (1797-1803)

[1116] A verdadeira *novela* é ao mesmo tempo romança e romance.

[1117] *Wieland* e *Bürger* dariam um bom poeta juntos. *Bürger* seria o arqueólogo análog. [...]¹⁵¹ da poesia natural.

[1118] No começo, todo poeta escreveu uma grande obra romântica; *Heráclito* é talvez o Dante da filosofia jônica.

[1119] *Lenda*, a protoforma do romance histórico.

[1120] Será que os antigos filósofos retornam na poesia moderna de frente para trás?

[1121] *Cortesia* é urbanidade romântica.

[1122] É possível também traduzir gêneros *inteiros*; a restauração de antigas formas é uma tradução poética. (A paródia é uma tradução chistosa.) Seria possível chamar a filosofia de tradução *combinatória*. Ideia de uma tradução "*metamorfótica*".¹⁵² Traduções transcendentais buscam apenas o espírito. Traduções naturais e empíricas e traduções metódicas e artificiais. Wilhelm¹⁵³ é o primeiro tradutor filosófico. Klopstock realizou uma transplantação da antiga métrica em uma tradução mítica. O traduzir também joga muito com o *instinto* e a *intenção*.

[1123] Genialidade = entusiasmo + virtuosidade.

[1124] *Dom Quixote* é poesia poética em grau elevado.

---

151 Falta o complemento dessa palavra, de acordo com a transcrição do manuscrito, talvez "arqueólogo analógico".
152 Palavra derivada de *metamorfose* + *ótica*.
153 August Wilhelm Schlegel (1767-1845), irmão de Friedrich Schlegel.

[1125] Os dois únicos objetos universais absolutos são mesmo a antiga poesia e a filosofia moderna; quem unifica ambos é verdadeiramente *universal*.

[1126] *Herder* é o ponto de indiferença entre *Lavater* e *Garve*. Maimon é um Kant sem espírito. *Boccaccio* é um Boiardo e um *Ariosto* prosaico.

[1127] Tudo o que é *belo* é belo aqui e agora, ou ali e acolá, nada abstrato; mas muita coisa que é bela retorna.

[1128] A unidade do ato é aquela da *massa*.

[1129] Muito do que se relaciona com o impulso sexual foi tratado de uma forma justamente cômica entre os antigos.

[1130] Toda música *pura* deve ser filosófica e instrumental. (Música para pensar.) Na ópera predomina a música universal.

[1131] A paisagem talvez ética; o retrato, pintura filosófica. As artes plásticas antigas são, em seu todo, poéticas; a música, ética. A maioria das composições são apenas traduções (ou coisas travestidas) da poesia na música. Dürer e Holbein são muito filosóficos.[154]

[1132] A unidade da poesia é *economia* <ou vice-versa?>; a *harmonia* é ética.

---

154 "Muitas composições musicais são somente traduções de poemas para a linguagem da música." Schlegel, Friedrich. *O dialeto dos fragmentos*. São Paulo: Iluminuras, 1997, p.126, fragmento [392]. Tradução de Márcio Suzuki. Albrecht Dürer (1471-1528), pintor, gravador e teórico de arte alemão, um dos mais importantes artistas do Renascimento nórdico. Hans Holbein, o Jovem (1497-1543), mestre do retrato no Renascimento.

[1133] A caracterização não deve ser um retrato do objeto, mas um ideal do gênero individual.

[1134] Kant unifica a licenciosidade de Homero e de Píndaro em sua ordem.

[1135] Meu mimo crítico sobre Lessing é filosófico, sobre *Woldemar* é ético, sobre *Meister*, poético. O que é verdadeiramente universal deve ser tratado de uma forma abstrata.[155]

[1136] Escritores puramente sociáveis são *Zimmermann*, *Engel*, *Thümmel*, *Sturz* etc.

[1137] A *independência* enquanto monólogo sistemático.[156]

[1138] Tradição abstrata e arbítrio universal são os princípios da prosa escolástica, os quais não se limitam à filosofia. A linguagem histórica de Shakespeare é escolástica.

[1139] O estilo histórico dos gregos = mito + retórica. Na prosa romana estão sintetizadas a filosofia, a ética e a poesia.

[1140] Em uma novela a unidade é simultaneamente filosófica, ética e poética; *simetria*, nêmese etc.

[1141] Em seu todo, a poesia romântica espanhola é uma romança; a poesia italiana é uma novela; a inglesa, uma *history*.[157]

---

155 Schlegel se refere às *Charakteristiken*, as caracterizações crítico-literárias que fez de Lessing, do *Woldemar*, de Jacobi e do romance *Os anos de aprendizado de Wilhelm Meister*, de Johann Wolfgang von Goethe. Cf. KA-II, p.57-126.
156 *Sobre a independência*. Ensaio planejado por Schlegel, iniciado em 1798 mas não concluído.
157 Em inglês no original.

[1142] Na prosa *gramática* de Klopstock também há muito o que aprender. Em Voss, prosa inteiramente filológica.

[1143] Na rapsódia fluida é possível encontrar a passagem para tudo, para os paradoxos mais antigos e os mais modernos.

[1144] A filosofia não é apenas a química, mas o organismo de toda ciência. A filologia talvez nada mais seja que filosofia química. O *ethos* químico é a ação.

[1145] *Resenha* enquanto experimento crítico e cálculo crítico.

[1146] A arquitetura é apenas uma forma de escultura. Ticiano é um mímico e Rafael, um poeta.

[1147] *Os contos de fadas* podem realmente ser bizarros. Os contos italianos dão as formas originais da *novela*. Uma romança é um *conto de fadas lírico*?

[1148] Há escritos mecânicos, químicos e orgânicos; os escritos mecânicos são construídos de forma clássica; os escritos químicos, de forma romântica.

[1149] A crítica compara a obra com seu próprio ideal.

Sobre Shakespeare
Carta sobre o espírito cômico de Shakespeare

[1150] Shakespeare é o *mais chistoso* de todos os poetas. Mescla do chiste mesmo na poesia trágica; duas partes de chiste do tipo coturno[158] e duas partes de chiste escolástico até a mania. <Nos discursos de Estado, formalidade jurídica e teológica.>

---

158 O coturno era uma espécie de calçado usado na arte dramática; tem o sentido de algo amplificado.

[1151] A grande tolice de aplicar o sistema representativo em Shakespeare.

[1152] Alguns dramas são sistematizados pela intensificação; *Hamlet* pela atenuação. A peça se arrasta de um modo pesado, até que *atinge o auge* e se *despedaça*. Hamlet é a única personagem ativa na peça, mesmo que não esteja em ação. Laertes tem algo afrancesado em sua veemência. Ofélia é uma bela imagem do pecado original (fraqueza e concupiscência da natureza). <Essa sensualidade contrasta com a profunda espiritualidade de *Hamlet*.> A peça começa com um milagre e termina com um acidente <altamente> acidental.[159]

[1153] Em Shakespeare a unidade do todo é pitoresca, musical e histórica. Todas as suas obras pertencem a um *delectus classicorum*.[160]

[1154] Filosofia da comédia romântica. Do uso trágico do cômico. Da forma de Shakespeare.[161]

[1155] Shakespeare chegou até a ironia no que concerne à geografia e à cronologia.

[1156] A dicção de Shakespeare é misturada de um modo muito químico.

[1157] *Jogos de palavras* são chiste gramático, mas em Shakespeare são muito politizados. Devem ser *musicais* para ser bons. <Há

---

159 Buscou-se manter a sonoridade do jogo de palavras do original: *zufälligen Zufall*. *Hamlet*, tragédia de Shakespeare publicada em 1603.
160 "Coletânea de clássicos". *Delectus* era denominado o livro introdutório, com passagens selecionadas, para o estudo de latim ou grego, algo como uma coletânea.
161 Obras que Schlegel planejava escrever sobre Shakespeare.

um tipo de chiste que não é ridículo de modo algum. Será o chiste filosófico, poético, ético? Chiste místico é entusiasmo.>

[1158] Os palhaços são bem diferentes do bufão. Em Shakespeare, o inocente, o grotesco, o humor e a caricatura são utilizados na maior parte das vezes de um modo trágico. *Jogos de palavras* têm algo bem sociável. Diálogos até a ironia. <*Jogos de palavras* são uma música lógica e gramática, em que deve haver fugas, fantasias, sonatas.>

[1159] O verdadeiro chiste é *pathos* cômico, *le mot pour rire*.[162] Quase todas as personagens de Shakespeare são *chistosas*. Mas em nenhuma peça o próprio chiste (e não algo oposto) surge de um modo tão trágico como no *King Lear* [*Rei Lear*]. O centro de Shakespeare está no chiste. Seu *ethos* é a história; seu *mythos* é a filosofia; seu *ethos* é caprichosamente histórico e individual.[163]

[1160] Em Shakespeare o sentimental e o fantástico nunca estão puramente separados.

[1161] *Love's labour's lost* [Trabalhos de amor perdidos] é a mais pura comédia. *The tempest* [A tempestade] não é das primeiras obras; sobrevalorizada a partir de falsos conceitos de invenção etc. Sobre a *Spanish Tragedy* [*Tragédia Espanhola*][164] há muito em *King John* [Rei João].[165]

---

162 Em francês no original: "a palavra que faz rir".
163 *Rei Lear*, tragédia de Shakespeare escrita aproximadamente em 1605.
164 *A tragédia espanhola*, de Thomas Kyd (1589).
165 *Rei João*, peça de Shakespeare escrita em 1596, mas impressa apenas em 1623. *Trabalhos de amor perdidos*, uma das primeiras comédias de Shakespeare, escrita na década de 1590. *A tempestade*, peça escrita entre 1610-1611.

[1162] Sem conhecer as novelas não se pode conhecer a forma das peças de Shakespeare.

[1163] Troilo é puramente cômico e possui um gênero muito próprio.

[1164] A mais antiga e falsa concepção de Shakespeare é a de que ele é um diletante da poesia. Na poesia moderna há tanta intenção profunda quanto na filosofia antiga.

[1165] O verdadeiro caráter de *Conto do inverno* é um completo exagero. O singular em *Rei João* é o *revolucionário*; no *Henrique VIII* é a multiplicidade.[166]

[1166] Entre os personagens de Shakespeare há alguns que lhe são preferidos, os quais se parecem com ele e sempre retornam.

[1167] Sente-se pena de *Macbeth*, mas, ao mesmo tempo, sente-se horror por ele; assim também em Ésquilo. A forma do todo também é chistosa em Shakespeare. *Macbeth* é um terremoto de nobreza.[167]

[1168] *Ariosto, Cervantes e Shakespeare*. Cada um *poetizou a novela* de um modo diferente. A verdadeira *novela* deve ser nova e causar surpresa em cada ponto de seu ser e de seu vir a ser.[168]

[1169] Admira-se sempre como Shakespeare se apressa ao final [de suas peças]; e de que abandona as personagens, assim

---

166 Peças de Shakespeare. *Conto do inverno* é uma comédia escrita entre 1610 e 1611. *Henrique VIII* é um drama histórico publicado em 1623.
167 Schlegel se refere a uma passagem de *Rei João* (V, II), em inglês no original: *"An earthquake of nobility"*.
168 Schlegel chama novamente a atenção para o caráter de novidade da novela. Ver nota 130 da página 212.

como frequentemente as utiliza de um modo esbanjador. Mas, na verdade, ao final de suas peças ele frequentemente joga com aquilo que já estava ali, de um modo que se poderia adivinhar e que já se sabia de antemão, repetindo musicalmente. Assim, isso não deve ser simples negligência.

[1170] *Adônis* é tão sensível, terno, doce, um exagero de suavidade, οαριστυς [oaristo],[169] em lugar nenhum áspero; mais suave e lisonjeiro que Ovídio, também mais grego. Isso é uma prova contra a *escória*. O amor é muito inocente, tratado de uma forma inteiramente *chistosa*; em seu conjunto a representação é suficiente. É somente a partir dessa poesia individual que se pode conhecer Shakespeare completamente.

[1171] A mais alta amabilidade é qualidade de poetas perfeitos. <Amabilidade = magnetismo ético.>

[1172] A constância épica e a harmonia em *Adônis*. Nos *Sonetos* o amor também é tratado de uma forma *chistosa*. <Esses poemas individuais são bem mais organismos; os dramas de Shakespeare são cristalizações.>

[1173] A natureza de Shakespeare. A prosa é do tipo sofístico, a poesia é suave, no estilo de Spenser.[170] O drama para ele é arte, trama, trabalho. Esses três elementos perpassam todas as suas obras dramáticas.

---

169 *Oaristo*, em grego no original: conversa amorosa entre amantes. "Vênus e Adônis", poema de Shakespeare publicado em 1593.
170 Edmund Spenser (1552-1599), poeta inglês. Sobre a influência de Spenser em Shakespeare, ver *Conversa sobre a poesia*. KA-II, p.301.

[1174] Suas obras são mais que dramas. Sua poesia natural não tem outra forma determinada que a puramente magnética; talvez não aquela de uma *planta*, mas sim de uma flor. As peças de Shakespeare devem ser contempladas como experimentos. Devem ser compreendidas por meio da *diaskeuase*.

[1175] Ben Johnson [sim!] buscava a ilusão; Spenser é alegórico; Shakespeare era simbólico. Não se deve buscar o [que é] motivado em Shakespeare.

[1176] Também em *Romeu e Julieta* o amor é tratado de um modo chistoso. Na *Tempestade* tudo é caricato, até mesmo as máscaras e a dicção.

[1177] A menção ao sangue em *Lucrécia* ou no *Adônis* é verdadeiramente grega. A matéria dessa história é moral, erótica; é a sofística infantil do amor. Tudo isso é encenado com um palavrório de amor e adornado infantilmente.

[1178] Há muito contraponto e muita expressão no tratamento de Shakespeare das novelas. Ele mesmo escolhe a tonalidade e o acorde acompanhante para esse contrabaixo geral.

[1179] *Troilo* também é um conto de fadas.

[1180] A moral de Shakespeare busca o ponto central.

[1181] O que agora chamamos de *romance* é apenas um ensaio romântico.

[1182] *Concetti* são pensamentos graciosos de amor, pensamentos que trazem uma intriga, em que as partes estão agrupadas e geralmente formam um ato.

[1183] A poesia artística de Shakespeare é a mesma de sua poesia natural, apenas em dimensões ampliadas.

[1184] A personificação é autoexplicativa nos *concetti*.[171]

[1185] O simbólico encontra-se no meio entre o *ethos* e a gramática.

[1186] *Jogos de palavras* são um tecido alegórico. As maneiras simbólicas são ornamentos personificados. (Esses últimos, *concetti*.) <O ornamento deve ser observado como o *tecido* do poema.>

[1187] As peças novelísticas são muito prematuras. (De acordo com a analogia da poesia natural.) A sequência histórica se coloca no centro. As peças que revelam dicotomias vêm por último.

[1188] <Deve-se buscar o conceito da *diaskeuase* de Shakespeare na *metempsicose, evolução,* metamorfose, *anastomose*.>

[1189] Infinitamente singular, mas tão terno, nada exagerado. O ser inteiro principia tão suave como uma obra perfeita.

[1190] Todo soneto é uma corrente de tese e antíteses, finalizando de um modo muito musical em uma síntese. Suas peças frequentemente acabam como seus sonetos.

[1191] Por meio de sua proximidade com as novelas <simultaneamente com o amor>, ou da aplicação delas em seus dramas, parece que aconteceu uma *grande* revolução em Shakespeare.[172]

---

171 *Concetti*, "pensamentos chistosos", em italiano no original.
172 Sobre Shakespeare na teoria de Schlegel, ver *Gespräch über die Poesie*. In: KA-II, p.300.

Fragmentos sobre poesia e literatura (1797-1803)

[1192] O *Péricles* se caracteriza pela antiguidade e a forma rudimentar dos jogos de *marionetes*, <pela moralidade e as ações do Estado,> pela cor gritante de sua caracterização – *em vez* de um claro-escuro, aqui o *branco e preto* – e pela enorme quantidade de conceitos marítimos nacionais>.

[1193] Será que não seria possível descobrir a época em que ele [Shakespeare] teria conhecido Ben Johnson?

[1194] Os sinais de *veracidade* são a amabilidade de sua poesia natural, assim como o modo como trata o sistema de suas peças. Ambas as coisas vão contra o puritanismo.

[1195] No *Locrine*, onde há o máximo de um coturno bárbaro,[173] o nobre e o burguês se aproximam de um modo bem duro. Em 1593, o *Adônis* foi editado. Em 1598 os *Sonetos* tornaram-se conhecidos. O estilo do *Locrine* é como os episódios da Antiguidade que ele utiliza ao fundo de *Hamlet*, na *Tempestade* etc. As histórias de amor parecem ter sido escritas bem próximas umas das outras. Os dramas mais duros parecem ser mais antigos; neles o amor e a amabilidade são tratados de um modo diferente, *de um modo* como não poderiam ser tratados após aquela primavera. A *Lucrécia*, de 1594. Shakespeare chamava *Adônis* de o primeiro herdeiro de sua invenção.[174]

[1196] Em Shakespeare fica bem claro como os *contos de fadas, as novelas, as histórias* são gêneros específicos do *romântico*.

---

173 Novamente a menção ao coturno, uma espécie de calçado alto nas peças gregas, que serviria para amplificar, intensificar a personagem.
174 *Locrine*, peça teatral do período elizabetano atribuída a Shakespeare; *A tempestade*, última peça escrita por Shakespeare, em 1610-1611; *O estupro de Lucrécia*, tragédia escrita em 1594.

[1197] Até hoje não existiu nenhum gênero na poesia moderna, e toda obra CLÁSSICA é um gênero em si.

[1198] Um pedante chamado Hall escreveu, em 1595, uma sátira contra a tragédia popular e contra a mistura e a irregularidade da mesma, antecipando Pope. O zelo contra a mistura de reis e camponeses tinha como fundamento a *etiqueta*. Acreditava-se que essa mistura seria uma *aliança equivocada*.[175]

[1199] O primeiro período da poesia moderna é o abstrato, mecânico. O segundo período é o químico; o terceiro é o orgânico.

[1200] Na época de Carlos II, sob a influência estrangeira, começa uma nova época da poesia inglesa.

[1201] Fala-se muito da progressão da poesia nos *Sonetos* e no *Péricles*. Talvez haja apenas alguns anos entre o *Locrine* e o *Romeu*. O final do *Locrine* indica o ano de 1596. A Rainha Elizabeth começou a reinar em 1558. Talvez haja uma adição tardia.

[1202] Shakespeare amava certas situações comoventes até a mania, assim como a vivacidade juvenil nos caracteres exagerados ou chistosos. < Mercúrio.>

[1203] <A mais nova edição do *Malone* com notas de Johnson e Steevens, de 1793.>[176]

---

175 Joseph Hall (1574-1656), bispo inglês satírico e moralista.
176 Trata-se da obra publicada por Samuel Johnson e George Steevens. *The Plays of William Shakespeare in Fifteen Volumes with the Corrections and Illustrations of Various Commentators to Which Are Added Notes.* Londres, 1793.

[1204] Antigas peças em manuscrito; as peças antigas de *Timon*, *A bruxa* [de *Middleton*]. Ele também adaptou completamente *As alegres senhoras de Windsor*, assim como o *Henrique V*.[177]

[1205] Do escrito de Pope sobre os *Dois nobres reis*: se aquela peça é dele, como diz a tradição, foi recebida como genuína; na verdade ela tem uma semelhança muito próxima com o *Fletcher* e mais com o autor do que com Shakespeare.

[1206] *Troilo*, ano 1609, sem saber e sem querer, antes que fosse encenada foi impressa.

[1207] As cenas do palhaço são mais curtas na versão mais antiga; Pope diz ter visto uma onde as palavras adicionais foram inseridas à margem. Pope *acredita* serem falsas, de acordo com o estilo das *wretched plays*. — *Péricles, Locrine* | *Sir John Oldcastle, Yorkshire Tragedy, Cromwell, Prodigal e Puritan*,[178] assim como *A Thing Called the Double Falsehood* [Uma coisa chamada dupla falsidade]. <Talvez quatro dessas obras tenham sido impressas em seu nome enquanto Shakespeare ainda estava vivo.> Devo fazer algumas conjecturas sobre outras como *Trabalhos de amor perdidos*,

---

177 *Timon de Atenas*, peça que trata de um misantropo ateniense; *A bruxa*, tragicomédia escrita por Thomas Middleton (1580-1627) aproximadamente em 1609; *As alegres senhoras de Windsor* (ou *As alegres comadres de Windsor*), peça de Shakespeare publicada em 1602; *Henrique V*, drama histórico de Shakespeare que trata de acontecimentos relacionados à vida de Henrique V, na primeira metade do século XV.

178 *The London Prodigal*, comédia do teatro renascentista atribuída a Shakespeare; *The Puritan, or the Widow of Watling Street*, também conhecida como *The Puritan Widow* [A viúva puritana], comédia jacobina atribuída tanto a Thomas Middleton quanto a Shakespeare.

Friedrich Schlegel

Conto de inverno, *A comédia dos erros* e *Titus Andronicus*, onde apenas alguns caracteres e cenas individuais, e talvez algumas passagens, foram escritos por ele. Steevens, ao contrário, afirma em seu primeiro *Advertisement* (p.254) que talvez haja evidência suficiente de que a maioria das peças em questão, mesmo que sejam desiguais, foram escritas por Shakespeare. *Capell* afirma que outras sete peças, além daquelas sete, foram imputadas a Shakespeare.

[1208] Há grandes alterações em *Hamlet, Rei Lear, Romeu e Julieta* e *Ricardo III* na segunda edição. Apenas treze peças foram impressas quando Shakespeare ainda vivia: *Hamlet, Henrique IV, Henrique I, Henrique II, Rei Lear, Trabalhos de amor perdidos, O mercador de Veneza, Sonho de uma noite de verão, Muito barulho por nada, Ricardo II, Ricardo III, Romeu e Julieta, Titus Andronicus, Troilo e Créssida*. *Henrique V, As alegres senhoras de Windsor, Rei João, Megera* são apenas os primeiros esboços, ou mutilações, ou mesmo impressões repetidas daquelas peças. Há também um primeiro esboço dos atos 2 e 3 de *Henrique IV*. *Otelo* foi impresso um ano antes do fólio (1623). Em 1605 *Hamlet* foi impresso pela segunda vez. *Titus Andronicus* foi impresso pela primeira vez em 1594.

[1209] Ainda são atribuídas a Shakespeare as peças *The Arraignment of Paris*; *Birth of Merlin*; *Fair Em*; *Eduardo III*; *Merry Devil of Edmonton*; *Mucedorus*; *The Two Noble Kinsmen*. A terceira edição continha também as sete peças falsas e também essas. Mas, em *Merry Devil*, Rowley é anunciado como seu parceiro na capa; assim como Fletcher e *Os dois nobres*. Nas peças da juventude de Shakespeare há mais trechos latinos. *The Famous Victories of Henry V* é uma peça mais antiga que a peça de Shakespeare. Nela, Falstaff se chama Sir John Oldcastle. No epílogo de *Henrique*

VI, 2, há um jogo com o infeliz destino da peça. A antiga peça *Leir*, talvez de algum poeta latino, é bem diferente na mania[179] e no estilo de todas as outras obras da época. *Sonho de uma noite de verão* foi deduzida de *Nymphidia or the Court of Fairy*, de Drayton, de 1593.

[1210] *Locrine* foi impresso em 1595. *Cromwell*, em 1602. *Puritan*, em 1607. *Henrique V*, em 1594. <Talvez a mais antiga.> *Trabalhos de amor perdidos* é de 1598, a data de sua primeira impressão. *Ricardo II*, em 1597. *Henrique IV*, em 1598. *Ricardo III*, em 1597. Dryden afirmava que foi *Péricles* que primeiro trouxe a musa de Shakespeare.

[1211] Todo o *Fortinbras* em *Hamlet* talvez seja uma adição da segunda edição.

[1212] Nas pequenas peças de novelas o *ethos* e o *pathos* são tratados de um modo muito lúdico. Nas grandes peças de origem novelística frequentemente a peça é encenada de acordo com a ação perfeita, ou seja, após uma importante intriga suceder uma menos importante. Shakespeare lidava de um modo mais sutil com as novelas do que Raphael Holinshed e Plutarco. Essa adição, construção e destruição (reconstrução) é altamente romântica. Ele não buscava a invenção absoluta. Toda invenção sua é simbólica, alegórica. Adorno e jogo. Transformando e ressignificando.

---

179 "Mania" traduz *Manier*, termo da estética do primeiro romantismo alemão. A palavra difere de "estilo", podendo abarcar em seu campo semântico "gosto pessoal", "filiação", "maneira", entre outros aspectos.

[1213] Shakespeare amava a obra dentro da obra. *Hamlet* etc., *Sonho de uma noite de verão* etc.

[1214] Shakespeare adora inteiramente a floração e a *eletricidade*, muitas vezes representadas como doença e febre. Uma forma poética própria, a forma elétrica. Shakespeare tratava até mesmo o sensual no amor de um modo chistoso; a indecência nas peças de novelas é tratada de um modo tão levemente poético e suave como em *Trabalhos de amor perdidos*. Exatamente por ser considerado pela maioria das pessoas como o mais sério dos gêneros é que só se pode ser chistoso na conversa de um modo indireto.

[1215] O comum e o sagrado, ambos devem ser encontrados no poeta. Há uma desigualdade extrema no caráter de *Hamlet*.

[1216] Nos sonetos, *amor* e *amizade*, irmanados de uma forma inteligente, mas ainda inseparáveis, como na mais bela infância da arte.

[1217] A origem da poesia se repete frequentemente na nova história. O caos de onde surgiu Shakespeare é muito interessante. *Noite de reis* é um retorno tardio a uma trajetória antiga.

[1218] Há um máximo de ironia em *As alegres senhoras de Windsor*, em *Troilo e Créssida*, no *Henrique VIII*. Em suas novelas há um máximo de Spenser. Em *Romeu e Julieta*, *Hamlet*, *Rei Lear*, há um máximo de entusiasmo. Em *A tempestade*, e também em *Otelo*, muita teimosia e capricho. O espírito das peças novelísticas é o de caos, amor, chiste e contemplação.

[1219] Há, no *Romeu e Julieta*, trechos como música que vibram eternamente, mas também em *Hamlet*. Shakespeare musicou poeticamente as antigas peças.

[1220] <A poesia de Spenser é uma espécie de Bíblia, um livro central pelo qual Milton também ansiava.>

[1221] O *Como gostais* se diferencia das novelas apenas quanto à ternura e à plenitude. Em *Muito barulho por nada* e *Como gostais*, as personagens boas e más são opostas de um modo especialmente intenso.

[1222] As novelas de Shakespeare são uma forma especial de tradução (de transformação da matéria). Na *Tempestade*, o declínio do velho. No *Rei Lear*, a ironia trágica. No *Timo*, o entusiasmo moral e satírico.

[1223] Shakespeare é um clássico da genialidade, isto é, aquele autor por meio do qual se pode construir esse conceito. Cervantes é mais romântico que Shakespeare. *Genialidade* é artificialidade espontânea e na arbitrariedade natural.

[1224] O fundamento de sua dicção é a mistura de um estilo conversacional com o escolástico.

[1225] As quatro peças clássicas[180] não são lidas em seu ápice dramático, mas de um modo épico ou lírico.

[1226] Não se deve estudar os modernos *em* massas [conjuntos] como no caso dos antigos, mas de um modo isolado e de acordo com o ambiente mais próximo de cada obra.

[1227] O espírito de Shakespeare é completamente *romântico*, um belo espírito. Shakespeare remoçou, sua primeira juventude é dura e seca. Mas, em *Otelo*, *Tempestade* e nas peças romanas,

---

180 Segundo carta a Caroline e August Wilhelm: *Como gostais*, *Hamlet*, *Romeu e Julieta* e *Trabalhos de amor perdidos*.

a velhice é visível. No *Antônio* quase tudo foi elaborado novamente, passo a passo, em pequenos conjuntos de uma grande ruína, os quais são distribuídos em diversos momentos, o que intensifica o efeito. No *Coriolano*, há o máximo de representação, uma plenitude diversificada, como em *Henrique VIII.*

[1228] Nas peças novelísticas a roupagem é italiana; em *Trabalhos de amor perdidos* a roupagem é francesa.

[1229] Shakespeare tem um círculo determinado de caracteres preferidos e singulares. A malvada inteligente. A libertina magnânima. O humorista e então, como algo oposto, o frio malicioso e o malvado rústico.

[1230] Todas as figuras no *Péricles* são tão individuais, duras e sem perspectiva.

[1231] *Henrique V* tem algo de *Hamlet*, exatamente o reflexivo. Há uma afinidade que percorre sua obra por meio das personagens mais importantes, assim como das principais obras. *Henrique VI, 3* prepara *Ricardo III*, e este faz parte daquele.

Sobre o romance espanhol

[1232] O drama espanhol e o antigo drama alemão [são] talvez as partes constituintes do antigo drama inglês. A cavalaria e o catolicismo fervoroso são os fundamentos de Lope [de Vega]. Uma ânsia por poli-história, filosofia e amor pela escolástica e pela língua latina. Além disso, ele possui um movimento ditirâmbico e antigos *concetti*.

[1233] A beleza dos antigos mistérios dramáticos consiste em parte no dualismo inocente.

[1234] Lope é sempre duro e expansivo. Na religião é às vezes como Klopstock. Seu movimento não é como o de Ésquilo, tendo um pouco mais da afetação das cortes. Situa-se no meio, entre o tom da época dos primeiros Césares e os nobres franceses.

[1235] A novela é completamente retórica, de modo que ela se divide em epidêitica e simbólica.

[1236] Os franceses do século XVII imitaram o que havia de pior na literatura espanhola. O que no *Pelegrino*, de Lope, não é católico é mais ou menos uma testemunha de *Gilblas*: sequestro, conflitos, duelos etc.

[1237] Após os romanos, a mistura de prosa e verso dos espanhóis é muito especial e singular.

[1238] O catolicismo italiano é mais claro, objetivo, frio, inteligente; o espanhol é bem mais místico, interiorizado, irado, mas terno. Entende-se por que o Rei espanhol se chama *o católico*. O fundamento do pensamento dos *autos* e da poesia católica foi transformado completamente no símbolo de Cristo e de Maria.

[1239] A *fábula* talvez seja idêntica à moralidade dramática.

[1240] Lope se *gaba* da originalidade e cita sempre a *Poética*, de Aristóteles, a qual ele, todavia, só conhecia por meio do comentário dos italianos.

[1241] Nos contos de fadas a poesia e a prosa <de todo tipo> [devem] ser muito mais satíricas, ousadas e mescladas de um modo mais inocente que em Tieck e nos espanhóis.

Friedrich Schlegel

[1242] Frei Luis de Granada, um Cícero cristão. *Obras sueltas de Lope*, vol. V, p.139. Entre os epítetos recebidos das nações — os belos alemães.[181]

[1243] O estilo empolado de Lope lembra frequentemente os senhores da Índia. O estilo empolado dos espanhóis não é apenas climático, como se entende equivocadamente.

[1244] A *novela* deve ser inteiramente erótica. Nos contos de fadas e na história o amor pode ser subordinado.

[1245] Nas *canções espanholas* há uma personificação e um jogo do mais íntimo e terno ânimo; já no estilo é bem mais prosaico.

[1246] O problema do ambiente para um sistema de novelas ainda não foi resolvido.

[1247] Em uma prosa pura não pode haver uma mescla de prosa e verso; mas isso pode acontecer na poesia ética ou na poesia filosófico-sistemática.

[1248] Ideia de um conto de fadas trágico. O fundamento do epigrama deve ser sempre ditirâmbico, satírico e elegíaco. Os contos de fadas devem ser infinitamente *coloridos*.

[1249] Foram os espanhóis que primeiro bem representaram as paixões *convencionais* (a honra etc.).

[1250] Não há mesmo *máscaras* no drama ético espanhol.

[1251] A história de um patife aventureiro está profundamente arraigada no romance espanhol, é mesmo o *lugar-comum* dele.

---

181 Frei Luis de Granada (1504-1588), frei dominicano, um dos mais importantes pregadores de seu tempo em Granada, por isso Schlegel lhe atribui o epíteto de *Cícero cristão*.

[1252] Toda a obra de *Luciano* pertence mesmo ao romântico, assim como a de *Apuleio* e Petrônio.

[1253] O *interessante* é um caos estético, e o *clássico* é a criação sistemática. O interessante abarca o ditirâmbico, o fantástico, o sentimental. O *ethos* predomina no romance; o *pathos* predomina no ditirambo; o *mythos* predomina em toda poesia crítica.

[1254] *Ardinghelo*[182] – fuga alemã da germanidade.

[1255] A potenciação parece ser o espírito da fantasia ditirâmbica. O ponto de indiferença é o espírito do romance.

[1256] No *Persiles*, Cervantes buscou ultrapassar o *Peregrino*, de Lope de Vega. É um frequente dualismo na história da arte: Cervantes e Lope de Vega; Shakespeare e Ben Johnson; Michelangelo e Rafael.

[1257] Ideia de um romance abstrato, um romance medial e um romance orgânico.

[1258] *Lope*[183] (1562-1635); *Quevedo*[184] morreu em 1645. O primeiro volume do *Lazarillo*,[185] de 1554. *Dom Quixote* I – 1605. A falsa continuação de *Dom Quixote* de 1614. *Galateia*,[186] 1585. No prólogo de *Dom Quixote*. Um jogo com o *Peregrino*.[187]

---

182 *Ardinghello* (1787) é o nome da obra de Johann Jakob Wilhelm Heinse (1746-1803) sobre o pintor renascentista Ardinghello.
183 Félix Lope de Vega (1562-1635).
184 Francisco de Quevedo (1580-1645).
185 *Lazarillo de Tormes*, romance anônimo de 1554.
186 Obra de Miguel de Cervantes, de 1585.
187 Obra de Miguel de Cervantes.

[1259] Será que alguns escritos no Velho Testamento – como *Rute*, *Ester*, *A canzone sublime*, e também as coisas históricas – não são já *românticos*?

[1260] Quanto mais o *Persiles*[188] se torna setentrional, mais a história se torna leve e menos entrelaçada.

[1261] A *polêmica* contra a filosofia moral é mais apropriada para o romance médio do que para os ditirambos morais.

[1262] Dois ditirambos sobre *os antigos deuses* e a *música do universo*.

[1263] *Adão e Eva* não são orientais, mas uma ideia abstrata. Do mesmo modo, talvez também *Amor e Psique*. O espírito da época. Um romance abstrato deve se tornar completamente negativo e *trágico*.

[1264] Todos os poemas líricos devem ser ditirambos, assim como epigramas. Sátiras são ditirambos caóticos. A verdadeira épica é um ditirambo sistemático + romance sistemático. O ditirambo é mais oriental, o romance mais ocidental. Mitologia oriental para os primeiros. Talvez reunir todos os ditirambos em apenas um.

[1265] *Odes* são *polêmicas* (muitos sermões de punição de Horácio são *hinos* de preces ao próximo).

[1266] O *idílio* e a *elegia* dos antigos têm algo de romântico. Há um mito romântico entre os antigos, e outros mitos mais ditirâmbicos, isto é, os báquicos.

[1267] *Hinos* e *epigramas* são antíteses como a ode e o coro.

---

188 *Os trabalhos de Persiles e Sigismunda*, última obra de Miguel de Cervantes.

[1268] O romance orgânico e histórico anseia por um ideal de natureza e de *época* absolutas. Horácio, em sua poesia, também anseia por um *ideal* político e histórico.

[1269] As anedotas comuns, enquanto românticas e caóticas, pertencem às novelas, ao lado dos contos populares.

[1270] Toda a poesia crítica surge quando a crítica se torna religião.

[1271] *Dom Quixote* é o *punctum saliens* [ponto principal], o "fez-se a luz" das novelas.[189] O drama *Satíricon* das novelas (arabescos). As novelas tão retóricas quanto possíveis.

[1272] No estilo de Sêneca é *caricatura* estoica.

[1273] *Hans Sachs* é o ideal de um trovador alemão.

[1274] Agudezas combinam bastante com novelas.

[1275] *Fênix* e *dragão* são ideais grotescos de física.

[1276] *Maria*. Um romance grego[190] – também na roupagem [antiga] – completamente histórico. <Pérsiles para lá.>

[1277] Ideia de um grande romance feito de tercinas, sonetos e estâncias.

[1278] *Aforismos históricos sobre nações*, sobre *épocas* e indivíduos.

[1279] Os antigos deuses para a elegia absoluta.

---

189 Em alemão *das Werde Licht*, alusão ao ditado latino *Fiat lux*.
190 O planejado romance chamado *Maria* não foi concretizado, mas em *Lucinde* a figura é introduzida em roupas gregas. Ver KA-V, p.17. [Nota de Hans Eichner.]

[IV]
Ideias sobre poemas — I[1]

Achados românticos

[1] Se a perspicácia é a faca, o chiste é mesmo o garfo.

[2] *Anos de aprendizado de uma jovem cortesã.*[2]

[3] Os olhos são a única parte do corpo humano com a qual o homem cria a si mesmo.

[4] O romance filosófico deve ser tão *aristofânico*[3] quanto possível; deve conter o máximo de atrevimento.

[5] Dever-se-ia ainda adorar o Príapos e o *verecundia*.[4]

---

1 Título original: *Ideen zu Gedichten — Romantische Einfälle.*
2 Schlegel faz um intertexto com o romance *Os anos de aprendizado de Wilhelm Meister* (1795-1796), de Johann Wolfgang von Goethe.
3 Referência a Aristófanes (447-385 a.C.), comediógrafo grego.
4 Priapo ou *Príapo*, em grego Πρίαπος, é o deus da fertilidade, filho de Afrodite e de Dionísio. *Verecundia* é o respeito às leis.

[6] <É nos cafés que se pode observar a diversidade da vida humana de verdade; uns fazem a refeição, outros tratam da traição.>[5]

[7] Ideia de um poema onde o absoluto da voluptuosidade – com o auxílio da *magia* – fosse exposto da mais *bela* forma. Métrica. <As obras têm o mesmo objetivo que o romance.>

[8] Sátira sentimental absoluta e idílio sentimental absoluto, tentar ambos em versos. Uma obra sátirica e ingênua do tipo chistoso.

[9] Idílio sentimental absoluto = Cristo. Sátira sentimental absoluta = Satã. Em *estâncias*, versos *iâmbicos*, ou outra coisa. <A forma de acordo com as *fantasias* musicais.> Fora isso, ambos devem ser completamente sem forma [*Ganz formlos*]. Ideia de um Rafael da poesia por meio da *mitologia cristã*. Por meio de seu misticismo essa é a melhor opção para aqueles dois gêneros.

[10] Um poema filosófico em forma dramática a partir da história da arte <como Tasso>. Toda a filosofia e a história da poesia em um poema de forma épica virgílico-dantesca. Romantizar a antiga épica homérica para uma autobiografia épico-métrica. Seis obras: I) Poema absoluto profético, mímico, filosófico (poetizar e filosofar absolutos). II) Sátira. III) Poema cristão. Idealização absoluta. IV) Autobiografia épica. Realização absoluta. Naturalização absoluta. V) Poema

---

5 No original: *einige essen, andre brechen*. Schlegel faz um jogo entre *essen* [comer] e *brechen* [romper com algo, fazer algo errado, algo ilícito], que também se associa com *die Ehe brechen* [trair, cometer adultério].

absoluto. Tecnização absoluta. VI) Romance. Universalização absoluta. <Filosofar toda a antiga mitologia nessas obras. | Profecia de que um dia toda a filosofia deveria se tornar poesia, e vice-versa.>

[11] Um Ariosto[6] alemão em segunda potência; o mesmo que Wieland pretendeu, mas não conseguiu. *Prazer e tristeza*, uma história de cavalaria idílico-elegíaca. Como estudo, um poema em que se busque um *máximo de fantasia* e de *encanto sensual*. Romance sentimental e romance fantástico como estudo. Um relato de viagem enquanto sátira, na forma de uma antiga épica. O romance fantástico e sensual, ao mesmo tempo. Um terceiro romance filosófico, urbano e liberal, que se costuma chamar de *cômico*. Um romance psicológico de intrigas com caracterizações analíticas. O romance filosófico na forma de *diálogos*; o romance psicológico em cartas.

[12] <*Maria e Cristo*. Uma representação fantástica do céu. Satã, representação do inferno.>

[13] A poetização de toda a natureza e a filosofação da mitologia constituem apenas *um* todo.[7]

[14] Ordem do que eu preciso dar continuidade: I) Drama retórico – romance filosófico como estudo – romance psicológico. II) Uma obra satírico-chistosa, métrica, filosófica, mímica, ética. III) Uma fantasia absoluta, infinita, potenciada. Duas obras desse tipo. IV) Romance sentimental e romance

---

6 Ludovico Ariosto (1474-1533), poeta italiano, autor de *Orlando furioso*.
7 Itálico de Schlegel.

fantástico como estudos. V) Poema absoluto filosófico. VI) Poema absoluto. VII) Épico absoluto, autobiográfico e ético. VIII) Romance absoluto.[8]

[15] Na épica biográfica devem ser mesclados todos os tipos possíveis de métrica antiga ou moderna, mas apenas os mais rigorosos. Na fantasia absoluta o metro deve ser totalmente *ditirâmbico*. Obra satírica em hexâmetros.

[16] Poesia absoluta sobre filosofia absoluta e filosofia absoluta sobre poesia absoluta como objeto de uma fantasia ditirâmbica. Essa fantasia também deve ser filosófica, mas de um modo completamente diferente daquele da fantasia profética.

[17] Filosofia absoluta, crítica, potenciada e empírica sobre a poesia em um poema profético. Mas uma filosofia absoluta mímica em um ditirambo.

[18] Ideia de um romance central completamente universal, isto é, um romance psicológico + romance filosófico + romança fantástica + romança sentimental + profecia absoluta + obra satírica absoluta e chistosa + drama poético absoluto e fantasia absoluta ditirâmbica e sentimental e o drama retórico. Conseguir estabelecer o equilíbrio da prosa deste último.

[19] A mais elevada voluptuosidade se encontra na ideia de um *hermafrodita*.

---

8 Para Schlegel, o romance absoluto seria a mescla do fantástico [imaginação criativa], do sentimental [reflexão filosófica do sujeito] e do mímico [exposição ou representação do histórico]. Sobre esse assunto, ver nota 111 da página 185.

[20] Aspásia é analítica, não é uma cortesã clássica no que se refere à sensualidade.[9]

[21] Quando o romance sintético não provocar o horror, o riso e o encanto, ele deve ser queimado.

[22] <Nota> Talvez utilizar aquela antiga ideia sobre *Bergheim*.[10]

[23] O fim trágico de *Lisette*.[11]

[24] Meu romance filosófico = Aristófanes + Shakespeare + Saturnálias + *Dom Quixote* + *Doutrina da ciência,* Chamfort e Diderot.

[25] <Trechos voluptuosos são sintéticos – um improviso. A intensificação é analiticamente preparada.>

[26] Caracterização de uma cortesã filosófica. Uma cortesã velha, feia, mas agradável; uma filosófica e erudita; uma mulher sensual e cheia de humor, chiste e genialidade. Ideal de uma

---

9 Aspasia de Mileto (470-400 a.C.), hetaira e sofista grega. Schlegel trata de Aspasia e de outras hetairas em um ensaio denominado *Sobre a Diotima*, onde discute o papel dessas mulheres na sociedade grega. Ao contrário das cortesãs comuns, as hetairas se destacavam pela educação superior, tornando-se uma espécie de acompanhante de filósofos e homens públicos da Grécia antiga. Cf. Schlegel, Friedrich. *Über die Diotima*. In: KA-I, p.368.

10 Nome de obra que Schlegel não concluiu; também é o nome de uma pequena cidade situada a 20 km de Colônia, na Alemanha; ver o fragmento [625] da série [VII].

11 Lisette é uma cortesã de luxo no romance *Lucinde* (1799). A personagem comete suicídio após saber que está grávida de Julius. Cf. Schlegel, Friedrich. *Lucinde*. In: KA-V, p.41.

cortesã encantadora e fantástica. <Nota:> isso só se deixaria concretizar em um *romance* fantástico e mágico.¹²

[27] *O cachorro e o louro* – símbolos de Horácio.

[28] Ser uma velha donzela é pudico; ser uma jovem é uma coqueteria.

[29] É necessário o mais elevado amor espiritual para não se sentir fisicamente *saciado* com a mais bela mulher.

[30] O picante na voluptuosidade masculina se encontra no fato de que ela parece infantil e até mesmo feminina, e vice-versa.¹³

[31] *Noturno*. Uma fantasia ditirâmbica segundo a entrega prazerosa do homem.

[32] As jovens devem poder ver e saber de tudo para que possam escolher. As mulheres devem ser mais reservadas. Hoje em dia é exatamente o oposto.

[33] Em cinco atos uma coquete se torna quase sempre uma fúria.

[34] Muita coisa é demasiadamente sagrada e suave para jamais ser dita, mesmo para os amigos ou para a amante.

---

12 Essas características podem ser encontradas na referida personagem Lisette, de *Lucinde*.
13 No romance *Lucinde*, no trecho intitulado "Fantasia ditirâmbica sobre a mais bela situação", o personagem Julius descreve a Lucinde como eram belos os jogos onde ambos se alternavam no papel mais ativo do homem ou mais doce da mulher.

[35] A ruína de Lisette nos versos de Hans Sachs.[14] *A Titanomaquia*[15] talvez deva ser composta apenas em elegias, enquanto memória, como em Ésquilo. *Hinos* para caracterização dos grandes deuses. *Os antigos deuses*.[16] Uma elegia grandiosa como a transformação de toda a tragédia antiga.

<*Para as novelas*>[17]

[36] *Um irado Eulenspiegel*.[18] A melancolia como rainha das fadas. Fragmento sobre o Barão Lumpovsky e a Condessa Dumliska. Caracterização do senhor Gevers. Ensaio filosófico sobre a papinha das crianças, sobre a limpeza do quarto, sobre a alimentação da criadagem.[19]

[37] As pessoas mais ajuizadas sempre se encontram, como as pernas do povo simples.

[38] As histórias e heróis dos gregos e dos romanos também devem ser musicados e romantizados nas novelas. Para a paródia de Richter. Um Titã deve surgir e dançar no meio do chiste, sendo criado no quinto andar de uma estufa. Histórias cômicas da poesia antiga. Ideia de uma grande música alegórica de duplo sentido. Uma *canzone* de lamento catulino[20] sobre o burro de Sancho. O *tédio* poderia ler algo sobre si mesmo. Ele

---

14 Poeta alemão (1494-1576), amigo de Albrecht Dürer.
15 Guerra entre os Titãs na mitologia grega.
16 Obra planejada, mas não concluída, por Schlegel.
17 Outra obra que Schlegel não chegou a concluir.
18 Till Eulenspiegel é uma figura cômica da Idade Média alemã.
19 Barão Lumpovsky, Condessa Dumliska, senhor Gevers, personagens da sociedade da época de Schlegel.
20 Que se refere ao poeta Catulo (século I a.C.).

deve desejar sua própria morte e implorar por sua destruição. Um diálogo entre o tédio e a ininteligibilidade.[21] *Hércules* como um romance de cavalaria; *Reynaldo – Lancelot –* para uma elegia, ou os *Doze pares*. Orlando é apenas um Hércules falso. *Marsias*[22] está na moda filosófica agora. Um diálogo platônico paródico entre Sancho e Dom Quixote.

[39] Quebramos em pedaços as promessas. | Os poemas são piores que baratos. | Reconhecemos o chiste às pressas. | O coração mais conservador que os fatos.

[40] Teoria pragmática da porcaria. Compêndio da confusão. Para as *Novelas* e os *Arabescos* todos os *brandos* filosóficos.[23] A ideia das *Novelas* é que sejam *estudos*, isto é, a transformação de antigas histórias por meio do espírito romântico, mesclando as antigas formas românticas. Além disso, *epideixis* ou *histórias* do nada. Por isso, o percurso singular. A velha delicada. O estudante amável.

<Para os arabescos>

[41] Sancho consegue chegar ao submundo com a ajuda de um armênio, o qual deve *reluzir*.[24] Filosofia armênia em tercinas.

---

21 *Da ininteligibilidade*. Obra de Schlegel. In: *Kritische Friedrich Schlegel Ausgabe*, vol. II [KA-II].
22 Figura mitológica do sátiro, em grego Μαρσύας.
23 Trata-se de obras que Schlegel não concretizou: *Brandos filosóficos, Arabescos, Novelas*.
24 Armênio é um personagem de Friedrich Schiller no *O visionário* (1789). Schlegel faz um trocadilho com o nome de Schiller e o verbo brilhar, *schillern*, afirmando que o armênio deve reluzir, brilhar, de modo a guiar Sancho ao submundo.

A batalha dos sapos e ratos aplicada à revolução;[25] Reineke Fuchs[26] para a *História do Estado*.[27] Mefistófeles talvez como terceiro acompanhante. A comitiva aumentando sempre. Sancho é bem alimentado em toda parte. Todos os ingleses em um círculo de estúpidos. Friedrich Richter a caminho de lá. *Visão* chistosa da natureza. Poema sobre o caos.

[42] Cristianismo = Chiste = Mitologia grega = Beleza.

[43] *Máscaras* do caráter nacional alemão. A caverna tratada de um modo extremamente engraçado e exibido, com uma paródia de Klopstock. Um Lazarillo alemão em estâncias como o *Margites*.[28] *Fidelis*[29] do mestre viajante, ou do eterno estudante. Tercinas filosóficas enquanto narrativa de um kantiano no círculo da estupidez, o qual é expulso para o círculo da banalidade. Garve fazendo a relação entre a compreensão natural de Sancho e a mais pura moralidade. *Eulenspiegel* no trono da estupidez, como Ésquilo em Aristófanes. *Abaddon*[30] é alimentado e bem tratado, diz Garve; ele não se encontra de modo algum no céu, ao contrário, levou uma surra do anjo Miguel.

[44] Para os *Arabescos*, jogos clássicos de palavras cruzadas; é possível ver neles a afinidade entre a rima e o jogo de palavras.

---

25 A *Batracomiomaquia*, em grego Βατραχομυομαχία, ou batalha dos sapos e ratos, é uma paródia cômica descrita na *Ilíada*, de Homero.
26 Poema épico alemão do século XV.
27 Obra não concluída de Schlegel.
28 *Lazarillo de Tormes*, romance espanhol anônimo do século XVI. *Margites*, poema épico do século VII, cujos fragmentos conservados serviriam de exemplo para todas as histórias cômicas do tipo *Eulenspiegel*.
29 *Populus fidelis*, expressão recorrente em Santo Agostinho sobre a fé cristã.
30 Termo hebraico que significa "destruição" ou "anjo da destruição".

[45] "Vai-se por mim à estupidez eterna."[31] Sancho cai em uma tristeza e melancolia cada vez mais intensa por seu amo. *Nicolai* como um ultramarino em burlescos. "Um dia, quando me entediava profundamente, vi com o divino Nicolai o nojo pelo Iluminismo; me entreguei então ao armênio, o qual queria me convencer há muito tempo a tomar a religião cristã. Enquanto tomávamos uma garrafa de vinho, ele me contou como foi divertido – com Sancho – cem anos atrás – Manuscrito armênio."

[46] O *Bijoux indiscrets*[32] em hexâmetros. *Do chiste antiquário*. A universidade é algo muito arabesco. Uma *sinfonia* de professores. Ironia socrática invertida. No exterior é graciosa, no interior é uma comédia estúpida.

[46a] *A concha mágica* ao invés da bijuteria indiscreta.[33] O *Diabo capenga* e os *Sonhos* para os *Arabescos*.[34] *Contos de fadas* como o de Goethe.[35]

[47] Maomé – drama pitoresco. Contos de fadas. Moisés. Osíris.

---

31 Friedrich Schlegel faz um intertexto com *A divina comédia*, de Dante Alighieri, onde se lê: "Vai-se por mim à cidade dolente, vai-se por mim à sempiterna dor, vai-se por mim entre a perdida gente". Alighieri, Dante. *A divina comédia*. São Paulo: Editora 34, 1998, p.37 [Canto III]. Tradução de Italo Eugenio Mauro.
32 *As joias indiscretas*, romance de Diderot (1748).
33 *As joias indiscretas* foi traduzido para o alemão como *Die geschwätzigen Muschel* [A concha falante]. *Muschel* [concha] é uma alusão ao órgão sexual feminino.
34 *Le Diable boiteux* [O diabo capenga], romance de Alain-René Lesage (1707). *Sueños y discursos de verdades*, cinco sátiras de Francisco de Quevedo y Villegas (1627).
35 Ao final de sua obra *Conversas de imigrantes alemães*, Goethe insere um conto de fadas intitulado *Märchen*.

\<Para os *ditirambos*\>[36]

[48] *Os ditirambos* = cosmogonia + *pathos* absoluto. O mundo enquanto caos, e o caos para o mundo. O *universo* é eterno e imutável, mas o *mundo* do *cosmos* se encontra em eterno devir. *Evangelho da poesia*; ou seja, *poesia da poesia*. \<Deve iniciar com o *espírito* e sua força criadora interior.\> Orgias da fantasia. Poesia ao final como a palavra do enigma. Coro de crianças, jovens meninas, jovens meninos, mães, homens, sacerdotes etc. No início do mundo cantam os sacerdotes. As mães e as crianças devem expressar o amor. Os jovens e as jovens devem expressar a natureza. Alegoria \<da\> *árvore da vida, fonte das alegrias*. O amor é a faísca divina por meio da qual a natureza é vivificada; por meio da razão a natureza se alça novamente à divindade. O todo = mistérios da natureza – e orgias da beleza ou do amor. Todas as imagens são verdadeiras. \<Todas as imagens são verdadeiras.\>[37] A luz é vida e amor. Toda matéria é humana e toda forma é divina. O retorno aos elementos é aquilo que na verdade diferencia os homens das plantas e animais – *Paraíso* – Visão da pintura? *Adão* e *Eva*. O céu interiormente, como em Böhme.[38] Plenitude de alegorias e histórias. *Representação do céu*. Uma riqueza de luzes como em Dante. A humanidade é um fluxo imediato da divindade. Os animais, plantas e elementos também devem ser idealizados de acordo com o caráter dos deuses. A contemplação imediata do sol também naquele

---

36 *Ditirambos*, obra que Schlegel planejava compor, mas que não foi concretizada.
37 Schlegel reitera a mesma frase.
38 Jacob Böhme (1575-1624), místico e teólogo alemão.

sentido original que se perdeu hoje em dia. Ouvir a música das esferas do amor na natureza. Anjos brincando como em Böhme. Imitar tanto quanto possível a linguagem primitiva. Descrever bem os titãs e a natureza selvagem do homem após a protoexplosão — a Era de ouro após a primeira revolução contingente — então, novamente uma destruição contingente — caso contrário, a Era do amor teria sido eterna.

[49] <Religião da natureza. Revelação da vida.>

[50] <*Nota* para *Aurora*[39]e tudo o mais. Titanomaquia como revelação simbólica da paz. (Símbolos do entardecer, da noite e da manhã.)>

[51] O *arco-íris* como alegoria celeste <sinal>. Uma visão divina da natureza e do universo ao mesmo tempo. <Coro dos anjos. Trindade.>

[52] Por meio da poesia livre quero dizer em imagens luminosas o que a fantasia contemplou em Deus. (É preciso que sejam tercinas, as quais são bem adequadas ao caos.) Talvez aquela visão como continuação de *An die Deutschen* [Aos alemães].[40] *Hierarquia da arte.*

[53] *Lucinde*; *Fausto/Bergheim* = *Ditirambos* = *Visões/fantasias.*[41]

---

39 Plano de obra que Schlegel não chegou a concretizar.
40 *An die Deutschen* [Aos alemães], poema escrito em 1800. Cf. KA-V, p.298.
41 Lista de obras que Schlegel planejava escrever. Sempre que a tradução se referir a uma dessas obras utilizar-se-á o maiúsculo e o itálico para diferenciar do uso comum, por exemplo, os *Ditirambos* [obra] e os ditirambos [forma lírica coral da Grécia antiga].

[54] Na *Visão*, a mitologia egípcia; na *Fantasia*, a mitologia de Maomé; nas *Romanças*,[42] a cristandade gnóstica. Uma contemplação livre do sol por meio da *autoconsagração*. O princípio dos ditirambos não é a religião, mas o entusiasmo. O verdadeiro objeto é a criação, isto é, [o fato de] que tudo é Deus, ou [é] como Deus. O *tempo* e o *espaço* vistos de uma forma bem realística. O reflexo interior da visão do sol. Além disso, o endeusamento da matéria. A proposição subordinada da pedra é a luz, e então de novo o homem. Não a divindade, mas a natureza, o ser e o devir por meio e pela divindade. A própria natureza é a divindade futura. Tudo é luz e tudo é homem. Unidade do todo. Alma do mundo. Espírito da natureza. *Querubim* e *Serafim*. A revelação de João. A essência interior do espírito, assim como da matéria. A forma e o espírito elementares. A água deve ser predominante, como símbolo do caos. A luz, *fogo*, significa o retorno ao estado primitivo e também a Cristo. Caos de homens e mulheres. Πάντα ῥεῖ, *panta rei*,[43] não que tudo surgiu da água, mas que tudo é água. Os *Ditirambos* devem partir completamente da teologia material. A transformação da Madona na arte. Ditirambos altamente progressivos e absolutos. O espírito e a palavra são a essência da arte. A palavra é plástica, o espírito é musical. Para *Arte*, Apolo e Jacinto. Jogos olímpicos ginásticos. Nos mistérios da natureza – Baco e todos os mistérios – Orgias da natureza e *hieróglifos* da formação. A dissolução da história como retorno dos titãs. *Saturno* deve voltar ao trono?

---

42 *Visão, Fantasia, Romanças, Arte* [em maiúsculo e itálico], nomes de obras de Schlegel.

43 Πάντα ῥεῖ [*panta rei*], em grego no original, significa "tudo flui ou tudo muda", expressão de Heráclito de Éfeso (535-475 a.C.).

Friedrich Schlegel

[55] <Nota: *Aurora* de *minha própria* filosofia, e da filosofia *católica*, não apenas na [filosofia] de Böhme. Maria também não deve ser *dramática*.>

[56] Poesia = Céu, Maria, ou seja, *Aurora* = poesia poética = arte = mitologia grega = religião católica.

[57] A mitologia hindu para as *Fantasias*? Pleno de luzes, a vitória do princípio do bem sobre o mal, mais apropriadamente em persa. A arte é o elo central entre a humanidade e a divindade, como imitação da última. Após os ditirambos. Mistérios e mais tarde *hieróglifos*. O todo, uma *Teogonia*.

[58] Ao final, talvez sonetos e tercinas, mas não estâncias. Tercinas no início. Canções. A celebração do poeta como sacerdote da natureza. *Cibele* como a terra. Lírica absoluta e drama absoluto totalmente mesclados. O vinho como poesia. O Tirso das mênades.[44] Soneto da fantasia. A primeira parte apenas sobre a *fantasia*. Depois, sobre a *natureza – Diana – Cibele –* Sol, formação completa de outro conjunto – beleza de outro conjunto – Baco – infinitude do homem, outro conjunto especial; para isso, talvez os grandes deuses. A poesia representada de forma báquica ao final do todo. O *caos* próximo ao final. O *Olimpo*. A primeira parte, as *musas*. Apolo como deus da harmonia e entusiasmo. Representar a mais alta natureza animal apenas na simbologia dos titãs, quando a força de criação ainda estava fresca. Sete partes dos *Ditirambos – musas – Diana – Cibele – Apolo. Ceres* (natureza vegetal). *Iris – Baco.* (Δ)[45] Na *Diana* o endeusamento do caráter

---

44 Tirso era um bastão envolvido em hera e ramos de videira, portado pelas mênades ou bacantes, usualmente pintadas nos vasos gregos.

45 Schlegel se refere ao triângulo pitagórico utilizado também na filosofia de Franz Xaver von Baader (1765-1841). Representa a

mineral, da pedra. <*Nota: Baco* canta em homenagem a Cibele como a natureza animal absoluta Orfeu canta o *érebo*,[46] Apolo, o Éter e o Olimpo.>

[59] Os *Ditirambos* [visam] inteiramente ao sublime, como *Lucinde* [visa] ao sentimento encantador. O *ar* e a *terra* são endeusados no Olimpo. *Revelação* da *natureza*. Os *primeiros homens*. *A Era de Ouro. Os antigos deuses*.[47] Os *Ditirambos* relacionados totalmente com a história da humanidade. Todo o Olimpo e o Éter como o ponto de indiferença entre o sol e a terra. É literalmente verdadeiro que essa é a morada do que é divino, mas não pode ser representado de um modo mitológico. (A profundeza como *érebo*.) Representação da vida no sol e nos planetas. Nos *Ditirambos*, apenas a dinâmica, no *Fausto* a astrologia.

[60] Talvez para o *Lucinde* um poema informe *ditirâmbico, fantástico* e *visionário* enquanto glorificação da natureza sem qualquer mitologia. Talvez para a glorificação dos elementos água e fogo, da natureza animal absoluta, ou da natureza vegetal absoluta. No *Lucinde* a clara inserção do sentimental, do cético, do fantástico e do místico, mas de forma separada.

---

ideia de um triângulo em que os elementos da água, terra e fogo são avivados por um quarto elemento, o ar: △.
46 Érebo, do grego Ἔρεβος, sombra ou escuridão profunda.
47 *A Era de Ouro* e *Os antigos deuses*, obras que Schlegel planejava concluir.

[V]
Ideias sobre poemas — II

Para o romance
<1798>

[1] O banho de inocência de *Allwills* em *Amli*.[1]

[1a] <Para o *Lucinde*.> Noite e amor devem constituir a família absoluta, mas na correnteza das ideias. — A reflexão da memória está relacionada à caracterização da masculinidade. Um diálogo em que na verdade nada é dito.

[2] Todo homem tem na verdade um *Dom Quixote* e um *Sancho* em si mesmo.

[3] Anos *infinitos* de aprendizado. Um plano, mas infinito.

[4] O espírito revolucionário de Romeu é bem apropriado para os *Sonhos*.

---

1 *Amli* é o apelido carinhoso da amiga da mãe de *Eduard Allwill*, no romance epistolar *Allwills Briefsammlung* (1792), de Friedrich Heinrich Jacobi (1743-1819).

[5] O caos como ideia da forma do romance. Nome jovial, *Lucinde*.²

[6] Ideia de um romance: *Ruína da natureza*.

[7] O verdadeiro *Fausto* deve ser completamente senhor do demônio, usando-o simplesmente como instrumento.

[8] *Píndaro* é na verdade bem romântico e ético, sociável e festivo.

[9] *As viagens de Gulliver*, de Jonathan Swift, é maior do que ele mesmo pensa; é melhor aplicá-lo à história universal. Liliputianos = gregos; *Brobdingnag* = romanos. Laputa – os godos da Idade Média. Os *houyhnhnms* são os povos de agora.³

[10] A poesia deve começar com a Bíblia (na forma de livro) e terminar como filosofia.⁴

[11] No *Lucinde* a música da travessura.

[12] A arte romântica nada mais é do que poesia ética. Se acaso se conhece bem a poesia e se tem *ethos*, então o resto acontece naturalmente.

---

2 De acordo com Hans Eichner, essa é a mais antiga anotação sobre o *Lucinde*. Cf. KA-XVI, p.565, nota 5.

3 *As viagens de Gulliver*, também conhecida por seu nome oficial em inglês, *Travels into Several Remote Nations of the World*, publicada em 1726 por Jonathan Swift (1667-1745). Os *brobdingnag* são os povos da terra de *Brobdingnag*, enquanto os *houyhnhnms* são uma raça de cavalos muito inteligentes.

4 Schlegel relata a Friedrich von Hardenberg, o Novalis, em carta datada de 20 de outubro de 1798, que planejava escrever uma nova Bíblia. Cf. KA-XXIII.

[13] Jornal = reflexão | Escrito. (Uma visão sobre a descoberta da impressão por Fausto.)

[14] Todo achado chistoso é um romance em miniatura.

[15] Na antiga poesia dos modernos o positivo e o negativo se encontram totalmente misturados. A antiga poesia e a moderna são, para nós, completamente neutras, no mais alto sentido; *nulo* é o negativo absoluto.

[16] No romance ético a mais alta coesão, fluência, sem intervalos ou saltos; conversas, sonhos, cartas, memórias; um belo palavrório. As *Confissões* pertencem aos romances românticos.[5] Será que não haverá *Segredos* éticos mais belos?[6]

[17] Não se pode adquirir o sentido apenas para *uma época*.

[18] A repetição musical do interesse pela própria pessoa se encontra apenas no romance filosófico e no romance poético, não no romance ético.

[19] Sternbald é um romance romântico, por isso mesmo é poesia absoluta.[7]

[20] Nas *obras antigas* é necessário determinar exatamente o que é um romance poético e o que não é.

---

5 Em *Conversa sobre a poesia*, Schlegel afirma: "Esses seriam verdadeiros arabescos, que, ao lado das confissões, são, como afirmei no início de minha carta, os únicos produtos naturais românticos de nossa época".
6 *Os segredos*, fragmento épico de Goethe (1789).
7 *Franz Sternbald Wanderungen, eine altdeutsche Geschichte* [As peregrinações de Franz Sternbald, uma antiga história alemã] (1798), romance de Ludwig Tieck.

[21] Em Sterne o que cai em desuso é muito saliente; o palavrório é bom, pois ele surge da infinita diversidade da autocontemplação. Será que não seria possível escrever agora um romance que não caia em desuso?

[22] Sterne é muito coquete. O pouco de leveza que ele possui em relação a Richter não deve ser posto tão em relevo.

[23] Pelo fato de a feminilidade e a pintura serem ambas químicas absolutas, a pintura da Madona é muito superior ao Cristo.

[24] Eterna juventude é a exigência essencial do que é romântico. Aquilo que é indestrutivelmente novo nas novelas (não apenas nos acontecimentos, mas no conjunto dos diálogos, no *ethos*, no *pathos*, quando esses têm um crescimento, e não quando permanecem imóveis) é ainda diferente do que é romântico. Este último se encontra com frequência em um fresco colorido e na infinitude leve de todas as partes. Os esboços românticos podem mesmo ir até o infinito.

[25] O filósofo caracteriza mais do que expõe.

[26] *Smollett* tem uma ira excêntrica contra todas as coisas inanimadas. Odeia o que é sujo. Tem um entusiasmo pelo humor negro.[8]

[27] Toda vida e toda poesia devem ser colocadas em contato. Toda poesia deve ser popularizada e toda vida poetizada.[9]

---

8 Tobias Smollett (1721-1771), escritor britânico.
9 Sobre a poetização da vida e a transformação da poesia, ver fragmento 116 da *Athenäum*. In: KA-II.

[28] Os romances poéticos ingleses também buscam um máximo absoluto da emoção. Foi *Goethe* quem produziu esse produto do melhor modo. Sua manufatura é a mais simples e fina, mas talvez ela deva ser embelezada.

[29] Em quase todos os romances há muito lastro e pobreza, com exceção do *Meister* e do *Dom Quixote*.

[30] No romance poético, um *ethos* infinitamente potenciado. No romance filosófico, um *ethos* infinitamente reduzido. No romance ético, ambos.

[31] No romance alemão há um mundo inglês e um mundo francês em conflito.

[32] Os mitos platônicos também (nas memórias) para o romance ético. Potenciação de outros mitos e romances. Tratamento de mitologia estrangeira.

[33] (Algumas jovens garotas têm tanto prazer e coragem que precisam pedir ajuda.)

[34] O amor pastoril transferido para o Oriente, para a época de Cristo.

[35] Sófocles também é modelo para o romance ético; [sua] beleza séria e superior se eleva por sobre a atração e o encanto, sendo realmente sublime.

[36] A família absoluta = nacionalidade. A lógica absoluta = magia, mística.

[37] Nada é mais verdadeiro e natural do que o dualismo de caráter, contra o qual se reclama com tanta frequência e de

forma tão antinatural. No tratamento dos romances comuns há frequentemente uma artificialidade algébrica. O romance trata do que é mais fino na vida com a mais fina arte. É por essa razão que em sua essência ele é nada mais nada menos que popular.[10] Na *expressão* – *ethos* – tom – o que é infinitamente pequeno. Tudo é presente, tudo é significativo, mas nenhum caráter, apenas traços. *Invenção*. Infinitamente grande, nunca presente, sempre na distância, em conjuntos infinitos. Um romance na forma de um caos formado.

[38] Frequentemente se encontra o universo apenas no ser amado, porque se aniquilou tudo mais.[11] Alguns casos de amor completamente apaixonado nada mais são que a ação recíproca de um egoísmo infinito de ambos.

[39] No drama deve-se fazer uma *diaskeuase* e compor uma espécie de mitologia em vez de máscaras.

[40] O método do romance é a música instrumental. No romance os caracteres podem ser tratados de um modo tão arbitrário como o tema é tratado na música.

---

10 "O romance trata do que é mais fino da vida com a mais fina arte. É por isso que em sua essência ele é nada mais nada menos que popular." Schlegel parece antecipar, nesse trecho, a teorização futura sobre o gênero do romance como a representação da vida, do cotidiano etc.

11 O tema dos amantes como um universo seria retomado no romance *Lucinde*, onde o protagonista Julius afirma: "Hoje, encontrei em um livro francês a seguinte expressão sobre dois amantes: 'Eles eram o universo um do outro'. Essa frase me chamou a atenção – fui tocado e sorri com a ideia – pois, de fato, o que ali tinha sido concebido sem pensar, como figura exagerada, havia se tornado literalmente verdade entre nós". Cf. Schlegel, Friedrich. *Lucinde*. In: KA-V, p.67.

[41] Nas *Confissões* há tais abismos de maldade que mesmo nos melhores romances não é possível encontrar.[12]

[42] *Maria*. I) Aos ignorantes. II) Na ausência entre o prazer e o casamento. III) Aos bem-aventurados.

[43] <Tratar a *Estética* talvez <apenas> em *cartas*.>

[44] Uma sinfonia é um concerto aplicado.

[45] Ideia de uma *novela* de todos os caracteres de Shakespeare.

[46] O objetivo da novela crítica é rejuvenescer a poesia introduzindo-a na vida, de modo a conservar a vida moderna etc. O objetivo do romance ético é apenas poetizar a vida.

[47] Ideia para quatro romances. *Lucinde, Fausto, Maria (grego) e moderno.*[13]

[48] A conversação é ética, mística, ditirâmbica, caótica.

[49] Há infinitos modos de beleza na vida que ninguém pinta e ninguém pode pintar.

[50] O espírito da faculdade não é desfavorável para a fábula.[14]

[51] Um conto de fadas pode e deve ser inteiramente musical.

[52] Há uma moral chistosa com inocência e caricatura. Também há uma crítica chistosa e uma história chistosa.

---

12 A referida obra de Rousseau.
13 Essas quatro formas de romance surgem na obra *Lucinde* personificadas nas figuras de quatro jovens.
14 Schlegel já afirmara em [IV], [46] que "A universidade é algo muito arabesco. Uma *sinfonia* de professores".

[53] A *Novela* é um romance artístico, isto é, arte romântica. Deve então ser transformada e sublimada em um conto de fadas e depois em uma fábula.

[54] A crítica e a filosofia do romance devem estar totalmente ligadas ao romance.

[55] Na primeira parte da *Novela*, tédio profundo e paródia suficientes.

[56] Minhas notas sobre o romance são fragmentos cronológicos e experimentais. As *teorias e histórias* são infinitas em todas as direções. Essas notas poderiam muito bem ser inseridas nas *Novelas*.

[57] Do espírito ditirâmbico em Guarini.

[58] Corneille é mais moralista e crítico que Racine.

[59] Na beleza feminina há mais *Suada*,[15] harmonia e simbolismo. Na beleza masculina há mais alegoria, entusiasmo e energia.

[60] *O castelo de Otranto*[16] prova apenas *como* se trabalhou equivocadamente de acordo com a crítica e sua falsa devoção por Shakespeare. Por falar nisso, a obra é muito pouco nacional, aproxima-se de um romance alemão ruim, mas não é tão original.

[61] A *Heloísa* é uma filosofia estética, e não um romance.[17]

---

15 Deusa romana da persuasão.
16 Romance de Horace Walpole (1717-1797), publicado em 1764.
17 *Júlia ou a nova Heloísa*, de Jean-Jacques Rousseau, publicado em 1761.

[62] A profundeza da dor para o romance abstrato.

[63] A história da poesia moderna talvez na *Estética*.

[64] A arte de narrar bem histórias pertence na verdade às novelas, assim como pertence às traduções clássicas a arte de representar bem.

[65] A projetada obra *Sobre o homem* não deve ser realizada como um Platão ou Espinosa renovados.

[66] <Realizar uma *diaskeuase* de *Emilia Galotti*.>[18]

[67] As histórias de fantasmas só podem ser poéticas por meio do que é fabuloso, não do que é intrigante. Somente por meio da alegoria é que elas são criadas e recebem um fundamento. Porém, a alegoria não deve ser simplesmente histórica, mas religiosa.

[68] O romance não anseia pelo infinito, ele surge do infinito.

[69] A felicidade da família de *Eulenspiegel* para as *Novelas*. Filosofia da surra – para a felicidade familiar.

[70] O *Ardinghello* é um livro estético, e não um romance. Ele quer sensualizar sua estética, não quer poetizar sua vida.[19]

[71] A metafísica transforma-se em poesia ao final do terceiro ciclo. É por isso que o universo é que dá o pontapé inicial. Dos

---

18 Tragédia burguesa em cinco atos de Gotthold Ephraim Lessing, de 1772.
19 *Ardinghello und die glückseligen Inseln* [Ardinghello e a ilha dos bem--aventurados] (1787), romance de Johann Jakob Wilhelm Heinse (1746-1803).

poetas não se deve tomar muita coisa. Embora a fantasia deles tenha se transformado em religião. A *música* e os *antigos deuses* são antíteses. A estética não possui um ponto específico onde se transforma em romance. Cf. *A filosofia moral*, segunda época.[20]

[72] Sócrates como o ideal de filósofo estético. João como ideal de um cristão estético. Em Spenser há um aroma fresco, uma leve neblina e um hálito espiritual.

[72a] Ensaio estético sobre a bela política (esboços dóricos). Cartas de Plutarco. Sobre o belo mais elevado. Ideia antiga.

[73] A *Maria cristã*. | *Os antigos deuses* tratados mais no âmbito do sublime do que no dos amantes.

[74] Homens vulgares têm uma devoção pelo que é cotidiano e medíocre e consideram tudo o que é extraordinário como diabólico.

[75] A *Diotima* é um ensaio estético.[21] *Música. Fantasia. Universo. Os antigos deuses* como uma fantasia ditirâmbica.

[76] A confusão nas confissões é frequentemente do tipo que se fundamenta na pressuposição de que o mundo inteiro sabe de suas relações.

[77] A estética tem um ponto central, ele é mesmo a humanidade, a beleza, a arte. A Era de Ouro é o centro desse centro.

---

20 O fragmento remete aos fragmentos sobre filosofia de Schlegel. Cf. KA-XVIII e XIX.

21 *Sobre a Diotima*, ensaio publicado em 1795 no qual Schlegel trata da arte da sedução e do conhecimento filosófico das hetairas e de sua mais notória representante, Diotima. Cf. KA-I, p.70-115.

[78] A escala decrescente do espírito inglês no romance. Sterne coqueteia com omnisciência romântica, criando a partir do nada. O *chiste* inglês tem, por toda parte, um toque de suas gravuras cômicas; ele é pontuado e gravado dolorosamente no metal.

[79] *Tasso* é mais antigo, clássico, belo. Ariosto é mais moderno.

[80] Homero tende ao romântico. *Virgílio* e *Ovídio* talvez também.

[81] Quem imita sem construção é de fato o verdadeiro imitador no sentido comum.

[82] Nos *Ditirambos*. Ésquilo, Aristófanes, Sófocles. Talvez utilizados como *tese, antítese* e *síntese*.

[83] No drama o mito é construído de forma jurídica, o *ethos* é eclético, o *pathos* é metafórico.

[84] No romance abstrato e no romance orgânico a religião da vida é estetizada. No romance medieval a vida estética é elevada a religião.

[85] Talvez o romance seja um gênero poético *feminino*, caso se observe a poesia como um universo animal.

[86] Virgílio, Horácio, Ovídio são obviamente *naturezas românticas*.

[87] Toda poesia lírica tem uma inclinação para se tornar epigramática.

[88] Toda nação tem suas romanças e sua métrica própria para elas. Em alemão existe o *Hans Sachs*.

[89] A tendência da continuidade parece ser muito típica do romance espanhol.

[90] Se a poesia deve se tornar ciência, então a impressão estética de um poema deve ser una e indivisível, como uma fórmula matemática, de modo que se possa calcular e experimentar como se queira com ela.

[91] Cervantes também caracterizou Dom Quixote e Sancho de um modo completamente musical e lúdico, sem qualquer psicologismo, desenvolvendo as personagens de um modo costumeiro e consequente. O arbítrio, os acessos de cólera repentina de Dom Quixote e os ditados chistosos de Sancho são o que há de mais fino em seu caráter. O dualismo entre eles é original e necessário.

[92] A elegia, o idílio e a sátira têm tanta relação com os ditirambos quanto com os romances.

[93] *Lope* é um tipo de improvisador, um improvisador mais artificial.

[94] A *intriga* é um tipo de trama, como um jogo de xadrez, *jogo de cartas* ou *jogo de azar*.

[95] <Simpósio para as *Novelas*. Mencionar Dante para os *Ditirambos*.>

[96] Ao que parece lemos frequentemente os poetas líricos como um romance. Sempre que os poemas líricos são relacionados à individualidade dos poetas consideram-se esses poemas românticos.

[97] No fundo, não é preciso alterar ou corrigir um romance.

[98] Para o romance não é necessária uma filosofia retórica, mas estética. As novelas não devem ser meramente históricas, mas também retóricas.

[99] As obras da poesia provençal foram talvez compostas de um modo muito supérfluo pelos espanhóis e italianos. Mas sua forma de vida é altamente clássica, principalmente as corporações; encontra-se aí a ideia de que a poesia deve se tornar ciência.

[100] Em *Los siete libros de la Diana* [Os sete livros de Diana][22] a música é bem *a food of love*,[23] de modo que se poderia dizer que o *Amor* também estragou seu estômago ali. Mas tem bastante beleza meridional.

[101] O modo como os espanhóis representam o amor é completamente *grotesco*. De um certo modo, Shakespeare também. Apenas os espanhóis tiveram uma vida romântica.

<Para a pintura>

[102] O colorido de Dürer e de Lucas van Leyden tem algo do *mosaico*. Essa pintura de adornos, como os arabescos árabes, é uma *virtuosidade* dos holandeses em sua pintura, na filologia, em seus jardins, na pureza.[24]

[103] As *luzes* da pintura são na verdade *olhares*. Em relação à luz natural, elas são o que o tom musical é em face do ruído. A

---

22 *Los siete libros de la Diana* [Os sete livros de Diana], romance pastoril de Jorge de Montemayor, século XVI.
23 "O alimento do amor." Trata-se de citação da tragicomédia *A décima segunda noite*, de Shakespeare.
24 Lucas van Leyden (1494-1533), gravador e pintor dos Países Baixos.

essência de ambos se encontra talvez na homogeneidade absoluta. Não deveria ocorrer algo semelhante no beijo e no abraço em relação ao sentimento? O olhar ilumina e brilha sem cintilar ou cegar. Também na música há uma mania de sobrecarregar na luz, fazendo que o belo solte um grito.

[104] Quanto mais ação em uma obra antiga, mais parecido com o baixo-relevo. A essência da Antiguidade é a unificação entre objetividade absoluta e subjetividade absoluta. A última é o clássico, onde toda individualidade salta por sobre o todo. Com isso, os deuses vivos e presentes se tornam indivíduos. Na escultura antiga os heróis são bem mais sintetizados e mais interessantes.

[105] A gesticulação, assim como a comunicação oral, é dividida em interpunção, acentuação e entonação.

[106] O desenho se baseia completamente nas proporções, como uma música arquitetônica.

[107] A entonação é o claro-escuro[25] da declamação.

[108] A imaginação é ainda mais diferente do que a fantasia, como um instrumento entre a exposição – originalidade – e a representação.

[109] Na escultura as roupas devem ser tratadas primeiro de uma forma artística.

[110] Em um sentido primitivo, a graça de Correggio[26] é maneirada. Seus homens olham de um modo estremecido.

---
25 *Chiaroscuro*, em italiano no original.
26 Antonio da Correggio (1489-1534), pintor italiano.

[111] O ensaio deve ter colorido, maneiras, imaginação, drapeado, desenho, número, acentuação, gesticulação e efeito. A representação claro-escuro do acento é uma luz musical. O colorido se divide em brilho, esmalte, mescla e afresco.

[112] A natureza mineral do fragmento é saliente, assim como a natureza animal do conjunto. A rapsódia deve ser de natureza vegetal. O mais elevado devem ser as vozes, as luzes e os olhares, o aroma e o beijo das imagens e dos pensamentos.

[113] O tratamento dos cabelos pertence ao drapeado.

[114] *Simpósio* é uma forma própria de ensaio grego.

[115] Toda métrica deve ser alegórica, e toda declamação deve personificar.

[116] *O ponto de vista* é um conceito que pertence à perspectiva.

[117] O *colorido* se divide em luz, cores e tons.

[118] A alegoria é música em plasma arquitetônico.

[119] A música é entre as artes o que a religião é na Terra, e a álgebra na matemática. Ela é nada e tudo, ponto central e circunferência, o belo mais elevado e o arbítrio. Mas aqui ela é na maioria das vezes [...].[27]

[120] *Criação* e *invenção* são a essência das artes plásticas, e a beleza (harmonia) é a essência da música, a mais elevada entre as artes. Ela é a mais *universal* das artes. Toda arte tem princípios musicais e, quando se completa, torna-se ela mesma uma

---

27 De acordo com a edição dos manuscritos há uma palavra ilegível nesse trecho.

música. Isso é válido até mesmo para a filosofia, assim como para a poesia, talvez até mesmo para a vida. O amor é música, ele é algo mais elevado que a arte.

[121] Ginástica = escultura + mímica?

[122] *Montemayor*. A linguagem é quase como a prosa de Shakespeare sem o chiste.

[123] Ainda não existe uma filosofia do amor. Talvez ela não seja apenas o melhor, mas o único assunto da poesia romântica.

[124] O amor em Montemayor é tratado de um modo muito sofista – assim como de um modo geral na *novela*; isso também se mostra nas novelas de Shakespeare.[28] Com muito chiste e arte no modo de tratamento.

[125] A poesia espanhola se divide de um modo mais determinado do que a poesia italiana no gênero épico, lírico e dramático.

[126] Quase não existem juízos históricos sobre a arte, isto é, caracterizações.

[127] Correção quase sempre é compreendida como uma perfeição política e jurídica exterior da poesia.

[128] Muitas pessoas têm na abstração uma direção bem determinada, vizinhança, não o sentido para o elo constitutivo e para o sentido do outro.

[129] Será que Shakespeare deixar-se-ia criticar de acordo com o princípio do "classicismo"? *Romeu* em um diálogo. *Hamlet* como monólogo. *Trabalhos de amor perdidos* em uma carta. O ciclo

---

28 Schlegel se refere às peças de Shakespeare baseadas em novelas.

histórico enquanto *massa*. PLATÃO *também deve ser caracterizado*. Ou seja, de um modo dialógico, dialético e místico.

[130] O poema absoluto pitoresco <= a arte> é uno com o romance fantástico. As elegias enérgicas da era épica, a sátira profética, o romance histórico poético e o drama romântico absoluto: todos na *Mitologia*. <Todos aqueles poemas de fantasia ditirâmbica.> Talvez a teogonia para os poemas pitorescos absolutos.

[131] Mitos e gramática absoluta são o espírito do cristianismo. Na poesia religiosa a matéria se torna um modelo de uma nova forma original. Há tanto uma poesia histórica como uma poesia filosófica.

[132] Os *antigos deuses* são categorias da arte. Tudo isso é *música*. Física e humanidade = poesia = música. Ovídio e Píndaro [são] místicos. Sófocles [é] musical.

[133] A caricatura é a essência da mímica.

[134] O fluxo da harmonia é o fundamento da *textura* de Ariosto, tudo o mais foi transportado para lá, muitas vezes de um modo que não era *nem* substancial ou *não* tinha relação com o resto. A caricatura heroica, as novelas, as alegorias, os trechos dos antigos e efervescências de sensualidade.

[135] O romance orgânico é uma novela, isto é, um romance totalmente relacionado com a sua época.

[136] A poesia dos romanos é muito religiosa.

[137] No que concerne à harmonia, todo bom drama deve ser sofocliano.[29] Essa não é a mais alta exigência, mas a primeira.

---

29 Refere-se ao que tem elementos do estilo de Sófocles.

[138] Será que o romance tem mais retórica ou mais música?

[139] Para as *Fantasias ditirâmbicas* todos os antigos poetas misturados, principalmente os judeus e os romanos.

[140] A teoria da morte pertence ao romance como a teoria da volúpia pertence ao que é feminino.

[141] As mulheres são capazes de suportar, por meio do amor, sucessivas humanidades. Os homens são conformados.

[142] <Lucinde> Romance. No *Fausto*[30] o sacerdote é um sábio, o demônio é um louco absoluto. Para o *Lucinde*: (mulher negativa – paródia de um amor infantil – dois em constante conflito = o chistoso e o sensível. O espinosismo da traquinagem. Série infinita de casamentos – as mulheres não devem se alimentar – dois conflitos paralelos, um espiritual e um corporal – elogio da maldade sensível – É muito mais difícil ser atrevido no chiste do que na seriedade).

[143] O costume de ocultar é muito antigo nos *romances*, já [se encontra] na *Diana*.

[144] As estâncias de Ariosto terminam frequentemente de um modo chistoso.

[145] A alegoria é boa para o poema pitoresco. <*Lucinde* é um tipo de carnaval. Inserir em *Lucinde* e em *Maria* tanto amizade e sociabilidade quanto amor.>

[146] A infantilidade de um homem surge da infinita esperança e do medo mesclados com a inocência. Talvez o ciúme seja o

---

30 Schlegel se refere ao *Fausto* que pretendia escrever.

lado mais infantil das mulheres que sabem ser inocentemente belas; com a curiosidade se dá o mesmo.

[147] Para o *Lucinde*: *Le blanc de l'ouvrage*[31] no amor é a peste contra a qual o homem deve antepor o deleite.

[148] A *Odisseia* é o mais antigo retrato de família romântico.

[149] <*Lucinde*> Imagens morais em que a morte é representada como o supremo bem! Ideal inalcançável, o contraste entre idealismo e realismo. A teoria da fidelidade e da infidelidade, filosofia da volúpia.

[150] Uma novela é um acontecimento chistoso. Acontecimentos também podem ser inocentes, podem ter humor, caricatura. O grotesco é compreensível por si só.

[151] As mulheres têm mais gênio para volúpia, enquanto os homens a praticam por arte. As mulheres são sempre voluptuosas e o são de um modo infinito.

[152] O sentimento chistoso de Petrarca é a contrapartida aos acontecimentos chistosos de Boccaccio.

[153] A maioria dos homens é impotente. A impotência causa a separação de um casal, mas há menos casamentos dissolvidos do que se acredita. Quem não pode saciar uma mulher é impotente.[32]

[154] As mulheres são frias ou totalmente insaciáveis. As melhores são ambas as coisas e saltam aos poucos de um estado

---

31 Em francês no original, referência ao trabalho do alquimista em iluminar uma matéria com componentes químicos à luz da lua.
32 O tema da impotência na relação e no casamento retorna em *Lucinde*. Cf. KA-V, p.21.

para o outro. Esses são seus anos de aprendizado. A capacidade de se envergonhar das mulheres está relacionada à insaciabilidade de sua volúpia. *Tudo o que é infinito se envergonha.*[33]

[155] Em todo romance ético é necessário um caos absoluto de caráter. O melhor [seria] um caos interior e em todas as personagens. Em escritores ruins o que acontece em relação a isso é o gosto pela incomunicabilidade. Na curiosidade romântica a invenção é tratada como um caos absoluto. No *pathos* também há um caos absoluto.

[156] No desenvolvimento do romance deve ocorrer a junção e o desdobramento arbitrários. Essa elasticidade da representação (em Cervantes) é bem épica.

[157] Em Cervantes o *sentimento da honra* é tratado de um modo verdadeiramente belo. No que se refere à urbanidade, o que de mais fino existe no *Meister* não é de longe tão fino quanto em Cervantes.[34]

[158] *Novelas* são *concetti* místicos.

[159] Um caráter chistoso é aquele a partir do qual toda uma série de acontecimentos chistosos pode se desenvolver. Dom Quixote e Sancho.

[160] Se existisse uma moda de verdade, as mulheres teriam toda razão em obedecer a ela.

[161] *Cartas a uma falecida amante.*[35]

---

33 Itálico de Friedrich Schlegel.
34 Schlegel se refere ao romance *Os anos de aprendizado de Wilhelm Meister*, de Johann Wolfgang von Goethe.
35 Itálico de Friedrich Schlegel. Referência a uma possível obra.

[162] Fábulas, contos de fadas e lendas só podem se tornar *novelas* por meio da arte e da criação. Pertence a isso também a poetização da arte.

[163] Em Cervantes, as pancadarias românticas e as vilanias chistosas são belas até a perfeição; o mesmo se dá com as patifarias e maldades românticas.

[164] Em muitos romances, um pouco antes da extrema-unção a curiosidade cresce até o ponto da ira, enquanto a respiração fica presa na representação.

[165] É curioso o número de romances nos quais as personagens secundárias são mais interessantes do que os protagonistas.

[166] O pecado e a arte são os polos do romance alemão.

[167] A feminilidade do modo de representação se encontra tanto, ou ainda mais, naquilo que não é dito – não apenas pelas mulheres – quanto nas sutilezas que apenas elas podem dizer.

[168] Confissões são um romance natural.[36]

[169] *Diaskeuase* dos mitos platônicos, especialmente o mito de *Amor e Psique*, e o de *Urânia*.

[170] A história da humanidade – de acordo com os contos de fadas de Swift – por meio da fala do demônio, salpicado com Cândido.[37]

---

36 O subtítulo do romance *Lucinde*, de Schlegel, é *Confissões de um inexperiente*.
37 Schlegel se refere ao conto filosófico de Voltaire, *Cândido ou o otimismo* (1759).

[171] *Jacques*, de Diderot, é mais uma zombaria do que verdadeiramente um romance. O senhor em *Jacques* é perfeitamente nulo. Diderot trata a curiosidade como uma coquete inteiramente divertida, enquanto em *A religiosa*, como uma coquete bastante intrigante.[38]

[172] A alegoria, o símbolo e a personificação da letra são as figuras retóricas dos antigos.

[173] O tratamento da distância em *Persiles* é muito romântico. Por isso, ele tem algo de Ésquilo.[39]

[174] No *romance*, o produto é físico, o devir e o fazer são matemáticos. No ditirambo é o oposto. O épico, o mímico e o satírico para as *Novelas*.

[175] Apenas os clássicos românticos devem ser traduzidos de um modo totalmente fiel, não os ditirambos nem Dante.

[176] Nos poemas entremesclados de Goethe há uma predisposição para a religião do poeta e do artista.[40]

[177] No romance orgânico há tanto dualismo entre a vida sistemática e caótica quanto dualismo entre o francês e o alemão. Sintetizar Homero e o *Meister* para o romance orgânico. (Hermann.) O *Timeros* é um romance sobre o universo.

[178] A física superior nas três elegias. *Diana*, *Isis* e *Cibele*. Cantos sibilinos proféticos.

---

38 O romance de Diderot *A religiosa* foi publicado em 1796.
39 *Os trabalhos de Persiles e Sigismunda* (1617), última obra de Miguel de Cervantes.
40 Os *Poemas*, de Goethe, foram publicados em 1789 com o título de *Vermischte Gedichte*.

[179] Será que a magia e a divinação já não pertencem ao romântico?

[180] A poesia romântica se dissolveu em todas as nações em um caos impiedoso. Petrarca, Beaumont,[41] Fletcher,[42] romances espanhóis e comédias dos tempos tardios.

[181] <Por meio da teoria do romance toda poesia foi colocada em um estado revolucionário.>

[182] Também uma poesia romântica sobre os trovadores – para a teoria do romance.

[183] O ideal comum de um poema *correto*, isto é, que não se revela em parte alguma, se baseia em um exemplar constante e primoroso da épica ou da grande ópera. Do mesmo modo o verso comum. Rima com a mais elevada monotonia, mas de uma forma sonora, como o *click-clack* da rima e da eufonia geral e trivial.

[184] O drama deve fornecer uma visão divinamente lúdica da vida e do homem, de modo que surja como uma música, como um campo cheio de flores, como uma pintura com arte arquitetônica. Desse modo ele seria novamente festivo, unificando Shakespeare aos antigos.

[185] Ditirambos = deus e religião = poesia. A fantasia e o universo na visão dos demônios, *romanzos*. A humanidade.

[186] O objeto da música é a *vida*. O objeto das *artes plásticas* é a *formação*.

---

41 Francis Beaumont (1584-1616), dramaturgo do Renascimento inglês.
42 John Fletcher (1579-1625), dramaturgo inglês.

[187] A poesia talvez como a Era de Ouro nas romanças.

[188] <Por meio da poesia quero anunciar | o que vi em Deus.>

[189] O melhor para a introdução ou ambiente das *Novelas* é uma carta a uma mulher. Uma elegia a todas as mulheres.[43]

Pensamentos antigos

[190] A sorte é um talento.

[191] O amor é a intuição intelectual da vida. Ele enxerga nela a beleza do mundo. Ela enxerga nele a infinitude do homem.

[192] Raramente *Amor* é uma criança.[44]

[193] Representar as mulheres como as mais infelizes e também como as mais felizes.

[194] A amizade é a arte da independência. A amizade não é um roubo do amor.

[195] Toda vida é um casamento (com a terra e a natureza).

[196] A dor deixa *solitário* e dependente.

[197] O silêncio é apenas uma ânsia imperturbada.[45]

---

43 Schlegel utiliza esse expediente em *Lucinde*. Cf. KA-V.
44 Schlegel se refere à divindade grega chamada *Eros*, o deus grego do amor cuja imagem é de uma criança.
45 O tema do silêncio e da ânsia é abordado em *Lucinde*: "É apenas na ânsia que encontramos a paz – respondeu Julius. Sim, a paz só existe quando nosso espírito não é incomodado por nada em seu ansiar e em seu buscar, quando ele não pode encontrar nada mais elevado que

[198] Há uma equação indissolúvel entre a masculinidade e a feminilidade. Todo homem é genial. A harmonia é a essência da mulher. Todo homem tem um *daemon*.[46] Toda mulher é um casamento em si.

[199] O casamento é a harmonia entre a volúpia e a sociedade.

[200] A morte é talvez masculina, a vida feminina.[47]

[201] Apenas por meio da resposta de um "tu" é que o eu sente toda a sua unidade, antes disso há somente o caos – Eu e o mundo.[48]

[202] Mesmo que se penetre cada vez mais profundamente no interior do homem, sempre permanece algo para trás que nenhuma história pode representar.

[203] O beijo é a rosa da vida.

[204] A volúpia é o eu potenciado da natureza.

[205] Conversa das faculdades da alma, como crianças.

[206] O homem só é capaz do egoísmo superior quando está no centro do amor.

---

a própria ânsia. – Apenas no silêncio da noite – disse Lucinde – é que ardem e brilham a ânsia e o amor, claros e completos como esse sol tão magnífico". Schlegel, Friedrich. *Lucinde.* In: KA-V, p.78.
46 Em grego no original, divindade, espírito ou ser que acompanha o homem.
47 É interessante ressaltar que "morte" é um substantivo masculino em alemão [*der Tod*], enquanto "vida" é do gênero neutro [*das Leben*].
48 "Somente na resposta de seu 'tu' é que todo 'eu' pode sentir totalmente sua unidade infinita." Cf. Schlegel, Friedrich. *Lucinde.* In: KA-V, p.61.

[207] Não é quanto mais amável mais bela é a mulher, mas sim quanto mais vegetal[49] e mais feminina.

[208] Uma mulher muitas vezes diz de um modo inocente algo completamente diferente daquilo que ela realmente quer e do que parece dizer. Um homem diz de um modo inocente exatamente aquilo que ele quer dizer.

[209] Será que os *espíritos* também não devem se beijar, abraçar, temer e se tornar unos? Tornar-se uno é simplesmente o ideal do abraço. A *mescla* dos hindus não objetiva nem a amizade nem o amor, apenas o contato mais íntimo e diversificado.

[210] Todos os sonhos dos amantes são literalmente verdadeiros. Em toda mulher está o universo inteiro. Apenas quando elas comparam é que elas são tolas.

[211] O homem só é fiel *por si mesmo* quando ama *inteiramente*.

[212] Até mesmo a alegria e a dor das mulheres é vegetal, elas murcham ou florescem.

[213] Não é possível a amizade com uma mulher que não se ama, só mesmo a companhia, a saber, a mais elevada e bela companhia.

[214] Uma bela conversa deve permanecer na memória como um acontecimento.

[215] Na verdade, só se pode odiar o amigo. Se fosse necessário odiar o amante ele também seria desprezado.

---

49 Schlegel compara com frequência a naturalidade dos vegetais com a beleza e a espontaneidade na vida e na arte. A alegoria do vegetal e do crescimento harmônico surge muitas vezes em sua obra.

Fragmentos sobre poesia e literatura (1797-1803)

A mitologia erótica dos gregos

[216] *Adônis* e *Lucrécia* – do modo como Shakespeare os tratou – são conceitos universais. Amor e Psique – Narciso – Pigmaleão – Proteu – Eco – Iris – Lete – Anadiomene – Apolo – Anfriso.

[217] Nação – conjunto. Pessoa – fragmento. Época – rapsódia.

[218] Amor é ao mesmo tempo volúpia, amizade e companhia.

[219] *Lucinde* descreve a transição da estética para a poesia.

[220] A sociedade está relacionada ao convívio como a formação está para a educação.

[221] Catulo é cheio de ternura infantil. Ovídio não é de modo algum sentimental. Sterne tem muito monólogo romântico.

[222] Pertence necessariamente ao amor que os amantes se considerem o universo um do outro, mas isso não deve ser definido de uma maneira tão seca. É um doce mar de suave infinitude.

[223] Todo amor verdadeiro é único e totalmente infinito, de modo que apenas pode crescer eternamente. O amor também é a fonte de toda poesia.

[224] A boa sociedade consiste no fato de que todos se amem de brincadeira.

[225] Sem história sistemática – (predestinação histórica) – não existe fidelidade *verdadeira* na vida.

[226] A vida e o amor por meio da máscara de um romance. Mascarado, é possível aparecer em qualquer lugar. O todo deve ser caótico, mas sistemático.

[227] *Nada* e *Tudo* também são categorias românticas.[50]

[228] <Nota: A visão mais íntima do *Lucinde* e da *Carta para Doroteia*[51] é uma *harmonia absoluta do sentimento*, ou seja, uma forma de realismo, assim como a admiração na primeira interpretação do que é clássico e da Antiguidade, do entusiasmo no absoluto animal da Antiguidade e da voluptuosidade, e da natureza. Ou seja, *três formas de realismo* como o princípio de minha filosofia.>

[229] Rugantino é o mais terno e amável Lazarillo.[52]

[230] Como alguém que não consegue devotar sua própria personalidade pode querer explicar o que é individual em sua nação ou época? *Poetas líricos.*

[231] Apenas na sagrada solidão é que se pode lembrar de si mesmo e de tudo o mais.

[232] Tudo o que é bom já existe; progredir em direção ao absoluto.

[233] A religião do indivíduo é apenas a formação mais sagrada e mais íntima. Sem religião não é possível um verdadeiro

---

50 Itálico de Schlegel.
51 Trata-se da obra *Über die Philosophie. An Dorothea* [Sobre a filosofia. Para Doroteia] (1798).
52 Rugantino é o personagem da peça de Goethe *Claudine von Villa Bella*. Lazarillo é uma referência aos relatos de aventuras de *Lazarillo de Tormes*, romance espanhol anônimo de 1554.

amor exatamente por causa da crença na história absoluta potenciada e reduzida. Uma vida religiosa e uma religião viva situam-se entre a estética e o romance. E são compostas por uma crença na formação infinita. Para isso, é necessário o que é sagrado na natureza.

[234] Assim como os ditirambos são minerais em seu todo, o romance deve ser de natureza vegetal.

[235] Toda morte é natural. Todos morrem na maturidade e na hora certa. Uma visão teleológica da vida pertence à religião estética. O amor já é em si uma religião estética. Constituição da verdadeira vida.

[236] A canção elevada e a *Sakontala* – Amor oriental – como exemplo do *Lucinde*. A fórmula para a construção do movimento da segunda parte[53] é: caos – sistema – caos.

[237] As mulheres não precisam da amizade, isto é, elas não precisam ser formadas para o amor.

[238] *Cavalaria* para a segunda parte.

[239] A mentira estética a partir do ponto de vista lógico da verdade e do grau de omnisciência.

[240] A dúvida é a mãe do [que é] profundo.

[241] Não é o ódio, mas o amor, o que separa o caos.

[242] O verdadeiramente belo não precisa brilhar.

---

53 Schlegel se refere à segunda parte do *Lucinde*, que não foi concretizada.

[243] Adônis é um belo símbolo de melancolia. Apenas ante sua presença no Anfriso é que Apolo se torna o *musagete*,⁵⁴ uno com as graças.

[244] *Dinheiro, riqueza* e *nobreza* são medidas muito corretas para todos os valores religiosos que não são originais e para pessoas que não são indivíduos.

[245] A volúpia, a amizade, a sociabilidade e o amor predominaram em gêneros separados do romance. Agora devem ser unificados.

[246] <A mais decidida polêmica contra toda moral unilateral meramente filosófica para romances medianos. (Para as *Novelas*.) >

[247] Além da estética, o romance ainda tem uma moral em massa, que unifica toda a moral da física. Isso acontece por meio da estética.

[248] Em Tibulo há falta de caráter; o puro fluxo elegíaco é belo nele.

[249] No caos se alternam o positivo e o negativo; no sistema ambos estão mesclados.

[250] *Imaginação* é diferente de fantasia. Aquela se baseia no chiste e na razão, sendo uma faculdade filosófica, e não poética.

[251] A igualdade da religião é o mais forte, o único, laço do casamento – O *casamento* é algo inteiramente religioso – não é apenas um instituto para crianças, ou seja, algo para degradá-las.

---

54 Epíteto que significa "o chefe das musas".

O casamento só é possível entre seres espirituais. O casamento não se baseia apenas nessa pretensa vida. Casamento é amor recíproco de um modo completo.

[252] O objetivo do amor e da morte é a destruição da *Nêmesis*.[55] A *Nêmesis* é a aparência da morte espiritual.

[253] Apenas as mulheres são quentes.[56] É necessário ter prazer no ócio de uma forma consciente. Cada um tem seu paraíso. O anjo que nos arranca do paraíso se chama atividade. O ócio é a escola superior do autoconhecimento. Inocência é ócio. Por meio dele o mundo é conservado. Toda forma de utilidade e atividade é infernal e demoníaca.[57]

[254] A poesia e o chiste como alívio do ardor.

[255] É infame a crença que se tem de que aquele que ama é cego.

[256] As jovens deveriam ser seduzidas. Um casamento é uma terrível oferenda.[58]

[257] Nada é mais maldoso do que sentir prazer com a inocência.

---

55 Deusa grega da vingança.
56 De acordo com o manuscrito transcrito por Hans Eichner, essa primeira frase não tem relação com o resto do fragmento.
57 Sobre a importância do ócio no pensamento de Schlegel, ver o trecho do romance *Lucinde* denominado "Idílio sobre o ócio". Schlegel, Friedrich. *Lucinde*. In: KA-V.
58 Como fica claro em diversos escritos, e principalmente em *Lucinde*, Schlegel se opõe ao casamento como forma de contrato sem o consentimento da mulher, por isso a menção à sedução.

[258] O espírito da masculinidade e da amizade é muito intenso na *Ilíada*. O espírito bélico deve ser compreendido de modo alegórico na obra.

[259] O amor é tratado de uma forma totalmente caótica em Shakespeare. Romance filosófico + romance fantástico.

[260] O *daemon*, a verdadeira ideia religiosa romântica, se deixa romantizar muito bem.

[261] O que se chama amizade, ou seja, a profunda e abrangente sociedade que se estabelece entre duas pessoas que se amam de modo uniforme, é apenas uma espécie de sociedade e volúpia sem amor.

[262] Petrarca é clássico na reflexão, no dualismo do amor e no que é nobre e belo, *en kai pan*.

[263] O romance é Apolo no Anfriso.

[264] Ovídio é inteiramente romântico. Não será Luciano também?

[265] *Faetonte* é na verdade um mito cômico.[59]

[266] Adão, Eva e Maria para o II. Caos de todas as formas poéticas antigas e modernas para o *Lucinde*.[60]

[267] A música é na verdade a linguagem do amor.

---

59 Mito grego.
60 Referência à segunda parte do romance *Lucinde*, que não foi executada. Schlegel realmente inseriu um caos de formas ou gêneros literários na obra, como o idílio, as cartas, a autobiografia, os diálogos etc., de modo que o romance pode ser considerado um precursor do romance moderno.

[268] A botânica é levada tão a sério no *Lucinde* quanto a música. *Amor e Psique* para a segunda parte. Dois *Corti d'amore*⁶¹ ao início e ao final do segundo livro.

[269] No romance a poesia é totalmente arte, no ditirambo ela é, tanto quanto possível, ciência.

[270] O romance sempre surgiu de e quis retornar a uma vida nobre, religiosa e formada esteticamente. Desse modo, ele retorna a si mesmo.

[271] Os romances ingleses são um sistema em si, os romances franceses e os alemães apenas formam um todo.

[272] A sorte é mesmo uma obra da arte de viver. Há, no entendimento italiano, a ideia de que se possa fazer a sorte.

[273] <*Arbítrio e beleza, formação e amor.*>⁶²

[274] A moral se fundamenta na diferença entre o *ethos* e a lógica, na unidade da filosofia. *Nobreza, honra, costumes* são conceitos centrais da moral, assim como a virtude e a coragem. Os conceitos secundários da honra são a *grandeza* e a *conveniência* (fineza).

[275] É ao redor das ideias de *sorte* e *esperteza* que se movem todas as histórias de Boccaccio. Alegrar-se de sua própria esperteza é bem estético; isso fundamenta até mesmo o mais vulgar blefe italiano. O verdadeiro furor da vingança tem relação com esse blefe. Só é capaz de sentir isso quem já sofreu, e quem possui aquela ideia da esperteza egoísta. O que o espanhol faz ao se sentir ofendido não é vingança, mas cólera e raiva.

---

61 *Cortes de amor*, em italiano no original: instituição ligada ao amor cortês onde se pressupunha o julgamento de casos de amor.
62 Itálicos de Friedrich Schlegel.

[276] Será que o *Lucinde* não poderia prosseguir até o infinito como o *Fausto*?

[277] Em *Petrarca* é muito admirável a objetividade, o *crescendo*. É digno de nota a separação entre o fantástico e o sentimental nas canções e sonetos. A unidade é bela. Laura é tudo para ele, a Madona no céu e a Roma na terra.

[278] No *Amor e Psique* [mostrar como], por meio de amor, é possível se transformar em tudo, tornando-se uno com o mundo e com o Omnipotente.

[279] Todo o Platão para o *Lucinde*, assim como *O rapto de Lucrécia*.[63] Todo o Espinosa para o *Fausto*. Fazer uma *diaskeuase* dessas obras.

[280] É na mulher que o homem encontra, pela primeira vez, a beleza do mundo. A mulher encontra a infinitude do ser humano nos homens.

[281] Todo romance é mais ou menos um escrito religioso.

[282] *Lucinde* jogou cartas com todo o seu espírito, até que adormeceu na mesa de jogo, acordando de repente. Um hálito fresco de juventude e a auréola da infância se espalharam por sobre toda a vida. <*Lucinde* => religião do amor para as mulheres>. A origem da poesia a partir do amor. A religião é o único princípio da fidelidade – fundar um reino do amor. A volúpia é um caos da natureza reduzido, potenciado e absoluto. Paixão é caos de mundos. Sociedade, um universo de caos, ambos de um modo dualista e chistoso. Volúpia e amor, um

---

63 Peça de Shakespeare.

momento sem dualismo. Casamento e amizade, muita <vida> e dualismo. Casamento é harmonia de espíritos, da genialidade. Toda forma de vida é masculina e feminina. A volúpia é mais verdadeira. O amor é mais amigável. A feminilidade é mais para o casamento. A masculinidade é mais para a amizade. Será que não há como conceber o casamento sem crianças e parentes?

[283] <As festas são a obra de arte, a marca, a *epideixis* do sacerdote.>

[284] *Narciso* é o encontro da juventude eterna – a imagem de Deus.

[285] É estranho que os poetas temam o que é individual no amor, até mesmo na esfera do espiritual, e que sejam tão abstratos.

[286] Amar tudo de brincadeira é a essência da boa sociedade.

[287] A história sistemática é o princípio da verdadeira fidelidade.

[288] O amor é a arte do egoísmo. É apenas por meio do amor que o homem se torna um indivíduo.

[289] Os homens amam, nas crianças e nas mulheres, apenas o gênero. As mulheres atentam para o grau das *qualidades* de um homem.[64]

---

[64] "O homem ama na mulher apenas a espécie, a mulher ama no homem apenas o grau de suas qualidades naturais e de sua posição social, e ambos amam suas crianças apenas por serem o resultado de sua obra malfeita e sua propriedade." Schlegel, Friedrich. *Lucinde*. In: KA-V, p.33.

[290] I) A parte masculina do livro. II) A parte feminina. Distribuir primeiro por todo o livro.

[291] O verdadeiro ódio é a mais íntima essência da masculinidade.

[292] Contos de fadas para uma criança. Histórias para uma jovem.

[293] Todas as personagens na *Heloísa* estão ocupadas em fazer confissões. Essa é a verdadeira ação do livro.[65]

[294] Petrarca é o inventor – <mestre> – do amor, pois ele lhe deu a forma que ainda persiste.

[295] Deve-se preparar um romance por um longo tempo, mas escrevê-lo rapidamente. Os brotos se abrem com um olhar do sol da manhã.

[296] Amontoar um caos de substantivos sonoros do modo como faz Petrarca é um estilo muito romântico.

[297] O estado das coisas da natureza deve ser novamente inserido no mundo dos escritos.

[298] O verdadeiro objeto da fantasia é a vida, vida eterna – e, com isso, o *Éter da liberdade*.

---

65 Trata-se de *Júlia ou a nova Heloísa*, de Rousseau.

[VI]
Fragmentos sobre poesia e literatura
(1797-1803)

Ideias sobre poemas — III[1]

[1] Reclamas por humor juvenil | Enquanto ostentas o cabelo loiro, muito mais belo que o castanho | Os sagazes até dizem que a matéria é ruim, fraca, sofrível e outras coisas | O carvão está mais próximo da luz que o ácido etc.

[2] Com palavras adequadas quero anunciar como vejo o mundo a partir de meu silencioso sentido. Por amor à verdade a poesia já se inflamou etc.

[3] <Para Schleiermacher.> Ainda vive Píndaro? De cuja boca jorra com força e harmonia uma torrente plena — quando os heróis são coroados e festejam. — Ainda vive Píndaro? De cujos lábios sublimes flui a harmonia da fama tão suave quanto forte — quando os heróis são coroados e renovam a vitória. O jovem que cuidava dos cavalos não assistiu aos Jogos Olím-

---

1 Título original: *Ideen zu Gedichten*.

picos, como Píndaro. Não porque era seu amigo, mas porque assim se tornaria.

[4] *Canzone* sobre Wackenroder

Estrofe e antiestrofe [abbcaddcceffeghg]. Epodo [abcbacdeedd].

I) Visão – desejo de amizade – partir para aventuras – observações gerais. Na segunda parte demonstrar como a música consome a si mesma. O lado fatídico de sua primeira destruição. No primeiro epodo, um elogio da poesia. Mármore da invisibilidade. Uma exposição profética de seu mérito futuro, de sua essência interior.

[5] *Lucinde* é o alvorecer da poesia do mar do amor. O primeiro tom a partir de um motivo de amor profundo. Guido narra um conto de fadas sobre o significado da *poesia*. Em outro conto narra o significado do *amor*. Ambos são românticos absolutos. Guido é um músico. A morte como amor à vida. Malitta.[2] Um mar do desejo. Música. O poder de cura. Uma *poesia* sobre ele. A consagração do sacerdócio de um jovem. Uma erupção vulcânica. Talismã. Ilha. O ideal da família absoluta. A vida espiritual. Apenas suave. Uma fada terrena e uma celeste. A última vence. Hemrude.[3] A anciã deve narrar e depois se transformar em uma fada. Uma anedota sobre o sol e o homem pobre.

[6] A alegria pela plenitude dos amigos morre em um suspiro. O amor querido torna a vida bela e encantadora.

---

2 Conto de fadas hindu planejado, mas não realizado.
3 Hemrude seria o título de um romance que Schlegel não chegou a escrever.

[7] O *Paraíso*, um poema sobre o *anoitecer*.[4] Um caos de rimas italianas e espanholas.

[8] Um poema em *coplas de arte mayor*[5] sobre o sacramento. A Santa Ceia, o casamento, o batizado e a extrema-unção. Consagração.

[9] Ah, amigo! Como sinto falta de fazer gracejos contigo.

[10] Cara amiga, não posso te esquecer. Já faz tanto tempo que me separei de ti.

[11] Uma epístola sobre a liberdade interior e sobre minha arte – Outra sobre a métrica – sobre a polêmica – (As crianças da época – Os habitantes de Pompeia). *Para Baader*, por sua "admiração pelas estrelas" – Para Apolo, por não o fazermos com mais frequência – a ele, pelo fato de que guerreiros não fazem poemas. "Soneto sobre Palas" – Marte. "Baco". "Apolo" "como o sol" – Ideal – *Máxima* – *Humanidade*. | Sobre a revolução eterna. Talvez uma canção no modo ditirâmbico. Hierarquia da arte em tercinas – Estâncias didáticas sobre a linguagem. *Canzone* sobre a arte para *Maria* – Os *Artistas* em estâncias, mas de uma forma absoluta ditirâmbica – Algo arquitetônico sobre Jacob Böhme – O poeta, em tercinas elegíacas – Os *Antigos Deuses* em estâncias ditirâmbicas – Bacanálias – Panteão – *Suovetaurilia*[6] – Saturnálias. O retorno em *coplas de arte mayor*. A reconciliação em estâncias. A visão de mundo em tercinas ou elegias.

---

4 "Anoitecer", poema publicado em 1802. Cf. KA-V, p.177-191.
5 Estrofe espanhola de oito versos [*coplas*] hendecassílabos, dos séculos XIII e XIV.
6 Cerimônia religiosa romana.

[12] O *Poeta Arlequim, um drama*. *Ironia*: Arlequim, tu és um poeta e deves te alegrar / Não leves tão a sério, pois tudo na latrina vai parar. *Arlequim (como caçador)*: Ah, sim! Eu mesmo sei que a coisa é certa, após ler o Böhme me torno profeta. E como é belo o som que já se anuncia, e como é doce a fantasia que se transforma em disenteria. O ânimo vira um tropel, e logo tudo geme, vibra e se abala, e as flores abaixo perguntam, reclamam, mas não falam nada.

Pensamentos

[13] Será que as mulheres não escrevem mais facilmente de um modo oriental, hindu? Contemplar as mulheres como as plantas, isso na verdade é bem coisa de Sultão.

[14] A primeira parte é fantástica, a segunda é interessante – satírica, elegíaca, idílica; a terceira parte é sentimental.[7] A construção da obra deve ser mesmo de natureza vegetal, não apenas física. O todo deve também ser matemático. O espírito não é apenas uma construção algébrica. Um sopro de dissonância trágica e cômica no amor. O estranho mistério do sentimento e de seu prazer, em comparação com o caráter público do olho e do ouvido. A impossibilidade de alcançar o ideal deve ser expressa, assim como a máxima completude da natureza vegetal. Isso não é o que de mais sagrado existe. Sempre há algo mais sagrado, e tudo é sagrado.

[15] O romance lírico. O romance orgânico. O romance abstrato. O romance psicológico.

---

7 Schlegel se refere às primeiras partes do romance *Lucinde*.

[16] A poesia é a linguagem da religião e dos deuses. Essa é sua definição mais real.

[17] Romântica é a superfície da Terra.

[18] Muitos tentam de diversas formas criar uma boa sociedade, mas ela surge espontaneamente. O mesmo se dá com a educação das filhas.

[19] A sensualidade seria um princípio como a religião, se fosse libertada.

[20] Enquanto natureza vegetal absoluta, as mulheres são, elas mesmas, poesia. A poesia das crianças é bem diferente da poesia das mulheres. Enquanto processo químico, o mundo prepara todas as formas de amor. É necessária às mulheres a falta de consciência do animal, já que a singularidade no amor é apenas contingente, pois agora o centro da existência delas se relaciona ao amor.

[21] *Um torneio do chiste* – sobre a arte de amar – uma *festa terrena* – uma *mascarada* – uma festa olímpica – um bacanal de poesia poética – *Visões*[8] – *Lembranças* – *Fragmentos de cartas*. O caráter efêmero do amor é reconhecido, mas superado. Um espinosismo trágico e um cômico. *Na morte de Guido. No Talismã.*[9]

---

8 *Visões*, nome que Schlegel deu a uma série de planos de obras. De acordo com Hans Eichner, no princípio de 1798 Schlegel planejava escrever as *Visões filosóficas* para a revista *Athenäum*. Cf. KA-XXIII. Em 1799 o crítico escreveu a Caroline Böhmer, então casada com seu irmão August Wilhelm, afirmando que iria escrever uma parte que se oporia ao trecho de *Lucinde* denominado "Anos de aprendizado da masculinidade", a qual se chamaria *Visões*. Nenhuma dessas obras foi completada. Cf. Eichner, H. Notas. KA-XVI, p.572, nota 21.

9 Trechos da continuação do romance *Lucinde* que Schlegel não levou a cabo. Ver KA-V, p.LX.

[22] Na primeira parte a matéria e a forma masculinas, por isso seu caráter fragmentário. Na segunda parte, o feminino, por isso o caráter fluido. A ironia infantil e dialética de Juliane. Uma refinada psicologia no *Diálogo*.[10]

[23] Para Juliane, tons escuros apenas em episódios individuais. O tormento de Julius perpassando toda a segunda parte. Os tons mais claros.

[24] <Nota: Ideia dupla em *Lucinde* e na II.[11] *Filosofia* <*erótica*> *da vida* <de acordo com o romance moderno individual absoluto> – e *romance místico-erótico*. Apenas esse último é realizável.>

[25] Luta entre duas rosas (um conto de fadas para as jovens). Um belo monstro para os jovens. História da coruja para artistas.[12]

[26] Julius, luz, vida, poesia.[13] No *Baco* uma visão natural da humanidade. Em Julius, a vida e a poesia unificadas. Julius deve sempre espalhar fábulas. A sociabilidade da natureza. A humanidade da natureza.

[27] Dúvida se em *Lucinde* quem deve vencer é o entusiasmo ou a harmonia. <Síntese de *hinos* e *arabescos*, de ditirambos e *romanças*.>

---

10 Schlegel se refere à primeira parte da obra *Lucinde* e à segunda parte, não concretizada. Juliane é a protagonista da planejada segunda parte do romance. O trecho denominado *Diálogo* é também parte dessa continuação de *Lucinde*.
11 Segunda parte do romance que não foi concluída.
12 Trecho sublinhado por Schlegel.
13 *Julius* é o nome de uma obra planejada por Schlegel, e não o protagonista do romance *Lucinde*.

Fragmentos sobre poesia e literatura (1797-1803)

[28] *Lucinde* = elegíaco absoluto. *Lucinde* é lírica absoluta como o *Fausto* = dramático. *Heliodora* é épico. *Bergheim* é tudo isso.[14]

[29] A dignidade do *chiste* – Um desafio sobre isso, como em *Galateia*.

[30] Em *Lucinde* não é representado apenas um indivíduo, mas, tanto quanto possível, uma família. A poesia é a religião <comum> dessa família.

[31] Tão arabesca quanto a primeira parte, a segunda deve ser fabulosa – Chiste, poesia e amor. Mitologia negativa = chiste – bela família – escola do amor – união do chiste e da poesia – amor e chiste são para *Lucinde* o que a natureza e a arte são para os *Ditirambos*. Ao final eles todos viajam para conhecer mais pessoas cultas.[15]

[32] <Guido – saudades da Europa e do profundo – mar. | A observação de Antonio.>

[33] *Maria* como jovem divinamente bela – três cartas de acordo com a antiga ideia. I) Para a mulher antes que ela saiba. II) Para a falecida. III) Para os desconhecidos. Aqueles que foram separados. Antonio e Juliane são irmãos.

[34] *O chiste* deve ter três atos[16] – Primeiro a decisão de uma boa sociedade – depois disso, um drama pastoril – por último, uma destruição – Os poemas devem ter a roupagem pastoril – No pastoril alguns personagens e seus acompanhantes fazem

---

14 Nomes de obras não concretizadas por Schlegel.
15 Refere-se aos planos para a obra *Lucinde*.
16 *Der Scherz* [A brincadeira], peça que Schlegel intentava escrever.

confissões – cada um a partir de um ponto de vista diferente. A romança de Lorenzo[17] entretecida em uma trajetória leve e engraçada – *Cartas de aprendizado da masculinidade*[18] – Primeira noite – "Pensamentos noturnos em estrofes de seis versos" – Imitar o caos da primeira e da segunda partes. (*Noite de verão* descrito voluptuosamente em estâncias.) Os sataniscos também devem surgir novamente.[19] A forma do todo deve ser *pastoril* e *arabesca*.

[35] <Discurso sobre a originalidade.> *Sobre a santidade dos sentidos. Para Correggio. Canções de amor – Travessuras do sentimento –* No espírito de Guido – em *Lucinde*. | História feminina. Cartas de Florine e de Lorenzo. *Balada* no coro de Florine. Soneto da posição. As posições no sonho. Os chistosos para as "cartas de aprendizado". Uma savoyarda[20] que comece com assuntos chistosos e tolos de amor. Para uma romança, o *mercador engraçado*.

[36] Assim como só se pode amar pela própria vontade, também só se pode odiar por vontade. Toda pessoa necessita tanto da companhia do ódio como da do amor – como a guerra para as nações.

[37] Morte e volúpia: ambas são assuntos inesgotáveis para a poesia.

---

17 "Der Weinberg. Lorenzo", poema de Schlegel. In: KA-V, p.510.
18 Intertexto com *Os anos de aprendizado de Wilhelm Meister*, de Goethe, e com o trecho do romance *Lucinde*, de Schlegel, chamado "Anos de aprendizado da masculinidade".
19 Segundo Márcio Suzuki, *Satanisken* é a forma germanizada de *satanisci*. Cf. Suzuki, Márcio. Notas. In: Schlegel, Friedrich. *O dialeto dos fragmentos*. São Paulo: Iluminuras, 1997, p.202, nota 209.
20 Dialeto de algumas regiões da França e da Itália.

[38] O ofício de escrever um livro de amor só é possível quando alguém sente seu ser completamente preenchido de amor. Isso serve para a *canzone* no *Correggio*.

[39] *Baladas* das mulheres em *Lucinde*, cada uma expondo seu caráter. Símbolos – Alusões – Acenos – Ideias – *Epílogo aos artistas* – A história de <um> chiste dividida em três partes – *Visões* – A festa – O desenvolvimento. *A arte de amar*, uma conversa dos homens. <Em parte em *questions d'amour*, em parte como confidências de experientes aos inexperientes.> Um *poema romântico* no início de Lorenzo. O sentimento religioso subjetivo para *Lucinde*.

[40] (Ser uma mulher é uma perversão cíclica. Ser uma jovem é uma estranha situação.)

[41] *A concha* – As posições na *Noite de verão* etc. – UM sonho ao final – Trovões – amanhecer – rouxinol – tudo confuso – reversão – diagonal – *Passim*[21] – (lamento pela insatisfação) – Elegia burlesca em tercinas – Uma fantasia em versos entremesclados como coro trágico para Juliane – Lorenzo como parábase.

[42] Rosamunde, a flor. Blanka, o broto. Florine, o fruto – Florine vestida com roupas coloridas – Lucinde vestida de negro com flores e joias – "Uma *canzone* para a glorificação das flores e das plantas". <Ciclo de sonetos – soneto de flores.> Um *soneto* para as *questions d'amour*. Um poema sobre os poetas do amor. Clementina, a fé. *Amalie*, a esperança. Juliane, o amor.

[43] "Uma *canzone* sobre Cristo de um mártir e um artista". (Para o final da morte de Guido.)

---

21 "Em toda parte, aqui e acolá." Em latim no original.

[44] O fogo não deve ser apreciado apenas como símbolo da destruição, mas também ser entendido de uma forma suave e florida. É assim que pertence ao *Lucinde* — Será que a água também não deveria ser endeusada em *Lucinde*? Tudo o que nos reinos mineral e animal se assemelha às flores — Olhos — Pedras preciosas — Toda mulher deve novamente ter o significado de uma flor.

[45] Histórias levianas e cristãs de amor — Madalena. Gravidez — Raquel — João no deserto é bem lascivo.

[46] A linguagem artística do amor de hoje em dia é bem diferente das espanholas — Aproximação — Contato — Desentendimentos — Relações — A brincadeira — A vergonha — A saudade — A discussão.

[47] Ao final de *Aos artistas* — <as jovens> — ou os poetas. Algo profético sobre a pintura e a música, a saber, a música e a pintura futuras, que concebi no amor.

[48] <*Canzoni* para o elogio das sete mulheres alegóricas.[22] Apenas a própria Lucinde não deve ser ela mesma alegórica.>

[49] O máximo possível de sonetos e estâncias para *Lucinde*. Sonetos em *Madona*. *Um sonho* como "conto de fadas" em estâncias. <Talvez deva ser unificado com *A noite*> — A consagração no *Correggio* também deve ser em estâncias — A história de Lorenzo deve ser em tercinas burlescas.

---

22 Schlegel compôs apenas uma *canzone*: *Lob der Frauen* [Elogio às mulheres]. In: KA-V, p.162-164.

[50] A infância e a juventude estão distribuídas homogeneamente entre as mulheres por toda a vida.

[51] Sataniscos.

[52] O *Paraíso* em estâncias, como mistérios (também mistérios da infância) — (*Brincadeira e fidelidade* em estâncias)[23] — *Fantasias* (de acordo com a analogia da música e no estilo de Tieck, mas não de uma forma ditirâmbica). O espírito de Lorenzo para a segunda parte.

[53] O princípio centralizador em *Lucinde* é lírica absoluta, mas muito objetivo na matéria; na forma é bem romântico.

[54] Nos *Anos de aprendizado*,[24] a ironia deve ser mais trabalhada, assim como o dualismo entre a tendência à unidade e à diversidade no que concerne aos assuntos do amor. Amor e o ódio, e aquilo que é potenciado no amor, ainda não serão tratados em *Lucinde* do modo como deveriam ser. Será que a religião do amor não deve ser anunciada em *Lucinde*?

[55] "Um breve e alternado diálogo voluptuoso em pentâmetros iâmbicos com rimas sonoras entremescladas." — A diversidade dos ritmos contribuirá bastante para os arabescos. Conversas femininas levianas; quem é o melhor, a primeira vez | *Fidelidade e brincadeira* (de um modo platônico). Cartas de aprendizado da masculinidade. Sonetos sobre a representação da amizade se chamavam *insinuações*. *A antiga mitologia*. Uma

---

23 Trata-se do capítulo de *Lucinde*, "Fidelidade e brincadeira".
24 Schlegel se refere ao capítulo do romance *Lucinde*, "Os anos de aprendizado da masculinidade".

"busca" em vão por "Ceres. Endimião"²⁵– aplicado a Juliane e Guido – "Amor e Psique" como o momento da morte – também como o momento em que a estátua de Pigmaleão se levanta. Tudo alegórico, melancólico. Sobre a saudade na antiga mitologia. *Aretusa*.

[56] Talvez a sexualidade de *Lucinde* seja natureza *e* amor – mas a natureza está inteiramente subordinada.

[57] Quem compreende brincadeiras? Eles não entendem nem mesmo o chiste.

[58] II. *História de uma brincadeira*. Introdução – A carta de Juliane – além disso, uma história sobre crianças – Entardecer – Lorenzo e Florine – Para Maria – A morte de Guido – As pequenas cartas de *Lucinde* – Um pequeno conto de fadas de Lorenzo.

[59] <Toda breve juventude em flor ainda faz penitência.>

[60] *A sociedade*. Diálogo sobre a má sociedade – Os princípios fundamentais e os teoremas da ironia ou da arbitrariedade – O poema de Lorenzo sobre o tema – *Visões. Ideias. Considerações* – Os retratos – A beleza do homem – Doutrina da formação – Sobre a destinação da mulher (a dignidade da sacerdotisa) – *A festa. Ditirambos* sobre a música – *Lucinde* – dedicatória ao sol por último. Sonetos dedicados às mulheres – *Romanzo* sobre Maria. Mais um poema entremesclado – Criancices – Idílios – Visões.

---

25 Rei de Elis na mitologia grega.

[61] <Quatro *visões. Independência e amor.* <Monólogo.> Carta sobre a *feminilidade. A beleza do espírito e da vida* – <O monólogo sobre o homem>. *O evangelho da natureza ou a dignidade da sacerdotisa.* Idílio. Visão.>

[62] É nas mulheres que se centra a época atual, pois apenas entre elas é que se encontram caracteres interessantes; *cada uma delas tem uma forma diferente de desarmonia.* Mas isso é mais para o *Bergheim.* <Assim como tudo o que é *moral* sobre as mulheres, sobre o amor, o casamento, a educação etc.>

[63] Não é somente a beleza do objeto da saudade que brilha apenas por um instante, mas a própria saudade também. Com a satisfação desaparece a beleza do sentimento.

[64] A intuição intelectual da amizade para os *Sonetos*. O amanhecer como imagem da criação. O *Paraíso* não deve ser composto em estâncias, mas em prosa e em uma mistura de versos italianos e espanhóis de todo tipo. Um *Canto alternado* entre Rafael e *Rosamunde*.[26]

[65] <A *Arca de Noé* – Um poema cômico cristão.>

[66] <A lira deve ser utilizada principalmente em fantasias musicais.>

[67] <*Rosamunde* – uma leve melancolia.>

[68] Dúvida sobre a organização das quatro obras. *História de uma brincadeira. Ideias. Festa. Sociedade.* Epístola em tercinas com a mais refinada sátira absoluta sobre as mulheres.

---

26 "Canto alternado" é um poema de Schlegel. Cf. KA-V, p.196.

[69] O fantástico e o sentimental em *Lorenzo* e *Guido* é claramente separado.

[70] A religião do amor é uma religião socrática. As categorias da religião do amor. Entusiasmo (+) Harmonia (#) Religião (-) para as histórias. *Lucinde*. Uma ode sáfica à harmonia.

[71] A ironia é um *Menstruum universale*,[27] uma síntese de reflexão e fantasia de harmonia e entusiasmo. *Universalidade, originalidade, totalidade, individualidade*[28] são apenas nuances da ironia. A universalidade é o mínimo. <Nela se encontram os homens e as mulheres.>

[72] Toda *filosofia erótica* aqui.

[73] As mulheres são crianças, como é que elas poderiam de outra forma ter crianças?

[74] *A construção do Lucinde. O poema de Rafael sobre as flores* na pintura. Juliane, ao contrário, *sobre a música*. <Caos – Alegoria – Confissões – As crianças devem ser Guido.> Da ânsia e da ira surge o ódio. Volúpia doentia. Prazer e dor = indiferença; melancolia = indiferença.

[75] É necessário ser uma brincadeira para dividir a amante. De outro modo, a brincadeira tornar-se-ia séria e acabaria em ironia.

[76] Sidonie é aquela que deve ter mais sentido para a arte. Para Juliane a música é sagrada. (Todos) os fragmentos eróticos da sociedade. O gênero do *sonho*, ao invés de contos de

---

27 "Dissolução literária", em latim no original.
28 Itálicos de Schlegel.

fada inventados. Na *Festa*, muita coisa sobre a arte, a música, a pintura. Sidonie e Florine sobre dança e sobre teatro – Para a *Festa*. Mistérios da fantasia como poemas.

[77] <A ira e o ódio serão representados de um modo completamente diferente no *Fausto*, até mesmo a ânsia.>

[78] No fim das contas, a sociedade religiosa é a única que realmente suporta o ataque. *Lucinde* é um livro religioso. O caos na primeira parte é ironia da forma; na segunda parte, a ironia na matéria. O alegórico da obra consiste no fato de que as partes são iguais e que todo significado se transforma em coisa, e toda coisa em significado.

[79] A *Fantasia* é uma dissolução entre a construção e a reflexão. Ironia é entusiasmo indireto só representável de um modo sociável.

[80] A construção interior = o caráter absoluto vegetal infinitamente reduzido e infinitamente potenciado. Talvez o espírito como física absoluta transcendente. É bem visível que o caráter da atividade física é o magnetismo, a eletricidade e o galvanismo.

[81] Poemas torpes sobre a figura feminina.

[82] A obra é do *tipo inventivo*, por essa razão deve ser transformadora em si mesma, e também cultivar os homens. A doutrina do mais elevado belo pertence aqui, assim como a primeira revelação inconsciente da *unidade, diversidade e totalidade*.

[83] <Originalidade, Universalidade, Individualidade. Todas são talvez categorias da genialidade. Assim como a ironia, a energia, o entusiasmo e a harmonia.>

[84] *Fantasia* e *beleza* relacionam-se entre si como o *objetivo* e o *subjetivo*.

[85] A amizade das mulheres tem o objetivo de repartir a maternidade. Ela se fundamenta na *igualdade* do sentimento, e não na diferença simétrica, como a amizade entre os homens.

[86] Assim como deve parecer ridículo para o amigo da natureza sentir frio e fome — aquele que em toda parte vê a vida e o calor —, o homem que compreende também se sente ridículo em meio à sociedade dos homens.

[87] Amei o negro e o vermelho já desde criança.

[88] Lucinde e Julius se amam porque sempre se amaram.

[89] Toda obra nada mais é do que o *miasma*[29] da genialidade de hoje em dia na forma mais forte e pura. <As confissões de Lucinde devem conter a realização dessa ideia. O homem não podia se modificar e também não desejava isso.>

[90] Julius, mais ativo ao final dos *Anos de aprendizado da masculinidade*,[30] ou apenas para contagiar os outros jovens que ardem de modo similar, para colocar óleo no fogo.[31]

[91] A caracterização dos homens mais elevados deve passar agora do mais profundo desespero para a clara força e a perfeição.

[92] A ânsia das mulheres visa à *consciência*. Música — Poesia?

---

29 *Miasma*, em grego no original: "poder contagiante".
30 Referido trecho de *Lucinde*.
31 *Öl ins Feuer zu giessen*. Literalmente: "colocar lenha na fogueira".

[93] <Não é preciso ser nada singular nas ações, mas apenas no pensamento e no sentimento – assim como o ser humano não pode ter uma aritmética própria, ele também não pode possuir uma política própria.>

[94] A feminilidade em *Lucinde* totalmente como flor e flama. A natureza vista como obra de arte ou como volúpia chistosa – Morte – Dor – Sentimento – Paixão inteiramente musical. A volúpia não apenas vegetal, mas transcendental. Visão revolucionária do amor e visão platônica da divindade como o belo mais elevado.

[95] (*A tendência do Fedro de Platão* é mesmo a clareza de espírito e a ausência de clareza de espírito, unificar ambas na mais elevada potência.)

[96] <Nota: *Festa* – Simpósio de toda a segunda parte. Elegíaco e ao mesmo tempo um simpósio sobre a *beleza*, mas apenas físico, e não artístico, com muitas histórias. Porém não criado a partir de fragmentos, mas de uma rapsódia fluida que seja ao mesmo tempo um *simpósio*, um *idílio* e uma *elegia*.>

[97] Deve haver mais uma Madona, assim como mais um Cristo.

[98] Uma adoração da noite em forma alegórica – *O amanhecer* – Sobre a morte – *O amor da morte* é essencial para o todo.

[99] *Questions d'amour.* Florine e Lorenzo devem colocar as questões, ou Julius e Lucinde. É melhor ter uma mulher inteligente ou uma limitada? É melhor amar uma jovem ou uma mulher? O primeiro amor é melhor que o segundo? É mais possível que uma mulher ame dois amigos, ou que um homem ame duas amigas? Tudo deve ser como uma festa chistosa e divertida. Todas as confissões no diálogo preparatório.

[100] Poemas sobre pintura talvez nos *Sonetos* para a Madona. Talvez também como musa da pintura. Andante. Adágio. Em relação com os poemas. <De um modo paródico.>

[101] Maria significa a noite e Lucinde a luz.

[102] Na maioria dos casos glorifica-se as mulheres apenas com o vinho e as crianças ao mesmo tempo. Mas antes disso deve-se glorificá-las com flores.

[103] <Poesias mescladas> Conversa voluptuosa em uma *corrente de versos*[32]— *O valor da vida — A essência da amizade — Diotima — Carta sobre a filosofia —* Também aquele amor que abarca toda a humanidade — Moral da humanidade — da beleza — do sentimento e de tudo que pertence a ele — *A arte do amor* — Adágio — Fantasia — Burlesco — Soneto sobre [...].[33] *Sottogamben — Noite de verão* — talvez como sonho, assim os trechos se deixam pensar de um modo muito mais belo — *Visões* — Simpósio de confissões — A *Festa* totalmente idílica no estilo.

[104] Lorenzo significa a plenitude da vida. Guido, a plenitude da morte — Lorenzo é genialidade. Rafael é o entusiasmo.

[105] *Conversa sobre o amor*, séria e sem paródia. A natureza em *Lucinde* inteiramente musical e pitoresca, com o caráter vegetal e florido, também completamente caótica e chistosa. — Toda a natureza como uma alegoria [em *Lucinde*] — por isso ela parece

---

32 "Corrente de versos", modo de compor poemas de Schlegel; ver KA-V, p.188.

33 Segundo a transcrição dos manuscritos, falta uma palavra nessa frase.

tão romântica – na intuição. Breve poema romântico como início do todo (preferivelmente de Lorenzo).

[106] Para as histórias cristãs levianas. *A senhora Potifar. Susana no banho.* Loth e sua filha. Apenas as histórias belas, não somente as chistosas.

[107] <A poesia mímica se relaciona com a obscenidade e com a morte.>

[108] *Idílio* e *alegoria* para a *Festa*.

[109] "Voluptuosas canções sobre os amigos da juventude." Pequena carta de Lucinde. As histórias da juventude de Lucinde. Memórias de Juliane (em romanças). Uma canção elevada.[34] Assim como os pequenos contos de fadas, também as anedotas como novelas em arabescos.

[110] O terceiro [elemento que se soma] à esperança e o amor é a fidelidade. O que chamamos de fé é esperança.

[111] Antonio deveria se chamar ciência, como Julius deveria se chamar arte e Rafael, religião.

[112] As *Visões* devem ser inteiramente um *simpósio* – também a arte do amor – grandes lamentos em tercinas – Elegias.

[113] História de um chiste – *Lucinde* – A história de Lorenzo e Florine – O lamento de Juliane – A morte de Guido – Para Maria – Introdução – Juliane – O poema – As cartinhas[35] – Lamentos – Lágrimas – Flores como títulos de poemas.

---

34 Nesse caso, Schlegel utilizou o termo *Lied* [canção], e não *canzone*.
35 No original, *Die Briefchen*.

[114] Diotima – Aspásia – Laís – Safo – São na verdade figuras alegóricas que podem também ser utilizadas – Sonetos sobre isso – O todo deve ser uma apologia da sensualidade – Um evangelho da harmonia – O paraíso ao final dos "Anos de aprendizado da masculinidade"[36]– Inserir expressamente aí o devir da poesia.

[115] A obra inteira é uma luta contínua pela representação do irrepresentável.

[116] As *Visões* – Um simpósio sobre a sociabilidade – Antonio lê um manuscrito repleto de ideias e considerações – Cada um narra suas histórias e confissões – Ao final, Lorenzo narra contos de fadas – Algumas canções levianas – Que toda ação do homem é apenas alegórica e que o mundo nada mais é do que uma alegoria do espírito.

[117] Paródia do estilo filosófico atual é muito vulgar para a "Reflexão"[37] – Mas talvez toda a sofística platônica.

[118] Um *Soneto para a Madona*,[38] em que o poeta ama apenas ela e nenhuma mortal. – Ele, na cruz terrena – ela, adorando e o consolando com seu olhar. – Ela, ao mesmo tempo mãe e amante, sem pecado. – Nota: Ela, como deusa da pintura, traz um arco-íris em sua cinta. – Os olhos dela – os cabelos – a testa – o rosto – a vestimenta (como Laura). Ela o castiga como Beatriz – seu arrependimento e sua melancolia. – Nota: em nome de um pintor, como em nome de Cristo.

---

36 Capítulo do romance *Lucinde*.
37 Capítulo do romance *Lucinde*.
38 Poema de Schlegel. Ver KA-V, p.215.

[119] <Uma canção ou romança sobre o fogo. Lira alcaica.[39] Gracejos da fantasia.>[40]

[120] Olhos – Fronte – Boca – Cabelo – Bochecha – O sentimento cristão da humildade – A devoção – A fidelidade – Sobre a criança.

[121] *O sonho das flores* – O ideal da família – Uma visão sobre isso – A futura situação do amor e das mulheres.

[122] *Niñerias, gracejos* em métrica espanhola, "poemas sobre crianças para sua mãe ou sobre o *niño*".[41] Um vilancete[42] burlesco sobre as palavras artísticas francesas sobre o amor – *perfide* – *bonne fortune* – *traite* – *maîtresse* – *coquette*.[43] Mais poesia poética. Talvez um poema sobre os livros de amor. *Mistérios da música* em estâncias entusiasmadas ou em canção. Aqui a poesia como música e adorno de flores. A canção como o coro de Guarini. Uma canção como poema de louvor ao final dos *Anos de aprendizado*.

[123] Epístola irônica satírica absoluta sobre Lorenzo.

[124] Para a forma sociável em *Lucinde* a amizade socrática é a única apropriada – a pastoril não – *Dignidade da vida* – Melhor que beleza do homem.

---

39 Referente a Alceu de Mitilene, em grego *Alkâios*, poeta lírico da cidade de Lesbos por volta de 630 a.C., e suas canções patrióticas.
40 Capítulo de *Lucinde*.
41 Em espanhol no original, *niñerias* [criancices] e *niño* [menino].
42 Vilancete ou *villancico*, forma poética da Península Ibérica, muito utilizada por Luís de Camões (1524-1580).
43 Em francês no original: *perfide* [desleal, pérfido]; *bonne fortune* [boa sorte]; *maîtresse* [a senhora, a soberana]; *coquette* [coquete].

[125] Conversa sobre a amizade – <Entre Lorenzo e Julius>[44] – O primeiro busca por meio da ironia – O outro na hierarquia enquanto hierarquia da hierarquia – hierarquia é sociedade do futuro. – Para se manter, a hierarquia deve também ter um efeito material, de modo que aqui é necessário unificar a amizade socrática e a heroica.

[126] *Lucinde, uma ode sáfica dedicada a Safo*[45] – Evangelho da natureza – da vida – Três grandes romances – Do próprio Sebastian para a caracterização – De Maria – De todos os artistas para o final do desenvolvimento, que consiste no fato de que *tudo se inflama*.

[127] Será que nos veremos novamente? Se realmente nos vimos, com certeza!

[128] Só é humano aquele que consegue se alçar por sobre toda a humanidade, isto é, que sabe julgar a Terra e a vida do ponto de vista do sol e da morte.

[129] O sistema de confissões para o *Bergheim*, e não para *Lucinde*. O espírito do *Lucinde* é revolucionário, mas não sua letra. *Lucinde* é aparentemente transcendental absoluto e busca a objetividade absoluta. Em Lucinde, uma visão secundária do amor. Visão do amor e do sol para uma grande *romança*. A elegia a Guido, ou ainda mais terrível, *sozinho*. Ao final da *Festa* uma ode sáfica de Lucinde dedicada ao anoitecer. Para a beleza

---

44 Ver *Vom Wesen der Freundschaft* [Da essência da amizade]. In: KA-V, p.85.
45 Poetisa grega do século VII a.C. Itálico de Schlegel.

do homem, apenas a autoinflamação como ponto de partida. Guido prefere morrer em vida do que viver morto como Julius. Sorrir como chorar.

[130] *Epístola* cheia de ódio contra uma mulher. A dor como elegia para a *Conversa sobre a amizade*. | Na *Visão*, a natureza como uma tola espirituosa. Quem visse a *natureza* tão despreocupada iria rir bem alto.

[131] *Para o panegírico*. A má sociedade é a melhor porque nela há pouco amor e muito do grande mundo. O grande mundo é apenas o corpo da boa sociedade, que sempre é melhor e mais sagrada que muitas igrejas.

[132] As mulheres são tão fáceis de se conhecer, como os artistas que já completaram sua obra. É necessário apenas conhecer a quem elas amam ou amaram; seu amor é seu caráter.

[133] Construção da segunda parte do *Lucinde*. *História de uma brincadeira*. (A morte de Guido). A carta de Juliane. A pequena carta de Lucinde. Para Maria. Um conto de fadas sobre Lorenzo. *A sociedade*. *Visões*. Evangelho da natureza. Dignidade da vida.[46]

[134] As cartas devem ser também poéticas – o desenvolvimento – Lágrimas – As histórias de Juliane – A elegia.

[135] *Poesias românticas*. A *concha*. O *talismã*. A *arte do amor*. Sataniscos como uma sinfonia de [...].[47]

---

46 Partes da referida continuação do romance *Lucinde*.
47 Falta uma palavra no trecho, segundo a transcrição de Hans Eichner.

<Comentários>

[136] O artista vê tudo se desnudando.

[137] Sem uma mulher, o homem se torna um monge ou um libertino, ou, quando é versátil, ele alterna entre ambas as condições.

[138] A ausência de mescla é o que mais se sobressai nos seres humanos, de acordo com a intuição pura e imediata. O que é mais puro e mais divino é corrompido por meio de uma rude ironia.

[139] <*Heloise – Cecília – Madalena* – Como ideias artísticas eróticas do cristianismo. Laura – Beatriz.>

[140] Ideia de uma terceira parte.[48] Nela também um simpósio. Um lírico voluptuoso. Um juiz idealizado, por causa do subjetivo absoluto e do combinatório absoluto.

[141] Só com os amigos mais elevados é que se deve discutir. Pode-se, no entanto, tentar fazer o mesmo com outros. Isso é um experimento filosófico.

[142] A essência da sociedade é *música* e *hierarquia*.

[143] A religião no *Lucinde* como o fogo, a poesia como a florescência – A filosofia totalmente dissolvida no amor. – *Lucinde* deve ser incompleto de ponta a ponta – O efeito autodestrutivo da obra.

[144] Florine = Ranúnculo.[49]

---

48 Do romance *Lucinde*.
49 Tipo de flor da família *Ranunculaceae*.

[145] Assim como o amor é o núcleo da família, a amizade é o núcleo da escola; o que esses são para a arte, a ordem é para a vida.

[146] A masculinidade das mulheres consiste apenas no sentido para a natureza.

[147] *Mulheres.* Elas sempre conversam como se um homem devesse ouvir, até mesmo quando conversam consigo mesmas. Elas se admiram da indiferença deles em relação ao mundo.

[148] Até mesmo o que é *singular no tom das crianças* deve ser construído, e esse é o fundamento de tudo o que é singular no tom das *mulheres, dos jovens, dos artistas, do gênio*, assim como o princípio da inocência. Talvez o irracionalismo absoluto desse princípio.

[149] *Crianças.* Elas imitam os adultos, mas também não imitam. São humanos, mas também não são. Seriedade na brincadeira e brincadeira com o que é sério. Elas são expansivas, mas também não o são.

[150] A morte é o primeiro e o último ensaio em seu gênero, assim como a entrega para as mulheres.

[151] Da mesma forma que as mulheres seguram o abraço de um modo mais forte que os homens, elas também seguram com mais força o abraço da vida, a juventude.

[152] A insaciabilidade das mulheres também pertence ao que é idealista, à qualidade do fogo.

[153] Rafael sobre o Éter – Sobre o arco-íris, após a elegia sobre Guido – Juliane sobre a noite – Julius contempla a natu-

reza como uma planta, como uma flor – Rafael como música – Não deveria o Éter predominar aqui sobre o fogo? – Ambos unificados na luz – Os hieróglifos talvez todos sobre a luz.

[154] A flor maravilhosa como conto de fadas significando o romance – Um conto sagrado com o significado da divindade e da religião – Sobre a beleza da morte – Na visão – aparecem *Laura*, *Beatriz* e *Fiammetta*. Um caos voluptuoso expresso em uma *sextina*.

[155] Cores e plantas como linguagem do espírito sagrado para o que é mais belo. – Quando acaba a brincadeira, a seriedade deve então se dissolver novamente em brincadeira, de modo que o todo se torne = 0.

[156] Todas as cores se dissolvem no verde em *Lucinde* – Verde e branco são feminino – Vermelho e preto são masculino.

[157] *Lucinde* é um poema *esotérico* – O método é completamente químico – Nos poemas, o método do idealismo separado por elementos.

[158] Consagração do primeiro dia – Lembrança – Uma elegia em tercinas, romanças ou estâncias grandes. O desenvolvimento, ou melhor, o *caos*, um drama de Guarini.

[159] Toda mulher interessante é outra fórmula para a dissonância geral da época, que é apenas uma *nuance* para a humanidade.

[160] <A imitação tradutora é uma potência da criação e da plasticidade do que é romântico, assim como uma propriedade indireta dele.>

[161] A antiga mitologia como investidura e simbolismo da moral.

[162] A *reconciliação* na conclusão das *Ideias*, as quais ainda precisam ser bem mais trabalhadas de acordo com esse espírito.

[163] Quem pode sonhar e sofrer pode também morrer.

[164] A forma verdadeira de *Lucinde* é o sonho. Mas o movimento do que é significativo e sugestivo no sonho perfeito é em parte musical e em parte chistoso. Nos *Ditirambos*, ao contrário, a embriaguez. Apenas a forma = fogo, planta, aurora. Formação do que é fixo na matéria.

[165] <Será que o espírito sagrado só significa mesmo a liberdade?>

[166] A volúpia é perfeita quando alcança a premonição da morte, assim como a morte quando se transforma em prazer. Só se morre uma vez, mas também só se ama uma vez, e esta experiência é um modelo para aquela. Quem consegue viver verdadeiramente esta experiência também conseguirá aquela.

[167] A filosofia deve se dissolver em chiste e música antes que consiga entrar aqui.

[168] <Bacanálias. Os antigos deuses. Panteão.>

[169] Todo poema esotérico tem um espírito e uma letra. O irracional pertence apenas à letra justamente para destruí-la, para mostrar que ela é apenas uma letra, assim como o que é caótico nos ditirambos. A oposição da mera dissolução — A mais arbitrária e exagerada artificialidade, ou a ausência de arti-

ficialidade. <Os polos estão invertidos, o ditirâmbico morreu, isso é artificialidade.>

[170] Assim como na expectativa, na ânsia e na curiosidade tudo se fundamenta no amor, na morte tudo se fundamenta no temor.

[171] Como Goethe está equivocado quando, por exemplo, quer viver artisticamente e falar sempre das oposições, sem, no entanto, compreender nada sobre a morte.

[172] <No jardim de rosas hindu, um príncipe lamenta a morte da amante, enquanto deixa que mulheres persas e hindus lhe narrem histórias. Outro príncipe – talvez em oposição – que ainda não conhece o amor.>

[173] *Canções* sobre Lucinde, em que ela será comparada com Beatriz, Laura e Fiammetta.

[174] Romanças sobre Santa Catarina. O essencial no amor cristão é a fantasia, a sensualidade fantástica como a animalidade absoluta dos antigos.

[175] Toda seriedade do *phallus*, toda brincadeira do *yoni*.[50] Para as mulheres e os homens, vice-versa.

[176] Do mesmo modo que para as mulheres no amor tudo é brincadeira antes que elas se entreguem, com as jovens – enquanto elas ainda forem jovens –, em relação à vida, se dá o mesmo.

---

50 *Phallus*, do latim, órgão genital masculino. *Yoni*, em sânscrito, significa "passagem secreta", "fonte de vida", "templo sagrado", "órgão sexual feminino".

[177] *Tratamento*. Com a amante: sem conflito, completamente uno e sempre renovado na vida. Com os amigos: sempre em conflito, o mais semelhante possível na vida. Deve-se procurar encantar a criança por meio da mais elevada individualidade; na verdade, alternando entre aquelas duas formas de ser. – De acordo com essa mesma visão deve-se também construir o tratamento com uma nação, família, época e com a divindade. Conversas com Deus. Com os melhores amigos deve-se relacionar do mesmo modo que com a divindade. Com a amante e com os melhores amigos também devemos nos relacionar como com estranhos, pois eles permanecerão eternamente estranhos para nós. Precisamos e devemos partir desses pressupostos.

[178] *Romanzos* sobre Sebastian. Visões da natureza como absoluto vegetal e absoluto animal. – Paraíso e sol em *Maria*. – Saudades da humanidade passada. – *A beleza da morte* e *A arte do amor* para a introdução da segunda parte. – *Noite de verão* ainda para a primeira parte. – Nos *Anos de aprendizado*, a história interior da religião. – A *Festa* e a *Sociedade* em um.

[179] Muitas vezes pode acontecer de aqueles que se amam não se encontrarem novamente; também pode acontecer de os que aqui não se viram (visivelmente) se reencontrarem.

[180] Para a *Festa*, ainda três histórias sobre a noite. Juliane. Sextinas. Endecas.[51] Rafael e a Lira. Julius e o português. Julius começa com plena saudade. Floridas *canzoni*. Flores e estrelas juntas. A primavera celeste. O arco-íris. Rafael. A volúpia do alegórico dos *Anos de aprendizado* para a *Noite de verão*.

---

51 *Endecha*, canto fúnebre, variação da elegia.

[181] O *Messias* é também um drama.

[182] O fundamento do *Lucinde* é lírica absoluta + caos romântico. *Lucinde* = arabesco da natureza. *Lucinde*, um poema do nada. Então não deve haver nenhum tipo de mitologia no romance.

[183] Talvez mais uma obra em prosa como a Fiammetta, um drama como Guarini. Sonetos como epigramas.

[184] O centro de *Lucinde* não é o amor, mas a brincadeira da vida elevada <ou melhor, a alegria> – como a natureza entre os antigos deuses – todavia, ambas as coisas com ferocidade e chiste. Ali, a zombaria; aqui, a brincadeira.

[185] <Na primeira parte, amor e brincadeira – ponto de indiferença – variação.>

[186] *Fortunata* = um poema em estâncias – Glorificação das primeiras épocas. Tempestade na floresta.

[187] Entre todas as formas de canções para o *Lucinde*, preferivelmente as alcaicas e as sáficas,[52] pois são as mais apropriadas em razão do entusiasmo pela masculinidade e pela feminilidade.

[188] A obra inteira[53] é um exemplo para o conceito de *furor poeticus*.[54] Harmonia e fantasia são as categorias da obra. A ironia não tão explicitamente.

---

52 Poemas no estilo de Alceu e de Safo.
53 Schlegel parece se referir ao romance *Lucinde*, como em toda essa série de fragmentos.
54 "Inspiração poética", em latim no original.

[189] A poesia profética sobre a música.

[190] Ao invés de *Fidelidade e brincadeira*, a *Pequena carta* de Lucinde. A erótica de Platão para a *Lucinde*. (Guarnecido de poesia – do madrigal e dos *Gracejos da fantasia*.)[55]

[191] A sensualidade apenas se torna grandiosa e digna quando sua alma tem o entusiasmo da natureza, como em Guarini.

[192] Nota: A Madona como deusa da pintura. Igualmente Santa Cecília. | O mesmo para a própria Aurora – também a pintura e a música em geral – ou apenas uma Teogonia?

[193] Julius e Lucinde, um canto alternado em grande lira, cada estrofe diferente da outra, tantas rimas concatenadas quanto possível.

[194] "De onde eu sei que ela me ama? Porque ela já me amou, antes mesmo de me conhecer. Ela precisa me amar, porque foi destinada a isso pela natureza."

[195] Como todo poema, o todo deve ter uma forma religiosa determinada. *Vítima. Altar. Consagração.* Nota: *Oráculo, hieróglifos, mistérios.*

[196] <Nota: Toda poesia deveria ter uma determinada forma de consciência. Sobre uma *condição excepcional da consciência. Chiste.* (Romântico). *Embriaguez* (Clássico), ou *sonho* (Oriental).>

[197] As mulheres são apenas doentes no amor, e precisam sê-lo. Uma mulher completamente sadia já é por isso mesmo

---

55 Última parte do romance *Lucinde*.

ridícula e hetaira. No final das contas é necessário contemplar a natureza nas mulheres como elas observam a arte em nós.

[198] A cor do livro é simplesmente *clara*. É um livro de *luz*, por isso se chama *Lucinde*.

[199] Lendas eróticas cristãs de Heloísa e Abelardo.

[200] Será que o *anoitecer* não é um *idílio*? Sonetos monológicos. Autocontemplações místicas. Rafael bem individual.

[201] Solução de lírica, épica e drama. Heliodora = desconhecido. Ela como sacerdotisa da noite.

[202] A ideia de Madalena é uma intimidade infinita e apenas por isso a imoralidade.

[203] Glosar a segunda estrofe do poema de Philine sobre a noite.[56] Para a *Lucinde*, toda a arte como símbolo. *Para Maria*. Sobre seu regresso. <Todos os momentos de sua vida em um.> Onde Maria se encontra, há música. Para *A festa*, um poema sobre o amanhecer. Para a conclusão, um hino sobre a noite. Um poema em *coplas de arte mayor* sobre a eterna juventude. *Coplas de arte mayor* sobre a natureza. Alegre. Uma visão afetuosa da natureza. Sonetos do fogo. Uma grande *romança* sobre a natureza – como beleza – como alegria – como arte – e, finalmente, como amor. Ela mesma totalmente dissolvida no amor. Um poema – para o Sul. Florine, uma leve *canzone* em louvor das flores. *Romanças* sobre o sol – tempestade – terremoto – o mar – a queda d'água. Rafael, um poema sobre o

---

56 Schlegel se refera à personagem Philine do romance *Os anos de aprendizado de Wilhelm Meister*, de Goethe.

Éter, em que tudo é tornado etéreo. Talvez na *Festa* uma coroa de poemas de amor. *A festa* deve ser uma espécie de religião da natureza e missa.

[204] <Heloísa também muito voluptuosa e Madalena talvez em tercinas.>

[205] Cristo e Saturno em oposição, como os dois princípios da natureza para o poema natural em *coplas de arte mayor*. Poema profético ou didático sobre a *hierarquia* para as *Visões*. — Gabriel, Rafael — Miguel (como os triunfantes e militantes da Igreja).

[206] Romança sobre a *poesia*. Soneto a João Batista. Uma "lira sáfica completamente voluptuosa". As confissões de Lorenzo em estâncias. — As visões da natureza na *Festa* talvez no caráter e no simbolismo do amanhecer. As crianças devem portar *vinho* e *frutas*. *O jardim da inocência*. A verdadeira visão chistosa da natureza para os *Arabescos*.

[207] O *amor* não é simplesmente harmonia, mas harmonia em fermentação, como a *fé* e a fantasia em silêncio.

[208] Confissões da infância recobradas em forma poética. Quando ainda não havia nenhuma mulher.

[209] Tudo o que é individual em *Lucinde* deve *brilhar*, e o todo deve *arder*; essa é a forma do entusiasmo. Pertencem à alegoria os opostos — pessoas, arte etc. Florine significa novamente o florescer e Sebastian, o fogo.

[210] Alguns consideram uma ironia quando sabem quantas crianças Laura teve.

[211] A *linguagem do amor* em *Lucinde*.

[212] O sentimento pode ser tão racional e livre como o pensamento. Entre as mulheres, o caso mais frequente é esse.

[213] Será que é possível conhecer a feminilidade quando não se viu ainda o caso de uma jovem bela e madura? Elas experimentam apenas uma vez a desonra. Ao superar, se encontram totalmente para fora da Era dourada. Disso decorre a continuidade natural de todo sentimento, inclusive da volúpia. A ingênua eternidade de seu amor.

[214] As formas *telúrica*, *etérea* e *sidérea* correspondem talvez ao Empirismo – Idealismo – Catolicismo – Profético. A profética é a mais elevada daquelas qualidades, e *mais* do que a alegórica. <A forma religiosa do poema é *festiva* – (adorno – esplendor,) como entre os antigos. *Alegórica* como entre os modernos, *profética* como entre os orientais, ou mística. Isso está relacionado à forma da consciência e supostamente também à forma da natureza. Os antigos poetas não são frequentemente proféticos?

[215] A poesia dos orientais é completamente *mística*, totalmente *esotérica*, não representando de modo algum o senso comum. A *poesia moderna*, <*romântica*, *empírica*, *idealista*, *católica*. | A poesia grega, *materialista*, *realista*, *cética*, *épica*, *cosmogônica*, *trágica* e *cômica*. A poesia hindu é mística>.

[216] *Entusiástico* é melhor que *alegórico*. *Profético* é, ao mesmo tempo, entusiástico e alegórico, ou seja, o mais elevado. Talvez o materialismo, enquanto animal absoluto, e o *realismo*, enquanto tragédia, sejam *permitidos na poesia*. O ceticismo e o misticismo, ao contrário, não são necessários. O interior do poema talvez deva ser sidéreo e etéreo, mas o exterior deve ser

completamente *telúrico*; esse pelo menos é o caráter da poesia alemã. <A construção, os acontecimentos e os caracteres são *sidéreos*.>

[217] Entre as formas de consciência, a preferível é a *embriaguez*. – Enquanto retorno à consciência elementar.

[218] Formas da consciência da poesia – Formas da religião – Formas da natureza – Formas da arte – Formas econômicas. Formas musicais. Formas plásticas. Formas poéticas. Imitação. Individual e universal – Combinatório – Metamorfose – Paródia – Ironia – Satírico – Caótico – Paródico – Formas filosóficas – Formas linguísticas.

[219] As imagens na poesia devem ser econômicas ou astronômicas (físicas).

[220] Empirismo = história. Física. Poesia épica. Idealismo =cosmogônico, didático, lírico. Catolicismo = romântico.

[221] Assim como a filosofia está em conformidade com certo estado *artificial* e incomum da consciência, *de acordo* com o testemunho geral, a *poesia* também é um estado incomum de consciência e pressupõe um estado artificial. <Ao menos entre os antigos isso é, em toda parte, um pressuposto, mesmo que os modernos tenham preferência por permanecer no círculo da consciência vulgar.>

[222] A religião dos modernos é alegórica, está relacionada com o *chiste* do romântico.

[223] Será que a filosofia deve ser *profética*, mas a poesia não?

[224] *Lucinde* tem, em sua forma, uma semelhança com Friedrich Richter. (Nesse sentido é romântico), pois também é compreendido como um caos absoluto infinitamente reduzido e infinitamente potenciado, e como (filosofia + poesia), mas de um modo inconsciente, e ainda mais poético. Isso vai de encontro ao fato de que é um poema de louvor (ditirâmbico + didático) e *fantasia dramática*, como o anoitecer. Desse modo, o todo deve sofrer uma *diaskeuase*. Apenas na mitologia erótica dos gregos. O romântico na roupagem e nas imagens é falso, pois a obra é *Diotima* e *Carta sobre a filosofia* na mais alta potência, que surgiu da *moral e da física* (1798)[57] e, finalmente, na verdadeira *Carta a Doroteia*. O simpósio romântico é objetivo em si, mas não tem utilidade aqui, assim como a mística superior e aquilo que é fabuloso e arbitrário.

[225] <*Vênus* como *sol* e *harmonia* – ânsia também.>

[226] <O espírito de *Lucinde* – pura *alegria* e brincadeira – a *volúpia*, no sentido mais puro epicurista e idealista – Isso no hino a Vênus. – O todo, um absoluto infinitamente reduzido e infinitamente potenciado – tem mais semelhança com Calderone <e Guarini>. – Entre os *poemas* ainda não feitos, a maioria é *alegre e brincalhona* ou *suave e silenciosa*. Também há contos de fadas leves inventados (em versos de seis sílabas) – os últimos como conversas entre Amor e Psique.>

[227] <*Florine* ainda como um *simpósio romântico* em si.>

---

57 A datação é de Schlegel. O caderno com os fragmentos *sobre a moral e a física* não foi conservado.

Pensamentos

[228] Será que existe ainda um sentir artístico — como olhar e ouvir?

[229] A educação também é uma obra dos deuses — os sagrados *lares*. Cada família tem seu gênio, o qual nem os livros de educação nem conversas racionais são capazes de alterar. É ele que forma as crianças.

[230] Toda a vida é uma guerra; aí se encontra o espírito da imortalidade.

[231] <A *Arca de Noé* como a potência mais elevada da visão chistosa da natureza.>

[232] A matéria do romance, dois caracteres — como um todo — que é belo em si. — Ambos como o mais elevado belo. — Tudo o mais é consequência disso, e da forma dada do romance. — O caráter do herói — um homem inteiramente formado e determinado pelo entusiasmo do bem por pura natureza. A condição exterior é a mais favorável para o desenvolvimento desse caráter. Ele poderia ter a aparência da ingenuidade e da fúria — Confiança — Inconsciência — Pureza — Desenvoltura. E por meio de todas essas qualidades, toda perfeição sem ser antinatural. Essa ideia poderia ser tornada visível em um caráter juvenil, ou na transição entre a juventude e a maturidade por meio do amor, da amizade e do conhecimento do mundo; esse seria ao mesmo tempo o enredo do romance. Essa transição seria assim: a adoração da juventude, uma mescla suave de ὕβρις[58] [*hybris*],

---

[58] *Hybris*, em grego no original: o exagero, a presunção, a arrogância, o descomedimento.

queda, infelicidade, sofrimento, autoelevação, firmeza, igualdade, masculinidade. Em seu caráter, uma sensibilidade para a ira e a indignação, mas apenas por motivos morais. O caráter da *heroína*: entusiasmo, formação elevada sem, todavia, a destruição da feminilidade. Outro caráter feminino deve ter: fina e rica formação e feminilidade destruída. O tom: elevação, simplicidade, suavidade, florescência, leveza e alegria, sem exaltação.

[VII]
Fragmentos sobre poesia e literatura – II. E ideias sobre poemas[1]

Para o *Lucinde*

[1a] Aqui, tudo o que se relaciona ou pode ser apontado como *amor espiritual* na mitologia grega.

[1b] Na *Conversa sobre a poesia* três personagens são suficientes: uma mística e mitológica – uma sociável e irônica – uma formada artisticamente. Eckhardt. Walther. Werner.[2]

***

[1c] A essência da poesia consiste em μυθος, ηθος e παθος[3] e se encontra também em outros artistas. Por meio do μυθος [mito], a poesia também se torna infinita.

[2] Para o *Fausto*, a moral heroica e tanta música quanto possível. Os antigos deuses e mitologias da história, mistérios da

---

1 Título original: *Fragmente zur Poesie und Literatur. II. Und Ideen zu Gedichten.*
2 Apesar de citados, esses nomes não foram utilizados.
3 Mito, *ethos* e *pathos*, em grego no original.

formação em tercinas, sonetos e estâncias. Ditirambos que surgem do âmbito da poesia e irrompem na religião.

[3] As artes plásticas e a arquitetura divergem apenas segundo o grau.

[4] O *Messias* poderia ser ditirâmbico. No *Fausto* – Ésquilo e Aristófanes unificados.

[5] Os *Minnesänger*[4] são muito mais originais. Somam-se a eles as *Relíquias da poesia antiga*.[5] Esses são os verdadeiros precursores da poesia moderna. Os contos populares ainda tinham semelhança entre si.

[6] Jakob Böhme – *Cabala* – Lutero. Mohamed para *Os ditirambos*? A filosofia dos *Ditirambos*, um realismo violento. Talvez, além do realismo do tempo e do espaço, também aquele do espírito e da letra. Talvez o idealismo se torne absoluto apenas após esse realismo.

[7] O único que compreendia o céu era Mohamed.

[8] É na forma dos contos de fadas que as fantasias ditirâmbicas são a mais bela sensualidade.

[9] Até agora não há, com efeito, nenhum poeta clássico.

---

4 *Minnesänger*, trovadores ou poetas líricos alemães, os quais compunham e recitavam o *Minnesang* – poema de amor em homenagem a uma dama – nos séculos XII e XIII. Em razão de sua singularidade histórica, a tradução procurou manter a palavra *Minnesänger* no original em alemão.

5 *Reliques of Ancient English Poetry.* Thomas Percy (Org.). Londres, 1765.

[10] *Os ditirambos* devem brilhar em pura beleza. O todo deve ser um *Corão* da poesia. É exatamente nos *Ditirambos* que os mitos ovidianos[6] seriam trabalhados da forma mais bela. Além disso, a música do universo.

[11] *Hans Sachs* é talvez o *único trovador clássico*. Os *Minnesänger* ainda não se tornaram completamente obsoletos. A nobreza é essencial para a atividade dos trovadores. A canção de amor dos *Minnesänger* está repleta desses encantadores e infantis *corti d'amore*.

[12] Fábula para sintetizar com ditirambos, dando-lhes um significado mais elevado por meio da relação com a *zoolatria*.[7]

[13] Wieland não é nem mesmo passível de ser parodiado. Richter, Tieck e August Wilhelm são contemporâneos e clássicos. Não se pode dizer o mesmo dos filósofos. Talvez não possa haver nenhum escritor na Alemanha antes da fundação da religião.[8]

[14] A fábula alegórica e sistemática para o *Fausto*.

[15] Há também uma mímica pura, assim como a música instrumental: é a bufonaria.

[16] *Luz e Sombras* são o positivo e o negativo +/- da pintura, colorido do absoluto, perspectiva da dignidade, potência. No retrato há algo muito absoluto.

---

6 Relativos a Públio Ovídio Naso (43 a.C.-18 d.C.), poeta romano.
7 *Thierdienst*, adoração de animais, em alemão no original.
8 Schlegel narra em diversas cartas a Schleiermacher e a seu irmão August Wilhelm sua vontade de fundar uma religião. Sobre esse assunto, ver KA-XXIII.

[17] O *Meister* é filosofia do universo, remonta ao *ontos onta*[9] – Filosofia histórica.

[18] O homem é certamente um objeto muito elevado para a pintura; todavia, o mais elevado objeto é o homem enquanto planta.[10] A Madona com a criança. Uma planta com os frutos.

[19] Toda a visão estética da natureza para os *Ditirambos*. Para os exemplos, todos os poetas exuberantes.

[20] Platão e Aristóteles, o grande dualismo entre a eclética e a sincrética.

[21] A essência do sentimental consiste na reflexão poética sobre o dualismo moral. A essência do fantástico consiste na combinação e abstração potenciadas.

[22] Eterna juventude, cores frescas e um sentimento elevado são as qualidades de Cervantes.

[23] Ceticismo – em um sentimento violento – sobre o valor da vida = amor indireto.

[24] Cervantes na verdade foi se tornando cada vez mais jovem; ao menos era o mais jovem no meio de sua trajetória. Em Cervantes os pensamentos também rimam, isso é o essen-

---

9 A expressão *ta ontos onta* é utilizada por Platão para designar as formas morais e estéticas.
10 Schlegel também evoca essa figura em *Lucinde*, onde afirma: "Elas [as figuras dos homens nas pinturas de Julius] pareciam plantas animadas criadas com a figura divina do homem". Schlegel, Friedrich. *Lucinde*. In: KA-V, p.56.

cial. Em Cervantes há frequentemente um concerto de chiste, rima, sentimento e amor. A bela dignidade desse amor espanhol e dessa prosa romântica se encontra tanto nas ações quanto na universalidade que enobrece ambas as coisas. Por meio disso, as próprias coisas são transformadas em um suave reflexo, recebendo um toque sociável. Ademais, há também certo *esmero*, como aquele que nos trajes nobres e simples é adorado. Soma-se a isso a singularidade e o arbítrio.

[25] As canções de Lope pairam de um modo ainda mais terno que as de Cervantes. Frequentemente ele é mais selvagem, leve, colorido e profundo, mas é sempre mais rude.

[26] *Ifigênia* é o maior entre os poemas entremesclados de Goethe.

[27] O retrato é uma idolatria da individualidade do homem, como a paisagem é da natureza.

[28] O espírito sociável da poesia francesa é tão vulgar quanto a essência da natureza e da solidão entre os ingleses. Com a exceção de Goethe, o segundo período da poesia moderna é um pouco miserável em face da poesia mais antiga, que vai de Dante até Cervantes e Shakespeare.

[29] Tudo o que é determinado e determinante no estilo não é romântico.

[30] O que é realmente moderno na música atual respira também o espírito do tão propagado *sentimento de Deus*.

[31] Tendência entre os alemães em romantizar todas as mitologias nacionais.

[32] A beleza masculina não é apenas um absoluto animal, mas também um absoluto mineral; isso está expresso até mesmo nas antigas estátuas. Menos expresso está o absoluto vegetal das mulheres, mesmo nas pinturas.

[33] Nada do adorável cristão para as romanças. Nas *romanças* deve-se compor a música em poesia, e não o contrário. Epigramas deveriam caracterizar e acompanhar a época. As *romanças* em estâncias, tercinas e sonetos.

[34] Schiller aplicou a filosofia de Kant ao *Matthisson*.[11]

[35] Muita poesia para as *romanças*. Sonetos sobre peças individuais de Shakespeare. – Em todo ditirambo. – Idílio e sátira unificados. – *Natureza, arte, os antigos deuses* e *poesia* parecem ser os quatro grandes assuntos. – Os epigramas não devem ser polêmicos, mas apoteóticos.

[36] A mescla do mundo da cavalaria e da notável domesticidade em *Oberon* é talvez o melhor e o mais ousado em Wieland.[12] Suas histórias de cavalaria são uma mistura de falso Ariosto, Crébillon[13] e Gessner.[14]

[37] Os poemas líricos de Shakespeare são mesmo idílios clássicos.

---

11 Trata-se do ensaio de Friedrich Schiller, *Über Matthissons Gedichte* [Sobre os poemas de Matthisson], publicado no *Allgemeine Literatur-Zeitung* em setembro de 1794.
12 Poema épico publicado em 1780 por Christoph Martin Wieland (1733-1813).
13 Prosper Jolyot de Crébillon (1674-1762), poeta e tragediógrafo francês.
14 Salomon Gessner (1730-1788), poeta e pintor suíço.

[38] O principal nas elegias de Goethe é o antigo, não o que é sensual, alegórico e amado. Com a *Metamorfose das plantas* começa uma nova época.[15]

[39] Os poetas latinos da primeira época da poesia moderna foram para sua época o que as traduções da Antiguidade são agora.

[40] Pelo fato de ser e não ser um italiano, Boccaccio é tão abstrato como Petrarca.

[41] Todos os historiadores romanos são românticos, Lívio, Salústio etc.[16]

[42] A *Ifigênia* também surgiu e foi construída como o *Meister*.

[43] A arte desse século é na verdade a música.

[44] As pessoas não sabem nem mesmo contar. – Rafael, Correggio, Ticiano – isso não se constitui em uma oposição. Rafael e Correggio são uma oposição. – Ambos também se encontram totalmente sozinhos. – Em Dürer e Holbein talvez haja uma *disposição* maior do que em Rafael e Correggio.

[45] *Idílio, drama, romanças* são as artes plásticas, a mímica e a música da vida.

[46] Novelas são as que mais têm *estudos*. Será que se deveria fazer estudos também na poesia?[17]

---

15 Obra publicada em 1780 por Goethe.
16 Tito Lívio (59 a.C.-17 d.C.), autor da obra histórica *Ab urbe condita*, onde narra a história de Roma. Caio Salústio Crispo (86-34 a.C.), escritor e poeta latino.
17 Schlegel se refere à inserção de teorizações ou de trechos abstratos nas novelas.

[47] Tudo deve começar e terminar com religião.

[48] A poesia da época atual se fundamenta completamente na filosofia. Em razão da separação completa, a poesia alemã também se destruiu inteiramente em Goethe e mesmo em Fichte. A filosofia e a poesia antigas não se tocam de modo algum, mas ambas são religiosas. A moral também deve cessar completamente. Toda poesia e toda filosofia devem ser morais.

[49] As novelas épicas devem talvez começar com um absoluto *pôr* do narrar puro.[18] As sátiras, ao contrário, devem começar com a polêmica contra o tédio. A dicção deve ser *clássica, primitiva e universal*. Apenas a antiga. Pertence à moderna o estilo, o tom, o *colorido*. As figuras retóricas compõem o estilo.

[50] A poesia mais elevada é como a luz. A superfície orgânica da terra é a *romança* da terra.

[51] O centro ideal da poesia é pleno de amor e ideias. A poesia deve ser deduzida do amor e do *caos*.

[52] *A dignidade do chiste enquanto epos* – documento do homem e da formação – bem ao final. *Os antigos deuses* <e> *Às mulheres, épica.*[19]

[53] A alegoria da beleza não significa apenas a humanidade, mas a divindade. A natureza se tornou amor pela matéria, assim

---

18 *Mit einem absoluten Setzen*, em alemão no original. Em relação à utilização do verbo "pôr" [*setzen*], Schlegel toma por referência a filosofia de Fichte. Sobre a dialética do Eu na filosofia de Fichte, ver Fichte, Johann Gottlieb. *Comunicado claro como o sol ao grande público onde se mostra em que consiste propriamente a novíssima filosofia*. In: Fichte, J. G.; Schelling, F. *Escritos filosóficos*. São Paulo: Abril, 1973. Tradução de Rubens Rodrigues Torres Filho.
19 Nomes de obras.

como o universo objetivo se tornou a razão. <Sobre a humanidade e a formação. Somos um segredo para nós mesmos.>

[54] Infinitas formas de drama são possíveis, e certamente muitas formas de poesia lírica. O *en kai pan* do *epos* é divino.[20]

[55] A nova poesia é completamente profética.

[56] O ator deve ser um sacerdote, um servo ou um malabarista.

[57] A era dourada desde Augusto em uma linha progressiva. *Epos* é agora o predominante. Elegia e idílio como revelação do amor.

[58] Originalidade, universalidade e individualidade, talvez as categorias da poesia. — Melhor μυθος – ηθος – παθος.[21] <O romântico, o didático ou o entusiasmo. O clássico e o universal.>

[59] É significativo que as alegorias da poesia antiga abarquem tão frequentemente o âmbito da natureza, e entre os modernos com frequência o âmbito da arte. A *dicção* da poesia moderna é artística, a dos antigos é física. O mesmo se dá com a métrica e com a forma dos gêneros poéticos. Não se pode contemplar os gêneros poéticos dos antigos sem observar os modernos.

[60] Enquanto arte, a *história* é também parte da poesia aplicada.

[61] *Organon da poesia* – <levar até o limite com a mitologia>. *Fausto. Camila. Arabescos.*[22]

---

20 Mais tarde, Schlegel mudou de opinião, afirmando que o principal erro da poesia épica é que sempre se busca apenas um *en kai pan* épico. [Nota de Hans Eichner ao manuscrito].
21 Mito, *ethos* e *pathos*. Em grego no original.
22 Nomes de obras que Schlegel planejava concluir.

[62] A partir das formas clássicas surgem sempre novas formas, e as antigas se metamorfoseiam.

[63] Como a tolice, a burrice, a maldade, na verdade o *Dom Quixote* contém um caos de mitologias que são executadas em arabescos.

[64] As formas naturais atuais são: *confissões, descrições de viagens, contos populares, contos de fadas orientais. Coleções de cartas. Quadros familiares. Romances artísticos.*

[65] O estilo é mesmo apenas o arquitetônico da dicção. O tom ou a tendência, o plástico.

[66] A poesia romântica também deve ser mitológica; é nisso que reside ao mesmo tempo o que é cultivado e genial.

[67] O drama alemão é uma ação do Estado.

[68] Os *diálogos* socráticos são as formas românticas dos antigos.[23] *Memorabilien*,[24] simpósios, idílios, elegias, sátiras, orações, biografias plutarquianas, anais.

[69] O reflexivo em Petrarca e sua individualidade abstrata são clássicos para toda poesia didática. Enquanto tentativa de uma nova mitologia, a *Eneida* é didática.

[70] Goethe é apenas indiretamente romântico.

---

23 Comparar com o fragmento [26] do *Lyceum*: "Os romances são os diálogos socráticos de nossa época". Cf. Schlegel, Friedrich. *O dialeto dos fragmentos*. São Paulo: Iluminuras, 1997, p.23. Tradução de Márcio Suzuki.

24 "Curiosidades", em latim no original.

[71] Formas da poesia a partir de outros artistas – *retrato* – *paisagem* – *natureza morta* – *florais* – *fugas* – também da vida poética – *Jogos Olímpicos* – *mascaradas* – *saturnálias* – *bacanal* – *turnês* – *festas de colheitas* – *guerra* – *revolução*.

[72] As categorias do chiste – *Grotesco* – *Humor* – *Caricatura* – *Naive* – *Ironia* – *Urbanidade* – *Paródia* – *O Burlesco* – *Barroco* – *Bizarro*. <Todas essas categorias brincam com a fantasia e a matéria, algumas visam apenas à forma.>

[73] Um hálito de divindade paira por sobre toda a Antiguidade, ενθους²⁵ [entusiasmo] e classicismo são suas ideias.

[74] Bizarro é o poético selvagem ou tolo.

[75] Ovídio é mais fantástico; Horácio, mais sentimental.

[76] Princípio: A matéria da poesia deve ser universal.

[77] A tendência de um poema deve ser deixada ao acaso.

[78] Há bem poucos *estudos* em Cervantes e Shakespeare. Isso é algo completamente novo e principia com Goethe.²⁶

[79] Guarini é único enquanto tendência da mais elevada encenação.

[80] Os romanos tiveram apenas um breve surto de poesia, e ainda assim foi de uma tendência totalmente falsa. Virgílio é

---

25 "Entusiasmo", em grego no original.
26 Schlegel não se refere a "estudos sobre algo", mas a teorizações [estudos] dentro da obra, geralmente por efeito da ironia romântica.

uma falsa tendência de mitologia que ainda deve ser concretizada.

[81] *Guarini* é ainda o meio-termo entre Cervantes e Shakespeare. Romântico e dramático completamente fundido em uma coisa só.

[82] Os antigos como elegia, o futuro como idílio, a contemporaneidade como epigrama. <O moderno absoluto satírico como centro da autodestruição que cria a si mesma eternamente. Todos esses gêneros poéticos centrados em um *en kai pan.*>

[83] As categorias da genialidade são a individualidade, a originalidade e a universalidade.

[84] *Os antigos deuses*[27] inteiramente em hino.

[85] A poesia tem uma verdadeira antipatia contra a retórica, como parece.

[86] O *Oráculo* para a poesia entusiástica.

[87] O madrigal é o fragmento romântico em miniatura.

[88] A forma mais íntima do romance é matemática, retórica, musical. O potenciar progressivo, irracional, além das figuras retóricas. Nada é óbvio na música.

[89] A épica italiana em estâncias é predominantemente arabesca.

[90] A alma da poesia é o *entusiasmo* e a *harmonia* – e então o clássico. Tendência da poesia para a vida e o amor.

---

27 Nome de obra que Schlegel não chegou a concretizar.

[91] A ideia de harmonia na formação leva as naturezas ruins ao desleixo.

[92] O objeto da história é o clássico. A *poesia aplicada é história.* – A poesia mais elevada é história – mas a poesia em que predomina o fantástico não.

[93] O didático é talvez tão nacional entre os alemães como o romântico entre os espanhóis. <Mas também as mais antigas e gloriosas *romanças* são alemãs.>

[94] A *teoria da poesia* engloba os elementos – mistérios – ideias – tendências...

[95] *Böhme* é o único, além de Dante, que aceitou a cristandade *católica*.

[96] A antiga poesia alemã é a fonte originária da romântica.

[97] Catulo é o mais individual e romântico entre os poetas romanos. <Ao lado de Tibulo.>[28]

[98] Ésquilo para o *Fausto*.

[99] Os poemas de cavalaria até agora são todos apenas arabescos.

[100] <Visão da monarquia. *Canzone* [...][29] sobre Cristo. Adoração da Madona.>

[101] O potenciar e o que é análogo ao matemático são evidentemente apenas a genialidade e a forma da genialidade.

---

28 Álbio Tibulo (54-19 a.C.)
29 De acordo com Hans Eichner, há uma palavra ilegível no manuscrito.

[102] O romântico é para a poesia o que o absoluto é para a mística e o primitivo para a filosofia.

[103] Individualidade e universalidade são os agentes da poesia, seu dualismo original.

[104] Toda poesia é representativa; a isso também pertence a alegoria. A representação é talvez apenas o negativo da alegoria.

[105] A vida da poesia é a fantasia, a suscetibilidade. O sentimental é o que excita a fantasia.

[106] A *tendência* da poesia é alegórica, seu produto é clássico.

[107] O *amor* não é nada separado da harmonia e do entusiasmo.

[108] Ao lado da fantasia, o *sentimento* é também uma força poética.

[109] A poesia deduz como na *Destinação* de Fichte.[30] I) Quem quer filosofar com espírito e razão torna-se idealista. II) O subterrâneo do Idealismo leva à poesia. III) Disso resulta automaticamente o potenciar eterno e a moral.

[110] O caracterizar não é possível sem idealismo.

[111] A história é tão pouco provável sem a poesia quanto a física. Não se chega a um sistema do homem sem a poesia. Toda teologia é poesia.

---

30 Trata-se da obra de Johann Gottlieb Fichte, *Einige Vorlesungen über die Bestimmung des Gelehrten* [Algumas preleções sobre a destinação do douto], de 1794.

[112] A poesia tem dois ideais, em um predomina a *arte*, e em outro, o *chiste*.

[113] De acordo com o ponto de vista vulgar, a poesia é idealista, assim como para a história e a física. Para os filósofos ela é o centro do realismo.

[114] A dedução teológica da poesia seria de que o próprio Deus é um poeta.

[115] Para o místico a poesia só pode ser deduzida por meio do intermédio da mitologia – como suporte da cosmogonia – ou, de um modo *polêmico*, como polo oposto da ontologia – a partir de um retorno ao todo.

[116] Alegria e tristeza – Caracterizar as paixões é coisa da poesia, cultivá-las é coisa da filosofia. A caracterização é uma gramaticalização potenciada.

[117] O retrato[31] deve ser completamente astrológico – <a própria paisagem tem uma tendência a isso> – e música sem religião. O pintor deve pintar paisagens idealistas, e a humanidade de um modo idealista e sensual.

[118] A mímica é evidentemente uma arte *tradutora*.

[119] <Uma canção de guerra para os artistas alemães.>

[120] Tudo o que for cômico na mitologia alemã para o *Fausto*.

---

31 *Picture*, em inglês no original.

[121] Nos contos de fadas há uma tendência bem determinada para uma religião da sensualidade, mais leve e infantil do que os hinos; no espírito de Zend Avesta[32] e de Mohamed. Nos *Hinos*, toda a Antiguidade clássica — também poesia poética. — Hinos sobre a formação. Endeusamento da Antiguidade e da arte. Nenhuma mitologia nas *Visões e fantasias*. A mitologia hindu como pano de fundo dos contos de fadas.

[122] *Entendimento* e *arbítrio* devem ser caotizados na poesia exatamente porque são os agentes da filosofia. O chiste, todavia, é tão inseparável da fantasia e tem sua pátria inteira na poesia.[33]

[123] Talvez as *romanças* logo após os *Ditirambos* — <então> *Visões e fantasias*. Tratar aí sobre o início e o fim da história. Nos *Ditirambos* talvez todas essas histórias místicas preparadas.

[124] O que falta à poesia são exatamente os princípios. À filosofia falta um *organon*. A primeira deve se tornar ciência, a outra uma arte.

[125] *Teoria do romance — Hieróglifos da escultura — Orgias da música*. Tercinas ou visões para expressar a religião, para magia e mística — *Não* o Oriente, o Centro, o abismo[34] — mas a *terra, o sol, a vida, a luz*. Todos os sonetos [como] preces, ou seja, hinos.

---

32 Schlegel se refere ao *Avesta*, livro sagrado do zoroastrismo, religião fundada na Pérsia antiga pelo profeta Zaratustra (ou Zoroastro, para os gregos), que viveu no século II antes de Cristo.
33 "Chiste é o fenômeno, o relâmpago exterior da fantasia. Daí sua divindade e a semelhança da mística com o chiste." Schlegel, Friedrich. *O dialeto dos fragmentos*. São Paulo: Iluminuras, 1997, p.147, fragmento [26] de *Ideias*. Tradução de Márcio Suzuki.
34 ἄβυσσος [*abissus*], em grego no original. [Itálico de Friedrich Schlegel.]

[126] Toda *romança* deve ser algum indivíduo, original por si mesma – Em toda *romança* e drama – Deus e o demônio, o princípio do bem e do mal.

[127] O irracional "x" torna possível a existência de muitos dramas de um gênero, de um estilo e de um tom. São aproximações de uma tarefa infinita.

[128] A poesia tende mais para a Bíblia; a filosofia, para o jornal. A retórica[35] é a arte de fazer jornais e Bíblias.

[129] As *Confissões* não devem expor [*darstellen*] a individualidade de um indivíduo, mas a de uma família.

[130] O movimento da poesia lírica é especialmente idealista – a progressão por meio da tese, antítese e síntese – O cíclico – o potenciado. O negativo e o positivo são os mais visíveis na *elegia*. Na épica é bastante visível o absoluto vegetal – absoluto mineral – absoluto animal e absoluto elementar. Nos iambos o negativo tem uma direção determinada. A sátira é universal no negativo, ela se torna iâmbica em todas as direções. Epigramas e *gnome*[36] são positivos. A épica perdeu-se na didática entre os antigos; desse ponto em diante floresceu a lírica, o drama, e novamente a épica e a didática.

[131] Não será Aristófanes uma explosão centrífuga? Essa comédia não se deixa separar da tragédia. Ela é a potência da tragédia, o negativo, o não Eu do Eu.

---

35 Hans Eichner indica a dificuldade em discernir entre [ρ] e [φ], de modo que Schlegel pode estar se referindo tanto à retórica [ρ] como à filosofia [φ]. Cf. KA-XVI, p.575, nota 128.
36 *Gnome*, γνώμη, "sentença", em grego no original. Schlegel se refere à poesia gnômica.

[132] A lírica é apenas uma progressão; o drama, uma *construção*. Nos modernos arabescos predomina o colorido mineral. O absoluto irracionalismo é o verdadeiro diferenciador do romance.

[133] *A parábase e o coro* são necessários a todo *romance*. <Enquanto potência.>

[134] *Fausto inteiramente dramático.*

[135] O romance é decerto um absoluto sistemático. Um livro no mais elevado sentido.

[136] *Heliodora*, o romance grego. A fantasia sobre o início da humanidade em hindu. Sobre o fim da humanidade talvez em persa – todas as fantasias e visões do conteúdo. Nos contos de fada tudo em árabe – tudo de acordo com a religião árabe. – Cristianizar toda outra mitologia para a poesia. Nos romances a religião e a mitologia devem ser tratadas de um modo arabesco.

[137] O fundamento do sentimental é a religião, absoluto sentimental = absoluto elegíaco. O fundamento da fantasia, ao contrário, é a mitologia.

[138] A *geometria* está entrelaçada à essência mais íntima da poesia. O algébrico é uma tendência falsa do bárbaro. Em Tieck também se mostra um vazio dessa falsa tendência.

[139] É primeiro por meio da religião da mística que a mitologia deve ser deduzida.

[140] Todas as artes e ciências realistas são poesia. Isso certamente falta à poesia de Shakespeare e Cervantes mesmo nos princípios mais íntimos.

[141] Dramas sintetizados das sátiras de Sófocles e de Aristófanes; o conteúdo todo a partir da nova mitologia.

Para o romance
<Notas da preleção de 1799>

[142] O *Amadis* e outros romances espanhóis são para Ariosto o que as histórias e novelas são para Shakespeare, a lã para seu tecido. Enobrecer no *Persiles* a ideia daquele antigo romance espanhol por meio da síntese com os romances gregos. No que concerne aos pequenos conjuntos, o segundo *Dom Quixote* tem algo de rebuscado, de modo similar a *O licenciado Vidraça*.[37]

[143] O fundamento das novelas é a *anedota*. Tudo o mais é uma transformação tardia. A maioria das novelas é verdadeira.[38]

---

37 O *Amadis de Gaula* é um romance de cavalaria de Garci Rodríguez de Montalvo, de 1508. O *licenciado Vidraça* é uma das *Novelas exemplares* de Cervantes, que Schlegel já mencionara em sua caracterização sobre as obras de Giovanni Boccaccio.

38 Tratando do histórico na matéria do romance, em *Conversa sobre a poesia*, Schlegel afirma: "A poesia romântica, ao contrário, se assenta totalmente sobre fundamento histórico, muito mais do que se sabe ou acredita. Qualquer drama a que você assista, uma narrativa que você leia, se neles há uma intriga espirituosa, pode ter quase certeza de que no seu fundamento se encontra uma história verdadeira, ainda que por diversas vezes modificada. Boccaccio é quase todo histórias verdadeiras, assim como as outras fontes das quais provém toda invenção romântica". Schlegel, Friedrich. *Gespräch über die Poesie*. In: KA-II, p.334.

[144] A matéria e o espírito do romance devem ser sentimentais. A forma e a letra devem ser fantásticas.³⁹

[145] Qual é o princípio condutor da poesia? Não é a fantasia, pois ela é algo mais elevado.

[146] Há um caos romântico de antepassados, em que não existe nem o ascender nem o decair; tudo é homogêneo como um tapete, de modo que poderia progredir infinitamente em todas as direções. Assim é em *Amadis*, em Boiardo; é também o que fundamenta o Ariosto.

[147] As melhores sagas de heróis são do alemão antigo. As romanças espanholas já são uma mescla dessas com os contos de fadas e novelas.

[148] A razão não deve de modo algum surgir no âmbito da poesia de um modo puro, mas sempre com uma *epideixis* de algo sobre ou contra a razão. *Os contos de fadas* devem ser totalmente fantasia e alegoria; os *romanzos*, totalmente músical e sentimental.

[149] É muito estranho que a poesia italiana se dissolva totalmente na ideia de uma Idade de Ouro e na vida pastoril.

[150] A essência da narrativa oriental se encontra no fatalismo, o qual, todavia, surge como otimismo quando observado em detalhe. A narrativa também deve ser assim, desde que os homens sejam nela o *en kai pan* que se mostra na construção simétrica e musical, e não sejam utilizados meramente de um modo alegórico.

---

39 "Pois, segundo minha visão e meu modo de falar, romântico é precisamente o que nos expõe uma matéria sentimental numa forma fantástica." Schlegel, Friedrich. *Gespräch über die Poesie*. In: KA-II, p.333.

[151] Mitologia é poesia sem arte, e o centro de toda mitologia é a ideia de natureza.

[152] O fato de que Pulci, Boiardo, Ariosto e Tasso *recitavam* seus cantos é tão importante como o fato de que as obras de Shakespeare eram encenadas.

[153] *O heroico* é poético porque expressa o espírito da natureza. Por esse mesmo motivo a poesia pastoril também é poética. Também por isso a feminilidade e o endeusamento do espírito da natureza são poesia completa.

[154] Apenas seres geniais podem amar, pois apenas eles têm aptidão para a originalidade.

[155] Todo poema e todo romance devem ser um *esbanjamento festivo*, uma comédia aristofânica e um *jogo*, como na tragédia.

[156] <*Não há uma ideia* fundamentando os gêneros poéticos tardios como o idílio, o epigrama e o drama, ao contrário da épica, da didática e da elegia. O ponto de partida prático e histórico dos gêneros poéticos não deve ser confundido.>

[157] Prejulgamento – deduzir a plenitude da vida dos antigos escultores a partir da contemplação do nu. Isso era uma religião da vida!

[158] Todo gozo é um comer e copular. Há, todavia, outras formas de gozo além dessas, como o respirar e florescer vegetais. Tudo se deixa levar e tratar desse modo. A arte da volúpia consiste exatamente no fato de ser muito *mais* que uma arte, ou seja, o sentido para o infinito no que é vegetal e animal. <Verdadeira poesia da vida.>

[159] No *Meister*, de Goethe, apenas a forma é significativa; não há, todavia, nenhum significado poético real.

[160] Gnomos, silfos, salamandras e ninfas não devem ter um caráter moral, mas individualizar a humanidade de um modo clássico, de acordo com o caráter dos elementos.

[161] O fatalismo tem aparentemente um caráter diferente em cada gênero, nos contos de fadas, nas novelas, lendas e *romanças*. Todo conto de fadas deve ter um final feliz.

[162] O mais belo em *Ariosto* é que a plenitude sensual não surge como um conjunto pesado, mas como um jogo leve – não muito original. Cada canto é um conjunto para recitar, por isso é clássico. A poesia moderna é completamente destinada à recitação, como a poesia antiga era destinada à encenação, canto, rapsódia etc. Aí também se encontra o gérmen de seu caráter místico. *O invencível Alfonso*[40] em Ariosto até a aversão. Ele e Tasso apenas se distanciaram [...][41] da Idade de Ouro.

[163] A poesia natural do período romântico separada da poesia artificial. Dante e Petrarca desprezavam a *Fole de Romanzi*.[42] É muito estranho que todos tenham poetizado apenas essa obra, *en kai pan*. Guarini tem muito do espírito interior do amor.

[164] Ainda não existe uma verdadeira *romança*.

[165] Todos esses poetas possuem, além da arte, também uma construção chistosa. Isso é o maior e mais essencial traço que talvez os diferencia dos antigos. Talvez eles sejam *mais artificiais*

---

40 *O invencível Alfonso*, o duque de Ferrara. Ariosto prestava serviços ao duque desde 1518.
41 Falta uma palavra, de acordo com o manuscrito na transcrição de Hans Eichner.
42 "Histórias de amor", em italiano no original.

do que os antigos. Todos esses poetas se encontram no âmbito da representação do homem do romance:

Dante	1265-1321	Tasso	1544-1595
Petrarca	1304-1374	Guarini	1538-1612
Boccaccio	1313-1375	Cervantes	1547-1616
Ariosto	1474-1533	Shakespeare	1564-1616

[166] A reflexão ao final não é um motivo contra o caráter fantástico da *canzone*. É por essa mesma razão que aquilo que é visionário na *canzone* se aproxima do lírico. Será que a *canzone* é feminina e o soneto masculino?

[167] *Apenas vítima dos sentimentos*, em vez da antiga sensualidade. Por isso, toda *prece* deve ser um canto, poesia.

[168] Dante é a mitologia da religião católica. Ele mesmo poderia ter sido prontamente um papa.

[169] Conti[43] exagera ainda mais no endeusamento, se encontrando no meio entre Petrarca e os poetas do *cinquecento*. Tem uma inclinação quase espanhola para o excêntrico na forma. Um substituto que oscila entre o rude e o vulgar.

[170] *Nos contos de fadas* devem se encontrar alusões ao futuro.

[171] A literatura espanhola era, naquela época, um complemento da italiana, como hoje em dia a inglesa é da francesa.

[172] Em Cervantes há também muitas imagens externas, ruídos, brilho, música e comédias. Nesse ponto é quase como Gozzi, em que também há muita coisa leve e decorativa.

---

43 Giusto de' Conti (1390-1449), poeta e humanista italiano.

[173] Os *Baños de Argel*[44] são uma imitação de Lope de Rueda,[45] autor que escreveu obras pastoris. O drama espanhol surgiu a partir da poesia pastoril. Os autos são presumivelmente bem modernos. Celestina.[46] Selvageria.[47] Eufrosina[48] etc. Todo esse gênero floresceu especialmente entre os *portugueses*.

[174] É possível observar claramente como Cervantes considerava as novelas a partir da observação das *Entreméses*,[49] uma série de quadros que se alternavam de um modo bem espontâneo, para depois – como um raio – chegar à conclusão, quando então cessava a música e baixavam as cortinas.

[175] A formação e a razão predominam na segunda parte de *Dom Quixote*, assim como a paródia da formação, do diálogo racional, da história séria e da nobre sociedade.

[176] As *máscaras* são nacionais apenas em seu caráter exotérico; o esotérico nelas é universal.

---

44 *Los Baños de Argel*, comédia de Miguel de Cervantes, de 1615.
45 Lope de Rueda (1510-1566), ator, dramaturgo e compositor espanhol.
46 *La Celestina (Comedia de Calisto y Melibea)*, de Fernando de Rojas, publicada em 1499, mescla o drama e a novela.
47 *Comedia llamada Selvagia*, de Alonso de Villegas (1533-1603), publicada em 1554.
48 *Eufrosina*, de Jorge Ferreira de Vasconcelos (1515-1585), publicada em 1561.
49 *Entremés*, peça dramática jocosa de apenas um ato protagonizada por personagens de classes populares. Representada, sobretudo, no denominado Século de Ouro da poesia espanhola, isto é, final do século XVI e durante os séculos XVII e XVIII.

[177] Assim como nunca se chega a uma conclusão final sobre Cervantes e Shakespeare, Guarini também permanece eternamente novo ao sentimento.

[178] O drama de Lope faz parte da convenção dos cortesãos – *point d'honneur*,[50] o *en kai pan*. Um quadro de família do grande mundo; a princípio, não é melhor do que a tragédia francesa. No mais duro *old play* dos ingleses a *encenação* era tomada de um modo mais grandioso.

[179] Uma qualidade especial de Lope é a *apropriação*. Escola de Lope de Vega.

[180] As novelas de Cervantes são um contraponto às italianas, como *Dom Quixote* em relação aos romances de cavalaria.

[181] Guarini queria fazer um gênero completamente novo e uma síntese do antigo e do moderno. A forma básica de Guarini é o madrigal e uma festiva encenação de ocasião, musical e antiga. Por meio do encanto de *Aminta*[51] surgiu a grande síntese entre os dois âmbitos – *Pastor Fido*. – Alguns sonetos de Guarini têm algo do estilo no coro.

[182] Cervantes é para os *arabescos* o que Goethe é para o *estudo*.

[183] A épica romântica dos italianos – a qual permaneceu sempre como uma tendência – faz parte de uma série quase contínua entre o burlesco e a épica antiga, mas é compreendida sempre de uma forma mais séria, grandiosa ou mesmo pesada.

---

50 "Questão de honra", em francês no original.
51 *Aminta*, drama pastoril de Giovanni Battista Guarini (1538-1612) publicado em 1573.

[184] Em Shakespeare o *estudo* está mesclado no todo <em todas as obras>.

[185] A personagem principal da segunda parte do *Dom Quixote* é a primeira parte. É uma reflexão contínua da obra sobre si mesma. Talvez seja possível encontrar novelas que deveriam ser inseridas na segunda parte do *Dom Quixote*. As novelas da primeira parte são as mais ousadas, claras, escuras e belas.

[186] O fato de que o *romance* deseja dois centros indica que todo romance quer ser um livro absoluto, indica seu caráter místico. Isso empresta a ele um caráter mitológico. Por meio disso ele se torna uma *pessoa*.

<Para a poesia>

[187] Incontáveis dramas mitológicos para expressar renovadamente o espírito eterno. A religião é o objeto da elegia. Comédias sobre o que é comum e moderno em roupagem romântica, trabalhadas minuciosamente como Boccaccio, e com a elegância e a métrica das antigas comédias. Uma peça de teatro ao modo de *Hans Sachs* sobre toda a literatura alemã. Iambos morais para a *Revolução* e para a *Hierarquia da arte*.

[188] O espírito de toda a minha poesia parece ser a harmonia entre o antigo e o moderno.

[189] *Canzoni*[52] e sonetos aos antigos deuses, com a imponência clássica, de um modo completamente novo.

---

52 Forma plural de *canzone*, balada ou canção provençal e italiana, muito aproximada do madrigal.

[190] *Fantasias* abarcam *romanças*, arabescos e visões.

[191] Em *Hemsterhuis* há talvez algumas alusões ao realismo na poesia.[53] Platão para as ideias morais e Espinosa para a poesia, para reavivar a mitologia grega.

[192] O que – como a luz – se esquiva eternamente da representação na verdade apenas se deixa representar na *elegia*.

[193] *Mistérios e orgias* em estâncias e tercinas após os *Ditirambos*.

[194] "Ah, vire, vire os olhos, pois o fundo d'alma me queima."

[195] Há uma oposição tão absoluta entre a métrica antiga e a moderna como entre o cristianismo e a mitologia – ou entre a escultura e a pintura.

[196] Em toda composição romântica predomina o amor indireto.

[197] O primeiro fundamento de uma teoria da arte poética seria a dedução dela mesma, depois um *Ideal* – após isso, as máximas e o julgamento como forma de criação. A crítica não deve julgar uma obra de acordo com um ideal universal, mas buscar o Ideal *individual* de cada obra.

[198] *A dicção* dos antigos segue o modo da escultura, da arquitetura e também do baixo-relevo, das moedas etc. A dicção dos modernos é completamente pitoresca.

[199] *A cesura* é o ponto de viragem no verso, um dualismo interior.

---

53 François Hemsterhuis (1721-1790), filósofo holandês.

Friedrich Schlegel

[200] A antiga música sacra é atada como a tercina, a *canzone* e o soneto. A música atual é como a mais livre *romança*.

[201] É na música que o idealismo deveria se deixar expressar da forma mais perfeita. *Ela só precisa significar Deus.* Toda a música deve se tornar una.

[202] Estudar apenas as *Antiguidades*, além dos grandes mestres, deve ser um princípio fundamental da poesia moderna, mas não as degenerações.

[203] Por meio da potenciação, da paródia e da expansão, pode-se utilizar mesmo o pior drama de uma forma divina.

[204] *Milton* pertence mesmo ao tempo em que ficou famoso. Essa ocorrência é um fato da história da arte.

[205] Talvez não exista poesia mais falsa que o drama francês e o romance inglês. A épica italiana também é uma falsa tendência. Em todos esses casos há, todavia, uma *história*, há uma ideia, uma invenção, e muita coisa que pode ser feita a partir disso.

[206] Assim como o drama se deixa potenciar ao infinito, a *romança* visa ao meio-termo, o centro perfeito. O romance, ao contrário, desmancha-se completamente no que é amplo, popular.

[207] Escrever *confissões, arabescos* e o *romance de mulheres* é todo o mérito do denominado romance de nossa época.

[208] O antigo romance romântico não pode ser separado do drama, nem mesmo pelos cantos do livro.

[209] O poeta só deve poder fazer *um* poema épico, mas um número infinito de dramas. A lírica eventualmente no meio.

Uma forma realmente mediana, exatamente *para ele*, para *seu sentimento*; nessa forma ele deve fazer de preferência muitos poemas, os quais são apenas um.

[210] Apenas os episódios sobre a Itália devem ser considerados como poemas *líricos* ou morais de Petrarca.

[211] Apenas *quem já* é poeta pode fazer poemas líricos.

[212] Os modelos de Petrarca estão longe de ser tão importantes como aqueles de Cervantes e Shakespeare.

[213] *Gozzi* escreveu, na verdade, apenas um drama, assim como a maioria dos outros.

[214] Possibilidade, para mim, de criar, além da lírica, também dramas. Poemas épicos talvez para *Os antigos deuses* ou para *A história da humanidade*.

[215] A forma da lírica é original, do drama é individual, da épica é universal. Na épica todo o *pathos* deve se fundir em *ethos*. O que é *motivado* surge por meio da penetração do *ethos* e do *pathos* e tem relação com a individualidade. Épica = poesia objetiva. Lírica = subjetiva. Drama = objetiva-subjetiva.

[216] Será que não se deveria também *dramatizar* Dante e Petrarca?

[217] Sem *ethos* e *pathos* não existe o dramático nem a poesia romântica, mas ainda assim existe a poesia didática. Talvez a poesia romântica se divida novamente em *moral* e *mitológica*. Dante é o início da poesia romântica a partir do didático.

[218] Toda a poesia dos romanos e dos alexandrinos tem um tom didático. Os poucos poetas dramáticos dos modernos são

ao menos *virtuosos da poesia*.⁵⁴ Os eruditos didáticos e líricos de todas as nações não são nem poetas nem virtuosos.

[219] Iambos talvez sejam a forma da lírica para mim.

[220] Lope de Vega e Ben Johnson podem até ter sido os maiores virtuosos que já existiram na poesia. Em todas as obras não dramáticas Lope não parece ser original.

[221] O romance pode ser épico, lírico ou dramático. O drama é a arte dos virtuosos, gênio épico e lírico dos poetas. O drama é sistemático, assim como aqueles gêneros são didáticos e românticos.

[222] Há *mitologia indireta* em todos os gêneros. *Metamorfoses* no drama; o *romântico* do épico; o *didático* do lírico, bem como outras formas e expressões da mitologia.

[223] Nas primeiras histórias de Cervantes há o romântico de sua vida; a guerra em *Numancia* o amor em *Galateia*. Apenas um guerreiro assim poderia representar a guerra daquele modo. *Numancia* é mais tardia que os *Baños*.

[224] Por visarem mais ao efeito, a grande leviandade dos espanhóis se contrapõe à meticulosidade do drama inglês.

[225] A poesia épica e lírica deve escolher entre o romântico e o didático.

[226] O caos e a épica são mesmo a melhor explicação do romântico.

---

54 Itálico de Schlegel.

[227] Apenas se pode exigir do romance aquilo que seja a essência da poesia: o ingênuo, o grotesco, o fantástico e o sentimental.

[228] O modo como os nobres ainda tratavam da poesia na época de Cervantes é muito mais uma cópia da essência dos *troubadours* e dos *Minnesänger* do que os eruditos dos séculos XV e XVI dos italianos. Oposição entre os nobres espanhóis e os artistas italianos.

[229] O *Ricardo II*, de Shakespeare, tinha em vista o *Eduardo II*, de Marlowe.[55] Não sem gênio, mas sem nenhuma arte e estilo. É confuso, mas elegante e agradável na dicção. Shakespeare *fez a si mesmo em seu antigo estilo*; antes dele não havia nada assim. Apenas a diversidade dos antigos dramas lhe parecia ser vantajosa.

[230] Tendência dos franceses ao drama, como dos italianos à épica.

[231] Cervantes poderia ser facilmente o verdadeiro fundador do teatro espanhol. Há um dualismo tanto na história de sua poesia como nele mesmo. Ele se transformou, como Goethe, da natureza para a arte.

[232] O mímico está tão profundamente enraizado em Cervantes e Shakespeare como a canção em Goethe.

[233] O objetivo na progressão de Goethe resulta de sua elevação da prosa comum para a mais elevada poesia.

[234] No Oriente nada é de fato escrito, a não ser romances.

---

55 *Eduardo II* [A vida de Eduardo II da Inglaterra], de Christopher Marlowe (1564-1593).

[235] Apenas em sua segunda fase é que Shakespeare adquiriu a capacidade de se apropriar de nacionalidades estrangeiras e as representar.

[236] Entre os antigos ingleses, *Kyd* é muito simples, prolixo, tedioso; há um tipo de inferioridade e negligência como em Marlowe e também em Lyly.[56]

[237] Caráter do romance. I) Mescla do dramático, do épico e do lírico. II) Contraposição ao didático. III) Retorno à mitologia e mesmo à mitologia clássica.

[238] Não é possível distinguir, na poesia romântica, nada além da *tendência*. Essa visa ao *espírito*, e não à letra.

[239] *Guarini* é um poeta, mais que Tasso ou Ariosto.

[240] A *Tragédia espanhola* lembra o *Hamlet*, tem situações similares. Mas é apenas em seu segundo período que ele se desenvolve de acordo com tais mestres. No primeiro período ele deve ter escrito para alguma companhia teatral ambulante que viajava pelo país, de acordo com as circunstâncias daquela época. O antigo *Rei João* é sem dúvida de Shakespeare. *George a Greene* é inegavelmente de Shakespeare. O modo como é tratado o antigo inglês é completamente dele, como em *Oldcastle* e *Locrine*. *Cromwell* e *Prodigal* não são exatamente do primeiro estilo. *Gorboduc* é um livro escolar deplorável.[57]

---

56 Thomas Kyd (1558-1594), autor de *A tragédia espanhola*. John Lyly (1553-1606), autor de *Epheus ou a anatomia do espírito* (1579).

57 *George a Greene, the Pinner of Wakefield* (1599), comédia registrada por Cuthbert Burby em 1595, mas atribuída por Schlegel a Shakespeare.

[241] Cervantes segue um caminho próprio, sendo inteiramente natural e inteligível para os outros e para si; ele não possui companhia alguma.

[242] Entre os espanhóis, os elementos individuais do romântico; entre os alemães, toda a torrente em um brilho indivisível.

[243] Será que não deveria haver entre os *Minnesänger* alguns que fossem grandiosos?

[244] Flemming e Weckherlin fluíram de forma profunda e plena a partir da força de sua própria vida, do bíblico, da época, da nação, tanto mundial como espiritualmente.

[245] O juízo sobre uma obra de arte segundo um ideal só pode visar ao espírito moral dessa obra se ela não for caracteristicamente histórica; algo bem diferente é a *representação da impressão* ao modo de *Winckelmann*. — Esse faz uma homenagem estética absoluta.

[246] A *poesia descritiva* e os romances, tudo apenas arabescos inconscientes.[58]

[247] Toda poesia falsa se fundamenta na essência da literatura e tem relação com a atual palingênese da arte. A essência e a inessência literária sobre a poesia ao menos prepararam

---

Vida e morte do Rei João, peça de Shakespeare. *Sir John Oldcastle* (1600), *Locrine*, *Thomas Lord Cromwell* e *The London Prodigal* não são obras de Shakespeare, mas atribuídas a ele por Ludwig Tieck, August Wilhelm Schlegel e Friedrich Schlegel. *The Tragedy of Gorboduc*, de Thomas Norton e Thomas Sackville, de 1565.

58 *Descriptive poetry*, em inglês no original.

uma *teoria da arte poética*, a arte da tradução, além de diversos estudos.⁵⁹

[248] É necessário que se estude também os *poemas ruins*, de modo a aguçar e determinar a impressão.

[249] Boccaccio foi talvez o primeiro a inventar e compor a *estância*.

[250] A retórica é talvez um pouco mais elevada que as outras artes e idêntica à enciclopédia.

[251] Entramos em contato com os antigos por meio dos italianos.

[252] A poesia é o estado originário do homem e também o último. Toda a filosofia oriental é apenas poesia. A mais elevada moral se torna poesia. Apenas por meio da poesia pode o homem expandir sua existência para a existência da humanidade. Apenas na poesia é que se encontram todos os meios de cada homem. *O chiste é o retorno à poesia.*

[253] Na primeira época da poesia romântica predominava aparentemente a épica e a lírica; na segunda época, o drama e o arabesco.

[254] Arnauld Daniel como o mais elevado trovador em Dante; outros preferem Gerhard de Limoges. Não apenas nos *versi d'amore*, mas também na *prosa dei romanzi*.⁶⁰

---

59 A tradução buscou manter a musicalidade do jogo de palavras do original: *Das Wesen und Unwesen* [essência e inessência].

60 Arnauld Daniel surge no Purgatório de *A divina comédia*, de Dante Alighieri (XXVI). Gerhard da cidade de Limoges, na França. "Versos de amor" e "prosa dos romances", em italiano no original.

[255] A poesia didática se opõe frontalmente ao drama. A épica e a lírica ainda são um pouco compatíveis. Esses quatro gêneros formam a poesia clássica. Nela vigorava a maestria e a virtuosidade. O mesmo não se dá entre a poesia mélica e o coro – a tragédia – a comédia – o mito e o iambo – os quais se poderia reunir sob o nome de *primitivos*.

[256] A *dicção* da poesia não deve ser apenas plástica. O mais original nela é a *alegoria da natureza* sobre o Panteísmo. *As imagens* da mais elevada verdade, que a multidão considera como imagens. <Por meio da alegoria e do chiste a dicção beira a mitologia.>

[257] A poesia romântica é ao mesmo tempo a clássica e a primitiva.

[258] Há um *amor pelos trechos* que visa ao que é primitivo na dicção e também ao que é mais elevado.'

[259] A alegoria passa da gramática para a poesia, como a dialética passa da lógica para a moral.

[260] *Prometeu ao lado de Marsias* – a elegia também – como autobiografia, visão do futuro, limites da arte – entre os didáticos.

[261] O *pathos* na tragédia e na comédia e o *ethos* na poesia mélica e no coro são mistérios que não se restringem ao âmbito da teoria.

[262] Expressões que resplandecem em nossa alma como um brilho que vem do mundo primitivo.

[263] A grande astrologia pode se aproximar de uma falsa empiria e permanecer como é.

[264] Enquanto aquilo que é primitivo, a poesia é o centro de toda retórica e história.

[265] A religião é para o interior o que a família é para o exterior.

[266] A *história* e a retórica nada mais são que poesia; é dela que retiram sua força. Heródoto, Tucídides, Tácito são poesia elevada. A história é capaz de uma organização infinitamente mais elevada. Naturalmente, a história e a retórica não se limitam à poesia, mas a poesia é sua fonte e seu objetivo final.

[267] A poesia deve e pode se mesclar inteiramente com a vida. O que é representado na mais alta potência sem um fim didático ou lógico, isso é poesia; como Platão, Tucídides etc.

[268] Fantasia progressiva em estâncias – <em fluxo livre, de modo oriental> sobre a essência da poesia, poesia da poesia. Nos *Arabescos*, uma síntese da forma de Richter e de Tieck. As fantasias e os arabescos devem progredir eternamente.

[269] A poesia clássica e a romântica também devem ser reconduzidas ao primitivo. A poesia primitiva histórica, um centro, isto é, a *natureza das coisas*.

[270] Ariosto foi quem chegou mais perto da ideia do *conto de fadas*.

[271] É melhor chamar a poesia antiga de poesia ideal do que poesia clássica.

[272] Além da astrologia, quais são os outros fatores das artes plásticas? A saber, a animalidade, a vegetabilidade, a mineralidade.

[273] O *gênio* é a força real do homem.

[274] O essencial no romance é a forma caótica – Arabescos, contos de fadas.

[275] Platão e a antiga história ainda para a poesia primitiva.

[276] Mitologia = poesia primitiva. Lucrécio não para a poesia clássica, mas para a primitiva.

[277] Assim como a poesia idealista dos gregos desfez-se em duas massas, a poesia *clássica também se desfez na poesia alexandrina e na romana*, as quais se diferenciam de acordo com o princípio utilizado.

[278] O objeto da elegia é a humanidade em seu todo.

[279] Os romanos são materialmente menos formais que os alexandrinos.

[280] Harmonia é o centro das artes plásticas; o entusiasmo, ao contrário, é o centro da música.

[281] Jogo e festa são alegoria em um sentido mais elevado.

[282] *Organon*
    Ideal   Fantasia
    Princípios Alegoria

[283] Há uma dupla *dedução da poesia*. Uma para os homens práticos, no âmbito do jogo, da festa, da aparência. A outra para os filósofos, *no âmbito da fantasia* e suas orgias. Assim, a primeira *dedução da poesia*: é preciso demonstrar que a filosofia e o *ethos* retornam para lá e também se originam lá. A mitologia emerge da orgia da fantasia e da mística da alegoria. O próprio

Platão teve a intenção de apresentar a filosofia como poesia e música elevada.

[284] É preciso classificar a poesia clássica apenas de acordo com a medida da consistência clássica e a correta erudição; por essa razão, Propércio é mais válido aqui que Tibulo.

[285] Será que não havia poemas *românticos* já na época alexandrina?

[286] Se a poesia clássica deve ser o que pode, então ela deve ser inteiramente mística.

[287] O *chiste* é a força da alegoria.

[288] A fonte e a razão da moral é a poesia, e o fim e o objetivo da poesia é a poesia.

[289] A poesia romântica é, na verdade, a própria poesia, assim como a poesia ideal.

[290] O cristianismo – seja lá qual opinião se tenha dele – nada mais é do que uma poesia da razão.

[291] A *hierarquia da arte* se divide em três massas – *paraíso* como modelo – *Reino de* Deus como o último esclarecimento. (A terceira idade do mundo – um novo Messias ou o retorno.) O Böhme inteiramente para isso. Para a introdução, duas vezes oito estâncias. *Sobre o segredo da revelação*. E a maravilha da escritura. Quatro sonetos, *a virgem, o salvador, o pai, o espírito*. Três *canzoni* – *aurora* – *centro* – *abismo*. Ao final, novamente um daqueles hieróglifos.

[292] *A arte dos alemães* em tercinas para Wilhelm. Sátiras progressivas sobre a literatura, a crítica, a didática e a polêmica alemãs.

[293] Pertence também ao romântico a poesia que florescia – como linguagem elevada da nobre vida – entre os alemães na época do *Minnesänger*, entre os espanhóis na época de Cervantes, entre os italianos na Era de Ouro.

[294] O fator secundário da poesia, cuja tendência é poetizar o que é apoético – os iambos, a poesia gnômica, as elegias, a didática, as sátiras, os arabescos –, tem muita afinidade com a moral filosófica e a poesia filosófica. – *Poemas cosmogônicos* em tercinas, tão individuais quanto possível, e simplesmente dignos. – Outro fator dessa poesia romântica.

[295] Os *Antigos deuses* e *A religião* <O cristianismo> talvez ainda para um poema próprio.

[296] O belo é ao mesmo tempo o bom e o verdadeiro.

[297] A poesia primitiva, a ideal <clássica>, a clássica <correta> e a romântica têm cada uma seu ponto de vista e seu ângulo de ajuizamento. É necessário relacionar a poesia ideal a um ideal, mas não ao ideal de um poema, e sim ao ideal de toda a humanidade, da formação e mesmo da vida.

[298] O único reconhecimento válido por parte de um sacerdote é que a poesia fala.[61]

[299] A origem do homem é o segredo de todos os segredos. Por isso, *mistérios* é um nome muito apropriado.

---

61 "Poeta e sacerdote eram, no começo, um só, e somente tempos mais tardios os separaram. O genuíno poeta, porém, permaneceu sempre sacerdote, assim como o genuíno sacerdote sempre poeta." Hardenberg, Friedrich von [Novalis]. *Pólen. Fragmentos, diálogos, monólogo.* São Paulo: Iluminuras, 2009, p.78, fragmento [71]. Tradução de Rubens Rodrigues Torres Filho.

[300] O cristianismo é apenas o símbolo do divino no homem; no que necessariamente diz respeito a Adão e Eva – a Satã – à Madona, ao apóstolo e ao mártir. O espírito sagrado é um símbolo da natureza – o pai do universo – todos os anjos para o espírito.

[301] O sonho alegórico deveria significar simplesmente o *caos* – a *fantasia* – O *amanhecer* também para as tercinas – Os *antigos deuses* em toda a sua glória para a elegia.

[302] A mescla e a transposição entre o grande jogo e a grande seriedade é aquilo que é digno de admiração em Cervantes e Shakespeare.

[303] Há uma *dualidade infinita* e sempre renovada no soneto. É por essa razão que o soneto é apropriado para o pensamento místico e para a oração. A sextina é apenas uma *canzone* na aproximação com a tercina, apropriada para o obscuro. A estância também pode ser utilizada na lírica e para formar um tipo de *canzone*, como em Cervantes.

[304] A singularidade da forma das novelas de Cervantes reside em serem tão novas, frescas, vivas, atuais, locais, na moda. Elas se dividem entre as chistosas e as sérias, as quais terminam de um modo sério, mas feliz.

[304a] A sextina para um devaneio musical. Pensamentos noturnos. Sextinas. As obras em *canzoni*.

[305] *Hierarquia da arte* – Uma estrela mística composta de duas estâncias, quatro sonetos e três *canzoni* na fronte. *O segredo da revelação – A virgem – Aurora – O salvador – Centro – O pai –*

Abismo – *O espírito* – *O milagre da escritura*. O todo deve ser uma visão – Fundamento da filosofia. – Soma-se a isso a mística da Idade Média sobre o reino de Deus – A consagração de um modo mais épico em estâncias. Autoconsagração – (A dignidade à sacerdotisa. A força do herói). <*Da luz da revelação. Do sentido dos sinais*. Da razão da sabedoria.>

[306] No *paraíso* predomina o saber, o imediato – No reino de Deus, a ação por sobre todas as artes. A vida no paraíso e no reino de Deus – Estrutura da *Hierarquia da arte* – A *Igreja* deve ser ao mesmo tempo uma história da humanidade em gérmen – Religião : moral = mitologia : filosofia. – Religião é o princípio destrutivo do reino de Deus – Mitologia para o paraíso – Arte e mistérios para a *Hierarquia* – O todo, uma hierarquia da natureza, e não da arte.

[307] Toda criação é apenas imitação; toda comunidade e unidade dos homens existe na natureza e pela natureza. – A natureza, e apenas ela, exerce um domínio sagrado. – O domínio da razão também é sagrado, mas o domínio dos racionalistas certamente não.

[308] O grande centro *é chamado de revelação da natureza*.[62]

Sobre a poesia <1800>

[309] Ideias <para poemas>. Por meio da aparição da natureza, a lembrança de um amigo que conhecia muita coisa sobre

---

62 Itálico de Schlegel.

ela. Madrigal. Franqueza como uma flor – a intuição da amizade, o mesmo. Madrigal – Ainda mais fragmentos – Uma *canzone* sobre o vinho – sobre a alegria – sobre a leve sociabilidade. *Na primavera.*[63] Convite às mulheres para a poesia. *Canzonetta.*[64] Uma alegria misteriosa com a sextina. *Eros e Caos*, um madrigal. Que a poesia seja um dendrito [pedra] que busca o sol.

[310] Os *antigos deuses* como fundamento da arqueologia, uma obra, e não um estudo. Os arabescos também de modo progressivo, como os *contos de fadas*. A mitologia persa e hindu também para os contos de fadas. A cosmogonia de Böhme em tercinas.

[311] A poesia é um centro em absoluto, em todos os sentidos.

[312] As novelas de Cervantes se dividem, muito apropriadamente, em trágicas e cômicas.

[313] Homero na verdade não é *épico*, mas *místico*.

[314] O *amanhecer* para uma *canzone*, e também para uma autoadoração. O *verão* em relação com a natureza. <O *sonho de uma noite* em estâncias com cantos alternados entremesclados.> *Ira, dor, alegria, ânsia.* As formas mais simples do sentimento humano.

[315] A *canzone* é ao mesmo tempo estância e soneto.

[316] A regra da rima se baseia em uma tradição como a regra da harmonia entre os músicos.

---

63 *Na primavera* é o nome de um poema de Schlegel. In: KA-V, p.153.
64 Composição musical popular na Itália do século XVI.

[317] No idílio a alegria não é tão representada como o é o objeto dela.

[318] *Cenas da infância para o romance*. O *lamento*, talvez uma *canzone*.

[319] No soneto predomina o *pensamento*, na *canzone* o *sentimento*. A *balada* é bem *sociável*, a sextina não é assim.

[320] A nobreza das formas das canções populares no espanhol clássico.

[321] As *crianças de Heymon*[65] em uma série de *romanças*.[66]

[322] Há, nos mais belos sonetos de Petrarca, um *sentimento em que paira a ironia*. Esses sonetos têm algo epigramático.

[323] O dualismo – a oposição entre o soneto e a *canzone*, entre a tercina e a estância, na métrica italiana – também pertence à artificialidade.

[324] A *romança* e a *copla*[67] – A lenda e a canção são as formas da poesia natural.

[325] *Romanças* sobre histórias de poetas, histórias de artistas.

[326] Nas *romanças*, além da assonância, a liberdade da quantidade também tem uma origem natural.

---

65 Referência às "Histórias de crianças de Heymon", parte do livro de contos populares de Peter Leberecht (pseudônimo de Ludwig Tieck) publicado em 1797.
66 Narrativas de Ludwig Tieck.
67 *Coplas de arte mayor.* Ver nota 5 da página 307.

[327] A tendência dos modos de dicção espanhóis e italianos é totalmente oposta. Quanto mais clássico for o modo italiano, melhor. O modo espanhol é muito nobre, gracioso e comum.

[328] Cervantes necessitava das *romanças* para a cordialidade, a interioridade, a infantilidade, para o colorido das preces – as canções de amor também nesse tom –, assim como para o humorístico, em que ele chega até a ser leviano como nunca.

[329] Fantasias e visões como estudos progressivos dos românticos. Visões em tercinas. O fundamento de toda visão e alegoria românticos é a intuição da natureza.

[330] Os poemas de Tieck são *canções* que pararam no meio do caminho para as grandes e belas formas.

[331] As *novelas* inteiramente em prosa. A história deve ser tudo, não o adorno de canções; séria, profunda, exata, individual, significativa.

[332] As *coplas* são uma canção sem artifício sobre determinada situação que é apenas aquilo que deve ser, onde não se espera o auxílio da música. No *vilancete* a música está incluída na poesia por meio do refrão.

[333] As *fantasias* são a verdadeira forma para uma música imagética. (Em estâncias) – em uma mistura ousada de métricas silábicas.

[334] Há, na *melodia*, algo similar à rima. O retorno de *partes* muito similares no timbre e no arranjo sonoro. A melodia e a harmonia realizam, a princípio juntas, a oposição ao ritmo.

[335] O *abstrato* da dicção da poesia moderna – ao contrário da poesia antiga – é importante para o jogo de palavras de toda a poesia moderna.

[336] O que pertence ao *espírito* (gênero poético, dicção) deve ser mesclado a partir da poesia antiga e moderna; o que pertence à *letra* deve ser mantido severamente separado. Toda obra da poesia deve ser um *en kai pan* – toda a poesia e toda a natureza. Por meio disso, uma obra se torna *ad intra*, assim como o espetáculo se torna *ad extra*.[68]

[337] A *teoria do romance* não para algo especial, mas para os arabescos. *Sonetos para Romeu* e para *Trabalhos de amor perdidos*.

[338] *Petrarca* é o mais diversificado na *canzone*; quase toda [*canzone*] sua é de outro gênero. No soneto é o contrário, por isso é tão grandioso, porque ali tem apenas *um estilo*.

[339] A maior e mais decisiva separação na poesia é aquela entre *obras* e *estudos*. Os dramas também pertencem ao último caso.

[340] Poesia, na mais alta potência, é história.

[341] Como forma de *estudo* também se deveria fazer um *romance pastoril*, um *romance de cavalaria*, um *romance de conversações*, como *Celestina*, um romance em cartas, para a época atual. – Nas *obras*, as formas não devem ser reconduzidas ao primitivo, mas tratadas de um modo combinatório. | Reconduzir o livro de cavalaria ao gênero originário – como o espanhol no estilo – *romanças* espalhadas – histórias – Transformação de um

---

68 *Ad intra, ad extra*, respectivamente, movimento "para dentro" e "para fora", em latim no original.

antigo – romance pastoril puramente inventado – roupagem de acordo com Guarini.

[342] *Lívio* tem algo do romance de cavalaria, e Plutarco também se aproxima do romântico.

[343] Para alcançar o antigo *entusiasmo*, a poesia precisa adentrar novamente o caminho do grande chiste, e por meio da fúria da física. O único princípio da poesia é o entusiasmo.

[344] <Os antigos deuses para uma elegia.>

[345] Lendas sobre artistas. Dignidade do chiste. Lendas são as que mais se aproximam da mitologia.

[346] Assim como as *romanças* com a lírica, as novelas têm afinidade com dramas, não identidade.

[347] *Elegia a Hülsen*;[69] a poesia pura não tem utilidade, é apenas serviço religioso aos deuses.

[348] <Escola da vida | recompensa da formação.>

[349] No meio da razão e do amor está o *chiste*. O amor sozinho é pura e simplesmente inimaginável; ele é aquilo que se desenvolve entre a luz e a terra. Ele é o caráter da humanidade.[70]

[350] Entusiasmo é sublime, harmonia é bela; o gracioso nada mais é que suplemento e variedade.

---

69 August Ludwig Hülsen (1765-1809), filósofo e pedagogo do primeiro romantismo alemão.
70 A ideia do amor entre a luz e a terra também foi desenvolvida por Schlegel em um poema chamado *Rückkehr zum Licht* [Retorno à luz]. Schlegel, Friedrich. *Dichtungen*. In: KA-V, p.154.

Fragmentos sobre poesia e literatura (1797-1803)

[351] Nos princípios da poesia <ou no *organon*>: I. Dedução. II. *Ideal da poesia.* III. Máximas da poesia.

[352] Nas *fantasias.* Talvez primeiro a destruição da natureza e o endeusamento do caos. O caos adentra o entusiasmo. As fantasias devem visar ao universo, e não apenas à natureza; visar ao Ideal, ou seja, à divindade. A tendência de Dante é mais essa do que a de visar apenas à natureza.

[353] Em Shakespeare os caracteres não são meros representantes. Essa maneira é válida apenas nas obras românticas em que os personagens são hieróglifos, não no teatro.

[354] A poesia transbordou da junção entre a religião e a física.

[355] Toda poesia didática é cosmogônica ou gnômica.

[356] A arquitetura é uma escultura musical; a orquestração é uma mímica plástica.

[357] *Hieróglifos da teosofia. Fantasias da cosmogonia. Visões da magia. Metamorfoses.* Intuições do caos. <*A época* é matéria para uma elegia.>

[358] Alegoria é o conceito filosófico de poesia.

[359] Em *Romeu* e *Trabalhos de amor perdidos* se mostra a tendência do romântico em Shakespeare até mesmo para a tragédia e a comédia.

[360] Todos os poemas épicos são progressivos e se associam. *Romanças* apenas em outras obras; elas não podem criar uma obra.

[361] O que interessa na poesia central não é a forma. O nome só pode ser retirado de sua matéria. *Essência das coisas.* A renovação da antiga mitologia é o principal; a métrica surge a partir de si mesma. Isso é possível entre os modernos; os antigos não se deixam de modo algum rejuvenescer para o palco.

[362] <Tercinas correspondem ao trimetro. Os coros mélicos são diferentes.>

[363] A desrazão potenciada na história moderna é muito boa para a comédia.

[364] O justo meio está na poesia, na verdade ela mesma é o meio.[71]

[365] É notável como a visão musical e pitoresca da vida é tão romântica. Na épica, ao contrário, a visão da vida é plástica.

[366] Possibilidade de um poema de cavalaria em tercinas.

[367] A moral dos socráticos e também do cinismo para a poesia como *ethos* do *artista*; o mesmo para a moral dos heróis. Há também um chiste moral, cuja tendência é cínica – ele predomina na antiga sátira.

[368] <*A descida aos infernos de Sancho.*>

[369] Uma comédia aristofânica é inteiramente impossível se uma tragédia já não estiver totalmente organizada. O que ela realiza pode ocorrer de um modo muito melhor nos arabescos.

---

71 Schlegel faz um intertexto com a teoria aristotélica da necessária busca do homem pela virtude no "justo meio" entre o excesso e a carência.

[370] Em *Ariosto* estão de fato unidas as novelas, os contos de fadas, e mesmo algo do arabesco, com os poemas de cavalaria. Tasso não deixa de ter um toque idílico.

[371] O verdadeiro povo originário são os *titãs*.

[372] Canções de guerra aos artistas, no estilo de Tirteu.[72]

[373] A poesia precisa e deve ser reformada e centrada agora por meio da *Enciclopédia* e da *Religião*.

[374] Assim como o início da história por meio da natureza, o fim deve ocorrer por meio da *razão*.

[375] Endossar provisoriamente como estudos: o drama prosaico conversacional, o idílico trágico e o cômico absoluto ao modo de *Hans Sachs*.

[376] *Lendas heroicas, contos de fadas, novelas* visam à vida real. *Arabescos, poemas pastoris, lendas* são todos apenas poesia poética. Representação da arte, da poesia, dos artistas e da vida poética.

[377] A visão e a representação musical e plástica da vida para as obras mitológicas. A visão física é intensa em Homero.

[378] Uma sátira só pode ser realmente furiosa em tercinas; em hexâmetros ela recebe necessariamente um toque paródico e divertido.

[379] Em certo sentido, o drama histórico também sofre o tratamento aristofânico – o entusiasmo do *esboço* – a ironia etc.

---

72 Poeta lírico grego do século VII a.C.

[380] *Fúria e lamento* para o *Fausto*. Todos os poemas subjetivos-
-objetivos para o *Fausto*. Poemas líricos segundo um ideal determinado — como o modo de *Biondina* — *Paronias* — Doutrina
da formação e essência das coisas na forma antiga. As estâncias
são as mais apropriadas para a improvisação.[73]

[381] A enciclopédia se torna formação harmônica na poesia,
a religião se torna o entusiasmo. O preconceito mais sem gosto
e mais arraigado é precisamente o de transformar em máxima
[a ideia de] que não se deve levar muito a sério a poesia, e que
não é necessário se esforçar para compreendê-la.

[382] *Villani*[74] é talvez para *Maquiavel* o que os antigos italianos
foram para aqueles da Idade de Ouro.

[383] Cervantes, e mesmo toda a poesia espanhola, pertencem também ao italiano e ao romântico. Shakespeare se
encontra isolado, e as poesias do antigo alemão ainda mais
particularmente.

[384] *Sirventes*, os poemas em que o poeta se contempla como
servo d'amore — Canções artísticas.[75]

[385] A poesia *lírica* aparentemente anseia pelo natural, como
o drama pelo artificial.

---

73 *La biondina in gondoleta* é uma "canzonetta veneziana" de Anton Maria
   Lamberti (1757-1832). *Paronias*: "canções para beber", em grego
   no original.
74 Giovanni Villani (1276-1348), cronista italiano, escreveu uma
   importante história de Florença.
75 De acordo com Hans Eichner, Schlegel se equivocou em sua concepção de *Sirventes*, os quais eram na verdade as canções compostas
   a serviço de um senhor. Cf. Schlegel, Friedrich. *Fragmente zur Poesie
   und Literatur*. In: KA-XVI, p.577, nota 384.

[386] O *Froschmäusler*[76] aplicado à história mundial. As fábulas apenas para arabescos ou contos de fadas.

[387] A estância é composta apenas por duas tercinas trançadas próximo ao final. *Sirventes* se chamam tais tercinas trançadas. Thibaut de Champagne[77] compôs estâncias.

[388] *La comedia de querer por solo querer*, de Antonio de Mendoza,[78] conhecida como *Emporio de conceptos*.

[389] *Canzone a Cristo* para o *Fausto*. – Aqui, tudo cristão – Nas *Metamorfoses* não deve ser assim. – Lá, apenas a mitologia do chiste. – *Fausto* é a mais esplêndida ideia para representar o dualismo do homem. – O cristianismo e a mitologia em antítese à Heliodora – como reconciliação nos *Oráculos*.

[390] Onde não for aristofânica não se deve usar a comédia; ela deve surgir puramente do nada.

[391] Talvez os alemães tenham criado mais entre os franceses do Norte; os espanhóis, entre os provençais.

[392] Ao invés da *Essência das coisas*, apenas as caracterizações de grandes mitologias, como Jakob Böhme, ou mesmo Espinosa, Platão etc.

[393] O Madrigal é apenas um fragmento da *canzone*.

[394] *A escrita* (sátira burlesca em tercinas furiosas e engraçadas).

---

76 *Froschmäuseler* (1595), obra de Georg Rollenhagen (1542-1609), pastor, escolástico, dramaturgo e pedagogo alemão.
77 Conde Thibaut de Champagne (1201-1253), tornou-se mais tarde Rei de Navarra.
78 Antonio Hurtado de Mendoza (1586-1644), dramaturgo espanhol, autor de *Querer por solo querer* (1623).

[395] Todos os gêneros poéticos são originalmente – poesia natural – uma poesia determinada, local, individual. (Pode haver infinitos gêneros poéticos.) O individual é aquilo que permanece após a transformação realizada pelo artista. As formas são capazes de uma transformação infinita. Todas as formas gregas e romanas se perdem no mistério, não foram criadas por artistas.

[396] A *rima* deve ser muito caótica, mas ainda assim manter tanto quanto possível a simetria. É nisso que reside a dedução da métrica silábica romântica. Na estância lírica, talvez o sentimento esotérico da revolução.

[397] *Formação* é uma ideia mitológica.

[398] O espírito dos antigos ritmos é ginástico, de modo que ele afeta a linguagem.

[399] (Em sua decida aos infernos, *Sancho* poderia se equivocar quanto a Schiller, confundindo-o com *Dom Quixote*.)

[400] As estâncias devem ser inteiramente heroicas para o *Fausto*. História dos alemães.

[401] Os depravadores do gosto também são um equívoco, como a Idade de Ouro. A dissolução da poesia na Espanha foi muito mais notável que na Itália.

[402] Preconceito de que só se queira desfrutar, na poesia, daquilo que tenha a máxima perfeição; até mesmo os alexandrinos são úteis ao conhecedor.[79]

---

79 Schlegel se refere aos poetas de Alexandria, e não aos versos alexandrinos. Em seu escrito *Über das Studium der Griechischen Poesie*, o

[403] <Os idílios devem visar não tanto ao amor, mas à beleza – talvez nada mais que símbolos da beleza e da harmonia.>

[404] Os *Ditirambos* com tercinas, estâncias e até mesmo sonetos entremesclados – Os *hieróglifos* são, em certo sentido, um drama – Um sonho estranho em tercinas – *Rinaldo* em *romanças* – *Amadis* em estâncias com uma aura cômica – As tercinas são especialmente apropriadas para o elegíaco – Sextina também para cantos alternados. As *canzoni* sobre a ira de certo modo para o *Satã*. Um contraponto a Cristo.

[405] A *canzone* é na verdade tão negligenciada quanto a tercina.

[406] O *poema aos alemães* como introdução ao *Fausto*. A caracterização de grandes mitólogos, uma obra filológica, mas ainda assim poesia elegíaca. Dignidade (magia) da letra em tercinas estranhas e visionárias – Estâncias líricas para o que for relacionado à paixão. – (*Ao povo* – uma sátira após a conclusão de *Lucinde*.) Tudo o que for amórfico apenas em obras mitológicas que sejam de algum modo válidas. Representação do Idealismo para os poemas artificiais. *O amanhecer da poesia* para a primeira *canzone* – ou a primavera? *Uma natureza das coisas* bem ao final, em métrica elegíaca. Todas as outras poesias antigas apenas como exercício preparatório para isso.

[407] O poeta deve ser idealista: é a única coisa que o moralista pode dizer – mas, se ele já não for idealista, não é por meio disso que ele de fato será.

---

estudioso considerava a época da poesia alexandrina um período no qual a poesia grega se perdeu na artificialidade e no exagero de figuras e adornos. Cf. Schlegel, Friedrich. *Über das Studium der Griechischen Poesie* (1795-1796). In: KA-I, p.217.

[408] Os *versi politici* dos gregos, trocaico, octonário, cataléptico.[80]

[409] Além dos poemas épicos, *Allatios*[81] também citou tragédias.

[410] O barroco em tercinas, *canzoni*, sonetos. O burlesco em estâncias e paródias amórficas. O bizarro em romances.

[411] Há uma prosa arabesca, uma idílica, uma em conformidade com as lendas (digna da Antiguidade) e uma prosa novelística. A última é a mais elevada.

[412] *O homem estranho* é um ideal do comum em estilo digno. *A afetuosa senhora*. (*Filida*,[82] de Luis de Montalvo, um poema pastoril.) Para o *Fausto*, a história da Idade Média como ela se centrou na Alemanha, não apenas a história dos alemães.

[413] Todos os livros de amor têm algo de uma falsa tendência. *Ameto, Galateia*. Os livros sobre formação não menos; *Meister*.[83]

[414] Seria muito proveitoso para a poesia se os soldados se exercitassem nela e a amassem, se as mulheres e crianças, artis-

---

80 *Versi politici*, versos políticos. *Trocaico*, verso de pé troqueu (uma sílaba tônica seguida de uma sílaba átona). *Octonário*, verso de oito pés. *Cataléptico*, verso ao qual falta uma sílaba, incompleto.
81 Leone Allatios (1586-1669), erudito grego, desde 1661 bibliotecário do Vaticano.
82 *El pastor Filida*, romance pastoril de Luis de Montalvo (c. 1549-1591).
83 *Ameto*: romance pastoril de Boccaccio, que apareceu em 1341. *A Galateia*: romance pastoril de Cervantes, que apareceu em 1586. *Meister*: Schlegel se refere aos *Anos de aprendizado de Wilhelm Meister*, de Goethe.

tas plásticos, como entre os italianos, músicos, como entre os gregos e atores, como entre os ingleses.

[415] *A nova primavera* em estâncias, pois é festiva. Árvore da vida – fonte – amanhecer – Em vez da *hierarquia da arte*. Estâncias para *a eterna guerra*. A ira sagrada. A eterna guerra. Talvez tudo isso em um poema. A época atual.

[416] Tudo o que se relaciona às musas já foi gasto para a simbologia da arte – ela deve ser deduzida inteiramente das artes.

[417] A ideia de um apóstolo, um mestre, um hierofante são da mais alta significação para os artistas.

[418] Em razão da arrogância, Fausto deve se achar um novo Messias.

[419] Nas novelas, contos de fadas e *romanças*, a unidade é histórica – na lírica e no drama, a unidade é técnica.

[420] Talvez fosse possível encontrar uma escala das vogais e ditongos para a rima, de modo que ela não fosse inteiramente deixada ao acaso.

[421] A verdadeira forma básica do poema mitológico é caos absoluto.

[422] Jogos de palavras também em idílios e lendas, mas de outra forma, como nos arabescos.

[423] *Romance, épica, elegia, fantasia, visão* – são os elementos para a forma da poesia mitológica.

[424] No *Fausto*, sete grandes sonetos como *coro*. Nas lendas, sonetos como antigas inscrições. Os sonetos podem adotar qualquer caráter.

[425] Poesia é teosofia; ninguém é tão poeta como o profeta.

[426] A história deve ser, tanto quanto for possível, um *nada* na novela. *Epideixis* sobre e a partir do *nada* para poder fazer uma boa história.

[427] Especialmente como arte, a história se encontra em uma relação muito mais próxima da poesia – A retórica, ao contrário, com a filosofia.

[428] Os *Manes*[84] de Winckelmann – uma *canzone* – *escola da arte* – conversas – Melhor inserir logo os princípios da poesia. Nos elementos da teosofia talvez também o *espírito da história oriental*.

[429] De acordo com a visão dos gregos, os asiáticos também são os teósofos e mitólogos primitivos, o verdadeiro *povo originário*. Foi a ele que Deus primeiro se revelou. Isso não entra em contradição com a visão dos primeiros homens enquanto titãs. De certo modo, a religião judaica dos dias atuais fundamenta essa esperança central do Messias – a ideia de o povo de Deus estar disperso –, a ideia de um povo κατ εξοκην [a rigor].[85]

[430] Toda métrica espanhola é musical em um grau elevado. (As fantasias líricas também devem consistir inteiramente em elementos musicais.) Toda métrica italiana é mais pitoresca – ou como as *fugas* para a música levemente melódica. – Será que não deve também haver um princípio pitoresco na versificação, como na dicção musical? Ou será um equívoco os jogos de palavras serem musicais? Talvez o jogo de palavras, e mesmo a

---

84 *Manes*, deuses familiares, domésticos ou caseiros da mitologia grega.
85 *Kat' exochen*, "a rigor", em grego no original.

rima, já contenha algo muito mais elevado, que se aproxima da ciência e da mitologia, e que é inteiramente próprio da poesia.

[431] *Mena*[86] (equivocadamente) chamado de inventor das *coplas de arte mayor*; sua invenção é alexandrina, apenas com a liberdade da desinência masculina também no meio.

[432] Talvez uma *sinfonia* em métrica espanhola do *Fausto*.

[433] A representação da Antiguidade em *mistérios*. Os hieróglifos para a representação dos primeiros homens. Para sonetos e tercinas, a ânsia pelos espondeus e coriambos – Os anapestos e parônimos para as *canzoni* e estâncias.[87] Prometeu um drama formal. Para o *Fausto*, também um final como uma sinfonia, talvez igualmente um entremeio musical – todos como o acompanhamento dos espíritos, os maus e os bons.

[434] A poesia lírica e a dramática são inteiramente não mitológicas, e sim absoluto-religiosas – mas toda poesia romântica = absoluto-mitológica.

[435] Epístola em tercinas sobre Shakespeare – Para Wilhelm,[88] *Germânia e Europa – a nova poesia* como soneto. A poesia central não é teosofia, mas cosmogonia.

---

86 Juan de Mena (1411-1456), poeta andaluz.
87 *Espondeu*, "libação" em grego. Pé métrico composto de duas sílabas tônicas ou sílabas longas. *Coriambo,* em grego, "coro iâmbico", composto de um iambo e um troqueu, combinados para fazer um pé métrico de duas sílabas tônicas e duas átonas. *Anapesto*, do grego, "batendo de volta", pé métrico que contém duas sílabas átonas e uma tônica. Cf. Cuddon, J. A. *The Penguin Dictionary of Literary Terms & Literary Theory*. Londres: Penguin Books, 1999.
88 August Wilhelm Schlegel (1767-1845), irmão de Friedrich Schlegel.

[436] Os poemas da juventude de Shakespeare demonstram não apenas sua beleza, mas também sua profundidade em relação à intenção e à alegoria.

[437] A lírica em referência evidente à magia, à revolução e à hierarquia.

[438] É visível o primado do *chiste* para o romance, da religião para o drama e para a lírica. Drama e lírica são poesia sentimental; o romântico é fantástico.

[439] Ter religião significa viver poeticamente. O *sentimento* é a essência dela. As palavras são tão estranhas para a religião como o que é natural para o chiste.

[440] *A doutrina da formação* é inteiramente religião, uma moral religiosa que apenas pode ser comunicada por meio da poesia.

[441] *Mitologia* é teosofia positiva. Sem ela não se pode também pensar em uma doutrina da arte.

[442] O ideal é mais apropriado para o dramático e o lírico – não para o romântico; nele talvez o essencial seja a realidade e a alegoria.

[443] <Uma sátira sobre o dinheiro: *Eu*, o entendimento – *O outro*, o dinheiro – *Os estranhos*, a recompensa – *Nós*, a arte.>

[444] As estâncias podem assumir um caráter alcaico[89] masculino ou sáfico feminino.

[445] Em vez da Heliodora, um romance *dramático* sobre a religião cristã, talvez chamado *Cristo*.

---

89 Alcaico, referente a Alceu; ver nota 39 da página 325.

[446] A *romança* espanhola talvez seja capaz de realizar a síntese com o paralelismo hebraico e outros orientalismos. Entre todas as métricas italianas, apenas a tercina pode ser profética.

[447] Para o *Bergheim*, também *romanças* revolucionárias.

[448] As duas linhas da *romança* devem ser pensadas como uma, e a cada vez uma longa pausa – duas grandes linhas se correspondem novamente – nelas a forma do paralelismo já está dada.

[449] Hiob[90] é bem concebível em *romanças*.

[450] No que concerne aos pés, o caráter da métrica silábica alemã parece uma aproximação com os antigos.

[451] A matéria do drama não precisa ser determinada romanticamente (onde o nacional mereça precedência), mas religiosamente. Nada é mais *religioso* em sua matéria do que quando uma nobre multidão se inflama por si mesma.

[452] O estilo lógico parodiado na prosa arabesca; todas as consonâncias, assonâncias, aliterações que acontecerem na poesia.

[453] Um gênero próprio de sonetos irônicos para as novelas. A época italiana para as lendas.

[454] Mulheres, guerreiros e artistas devem ser poetas.

[455] A essência das coisas é isso, o todo de nosso mundo desde os primeiros homens até os últimos tempos. Só é possível encontrar essa essência caso exista um ponto de vista

---

90 Hiob (ou Job) Ludolf (1624-1704), orientalista alemão.

para fora desse mundo, ou seja, um outro universo passível de divinação.[91]

[456] O idealismo representado nos *Ditirambos*. A verdade transformou-se em canto – como magia, talvez como teosofia – <como revolução, como *hierarquia* – o *amanhecer* – a *fonte da vida* – a *profundidade* – o *amanhecer*, um chamado para arder; Apolo como o funesto>.

[457] A representação *hieroglífica* da humanidade no conjunto, isto é, a vida dos antigos na religião, na república e mesmo na família. A época atual é uma cópia daquela dos titãs.

[458] A razão interior da diversidade de formas poéticas ainda está para ser descoberta. A objetiva tem mais *dualismo* na forma; a romântica, mais potenciação. Aquela se baseia no jogo objetivo-subjetivo; esta, no jogo entre a *forma* e a *matéria*.

[459] O espírito da poesia dramática é prático, o da poesia romântica é teórico.

[460] Uma série da poesia mitológica é *revolucionária*, a outra é cosmogônica ou astrológica, isto é, divinatória.

[461] Comédia enquanto síntese de lírica e tragédia; isso fornece uma visão inteiramente nova.

<Sobre a literatura>

[462] Precisamos ainda nos apropriar do que é revolucionário na poesia francesa e da boa manufatura da poesia inglesa.

---

91 "Todo pensar é uma divinação, mas só agora o homem começa a ter consciência de sua força divinatória." Schlegel, Friedrich. *Gespräch über die Poesie*. In: KA-II, p.322.

[463] *Compêndio da literatura alemã* — *Princípios da escrita* — *Ensaio sobre uma constituição literária* — <*Teoria da vida*>.

[464] É nos jornais que o autor deve se tornar popular, levando o leitor à formação e à universalidade. O leitor deve primeiro observar a pessoa e depois a coisa; sistema de crédito — eles têm a mesma confiança exagerada em si.

[465] Demóstenes, Cícero e os oradores revolucionários são clássicos dos escritos de ocasião. Fichte foi quem de fato descobriu o escrito de ocasião entre nós.

[466] Através da mitologia, a arte e a ciência se tornam poesia e filosofia.

[467] A destinação da literatura alemã é chegar à religião por meio da universalidade, de modo a efetuar uma palingênese dela.

[468] Talvez não seja possível nenhuma outra forma de resenha de um escrito filosófico a não ser o extrato — mas um genético, que forneça ao mesmo tempo o único ponto de vista possível, o centro do escrito.

[469] *Voss* é para a poesia o que *Kant* é para a moral. *Forster* é apenas uma tendência, como Jacobi.[92]

[470] É apenas uma ilusão que, por exemplo, Rousseau não pertença à escola alemã. Essa separação não existe realmente.

---

92 Johann Heinrich Voss (1751-1826), filólogo e poeta alemão. Georg Forster (1754-1794), naturalista, escritor e revolucionário alemão. Friedrich Heinrich Jacobi (1743-1819), filósofo alemão.

[471] Os *eruditos* não devem ser apenas *pensadores* e *artistas*, mas também *legisladores* e *sacerdotes*. <*Poetas* ou *legisladores*, essas são as duas categorias nobres entre os eruditos e pensadores.>

[472] Os críticos raramente realizam tanto quanto podem. Eles e os poetas sempre se desenvolvem; isso se refere sobretudo a uma pessoa. Os filósofos são mais efêmeros, com a exceção de Espinosa.

<Sobre a poesia (1800)>

[473] Na *doutrina da formação*, o simbolismo da lavoura, ou seja, [as] *Geórgicas*[93] invertidas. A visão chistosa da natureza para os contos de fadas – a bela para os idílios.

[474] *Hülsen* quer isolar o ponto de indiferença do homem; Schelling, o positivo; Schleiermacher o [...].[94]

[475] A ordem dos poemas místicos mitológicos – Hieróglifos, cosmogonia, *Titanomaquia*, oráculo. *Os antigos deuses – Os primeiros homens* – A era de todas as elegias.

[476] A *história* é o mais elevado, pois ela é a síntese da divindade e da humanidade.

[477] Para a elegia, a imortalidade como história. Para as elegias religiosas, também a caracterização de grandes mitólogos. Apenas a vida é o objeto da elegia, como a religião; mas a vida em toda a sua potência. (A vida eterna.) Elegias são como o ar

---

93 *Geórgicas*, conjunto de livros escrito por Públio Virgílio Marão (70-19 a.C.)
94 Palavra ilegível no manuscrito. [Nota de Hans Eichner.]

de Baader, um hálito que vem do alto e que aviva os outros elementos: fogo, água, terra.⁹⁵ A humanidade também é o objeto de tal elegia, porque o homem não tem outra vida que não a humana. Do mesmo modo, toda a plenitude da humanidade só pode ser representada aqui. Minha primeira visão de Sófocles pertence ao ponto de vista da elegia.

[478] Em vez do oráculo, *visões* da mais extensa distância, não apenas da próxima humanidade e da penúltima, mas também do céu e do inferno; sempre adiante, até talvez a combustão universal; e também visões da condição atual. A ressurreição da vida anterior somente pode acontecer no Éter central. *Deus é ele mesmo o céu, a comunidade dos bem-aventurados.*

[479] Para a *elegia*, a divindade da *reflexão*, como a fantasia da visão. *Idílios* talvez como pintura na mais alta potência, como representação da vida do sol *ao lado* da elegia (assim como a vida do Éter, o céu, os deuses). Em oposição, a expressão da beleza, metamorfoses ou hieróglifos.

[480] As *vogais* são, pelo visto, o colorido da linguagem, as consoantes moles – *b, d, l, m, n, q, w*. As consoantes duras – *r, s, z, c, f, v, p, g, h* etc.⁹⁶

[481] <Soneto sobre o fato de que o aspecto negativo da polêmica é que ela perturba os melhores leigos, os quais não conseguem se encontrar na *poeira*.>

---

95 Sobre o triângulo de Baader, ver nota 45 da página 266.
96 Schlegel agrupa as consoantes oclusivas bilabiais chamando-as de *consoantes moles*. Em outro grupo, que o estudioso chamou de *duras*, estão agrupadas a consoante bilabial surda [p], a oclusiva velar vozeada [g] e a vibrante alveolar vozeada [r], assim como diversas consoantes fricativas.

[482] O oráculo é certamente idêntico à visão. É de fato aquilo que se estende por sobre o céu e o inferno. No idílio, talvez algo das fábulas; todos os seres da natureza, mas idealisticamente.

[483] Os ditongos são negativos, as vogais positivas:

o	au	a	u	ö
+			+/-	-

[484] Talvez o oráculo em roupagem cristã. (*Visão*) Quem vai transformar o ouro é o verdadeiro Messias; assim, o anterior se torna apenas uma alegoria. Síntese com o essencial e bom no Judaísmo; anunciação do novo Messias. Será que *Prometeu*, ao contrário, abarca do modo mais conveniente toda a *formação antiga*, ou mesmo toda a humanidade? A fantasia como deusa da elegia.

[485] A forma do soneto é construção; da tercina, ao contrário, progressão. *Canzone* e estância apenas mesmo para aproximação ao italiano no que concerne à língua e à métrica. A estância deve ser colorida, deve ter cores; a *canzone* deve ser mais ou menos musical.

[486] Fantasia como síntese de natureza e amor, a raiz de ambos. As letras que se defrontam com um caráter tão oposto já apontam para a dualidade. A poesia romântica é o lado negativo; a poesia dramática, épica, lírica, o positivo. A elegia é ± (indiferente) e a mitologia é "X". A mitologia é apenas o *hipomóclio*[97] da poesia. Apenas na elegia é possível representar de um modo puro a religião e a centelha que vêm do alto. Com as outras o hipomóclio se torna o *Equador*

---

97 *Hipomóclio*, "o ponto de alavanca", em grego no original.

\<Leibniz\>[98]

[487] A verdadeira análise é aquela que desenvolve o universo a partir do universo. Uma verdadeira ideia do Estado é mesmo aplicável ao universo, como uma obra de arte à natureza. É preciso estudar a filosofia em sentido retrógrado, não de um modo genético como a poesia, mas *palingenético*. O espírito da filosofia histórica e a palingênese de todos os sistemas. De certo modo, Leibniz já forneceu um ideal do melhor caos.

[488] \<Tempo e espaço são de fato *media* do finito e do infinito. Mas, por isso mesmo, eles dificultam tudo o que é transcendental, e sua destruição é um traço característico essencial do transcendental.\>

[489] Todo pensamento criador talvez seja um sistema em si; não existe para que se pense outra relação artificial. Há princípios sob os pensamentos; eles são, todavia, sempre *mônadas*.[99]

\<Pensamentos\>

[490] Idílios, antigo; *romanças*, moderno.

[491] Não há nada mais positivo do que a *intuição* imediata do presente, o qual é capaz da potência mais infinita. Em disposição sagrada, a vida sob o sol se apresenta a mim como

---

98 Gottfried Wilhelm Leibniz (1646-1716), matemático e filósofo alemão.
99 *Mônada* é um aspecto central na filosofia de Leibniz, designando a substância simples, a unidade primordial que compõe todos os corpos.

algo presente, de onde o retorno ao Éter termina como a origem do futuro. Se acaso a intuição precisar ser maior, então o sentimento deve ser *neutralizado*, o que ocorre exatamente na disposição elegíaca. A filosofia não é capaz de expor a intuição. Cada ponto do presente está unido ao passado, determinado individualmente, e será destruído pelo futuro. A intuição imediata da vida é o único elemento *positivo* do conhecimento. <A *épica* é o gênero poético da intuição.>

[492] A novela deve ser tratada ora de um modo musical, ora pitoresco, ora trágico, ora cômico, ou seja, em várias misturas e oposições. Toda novela deve ser adaptada ao idílio e ao arabesco e ser musical ou pitoresca.

[493] A epístola leve em estâncias. Sátira em tercinas. *Soneto*, todavia, onde haja possíveis pensamentos religiosos fragmentários, em relação à arte.

[494] Não se pode intuir nada além de si mesmo. Toda autointuição é uma construção da divindade. Durante a intuição o homem deve apenas se *lembrar* de sua singularidade, e não senti-la.

[495] *Evangelho da religião*. A proclamação da religião e das visões – de seu crescimento eterno e da dissolução universal de toda a humanidade neles.

[496] *O amor de Boccaccio* como novela para as lendas.[100] Para a lírica, também poesia poética. Caracterização dos poetas como Dom Quixote, massa de sonetos.

---

100 Schlegel se refere à projetada obra: *Lendas de vidas de artistas*.

[497] "Um olhar para o céu nos indica certamente se o fio do confuso pensamento foi rompido. (Do mesmo modo, a aparição do divino e naturalmente sagrado amigo entre a multidão.) Noite e dia. Sol e lua. Natureza e arte. A *noite* é o dia dos dias; a *morte*, a vida das vidas; a *arte* é a natureza das naturezas. A verdadeira *conversa*. Não será o mundo inteiro uma conversa?"

[498] O perigo de se tornar petulante porque a criadagem me abomina tanto.

[499] A primeira elegia da *vida eterna* – então, *Os antigos deuses* – O *futuro*, não qualquer futuro, mas ele mesmo.

[500] Dor e prazer são apenas o "X" no ∆ [triângulo de Baader] dos sentimentos e os desejos – inveja é ódio indireto. Esperança, algo como +/-, ponto de indiferença dos desejos.[101]

[501] *A linguagem originária* era mesmo mais *imagem* que *canto* – mas é no canto que a última linguagem vai se dissolver. <É aí que se encontra o que é mágico e objetivo na linguagem dos hieróglifos.>

[502] Talvez estejamos eternamente condenados ao ouro e às palavras na Terra.

[503] <Por meio da poesia a linguagem é aniquilada.>

[504] A religião e as histórias neutralizadas na moral, na elegia, que na verdade é poesia moral – *estâncias* da maior diversidade para os poemas ditirâmbicos e líricos – os arabescos

---

101 O referido triângulo de Baader representa os elementos da água, terra e fogo, os quais são avivados por um quarto elemento, o ar: ∆.

devem significar a *fantasia* – Doença, loucura, humor para os arabescos – Novelas epidêiticas a partir do nada para os arabescos como exemplo de ironia.

[505] A *reflexão* é a faculdade da beleza, como a *fantasia* é a faculdade da natureza.

[506] A poesia é inteiramente história e filosofia, mas também ciência.

[507] Apenas histórias *individuais* podem ser empregadas nas novelas simples, não *aquelas* que se tornam belas apenas quando em sistemas, como as metamorfoses gregas etc.

[508] Há uma visão (inocente) da natureza, distante de qualquer relação e interpretação, um sentimento meramente imediato, como em Cervantes. Deve haver uma visão semelhante do homem.

[509] Toda cena em uma tragédia é uma pintura.

[510] *Lucinde* em caráter absoluto vegetal; *Ditirambos* em absoluto animal; para aquele, o veneno; para este, o metal.

[511] A pequena e lúdica alegoria, como Tieck pensa Shakespeare, para os contos de fadas.

[512] Nos dramas talvez apenas a forma da *construção*, sem o caráter natural; como nos romances, a forma da reflexão. Isso é o que diferencia a representação objetiva e a subjetiva. – Na elegia, a forma do homem e do divino – hálito do ar que paira.

[513] *Ironia, energia, entusiasmo, originalidade* – universalidade, harmonia são decerto apenas as *categorias da genialidade*.

[514] Assim como os *contos de fadas* e os *idílios* têm relação com a fantasia e a beleza, os *arabescos* e as *novelas* têm relação com a invenção e a transformação. Na verdade, a nova comédia ática é inteiramente novela. Da mesma forma que a *opereta* é romântica, talvez a novela seja dramática, segundo sua natureza.

[515] A antiga mitologia nas elegias, talvez novamente potenciadas para a mitologia.

[516] A opereta é, ao mesmo tempo, conto de fadas e idílio.

[517] *Sófocles* apenas para a elegia. Da verdadeira elegia quase nada digno. Em sua forma, talvez o *Persiles* como complementação das peças históricas de Shakespeare, e de Dante para qualquer romance histórico. *Píndaro* também para a elegia. Representar a natureza apenas na cosmogonia; nos ditirambos, apenas os antigos deuses.

[518] *Para o Fausto* – inteiro; [a ideia] de que tudo na humanidade se fundamenta no fato de que ela deve se potenciar em *uma* monarquia, um amor, um papado <César>. O novo intermediário deve ser uma síntese de César e Cristo. A desenvoltura dele; talvez ele mesmo surpreender-se-ia com isso.

[519] Amei os antigos há muito tempo, na carência de natureza.

[520] O que diriam vocês se eu revelasse tudo?

[521] Visões – veneno – Prometeu como metal. Titanomaquia = Fogo. Ditirambos = natureza. Titanomaquia = caos.

[522] Toda narrativa epidêitica *a partir do nada* para as novelas.[102]

---

102 Schlegel se refere a uma narrativa criada ou inventada *ex nihilo*.

[523] Cantos visam ao *sentimento*, como as elegias à intuição.

[524] *A comédia espanhola* é uma forma determinada – como o soneto italiano, a história de cavalaria ou também a novela – em que cada espírito, por mais diverso que seja, escolhe a mesma construção e a mesma forma.

[525] Existem apenas *duas* formas de entusiasmo originais: aquele do *amor* e o da *natureza*. Quais são os sinais de que o entusiasmo apenas se repetiu?

[526] Todos os romances são, ao mesmo tempo, poemas sensuais e poemas didáticos.

[527] Na *elegia*, tudo plástico; lá, a pura elevação da beleza – A profundidade da arte nas obras místico-românticas. Em nenhuma arte uma artificialidade tal como na poesia. A elegia decerto para a *grande* poesia. A elegia é tão musical quanto histórica; musical na mais elevada potência, como seria a pura música instrumental. <*Um livro de cantos da natureza. Contos de fadas infantis, pregação.*>

[528] Pode haver *dualismo* em contos de fadas? Ou apenas em contos de fadas infantis caóticos, e não nos orientais?

[529] Retórica absoluta é um objetivo para a tragédia e também para a novela, mas de um modo totalmente diferente. Para a novela, o epidêitico; ali, o dicânico.[103] Todo o idílico, o fabuloso e o arabesco devem ser desenvolvidos em toda novela, tornando-se alegóricos em si mesmos e desenvolvidos

---

103 Que tenta persuadir o leitor a tomar partido.

de forma consequente e retórica. O *combinar* de mais histórias pertence amplamente à arte da novela.

[530] A naturalidade profunda e inocente na representação do homem em Shakespeare pertence inteiramente ao romântico. Seu sentido mais íntimo se relaciona talvez mais com a natureza do que com o homem. Mesmo nos contos de fadas é isso o que provoca o encanto elevado. A visão objetiva do homem. No drama é subjetiva.

[531] A arquitetura e o baixo-relevo também *caotizados* para a forma do conto de fadas; eles lhe emprestam o *grotesco*.

[532] Hieróglifos são chiste religioso – <sarcasmo é chiste político – *festividade*, jovialidade, chiste sociável>.

[533] Toda poesia se dissolveu de algum modo na elegia, e o produto puro foi exposto de forma sólida. Ela é capaz de uma autoconstrução infinita.

[534] *Urbanidade* = chiste moral. *Ironia* = chiste filosófico. *Paródia* = chiste poético. *Caricatura* = chiste mímico. *Humor* = chiste musical. *Grotesco* = chiste pitoresco. *Chiste físico* = gênio combinatório.

[535] A lenda inteiramente moral e religiosa para o romântico; em oposição a isso, um poema épico heroico sobre o caráter alemão, algo como o *schwäbischer Kaiser*.[104] Esse poema épico como exercício preparatório da cosmogonia, como o *Sebastian* para o *Fausto*. As peças históricas de Shakespeare para as épicas.

---

104 O rei da Suábia, os sete reis da dinastia da casa dos *Hohenstaufen*.

Friedrich Schlegel

[536] Problema: *encontrar as máscaras alemãs.*

[537] As histórias maravilhosas da Idade Média, como Melusina,[105] Otaviano etc. para as operetas. Serão as novelas meras histórias da época, do ponto de vista da nação?

[538] Será que não há também operetas entre as obras de Shakespeare?

[539] O princípio da prosa romântica exatamente como aquele do verso – *simetria e caos*, inteiramente de acordo com a retórica antiga; em Boccaccio ambos esses aspectos se encontram em uma síntese muito clara.

[540] Os *Ditirambos* como solução geral; para comparar, provavelmente a água; o fogo ainda é especial para *Lucinde*.

[541] No drama, uma síntese de unidade retórica e pitoresca; no romance, uma síntese musical e retórica. As figuras retóricas são o mais essencial no romance; no drama é o efeito. No drama meramente o *ethos*, o mito e o *pathos* de acordo com suas condições; a forma da poesia sem física – em outras palavras, espírito, matéria histórica e unidade. Pelo fato de que na história tudo é um *en kai pan*, não pode haver outra unidade no drama a não ser a retórica.

[542] *Sonho de uma noite de verão* e *A tempestade* para as operetas – talvez também *Como gostais* e *Troilo e Créssida*.[106] *A comédia espanhola para o todo.*

---

105 Melusina, Melusine ou Melisandra é o nome de uma personagem feminina de lendas da Europa medieval, cuja figura se assemelha às sereias, mas de água doce.
106 Peças de Shakespeare.

[543] Na métrica romântica é preciso compor imediatamente com perfeição; alterações somente são possíveis nas elegias, na métrica antiga.

[544] A poesia *esotérica* e a *exotérica* devem estar inteiramente separadas também na poesia.

[545] Os contos de fadas em estâncias. No *Fausto*, a mitologia alemã, como a mitologia antiga em Dante; nas sinfonias, também o dualismo entre o espírito alemão e o oriental.

[546] Assim como o caráter de todas as formas espanholas é musical – com exceção dos grandes romances –, também o caráter da tercina é histórico ou político. Talvez nem toda métrica musical = retórica. Disso também [decorre] o deslocamento artificial da rima.

[547] Os sete na construção do *Fausto* são de fato um princípio arquitetônico.

[548] Uma novela sobre homens cultos, idealistas e felizes. Uma novela para a paródia das histórias inglesas de delicadezas no casamento. Na verdade, todas as novelas devem ser, em certo sentido, variação, desenvolvimento, continuação do *Lucinde*, como lírica de ditirambos.

[549] Nos *Ditirambos* a anunciação de que os antigos deuses despertaram na época atual.

[550] Jacobi é para os alemães o que *Faublas* é para os franceses e *Miss Burney* para os ingleses.[107]

---

107 *Les amours du chevalier de Faublas*, romance de Jean-Baptiste Louvet de Couvray (1760-1797), publicado em 1787. Frances Burney (1752-1840), romancista inglesa.

[551] Talvez surgirá na próxima humanidade uma mitologia – Será que é possível adivinhar como ela é, e qual sua relação com a mitologia da Era de Ouro? – Até agora existe apenas *uma* mitologia – a grega antiga, mas também a oriental.

[552] Nas elegias deve-se tentar reestabelecer a poesia da Era de Ouro. Nas elegias, a antiga mitologia novamente tornada mitológica. Mitologia potenciada.

[553] Em *Maria*, o cristianismo em oposição à religião egípcia. *Diana – Diana – Isis – O Olimpo – Ceres – Cibele – Baco ou os mistérios, orgias – Apolo* inteiramente, mas não os outros planetas. Os antigos deuses, o sol, a consagração. Para os *Ditirambos*, apenas a primeira visão do sol; a potência elevada para o *Fausto* e para *Maria*.

[554] <A visão mística da *época presente* – como ela emerge claramente no idealismo e da forma grandiosa como é expressa em Hülsen – inteiramente para os mistérios elegíacos.>

[555] <Toda atividade não pode ter outro conteúdo a não ser a relação com a última catástrofe, com aquele primeiro grande momento.>

[556] As obras de *Goethe* são muito mais semelhantes à obra de arte *mecânica* do que a dos antigos e de Shakespeare ao romântico.

[557] Na poesia espanhola o primeiro começo é poesia natural – depois, com a apropriação da poesia artificial, a florescência repentina, a Era de Ouro e, com a mesma rapidez, a degeneração quase a um só tempo. Ambas as fases na poesia italiana quase não se opõem a isso. Cervantes como *en kai pan* no meio de todos os outros, único e completamente diverso.

[558] Toda arte romântica em Shakespeare é transformação. Em Dante é criação, em Cervantes envolve a invenção.

[559] A vida eterna é Espinosa tornado móvel por meio do idealismo.

[560] O meio da humanidade é tão maravilhoso como o início e o fim; com isso a visão cristã do milagre é justificada. Eles são o resplendor divino e a Era de Cristo.

[561] A elegia limitada inteiramente à doutrina da formação; o poema sobre a *vida eterna* para *Lucinde*.

[562] A *Numancia* é talvez uma ópera trágica, porque a *opsis* e o efeito são o principal. Elegia é síntese de história e música. Para os arabescos, *discursos polêmicos* – o sistema da filosofia grotesca, o *sorriso sagrado*. Fidelis nos versos de *Hans Sachs* e nos versos de Tieck.[108]

[563] Havia infinitas cosmogonias entre os antigos; apenas *uma* pode ser apropriada para expressar a relação determinada entre os deuses, cuja manifestação é nosso mundo. É apenas na antiga mitologia que essa relação pode ser expressa.

[564] Nos *Arabescos*, a visão teleológica da natureza parodiada; depois uma Arca de Noé burlesca e talvez uma outra tola. Nos *Arabescos* também uma visão cômica da vida comum; nos *estranhos manes* o vulgar, a nulidade; na *afetuosa senhora* o feio e o repulsivo.

---

108 *Opsis*, adorno cênico, encenação. Uma das seis partes constitutivas da tragédia na *Poética*, de Aristóteles. *Cachinno sacrum*, em latim no original: "sorriso sagrado".

[565] O *mundo* deve ser representado *nas elegias*; não apenas seu início, mas seu caráter inteiramente objetivo; exatamente o coeficiente da ação recíproca de determinados espíritos cuja manifestação é *nosso* mundo dos sentidos.

[566] O cristianismo é, em sua origem, arabesco; por essa razão ele não sofre da falta de tratamento arabesco. A mímica é inteiramente uma arte arabesca.

[567] O *Fidelis* é novamente o Sancho de Sancho. O todo não deve sair do lugar. Duas partes, a segunda completamente relacionada com o Dom Quixote. O discurso de satã – *Eulenspiegel* deve ir para a escola. Em alguma parte deve ser constituída a reconciliação da religião antiga e da moderna.

[568] <Tasso para as *Lendas sobre artistas*; Píndaro também como representação da vida musical.>

[569] Há também uma *forma de entusiasmo*, como da alegoria, e ela é o que há de mais singular na poesia. A unidade meramente musical ou plástica é uma falsa tendência, ou permitida apenas em algumas esferas.

[570] Os pequenos movimentos e os grandes traços fazem que o *Meister* seja reconhecido até nas partes individuais, sobretudo a sábia economia. É apenas entendimento. Será o *gênio* a junção entre talento e entendimento? *Entendimento* nada mais é do que o retorno ao gênio, à natureza.

[571] Para os arabescos, uma lâmpada de Nuremberg com pequenos *dramolets* intercalados de forma potenciada, ao modo de Tieck. Talvez ali, Tieck coroado com ironia.[109]

---

109 Lâmpada de Nuremberg, luminária típica de Nuremberg. *Dramolet*, pequeno jogo de xadrez, pequeno drama.

[572] Individualidade, a essência da novela.

[573] <É somente na cosmogonia que a solução em água e animalidade absoluta está completamente pronta.>

[574] *Raineke-Raposo*[110] como fundamento da moral de *Eulenspiegel* para os arabescos.

[575] <As pequenas obras de Shakespeare. No plural – *Eulenspiegel* pode ser usado uma vez como Phidibus.>[111]

[576] <A forma do arco-íris para *Maria*.>

[577] Traduzir *Sófocles* do mesmo modo como *Sebastian* é construído. *Todas* as obras românticas devem ser traduzidas.

[578] Nas *Elegias*, a natureza em alegoria cristã e a humanidade em mitologia antiga – Para as *Lendas*, a antiga retórica, especialmente *epidêitica*, talvez também a dialética platônica.

[579] Qual é, na verdade, a essência do que é *transparente*, aquilo que Goethe tem e que tanto ama?

[580] *Uma sátira* não por desespero juvenil, mas exatamente sobre ele; sobre o fato de que no *amor*, por exemplo, o que é mais belo tem sempre uma mácula, e na *arte* quase tudo é falsa tendência. O poema se chama *O suicídio* – termina com a ideia mística do suicídio e principia com o desespero juvenil.

---

110 *Raineke-Raposo* (1794), obra de Goethe. Versão que ele deu a um ciclo de poemas medievais dos séculos XII e XIII inspirados nas fábulas de Esopo.

111 *Phidibus*, no original, possivelmente uma corruptela de Fidípides ou Feidípedes, o guerreiro ateniense associado à lenda da maratona.

[581] *Honra, Nobreza, Virtude* para o drama, como a arte e o chiste para o romance.

[582] Toda formação para a elegia, a história da formação da Terra também. Uma história em tercinas – católica – o retorno.

[583] Alegoria e ideal são os polos da poesia.

[584] Em *Maria*, primeiramente o cristianismo constituído como mitologia natural, mais do que em *Fausto*.

[585] Todas as elegias em relação à Madona, como a mais elevada alegoria, talvez *prece*.

[586] O feminino prevalecendo em tudo o que é romântico. A feminilidade formada para as *Lendas da arte*. Para isso, a mitologia das musas – Aspásia – Diotima etc. A grandiosa e entusiástica visão da maternidade para os *Ditirambos* – Ceres – Ísis – Cibele – Diana. – Para as *Novelas*, a refinada singularidade das mulheres. A falsa formação das eruditas e das pudicas para os *Arabescos*. Para a *Tragédia*, a feminilidade heroica; na *Comédia*, a masculinidade grotesca. – As crianças também devem ser tratadas de um modo simbólico para a *Vida celeste*. Nos *Arabescos*, igualmente uma visão grotesca do amor.

[587] A masculinidade feminina no *Adônis* e nos sonetos de Shakespeare é bastante mística e bela.

[588] Para o *Fausto*, uma santa – uma feiticeira e uma santa como Margarete.[112] O *Fedro* e o *Timeu* também para a poesia católica. A sensualidade infinita dos gregos para os *Idílios*.

---

112 Margarida, ou Margarete, é Gretchen, personagem do *Fausto*, de Goethe.

[589] Uma forma própria do ingênuo surge para nações e eras inteiras a partir do inconsciente da própria natureza; há uma ausência completa de ideias sobre esse assunto; apenas o sentimento infantil e a intuição no meio da humanidade. Essa visão ingênua da natureza é o que há de mais singular na poesia espanhola, em oposição à italiana.

[590] A poesia espanhola tem uma antiguidade espontânea que a italiana não possui; são degenerações geniais. Será que não há em Cervantes uma *perfeição harmônica* como de fato nenhum italiano possui?

[591] Entre os romanos talvez já predomine na *sátira* alguma *moda*.

[592] A flor de fogo mais no Oriente; a água animal mais no grego – A *Canção elevada* para *Lucinde*. Uma métrica composta de trocaicos e iâmbicos – rimas masculinas e femininas alternando-se regularmente; com isso, os cantos de batalha e os monólogos se alternam no caráter da elegia <dez trocaicos femininos, oito iâmbicos masculinos>.

[593] A *mitologia persa* para o *Fausto*, a hindu para *Maria*, a egípcia para o *Messias*. Talvez todas essas mitologias em *um* poema. Na *Tragédia*, a síntese do cristão e do heroico. Será que a tragédia e a comédia mais elevadas devem ser mitologias?

[594] *A poesia espanhola* é como uma poesia natural potenciada – um encontro feliz do *árabe, português, valenciano* e também da poesia natural do Norte da França. Tudo isso fecundado pela poesia artificial italiana. O dialeto da poesia romântica é semelhante ao da poesia grega. As peças católicas, o ponto mais central.

[595] *Vilhena* † 1434 – Juan de Mena † 1456 – Garcilaso † 1536 – Boscán † 1542 – Diego de Mendoza † 1575.[113]

[596] Não haveria problema algum com as intenções dos poetas se eles apenas soubessem a *finalidade* dessas intenções. (*Soneto a um jovem poeta.*)

[597] A geometria poderia ser para a escultura o que a óptica é para os pintores.

[598] *Maria*, uma estrutura de chamas – para os arabescos – *Os homens alegres* – *As boas mulheres* – *O ator* – *O elogio da má sociedade.* Nas elegias, a forma da vida; além disso, a história absoluta de potência infinita – A *vida* e a *formação* são opostas em ambos os poemas épicos – como a plenitude e a força da *Ilíada* e da *Odisseia*. A forma das *Novelas* inteiramente retórica, não apenas histórica. Nas *Elegias*, na verdade, nenhuma forma (mas apenas uma massa substanciosa).

[599] *Canzoni*, estâncias e sonetos permitem a assonância, as tercinas um pouco menos.

[600] *Fausto* deve amar a Madona – e ter prazer. Todos querem ser o deus dela; desejar menos é *ridículo*. *Fausto* sabe disso e o expressa.

[601] Para os *Contos de fadas*, a história natural; o reino da água, o reino do ar, o reino do fogo, o reino da terra.

---

113 Enrique de Aragón (1384-1434), marquês de Vilhena. Juan de Mena (1411-1456), poeta espanhol. Garcilaso de la Vega (c. 1501-1536), poeta. Juan Boscán Almogáver (1490-1542), poeta e tradutor. Diego Hurtado de Mendoza (1503-1575), romancista e poeta espanhol.

[602] O *colorido* da prosa por meio das vogais, o tom por meio das consoantes – o estilo no ritmo, o número na construção do período – a mania na semelhança das rimas – o caráter nas figuras retóricas – as quais devem predominar não no individual, mas no todo – por exemplo, um escrito que fosse inteiramente antítese, crescendo, intensificação, inteiramente elipse e hipérbole.

[603] *Uma viagem ao posto ordinário* em hexâmetros para os *Arabescos*. A história dos alemães – pensar na *reconciliação e no retorno*, talvez com versos iâmbicos.

[604] Nos *Idílios*, tudo animalizado; nos *Contos de fadas*, tudo vegetalizado. Vida absoluta para a *Titanomaquia*. Assim como na *Cosmogonia* tem-se a história natural inteira, no *Fausto* tem-se a química inteira. Para os *Ditirambos*, talvez água, terra, fogo, ar, segundo essa ordem. Para *Lucinde*, *luz e escuridão*.

[605] O distintivo na forma da poesia reside na ideia de que *todos os poemas devem ser um poema*. Essa ideia só se deixa compreender a partir da relação entre a poesia e a religião.

[606] A essência da elegia é a visão da natureza enquanto hierarquia e a visão do espírito enquanto caos, enquanto cosmogonia.

[607] *Os poetas católicos* em estâncias para a lírica. *Galmi e Melusina* para os *Arabescos*. Talvez os *Minnesänger* para as *Novelas*; para ter canções em que a natureza e o amor sejam cantados, não como por um artista. *A família Bergheim* talvez como a novela central.

[608] Há *duas maneiras diferentes de rimar*; se as palavras são similares e se são dessemelhantes; se são estranhas ou se são comuns.

[609] Retórica : Poesia = Dialética : Filosofia.

[610] Na prosa idílica há também cor <as vogais claras>; nos contos de fadas, as consoantes maravilhosas.

[611] No *Woldemar*, o essencial, a existência do pecado no gênio, a virtude e o amor ainda por mostrar.

[612] *A afetuosa senhora*, os três romances nacionais para *Os arabescos*.

[613] *Doutrina da formação* para *os artistas* — γνωμη [*gnome*][114] — em elegias — boas doutrinas. Poemas românticos de todo tipo sobre e de Jakob Böhme — Como cerne dos poemas artísticos, uma massa de *canzoni* e sonetos. O todo como *Hierarquia da arte*. Um *conto de fadas* sobre os dramas de Shakespeare para *Os arabescos*. Para *As lendas*, a filosofia italiana e o que se pode chamar ainda de católico nela, bem como a primeira renovação dos antigos.

[614] Uma *nova* arte plástica só é possível por meio da geometria — assim como determinado caráter animal é insinuado levemente nos *antigos deuses*, também o é certa extensão. Talvez essa fosse a tendência no estilo tardio egípcio, a qual, todavia, não foi concretizada. *Hieróglifos* como arabescos em segunda potência é mais uma forma de pintura, além da voluptuosa.

[615] A verdadeira estética é a cabala.

[616] O grandioso na música é *mecânico*, precisamente o espírito da música sacra, a fuga; ela funciona como um parafuso, uma alavanca etc.

---

114 *Gnome*, γνωμη, em grego no original: espécie de ditado ou máxima que busca instrução em forma compacta.

[617] A hierarquia é um *templo* e o mundo também; a grandiosidade do conceito de poema arquitetônico como *Herkules Musagetes*.[115] *Panteão – Prometeu – Apolo – Mársias – Dionísio.*

[618] *Bacanálias, saturnálias.*[116] Níobe como a natureza. *Suovetaurilia*[117] para a brincadeira. O lugar do artista como circo ou panteão.

[619] Soneto sobre a próxima geração de tais pessoas que querem ser materialistas, e não mais apenas meros artistas da palavra. *Minerva e Ceres = pedra. Juno* talvez em um acesso de masculinidade, mais que *Minerva. Vênus* inteiramente água; Baco um pouco mais feminino – Apolo talvez mais rigoroso. Ideia de uma tradução da antiga tragédia no todo. Elegias cristãs, quatro – O pai, o filho, o espírito e a mãe.

[620] Os grandes deuses talvez para a *Astrologia – Apolo*. O sintético nos *Ditirambos*, mero sol (Baco = falo).

[621] As pessoas não geniais se originaram daqueles que Prometeu criou após ter sido libertado dos rochedos.

[622] Todas as *Novelas* tratadas de acordo com o clássico. Traços clássicos; o que for clássico para a natureza do *amor*, a natureza do homem, para o espírito da *época* de alguma *nação* – escolher tudo isso.

[623] Justificar o *conhecimento humano*, mas apenas até o ponto em que o poeta precise ter a fantasia de adivinhar, a partir do

---

115 *Herkules Musagetes*, poema de Schlegel publicado em 1800. Cf. KA-V, p.281.
116 Poema de Schlegel ironizando Friedrich Schiller. Cf. KA-V, p.320.
117 Uma das mais tradicionais cerimônias da religião romana.

ideal do homem, como ele deve se comportar em determinadas condições.

[624] A poesia italiana se aproxima, em primeiro lugar, da romana, assim como essa se aproxima da moderna. Na poesia espanhola e em Shakespeare tudo são mistérios na forma e na matéria; ali, a vida exterior, a bela formação, a arte da linguagem. Os italianos estiveram em toda parte mais próximos do clássico, sendo mais místicos do que os espanhóis. O satírico urbano absoluto da poesia romana e da alexandrina se aproxima da antiga poesia. A Era de Ouro se aproxima do verdadeiramente moderno e francês.

[625] *Bergheim* – Uma tragédia burguesa.

[626] Ambas as histórias de *Virgílio* se baseiam nos dois conceitos principais da nação romana – *bellum et pax*[118] – Em Horácio, adiciona-se então a *urbs*[119] a esses conceitos. Assim, essa é a média da nação italiana. <Do mesmo modo que aqui acontece o auge da vida romana, em Píndaro acontece o da vida helênica, e nos antigos livros de cavalaria do francês antigo ocorre o da vida da Idade Média.> Catulo e Marcial se aproximam, de acordo com o gênero, da poesia sociável francesa.

[627] *Lucinde* para a sociedade e para as mulheres; *Ditirambos* para os artistas; *Contos de fadas* para crianças; *Novelas* para todos, para a vida.

[628] Do ponto de vista teórico, a práxis habitual é *ridícula*, e a razão disso é certamente o fato de que, na verdade, ela não tem realidade alguma.

---

118 *Bellum et pax*, "guerra e paz", em latim no original.
119 *Urbs*, "cidade", em latim no original.

Fragmentos sobre poesia e literatura (1797-1803)

[629] O *Éter* representado *nos mistérios*, ou a vida dos deuses no *Olimpo*.

[630] Será que a vida passada foi mais leve e arejada, ou a próxima vai ser?

[631] A *Guerra de trinta anos* em estâncias para *Bergheim*.[120] Nos *Idílios* tudo deve se dissolver em uma suavidade feminina; nos *Contos de fadas,* tudo deve se dissolver na infância.

[632] O *Florio*, de Boccaccio,[121] torna-se ao final muito mais maduro, aproximando-se da novela no que concerne ao tratamento da verdade. O episódio sobre as *Questions d'amour*, de onde muitas novelas surgiram, mostra a origem do *Decamerão*. Uma síntese de ambos em um ambiente que representava, para Boccaccio, uma forma singular de sociedade. Essa transição deixa bem claro como o romance de fato não deseja demonstrar nada mais que o amor. Mesmo nos *Arabescos* não há outro sentido a não ser demonstrar que qualquer outra vida é apenas uma mera ilusão.

[633] *Idílios* e *Contos de fadas* são ambos visões da humanidade *anterior*. A visão da humanidade futura talvez nas *Lendas.* As peças católicas devem ser proféticas. A representação dos futuros homens em uma mescla da mitologia antiga e da cristã. No *Messias*, a mitologia cristã unificada à antiga; talvez o contrário nos *Mistérios*.

---

120 Schlegel não publicou essa obra, mas apenas um pequeno poema denominado *Des Vaters Abschied* [Despedida do pai], onde trata da Guerra dos Trinta Anos. Cf. KA-V, p.635
121 Trata-se da obra *Il Filocolo* (c. 1336), também chamada por Schlegel de *Il Filopono* em seu *Relato sobre as obras poéticas de Giovanni Boccaccio.* Cf. KA-II, p.380.

[634] Assim como entre Cervantes e Shakespeare, nas novelas de Boccaccio deve haver uma novela central.

[635] Na história de *Orlando*, tudo é caos e diversidade. *Amadis*, monotonia sentimental. *O jardim de rosas hindu*. *Rinaldo* inteiramente belo e grande, toda a humanidade.[122]

[636] <O *Decamerão* espiritual.>

[637] A forma das coisas naturais é a verdadeira essência do simbólico, da poesia elevada. – O outro fator, além da física e da mitologia da forma poética, é a retórica absoluta.

[638] Para a elegia central, talvez ainda mais moral, do tipo elevado e esclarecido. Algo como a alquimia do amor e da vida interior. Os fatores da mitologia são a *alegoria* e a *cosmogonia*. Para a elegia central – Orestes – Níobe – Aquiles – Hércules. Os *dioscuros*,[123] a mais alta alegoria para os *Hieróglifos*. *Colombo e Lutero* ainda como símbolos para os *Hieróglifos da arte*. O que nas *ideias* não for do *Lucinde* pertence aos *Hieróglifos*.

[639] Há *quatro* bens supremos da vida: liberdade – honra – amor – bem. Essa é a história do homem.[124]

---

122 *O jardim de rosas hindu*, nome de obra de Schlegel que não chegou a ser concluída. *Rinaldo*, obra da juventude de Torquato Tasso (1544-1595), publicada em 1562.

123 *Dioscuros*, em grego Διόσκουροι, gêmeos divinos da mitologia grega. Friedrich Schlegel e August Wilhelm Schlegel eram chamados ironicamente por alguns críticos de "Os dióscuros da crítica alemã". Cf. Behler, Ernst. *Friedrich Schlegel mit Selbstzeugnissen und Bilddokumenten*. Hamburgo: Rowohlt, 1966, p.83.

124 *Höchste Güter*, "bens supremos", em alemão no original. Schlegel utiliza o plural de *summum bonum*, o sumo bem, "noção introduzida por Aristóteles para indicar o que é desejado por si mesmo, e não

[640] <A reconciliação, uma poesia cristã. *Hinos sobre Sócrates e Pitágoras* – Esses foram os maiores entre os gregos – *César e Cristo* no surgimento do novo mundo. *Moisés e Salomão* de caracteres orientais.>

[641] *Filocopo* se tornou inteiramente diferente durante sua escrita. O fato de que o final feliz se estendeu por um tempo ainda mais longo – sendo coroado de um modo ainda mais feliz – pertence inteiramente ao caráter da história.

[642] <*Nenhum* chefe visível da igreja; o centro é fluido.>

[643] Minha intuição central para o *Bergheim* é decerto que toda mulher interessante é uma fórmula para a dissonância da época – e que é o homem quem deve se dar a honra – que se arruína pela verdadeira honra; luta entre a verdadeira e a falsa honra.

[644] *Apolo = verdade = sol – Messias =* Evangelho. *Maria* expõe a vida no sol; os *Mistérios*, a vida no Éter; *Fausto*, a vida nas profundezas. A representação do sol talvez no centro das *Elegias*. Como oposição. Os *Hieróglifos* infinitamente progressivos, como tudo o que apenas for hieróglifo.

[645] O *Ameto* também foi só composto durante os contos de fadas. *Lia* vem de Dante, o qual teve muita influência [sobre Boccaccio].[125] Sua verdadeira invenção é mesmo o *Decamerão*,

---

em vista de outro bem". Cf. Abbagnano, Nicola. *Dicionário de filosofia.* São Paulo: Martins Fontes, 2007, p.124, verbete "bem supremo ou sumo bem". Tradução de Alfredo Bosi.

125 Lia é uma das figuras alegóricas de mulheres na obra *Decamerão*, de Giovanni Boccaccio.

essa forma geométrica da bela sociedade; como ambiente e fundamento da obra, um conjunto de histórias. O *Decamerão* se move a partir do trágico abstrato para o local e cômico florentino.

[646] A transição realizada pelos antigos italianos da poesia para a filosofia, e da filosofia para a mitologia, muito oportuna e instrutiva para o *Decamerão espiritual*.

[647] *Noite de reis* e *Como gostais*, talvez apenas óperas.[126]

[648] Nas *Novelas*, história absoluta – elegia absoluta – épica absoluta – formação absoluta. *Magelone*, uma ópera inteiramente musical.[127]

[649] As cruzadas, um grande processo químico.

[650] Na tragédia tudo deve se basear na honra.

[651] *A Yorkshire Tragedy*[128] é uma novela incomparavelmente trágica.

[652] Os fatores da retórica são o *chiste* e a *polêmica*.

[653] Assim como em *Lucinde* e nos *Ditirambos* tudo o que importa é que a forma do todo represente um símbolo da natureza, no drama e no romance o que importa é especialmente que o método seja *científico* e *artificial*.[129]

---

126 *Noite de reis* e *Como gostais* são obras de William Shakespeare.
127 *O livro de contos do belo Magelone* é narrado nos contos de fadas de Peter Leberecht, de Ludwig Tieck.
128 Peça atribuída a Shakespeare, mas que outros críticos acreditam ser de Thomas Middleton, a qual foi publicada em 1608.
129 *Künstlerisch*, traduzido por "artificial", pode também ter o significado de "artístico". A tradução procurou manter a dicotomia entre o natu-

Fragmentos sobre poesia e literatura (1797-1803)

[654] Deve-se traduzir as histórias de cavalaria francesas em sentido retrógrado, como os livros de narrativas de heróis e os *Nibelungos*, com um tratamento inteiramente histórico.

[655] No drama as cenas devem se encaixar como a música grandiosa e sonora.

[656] *Maria*, exposição da divindade, como cosmogonia da natureza.

[657] Homero é tal abismo da natureza como Shakespeare da arte e da forma da poesia.

[658] Intencionalmente, nunca ocorreu de um poema ter forma natural ou forma artificial.

[659] O verdadeiro *Grimm* contra a época para o *Bergheim*.

[660] Todo grande artista parece ter *três* épocas.

[661] A *estrutura* filosófica *das obras* opera de um modo antitético — onde elas se desenvolvem sistematicamente surge então um quadrado. Ou a obra é meramente formadora, caótica de acordo com a ocasião, como em Fichte. Além disso, todo *quadrado* de obras tem um centro.

[662] O *chiste* já é o começo da música universal.

---

ral e o artificial no pensamento estético de Friedrich Schlegel, como em sua teorização sobre a poesia natural [*Naturpoesie*] dos antigos e a poesia artificial [*Kunstpoesie*] dos modernos. Sobre a dicotomia entre a poesia natural e a poesia artificial, ver Schlegel, Friedrich. *Über das Studium der griechischen Poesie*. In: Friedrich Schlegel Kritische Ausgabe. Paderborn: Ferdinand Schöningh, 1979, KA-I, p.239.

Friedrich Schlegel

[663] Todo poema deve representar [*darstellen*] o universo. Todavia, o olhar despreocupado não nos fornece uma imagem, mas uma plenitude de imagens. Todo ser natural é símbolo do todo.

[664] O período da prosa se formou após o *soneto* e a *tercina*, após a *canção espanhola* e a romança.

[665] A *história* fornece aos escritores ou eruditos um fundamento sólido além da religião; todos esses aspectos não devem permanecer por muito tempo separados.

[666] Bacanálias para os *Poemas entremesclados*.

[667] Em *Mena* há algo do estilo visível.

[668] O irracional do *Lucinde* = uma linha transcendente; a elipse vem frequentemente antes na poesia, especialmente na elegia romântica = a esfera maciça.

[669] A *leitura artificial* se baseia no fato de que se lê com outros, ou seja, busca-se ler também a leitura dos outros.

[670] Nas canções espanholas muita coisa é antiquada, moral – alegórica, e seria bom para inserir nos versos de *Hans Sachs*.

[671] Nos verdadeiros sonetos a primeira estrofe deve ser a premissa; a segunda, a premissa *maior* e a *menor*; e os tercetos, a *conclusão*.

[672] Na linguagem grega e romana a determinação (flexão) da palavra, a propriedade de ser determinada – tendência da *água* – seu lugar – tendência da *terra*, da relação fixa. Nas línguas orientais, as vogais são como *fogo* – as consoantes são como o ar. Na linguagem católica, o princípio ± [princípio de indiferença]; aqueles, todavia, são os elementos.

[673] *Tasso, Lope, Ben Johnson*, poetas do princípio do mal, antipoetas. A poesia é inteiramente o elemento positivo.

[674] Não há unidade nas obras de Goethe, nenhuma totalidade; apenas aqui e ali um rudimento disso. As melhores obras são poesia poética.

[675] Elegia – *Aurora* – *Caos* – *Éter* – *Íris*. Para a *Épica*, a Guerra dos Trinta Anos em estâncias. *Hildegunde* = *Die rauhe Else* para uma adaptação.[130]

[676] Voss e Richter, os mais paródicos – Schiller mais na indiferença, isto é, o puro ponto nulo. <Por isso, para o princípio do mal na poesia.>[131]

[677] *Ifigênia* é tão oposta ao *Fausto* quanto *Egmont* ao *Tasso*.

[678] Os poemas elegíacos da época moderna, sem deixar de observar a relação com a *Poesia da verdade*. Nota: *História da verdade, História do nada* – tudo isso para o gênero *mítico*. *Romanças* para *Aurora* – algo como a prece para *Madona*. Baco como representação da época atual = *Ditirambos*. A incompletude do mundo, talvez um assunto principal dos *Ditirambos*. *Água, ferro* e *ouro* para a *Cosmogonia*? Apolo e Mársias para *Sancho*.

[679] A grande retórica deve também ser figurada em seu todo.

---

130 *Elegia, Aurora, Caos, Éter*, nomes de planos de obras de Schlegel. *Die rauhe Else*, poemas heroicos medievais alemães.
131 Em carta a seu irmão, Schlegel se refere a Schiller e Jacobi como os maiores representantes do princípio do mal na literatura alemã. Cf. KA-XXIII. Carta datada de 7 de maio de 1799.

[680] Mímica é talvez a antiarte; arquitetura = arte absoluta.

[681] A inclinação atual para a poesia, para o *Drama*, apenas em razão da afeição de explicar o princípio do mal.

[682] <*Íris – Cibele – Ceres – Apolo.*>

[683]
Petrarca		
Shakespeare	⁰/₁	Dante
–		+
	Cervantes	
	₁/⁰	

[684] Aurora

(Negativo)	(Positivo)
Lucinde	Ditirambos
Fausto	Cosmogonia
Messias	Titanomaquia

Hércules[132]

[685] O romance absoluto e a épica absoluta são as mais elevadas formas poéticas. A *arquitetura* é em todo povo o auge de sua arte – inteiramente individual. A música é possível em qualquer parte. As artes plásticas *en kai pan* entre os gregos. Lá, apenas a tradução é possível. Estilo, pintura e música remanescem para o desenvolvimento metódico.

[686] *Canzone* dedicada a *Maria* enquanto musa para *Aurora* – Ερατω [Erato][133] – amor, religião, hierarquia | *Canzone* dedicada a Apolo, enquanto luz, sol, natureza, poesia.

---

132 Lista de obras que Schlegel pretendia escrever.
133 Erato: musa da poesia erótica.

[687] Em Goethe se encontram todas as formas da *formação* | O cultivo *interior* e também o *desenvolvimento* exterior de uma obra. [Não se encontra] quase nada da forma simbólica. No *Meister*, o elíptico e o vegetal. Mas isso é exatamente o contingente e irregular.

[688] Nas antigas formas de versos italianas o silogismo é o fundamento do período filosófico.

[689] Forma da *florescência* da luz em Dante, Píndaro. Água. Animalidade em Shakespeare e Homero. *Onde a água é também terra e ar. Onde a luz é escuridão, o fogo e as sete cores.*

[690] Homero e Sófocles são tão únicos entre os antigos como Dante e Shakespeare entre os modernos. Aristófanes, Píndaro e Ésquilo pertencem aos médios, assim como entre os modernos Boccaccio, Cervantes, Guarini, Petrarca.

[691] O amor de Goethe é em toda parte o mesmo. *Fausto* e *Margarete* – *Egmont* e *Clarinha* – *Wilhelm* e *Mignon* – mesmo em *Tasso*.[134] [É um] absoluto não entender e não conhecer um ao outro; *esse é o amor que não é amor.*

[692] *Romanças* são histórias populares vivas. O povo deve viver, e viver na poesia, como os árabes e os hindus.

[693] A *novela* é a poesia da boa sociedade, por isso é *anedota*.

---

134 Personagens de obras de Goethe. Clarinha é Clärchen, personagem da tragédia *Egmont*. Margarete é Gretchen, personagem do *Fausto*. Wilhelm e Mignon são personagens do romance *Os anos de aprendizado de Wilhelm Meister*. Torquato Tasso é o nome de uma peça de Goethe inspirada na vida do poeta italiano do século XVI. A peça foi encenada em 1780 após sua viagem à Itália.

[694] Em *Lazarillo* a visão da boa sociedade a partir da má, pois a boa se baseia inteiramente na igualdade, até mesmo no cinismo.

[695] Deve-se versificar por meio da rima e durante ela – criar poesia orgânica.

[696] *Fausto* inteiramente para Sancho.

[697] Cantos alternados das musas para saudação da *Aurora*.

[698] A mitologia hindu se baseia na alegria – Vishnu[135] é a essência da transmutação do divino – então, Ormuzd[136] ou Íris. A elegia meramente em relação com o cristianismo e *Ormuzd* ou Íris. O verdadeiro elegíaco simplesmente como a inacessibilidade do ideal. A terra = Cibele. A totalidade do momento em *Aurora* se opõe ao dualismo fixo nas sátiras. O espírito sagrado para as *Elegias* como princípio da arte, ao lado talvez Baco também como natureza hermafrodita. O espírito sagrado = Éter, o princípio natural nos dramas cristãos. Uma tragédia histórica shakespeariana no modo suave e na retórica absoluta de Eurípedes; também Sófocles e Eurípedes. Uma comédia romântica segundo a forma da nova comédia ática, isto é, com sua elegância – *Rosamira*.

[699] Há dois sistemas de consoantes – maiores e menores – soma-se a isso, para as rimas, as consoantes interrompidas e as estendidas. As vogais têm uma dicotomia: as claras <a, i, ä, ü, ei, o> e as escuras <u, e, eu, au, o, ei>. A escolha das pala-

---

135 *Vishnu*, deus responsável pela manutenção do universo na mitologia hindu.
136 *Ormuzd*, deus da luz na mitologia persa.

vras também representa uma dicotomia. I) Universais – duras, mescladas, estrangeiras. II) Semelhantes – moles. <Suaves, consoantes – Vogais escuras para tercinas.>[137]

[700] *Pompeianos. As crianças do tempo.*[138]

[701] No Éter, o princípio do bem e o do mal devem estar bem ao lado um do outro. O Éter = o espírito santo; todos os espíritos são apenas fragmentos dele. Por meio desse espírito talvez seria possível uma conexão espiritual com aqueles que estão segregados ou mesmo com o sol. *Transformar-se no sol é queimar-se, mas é um queimar-se elevado, iluminado e transfigurado. Tudo quer se tornar sol; o último sol é o próprio Deus.*

[702] *Canção* para *concetti*, isto é, para o caos criado no pensamento e a incompreensibilidade dos sentimentos espirituais.[139]

[703] *Maria* deve ser ainda bastante dramática – depois, toda mitologia épica; *Jeová* talvez em Elegia.

[704] Todo drama deve ter uma forma combinatória e uma forma inteiramente própria.

---

137 Ao se referir às consoantes duras e moles, Schlegel segue a mesma divisão da música. "Interrompidas" são, para o estudioso, as consoantes oclusivas, em que ocorre uma "interrupção", uma obstrução causada pelos articuladores à passagem do ar. O termo "estendidas" se refere às fricativas, as consoantes que permitem que o ar "se estenda". A dicotomia entre as vogais escuras e as claras se refere ao que atualmente se conhece pelas vogais abertas (ou baixas), que Schlegel chama de "claras", e as fechadas (ou altas), chamadas pelo estudioso de "escuras".
138 Obras planejadas por Schlegel. *Pompeianos*, alusão aos habitantes de Pompeia, antiga cidade no Sul da Itália.
139 Sobre os *concetti*, ver nota 121 da página 200.

[705] Versos troqueus entre as elegias e estâncias / entre a poesia italiana, as *coplas de arte mayor* e as *romanças*. *A forma natural alemã de reconstruir de* Hans Sachs *e do livro de heróis, de ambos.*

[706] O *Paraíso* necessita mesmo de uma representação especial = Igreja = Reino de Deus ou o fim de tudo.

[707] *Lucinde* e *Sancho* opostos, sagrados e atrevidos, espirituais e terrenos – ambos uma poesia do nada.

[708] <*Reflexão*, faculdade da beleza, como a fantasia é faculdade da natureza. A poesia, mais história; filosofia, mais ciência.[140] Arte e natureza, o centro da moral.>

Arte	Natureza	Beleza
Alexandrinos	Homero	Píndaro
Aristófanes	Ésquilo	Sófocles
(Eurípedes?)	Lucrécio	

[709] Não é todo drama – seja irrelevante como for – o reflexo e a cópia daquela Maria = representação da humanidade.

[710] Métricas novas e mais orientais ainda devem ser compostas a partir das italianas e das românticas. *Wolf Dietrich* em *coplas de arte mayor. Parzival*[141] em *coplas de arte mayor. Melusina ainda para o Sancho. Galmi, uma cópia do Lucinde.*

[711] Poesia da beleza = poesia da vida – Amor e razão, o grande dualismo da tragédia.

---

140 Hans Eichner diz que Schlegel sobrepôs a palavra "ciência" à "história", demonstrando um erro de escrita no manuscrito.
141 *Parzival*, poema medieval alemão (ca. século XIII) atribuído a Wolfram von Eschenbach (1170-1220).

[712] A essência do drama se encontra no construir. Na épica é deduzido; no romance é combinado.

[713] O verdadeiro período prosaico deve ser construído dramaticamente.

[714] *Forma* e *matéria* são as categorias da beleza, mas são objeto e sujeito da representação.

[715] Os elementos do romance são lenda, *romanze*, novela; a lenda como ponto de indiferença é o membro mais essencial.

[716] *Aurora, Lucinde, Arabescos* são poesia da natureza — Contos de fadas, lendas e idílios, poesia da beleza. Épica, drama e romance, poesia da arte.

[717] A poesia elevada se divide na poesia da luz (oriental), poesia da força e poesia do amor.

[718] *Eurípedes* deve ser compreendido como uma tentativa de síntese entre a poesia e a filosofia. Os antipoetas dos gregos devem ser procurados entre o drama tardio ateniense.

[719] A forma épica é telúrica, a forma da lenda é sidérea. Para cada poesia da beleza natural e artística, três modelos de poetas determinados, de arte determinada, de imagem determinada, de música determinada e de formas da natureza.

[720] Para o drama, animalidade determinada — Há apenas três tipos de animais trágicos — *o cavalo, o touro e o leão*. Três símbolos vegetais — *o lírio, a uva e a rosa*. A uva é o símbolo hindu da fertilidade e do prazer, o lírio, da inocente florescência, a rosa, da voluptuosidade. Na mulher o semblante também tem forma sidérea. Na *primavera* é tudo vegetal. Toda cena no drama é talvez um processo de oxidação, de queima. A *tempestade* é o

símbolo da vida do Éter. *O dia e a noite* expressam a vida na Terra em alternância silenciosa. No soneto há já uma aproximação ao caráter didático da elegia.

[721] Duas formas diferentes de dissolução trágica em *Extremeño* e *Curioso*, de Cervantes.[142] Tolice trágica e burrice trágica. Buscar a fonte das novelas de Cervantes em *Galateia*, e depois no *Dom Quixote*.

[722] *Adônis* é a novela central de Shakespeare.

[723] *A terna senhora* em estâncias – os três pequenos romances – *Floriluz* – *O jogo* – *A nobre ação* – Mescla – Biederhold, o conselheiro; a narrativa deve remontar até a semana do primeiro beijo.[143]

[724] <Os coriambos são bem audíveis para nós e têm um efeito muito decidido.>

[725] O caráter da elegia é a mais elevada *eufonia nas consoantes*, por isso não há hiato.

[726] A <métrica> portuguesa é a raiz da rima. Será a rima oriental ou moderna?

[727] Existiram dois Homeros – um originário e um complementar. Do primeiro advém a diferença entre o νοστος e αριστεια [*nostos* e *aristeia*].[144] | O final da *Ilíada* e a *Odisseia*.

[728] Góngora especialmente para a poesia negativa. Marino talvez em razão da falsa docilidade. Em Cervantes é visível

---

142 *El celoso extremeño* é uma das *Novelas exemplares* de Cervantes. *O curioso impertinente*: episódio em *Dom Quixote*.
143 Schlegel se refere a projetos não realizados.
144 *Nostos*, "o retorno"; *aristeia*, "as ações dos heróis", em grego no original.

a tendência a um sistema de obras; Boccaccio é apenas falsa tendência por excelência. Nos pequenos poemas de Petrarca há mais profundidade e artificialidade.[145]

<Dante   Cervantes   Shakespeare>
<Boccaccio   Guarini   Petrarca>

[729] As histórias de Granada são um assunto para a tragédia, assim como as histórias dos reis francos – *romanças árabes*.

[730] *Pulci*, Ariosto, apenas tendências. O mesmo se dá com o teatro espanhol.

[731] *Fiammetta* é a verdadeira obra de Boccaccio. O *Decamerão* não está livre de falsas tendências. Cervantes, uma imagem e exemplo de eterna juventude, onde não é visível nenhuma diminuição. Petrarca (1304-1374); Boccaccio (1313-1375), início da peste (1347).

[732] Camões como banhista em meu *Sebastian*. A épica de Camões é ao mesmo tempo νοστος e αριστεια [*nostos* e *aristeia*]. Ao mesmo tempo *Odisseia* e *Ilíada*.[146]

---

145 Luis de Góngora y Argote (1561-1627), religioso, poeta e dramaturgo espanhol. A crítica a Boccaccio nesse fragmento reflete o que Schlegel afirma em sua caracterização do poeta italiano, isto é, que não se furtaria a observar também as qualidades negativas de Giovanni Boccaccio. Cf. KA-II, p.373.

146 Em suas *Conferências sobre a literatura europeia*, realizadas em Paris e em Viena nos anos de 1802, 1803 e 1812, nas quais busca fundamentar a história da literatura europeia com base na Idade Média, Schlegel já chama a atenção para toda a grandeza e a importância de Camões, o que o coloca como um dos precursores dos estudos sobre o poeta português na Alemanha.

Friedrich Schlegel

[733] Sonetos no futuro para os *Hieróglifos*, em razão da construção absoluta.

[734] Na história do homem e na história da Terra, um *uno* absoluto, como Heródoto. Ele se baseia totalmente na poesia. *Poesia alemã*. Shakespeare – Böhme – Borgonha. – Em toda parte só existem três historiadores – Heródoto (lenda) – Tucídides (épica) – Tácito (tragédia).

[735] Sonetos orientais.

[736] A épica espanhola para observar a transição entre a *romança* e o drama. – A épica tem mais tendência ao conto de fadas, o drama, ao idílio.

[737] Todos os grandes motivos são *individuais* e ainda assim *objetivos*. Desse modo, eles também devem ser o fundamento das *fábulas*. Os motivos e a situação devem ser construídos em uma fábula de modo chistoso, ser novos e bastante individuais.

[738] *Hino da arte* em *Maria* – Nos contos de fadas orientais estão entrelaçados os elevados *contos de fadas naturais* (Novalis).

[739] O [que é] inventado nos poemas históricos deve expressar o caráter do todo, sendo, assim, historicamente verdadeiro, apenas em um sentido mais elevado.

[739a] As *visões* são ao mesmo tempo ultraépicas.

[740] <Versos italianos para os *Ditirambos* no seguinte esquema. Tercinas duplas: abcdab | cdefcd.>

[741] Hércules para a *Cosmogonia* como ideal do *homem* – *Visão* = Jeová – Só se deve pintar contos de fadas.

[742] A forma natural do drama é a da *morte*, ou melhor, do espírito natural; por isso, drama = tragédia. A outra forma = hipérbole, não apenas a ação visível, mas também o polo invisível, aquele que ocorre em Sófocles por meio do *destino* e em Shakespeare por meio da psicologia absoluta e da ironia.

[743] *Zerbino* = drama lírico. | *Sebastian* = drama épico. – *A forma da morte – Queimar ou petrificar.*

[744] A raiz do idílio e da lírica é manifesta e simultânea. Elegia – poesia do amor, como o arabesco é a poesia do chiste, os dois polos da poesia romântica.

[745] A lei da dicção é o caráter – caracterizar –, todavia, mais potenciado do que na filosofia. – O caráter da linguagem que será poetizada, o caráter da poesia em geral, o caráter do poema especial, a esfera de onde surgiu etc.

[746] Caos = arabesco. Éter = elegia. No meio entre o Éter e o caos – *primavera* – uma mistura da brilhante επιφνεια [epifania]. Toda poesia romântica = caos; a poesia mitológica = Éter. Uma utilidade inútil – artificialidade fácil.

[747] A forma da poesia deve ser *religiosa* – *sacrifício* – festa – orgias – templo – <símbolo da terceira forma religiosa>. Na épica a vítima é expressa de forma mais clara que no drama. – O caráter religioso é inteiramente apenas um, o profético, isto é, o filosófico. <Orgia = hipérbole. Sacrifício = triângulo. Templo = quadrado.>

[748] Uma *cidade* também é um monumento da arquitetura, e um *jardim* não menos. Um templo também é um *monumento* da arquitetura.

[749] O trágico não é tão sério no drama quanto na épica. Épica = subjetivo : objetivo. Drama = objetivo; lírico = subjetivo.

[750] *Vishnu* em hieróglifos <ou contos de fadas>. *Jeová* em visões. *Ormuzd* – oráculo. *Hinos* – Hieróglifos – Ditirambos juntos – *Aurora*.

[751] Pela razão de que a lírica abarca em si as três formas religiosas do romântico, a poesia lírica deve ir no meio entre o drama e a épica. Festa, sacrifício e *símbolo*.

[752] *Apolo* e *Mársias* não como drama, mas como épica.

[753] A característica em Shakespeare é inteiramente romântica. Uma visão arabesca da maldade e da individualidade – suave e alegórica, ambas mescladas na estranheza do que é dado por meio da lenda.

[754] As *metáforas* precisam certamente ser consideradas na medida em que devem representar o todo. Por exemplo, em sentido restrito, as *metáforas das histórias naturais fabulosas* são apropriadas para o romântico e não para o lírico, dramático, épico ou para o antigo.

[755] O *pathos* deve ser idealista nas tragédias para que o todo seja uma vítima sacrifical digna. *A escultura é trágica.*

[756] Duplicidade para o romance. – As formas básicas algébricas. – Nulidade, identidade, duplicidade. <A denominada ironia é uma forma algébrica básica.>

[757] *Sebastian* não meramente épico, mas épico-lírico.

[758] A forma triangular [possui] um movimento mais regular, mais semelhante e mais desenvolvido que a elipse.

[759] O objeto mais elevado do drama é o poema protestante.

[760] *A música de Sebastian Bach* é cúbica. Há uma arte *cúbica* e uma arte transcendental, assim como uma ciência cúbica e uma ciência transcendental.

[761] A poesia *revolucionária* e a romântica ainda inteiramente separadas. A poesia romântica é também caótica, mas orgânica em si. A poesia orgânica é inteiramente elíptica. *Lucinde* é apenas a transição do revolucionário para o romântico. *Nos Ditirambos* e em *Aurora* a poesia revolucionária se aproxima do místico.

[762] <*Sextina* – vida, flor, sol, lamento, amor, dor.>

[763] A forma básica da poesia francesa – *pièce fugitive*[147] e depois a representação, como a sátira e o declamatório entre os romanos.

[764] O *Evangelho do amor em* valencianos. Ditirambos talvez para a *Aurora*.

[765] O antigo francês é o verdadeiro caos linguístico, o princípio malvado da linguagem romântica. O provençal, ao contrário, é a fonte do português, do espanhol e do italiano.

[766] Guarini é ao mesmo tempo a síntese de *Galateia* e do *Numancia*.

[767] Será que *Hans Sachs* se desenvolveu de acordo com *Marot*, assim como Flemming e Weckherlin segundo Ronsard?[148]

---

147 *Pièce fugitive*, "peça fugidia", em francês no original.
148 Hans Sachs (1494-1576), poeta medieval alemão; Jean Marot (1463-1526), poeta francês da Renascença francesa; Paul Flemming

[768] O *Tasso*, de Goethe, segundo a *Bérénice*, de Racine; algo do tom poético talvez até mesmo de *Aminta*, de Tasso.

[769] A forma do todo é precisamente muito ruim em Ariosto.

[770] É apenas no drama que não deve ocorrer a forma individual e a cópia de maneiras individuais; na poesia romântica isso é bom em si. No drama é apenas uma forma básica.

[771] Fábulas de animais e contos de fadas em forma dramática.

[772] *Maria* = lírica absoluta – *romanças* alemãs – sátiras históricas.

[773] *Athalie* tem uma forma própria, como *Bérénice* – A luta indireta entre o princípio do bem e do mal.[149]

[774] Toda poesia romântica é caótica em sentido restrito.

[775] Os cantos pertencem principalmente à poesia da vida.

[776] <Hans Sachs morreu em 1576.>

[777] <*A arquitetura gótica poderia talvez ser um elo intermediário entre o grego e o egípcio.*>

[778] As canções espanholas não apenas para as formas naturais, mas também para as formas artificiais românticas, assim como a *romança* italiana.

(1609-1640), físico e poeta alemão; Georg Rudolf Weckherlin (1584-1653), poeta alemão; Pierre de Ronsard (1524-1585), poeta francês.
149 Tragédias de Jean Baptiste Racine (1639-1699). *Athalie* foi encenada em 1691 e *Bérénice* em 1670.

[779] Os idílios devem ser místicos no mais alto caráter, já os ditirambos não. Ao que parece, os ditirambos são os que mais exteriorizam o caráter da vida potenciada para a lírica.

[780] Assim como os franceses fizeram com a filosofia inglesa, os ingleses adotaram a poesia francesa de um modo incontestável. *Boileau* é um *badaud*,[150] ele se *obrigou* a fazer sátiras porque acreditava que precisava cultivar aquele tipo de arte.

[781] Coro = ditirambos + hino.

[782] Assim como o *infantil* é o melhor na poesia francesa, o extravagante é o melhor da poesia inglesa. O que se chama de poesia francesa é na verdade poesia parisiense. Mas, além da essência parisiense, parece que há um provincialismo especial na base da poesia francesa.

[783] A *fantasia* – enquanto gênero poético – é a raiz do conto de fadas e da elegia.

[784] *Marot* se desenvolveu também segundo os mais antigos da Picardia ou Normandia.[151] Rabelais, Racine, Diderot são talvez os únicos poetas que possuem uma *arte semelhante* entre os franceses. Toda época apresenta um.

[785] Todas as formas das canções dos espanhóis devem ser unificadas em uma. O caráter básico é a formação, que se dá como por brincadeira; a isso se relaciona a agudeza.

[786] A vida da fantasia é toda poesia mística. Toda alegria e toda vida é apenas potência de "X". As relações de amizade = conversa = quadrado.

---

150 *Badaud*, "curioso", em francês no original.
151 Regiões do Norte da França.

[787] Na *paisagem* e no *retrato*, segundo a forma, a pintura mergulha inteiramente na poesia natural. A forma original da pintura é o *arabesco*, a da escultura é o *ideal*.

[788] Para a construção do romântico ainda nos falta um elo essencial na poesia provençal. O próprio francês é apenas um provençal estropiado.

[789] *Orestes*, a primeira elegia.

[790] *Marino*, falsa tendência a partir da esfera do *Lucinde*.

[791] Em toda parte onde haja ócio e leituras, além do teatro e do canto, deve-se incluir na poesia natural também o romance e as narrativas em prosa, mas isso é limitado a certos extratos sociais.

[792] As *Sátiras* e *Aurora* são pura poesia sem mitologia. *Zerbino* (tragédia musical) = *Lucinde* + Elegia. Sátira = *Messias*. A última paz – já o reino sensível de Deus é para *Maria*.

[793] Raízes românticas da mitologia. Petrarca não é tão puramente lírico, mas uma obra de composição individual.

[794] A repetição do tom na rima é só uma redução para a linguagem natural. Todos os animais repetem apenas um tom – o mesmo acontece com as cachoeiras e também os trovões. – A rima e a assonância estão unidas nas melhores fontes.

[795] Canção natural corpórea, como em Goethe nas canções de amor dos trovadores [*Minnelied*]. Possibilidade de uma poesia sem mito e história, e sem mistérios naturais = *elegia*, como que uma poesia inteiramente desnuda. Essa poesia é o oposto do romance transformador para pessoas sem formação.

[796] Iambos. <Mas que péssima corja, terra! Acredite, nunca me arrastei em sua sujeira, que gerou toda a gente pecadora que agora empesta o ar sagrado.>

[797] A incompletude da poesia é necessária. Sua completude é = *a aparição do Messias*, ou a incineração estoica. A humanidade será perfeita quando a fantasia tiver vencido a reflexão.

[798] Qual é, na verdade, o caráter básico da poesia romântica? O caráter da poesia atual é arte – erudição – e, com isso, o retorno à teosofia. <A construção chistosa do fantástico ainda não basta inteiramente para isso; talvez o caráter pitoresco e musical, naturalmente inconsciente e que ainda se encontra irreconhecível. Ausência da progressão orgânica interior, como na poesia grega; tudo é individual e inconsciente.>

[799] *Petrarca* é apenas o complemento de *Dante*; *Tasso*, a reminiscência de *Camões*; *Boccaccio* é o precursor e complemento de *Cervantes*.

[800] Assim só há um *breve momento singular* da vida na história de toda nação moderna; também na história da poesia ocorre o mesmo.[152]

[801] O caráter da poesia grega é titânico; da poesia hindu é *hieroglífico*.

[802] Apenas a poesia natural romântica (nossa própria) nos interessa de um modo mais próximo, e não a poesia grega.

---

152 Traduziu-se *Silberblick* por "momento singular da vida". De acordo com Hans Eichner, Schlegel deduziu o termo da metalurgia. Cf. Eichner, Hans. Notas. In: KA-XVI, p.581.

[803] Uma elegia sobre a poesia – sobre o *idealismo* – antigos pensamentos de uma elegia trágica sobre a limitação. Sobre a época atual – *hieróglifo* como título das elegias voluptuosas. *Bacanálias*. Contos de fadas = *Lucinde* potenciado. *Maria*, uma potência ainda maior do mesmo.

[804] As peças de *intrigas* dos espanhóis têm muita semelhança com *L'hombre* ou mesmo com *o jogo de cartas*.[153]

[805] A poesia moderna é *erótica*. O fantástico chistoso nela é apenas uma aproximação do oriental. Talvez o princípio da poesia moderna seja duplo; ela é erótica e *semelhante* à arte, isto é, pitoresca, musical etc. Nisso ela se diferencia da grega apenas pela completude.

[806] A verdadeira poesia oriental é *hieroglífica* – a falsa é *fantástica*, assim como a poesia falsa antiga é correta ou clássica no mal sentido.

[807] *Lope* é apenas o precursor de *Calderón*, e o verdadeiro *Voltaire espanhol*. Goethe tem algo de Racine e de Voltaire; Tieck tem algo de Calderón. Tasso é um Racine melhorado; Calderón situa-se entre os melhores.

[808] A transformação interior e plástica; aquela cuja aparição se limita ao exterior é mímica.

Inventar		*Transformar*
Cervantes	Camões	Calderón
Petrarca	Guarini	Ariosto

---

153 Nome de jogo. Em *Lucinde* o jogo de cartas surge como *Pharaospiel*.

[809] Dois tipos de poema épico – contos de fadas e poema heroico. – Enquanto poema épico, o conto de fadas em forma homogênea também em estâncias; *Hércules* mesmo para um poema heroico em tercinas. Hinos à *Maria*.

[810] O caráter da linguagem oriental é talvez a separação dos polos. Por isso, ditongos e consoantes-ditongos. (Em analogia ao alemão,) o grego se baseia em um meio-termo. O *paralelismo* é contrário ao ritmo. O número de sílabas e a quantidade é livre, mas o pensamento e as imagens obedecem regras. *Tudo é imagem*. Entre essa linguagem e a linguagem alemã (ou para o elegíaco), a prosa em três épocas: I) Clássico sem cor. II) O romântico pitoresco que conta com vogais e consoantes. III) Uma síntese de ambos, o romântico grandioso.

[811] *Lisette*[154] poderia ser um romance próprio, segundo a primeira ideia.

[812] *Camões* parece se situar inteiramente em um ponto de vista mais elevado do que a poesia espanhola. A poesia portuguesa já é uma síntese da poesia italiana e da espanhola. O caráter principal da poesia italiana, desde Dante até Ariosto, é *falsa tendência* e *virtuosidade*.

[813] A *formação harmônica* μεσότης [*mesotes* – meio-termo], as *ilusões* e o alexandrinismo são as doenças originais da poesia. A ilusão e o alexandrinismo são ambos aspectos da poesia formal sem a matéria da mesma; no alexandrinismo é mais *objetivo*, na ilusão é mais subjetivo. – As doenças da filosofia na poesia moderna também se tornam mais visíveis agora; monotonia e ausência de artificialidade por meio do isolamento e do não

---

154 Personagem do romance *Lucinde*.

desenvolvimento do que é mais elevado (Hülsen) etc. Apenas os poetas negativos da época atual são interessantes.[155]

[814] Assim como Goethe partiu dos franceses, alguns poetas românticos partiram dos *romanos*. Ambas as nações são um exemplo de que, apesar de todo o esforço e formação, podem existir grandes nações sem poesia.

[815] Épica em estâncias – contos de fadas.

[816] Existe uma comédia *pura*, bem distante de Aristófanes. – Há em Shakespeare uma tendência a isso. Buscar o ideal na comédia hindu. Assim como as formas básicas da poesia grega são a tragédia e a lírica, talvez o romance e a comédia sejam as formas básicas hindus. Homero também é apenas uma *tendência*.

[817] As fontes elementares e únicas da poesia são a ira e a volúpia. <Os polos, o chiste é o ponto de indiferença.> O chiste e a ironia devem ser perpassados por essas fontes para que seja verdadeira poesia. Esses são os elementos da vida. A formação pura para a arte se opõe à formação para esses elementos – predomina no segundo nível da poesia.

[818] As verdadeiras sátiras na métrica oriental e no espírito dos profetas.

[819] Crítica e política são os fatores da história. Eu devo ser para a história o que Goethe e Fichte foram para a poesia e a filosofia.

[820] A introdução à filosofia que se busca em vão se encontra na poesia.

---

155 *Mesotes*, "meio-termo", em grego no original. Termo da filosofia antiga introduzido por Aristóteles na *Ética*.

[821] *Fidelis* (em Sancho), o romance cínico – trágico e ainda assim cômico. O *Heinrich* parodiado.[156]

[822] <"Seda, o cabelo mais negro que oculta corais.">

[823] Orgias = I) Príapos. II) Sátiras. III) Saturnálias. As canções em três momentos objetivos do amor. Ânsia, prazer, morte ou distância. As verdadeiras sátiras para o *Messias*. A *épica* talvez em versos alemães – *A cruzada*, ou em tercinas – *Jeová*.

[824] Na poesia grega predomina o lírico.

[825] Será que não seria possível uma encenação histórica como em Aristófanes?

[826] O mais grandioso é quando a ira surge oculta por flores, e o prazer em um animal, um animal aquático.

[827] Leis da história moderna – universalidade e universalidade mais profunda. Por isso, tratar tudo de um modo individual. Ou será que em razão da idealidade tratar tudo em relação com o futuro?

[828] *Simeon* Logothet – ano 900 contém uma quantidade significativa de *histórias sagradas* metaforizadas ou ternamente tratadas. Ver a *Biblioteca grega*, de J. A. *Fabricii Bibliotheca Graeca*, vol. VI, p.509. *John Moschus* (550-619), famoso escritor de lendas.[157]

---

[156] Schlegel se refere ao romance do amigo Friedrich von Hardenberg (Novalis), *Heinrich von Ofterdingen*.
[157] John Moschus, monge bizantino. Johann Albert Fabricius (1668-1736), bibliógrafo alemão, autor de diversas compilações, inclusive a *Fabricii Bibliotheca Graeca* a que se refere Schlegel.

[829] *Elegias morais* – suicídio, volúpia, honra, amizade – A construção da natureza do amor até Kant nos *Hieróglifos*. Romança entre os *contos de fadas* e os *idílios* – <histórias de cavalaria e novelas>. O verdadeiro poema épico é hipertrófico. A Guerra dos Trinta Anos. História dos reis francos.

[830] Apenas os *construtivos* pertencem à arte, ou seja, apenas Cervantes e Calderón.

[831] *A dignidade da ação* e a arte mecânica se encontram profundamente arraigadas no espírito da novela italiana.

[832] O *Santo Sebastian* e um coro de mártires para as *Tragédias*.

[833] O princípio do chiste é mais épico que lírico. Uma série de formas poéticas líricas desde os ditirambos e hinos até a fantasia – visão, a última forma lírica.

[834] Paraíso
       Messias   {Tudo isso para *Aurora*.
       Jeová (em visões) O mesmo para os *Hieróglifos*.}

[835] <*Ditirambos* – idílios para *Lucinde*. Lendas para o romance artístico. (Em estâncias.) *Dodecamerão*.>

[836] *Dante*, *Böhme* e *Shakespeare* perfazem juntos uma tríade. | Juntos, eles são o Homero moderno.

[837] *Carlos, o Grande, até Carlos V*, os períodos dramáticos para toda a Europa. <Trabalhados em tercinas épicas.>

[838] Apenas três poemas líricos cristãos – *Aurora* (=*Maria*) – *Jeová* – *Messias*.

[839] Alguns mitos deve-se *desdobrar*, outros *comprimir*.

[840] Em *Jeová*, a visão da natureza em relação ao princípio do bem e do mal. Em *Messias*, a hierarquia do *chiliasmo*.[158]

[841] Existem povos *peregrinos* – fenícios, gaélicos, gregos e romanos – e povos fixos, como os hindus e egípcios.

[842] <Tragédias> <Comédias>
Solisa – Sebastian   Lutero – Navarra

<*Zerbino Erpino* – musical e pitoresco – como estudo é suficiente – *Don Juan* – *Devoción de la cruz*>.[159]

[843] *Maria* como drama alegórico.

[844] Há três tipos de prosa – formada classicamente – moderna chistosa – oriental colorida.

[845] A *morte* é o elo intermediário entre o *amor* e a *arte*; representar isso no *Messias*.

[846] Talvez fosse possível trabalhar a mitologia nórdica e a cristã juntas, onde o pagão fosse tratado de um modo puramente negativo. A mitologia nórdica pode se ligar em primeiro lugar com a persa.

[847] <Nota: Dúvida sobre as tercinas para *Aurora* – em razão das limitações. Melhor estâncias.>

[848] A poesia moderna talvez até agora = *construir em duplas*, Dante e Petrarca | Shakespeare e Calderón – Cervantes e Ariosto – Boccaccio e Guarini – Tasso e Camões – Boccaccio, Guarini e também

---

158 *Chiliasmo*, mesmo que *milenarismo*, doutrina apocalíptica cristã.
159 Em espanhol no original.

Tasso anseiam por uma ligação do antigo e do moderno. *Dante* e *Petrarca* de acordo com a representação do invisível.

[849] Assim como se deve representar a existência saturnal nos *Contos de fadas*, nos poemas heroicos deve representar o *marcial*. Nas elegias, o *telúrico*. <Maria como sol, em sonetos.>

[850] Em todo drama um coro.

[851] <*Homo*, uma comédia moral – prólogo do tratamento do *Homo*, desde o berço até o ataúde – sua passividade – todo o resto vive por ele.>[160]

[852] O espírito santo é a *fantasia*, como Jeová é o princípio do bem na natureza.

[853] Dúvida sobre os romances inventados – talvez eles devam ser considerados apenas como uma polêmica contra o gênero existente.

[854] <Nota: Ideia de um conto de fadas profético. | Indício de toda maravilha física da próxima época. (Em estâncias.) *Stella Maris* (a arte relacionada a isso).>

[855] *Fausto* para o *Sancho* – talvez um poema heroico sobre um papa e o espiritual. Exteriorizar a época dos heróis ou mesmo o *Messias* como um Hércules espiritual. Morte e escrito para os *Mistérios* – ou *Visões*. – Novelas sobre o grande espírito mercador para as *Lendas*. Contos de fadas e *romanças* onde a relação entre a morte e o prazer ocorra de um modo ainda mais intenso que em *Lucinde*. Talvez uma *Fantasia* com todos os elementos do mundo da cavalaria e do mundo pastoril.

---

160 Schlegel não chegou a terminar essa comédia.

[856] <Nota: *Ideia de um poema histórico-cômico.*>

[857] *O talismã* = + *Lucinde* = Lucinde potenciada.

[858] Romance = indiferença da poesia exotérica.

[859] *Júlio Cesar* e *Alexandre* se associam completamente ao *Hércules*. Uma série indeterminada de dramas transformados por outros poetas pertence inteiramente ao todo.

[860] Deve ter existido uma escola da pintura hindu, e das grandes. Pintura pura nada mais é que arabesco. Seria possível pintar *hieroglificamente*, sem mitologia. Uma pintura filosófica.

[861] Desde Leônidas até Alexandre – de Scipio até Trajano – de Carlos, o Grande, até Frederico II; e então a história dos califas; esses são os pontos principais da visão cosmopolita. <Ciclo dramático, de *Constantino* até *O Imperador Frederico II*.> Na mitologia a diferença histórica não pode ser válida. O egípcio também tão próximo.[161]

[862] Os árabes são os divinos citas[162] ou tártaros. Eles ainda se deixam representar nos dias atuais. O caráter persa <na mitologia> já é talvez uma mistura do hindu e do egípcio com

---

161 Leônidas I (século V a.C.) foi um general espartano; Alexandre Magno (século IV a.C.); Carlos Magno (742-814), rei dos francos; Frederico II (1194-1250), imperador do Império Romano-Germânico. Scipio, Lúcio Cornélio Cipião Asiático (século II a.C.), político romano; Constantino Magno (272-337), imperador romano.

162 Os *citas* são um povo nômade de origem indo-europeia que nos séculos VIII e VII a.C. povoou a região que hoje corresponde à Ucrânia e ao Sul da Rússia

raízes nos citas. A luta pura entre o bem e o mal do povo cita, nórdico, americano.

[863] *Romanças* e canções são os elementos do romance.

[864] Os romances de Carlos Magno são pouco favoráveis para o romance – exatamente pelo histórico.[163]

[865] Retirar as *romanças* talvez do *Amadis*, ou de algum outro romance que não se deixe tratar individualmente. *Fidelis* é também uma comédia = *Lazarillo* dramático – Talvez um *Lazarillo* literário. Talvez também *Dom Quixote*.

[866] *Devocion* e *Erpino*, o musical supera o trágico. O trágico é preponderante em Shakespeare. O conjunto de sua obra histórica é inteiramente trágico.

[867] *Maria Madalena* – enquanto drama ou romance – como obra satírica cristã dramática e, ao mesmo tempo, puramente inventada.

[868] *Urbano* como uma potência do *Mercador de Veneza*.[164] Representação da posição social – emocionante, brilhante. Talvez inteiramente inventado. Algo oriental.

[869] *Mársias*[165] precisa ter recomprado de Hermes sua pele, de modo a fazer uma nova guerra contra Apolo. Schiller com

---

163 Hans Eichner se surpreende com esse fragmento de Schlegel, já que em outros fragmentos esses são elementos constitutivos desse gênero poético.
164 Peça de Shakespeare.
165 *Mársias*, personagem da mitologia grega que é escalpelado por Apolo após perder uma competição para ele.

Seni,[166] o qual fica em dúvida se toma partido por Mársias ou por Apolo e finalmente se perde em um caminho escuro. Goethe como o editor do *Propyläen*.[167]

[870] *Madalena*, uma comédia pura, a mais refinada perversidade.[168] *Devocion*, em grande parte trágico. *Sakontala*, uma doce tragédia. Ao invés disso, algo *Köristani*.[169]

[871] <Nota: *Os jardins de Salomão* para um conto de fadas profético.>

[872] <*Fausto* talvez para um poema cômico-épico todo-abrangente — Com *Eulenspiegel* — *Fidelis* — *Sancho*. *Amadis* talvez tratado como um poema cômico-épico.>

[873] Todas as *romanças* heroico-épicas bem curtas. Duas séries — I) Francos até Carlos Magno. II) Nórdicos até o místico.

[874] A fábula tem leis muito universais. O *ethos* e o *pathos* devem ser deixados a cargo do arbítrio e da individualidade. A teoria da poesia contém a *caracterização, fábula, dicção, métrica*.

[875] O idealizar está defronte do fantasiar (música), o simbolizar está no meio.

[876] Em vez de *Safo* para as óperas, a *Sakontala* como a mais extrema ternura musical. Em vez do *Urbano, talvez a noiva do rei*

---

166 Seni é a personagem de um astrólogo na peça *Wallenstein* (1799), de Schiller.
167 Revista literária em Jena.
168 *Wickedness*, em inglês no original.
169 Originário de Köristan, na Turquia.

Garbo.[170] Os mitos da Idade Média para o *Dodecamerão*. Para poder atingir sua profundeza e significado verdadeiros eles devem ser cristianizados.

[877] Ao lado dos animais aquáticos e das criaturas do fogo, ainda no meio, devem vir os corpos de luz, forma siderais, e entre elas a *Aurora*; porém de um modo ainda mais arquitetônico, como a música nos contos de fadas e a escultura nos mistérios. O irracional para os contos de fadas; o mesmo deve se dar com a infantilidade. O *Persiles* já pertence ao *Dodecamerão*.

[878] Os poemas de Tieck são *jogos de palavras* – de acordo com sua forma – essa é a forma básica da poesia romântica. Seu caráter é místico. O caráter de Goethe é artístico, por isso a formação. A forma de suas obras é *formadora*. Ambos ainda têm relação com o *fantástico* e o *insensível*.

[879] <Ano de 1801> Em vez da linguagem indeterminada, é a linguagem oriental que deve predominar na poesia; na filosofia, a linguagem helênica. Será a linguagem hindu indeterminada?

[880] Se há uma poesia natural, ela é a mais antiga, por isso a tendência da poesia em retornar à Antiguidade da linguagem.

[881] A <forma> sidérea deve predominar inteiramente na poesia. Por que não as flores <de fogo> como a futura forma predominante na poesia?

[882] As artes plásticas devem atuar apenas sobre o sentimento, mas apenas podem atuar por intermédio dos olhos.

---

170 Sétima história do segundo dia do *Decamerão*, de Giovanni Boccaccio.

[883] As formas naturais são telúricas, as siderais e as etéreas. Nas artes plásticas predomina a telúrica.

<Telúricas>	<Siderais>	<Etéreas>
Pedra	Fogo	Ar
Animal	Morte	Planta
Água	Volúpia	Luz
Cosmogonia	*Aurora*	*Fantasias*
I	II	III
	I- Melancolia	
	II- Ira	
	III- Brincadeira	

[884] Cibele é uma das mais grandiosas ideias da Antiguidade. Ela mesma é Alcmeão para Hércules.

[885] 7 = irracional – Forma do olho da criação.

[886] Os contos de fadas *saturnais* – Maria – *solares* – Jeová – seres de luz e de fogo – Dodecamerão – zodíaco.

[887] A diferença fundamental entre a poesia e a filosofia consiste na *embriaguez* – ao lado do entusiasmo enquanto harmonia; para a *Filosofia*, esses aspectos, ao lado dos silogismos.

[888] Na aliteração há um princípio muito plástico.

[889] Em seu conjunto, o método ou a forma da poesia frente à filosofia é o histórico; o tom é o entusiástico.

[890] Não são algumas consoantes masculinas e outras femininas, umas alcalinas e outras ácidas?

[891] Na poesia deve-se usar, tanto quanto possível, apenas *verbos*, *substantivos* e *adjetivos*.

[892] *Aurora* – representação da religião e da hierarquia em relação à *Madona*. *Jeová* = fogo. A morte e a volúpia expressas nos *Ditirambos* e nas *Elegias*. *Fausto* para a ida de Sancho ao terrível – *inferno e lua*.

[893] No *Kamadeva*,[171] as mais belas histórias de amor hindus e persas. A *Medeia* talvez para as *Elegias*.

[894] *Jogo – festa – embriaguez* – são as formas religiosas originais. *Festa* = harmonia = *coro*. *Melancolia* = morte + jogo. | O jogo é ainda bem diferente da brincadeira. | Ira = embriaguez + fogo. | Festa = volúpia + brincadeira <jogo?>.

[895] No gênero poético espanhol que se chama *eco* encontra-se visível a fonte mais profunda da rima.

[896] Gêneros permanentes do drama. I) Comédias mítico-cristãs ao lado de misturas alegóricas. II) Tragédias históricas. Os *autos* são uma bela tendência para a comédia mística.

[897] As vogais talvez não sejam apenas luz, mas também água, como o elemento combinatório e de mescla na linguagem. As consoantes expressam certamente a pedra e o ar. Ou: consoantes = água + pedra | vogais = luz + ar.

[898] A forma mais antiga é a *interjeição*, a saber, preferivelmente aquela da volúpia.

---

171 *Kamadeva*, deus hindu do amor. Nome de plano de obra de Schlegel.

[899] Ira. — <Desse modo pode-se construir toda a linguagem originária.>

r		
h		
z		
m		
□	o (	
Substantivos	Interjeições	Verbos
r	ch g	l
s	p b	m
h	t d	n
z	f w	h
Vogais	Palavras o Vegetais	Consoantes
		(
□	Δ Sílabas Animais	Série
	Ditongos e H.	

[900] *Heinrich* e *Louise*[172] talvez para *Homo*. Em vez de *As pessoas alegres*, talvez o *Mársias* para o epílogo. Para o *Urbano*, até mesmo a nova comédia helênica, mas naturalmente apenas em seu todo. – Talvez ainda uma outra comédia do *Homo*, mas totalmente inventada como um jogo de marionetes – algo como diversos tolos, a mascarada, o carnaval – *Klimpino*, burlesco e *Zote*[173] como prólogo para o *Rei de Navarra*. Safo como heroína pagã para o *Dodecamerão*. – *Talismã*, uma obra própria.

---

172 Plano de obras de Schlegel.
173 Chiste obsceno.

[901] Categorias do cômico: *caricatura, humor, grotesco, barroco, bufonaria, sátira, paródia, ironia, burlesco, naive* [ingênuo].

[902] *Bergheim* é uma novela. *Talismã* é um conto de fadas. *Osíris* talvez também seja um drama. *Heinrich e Louise* como episódio no *Homo*, assim como *Fidelis*. Na *Comédia* entram os hinos e os contos de fadas juntos. As saturnálias verdadeiramente voluptuosas nos *Sonetos*. Toda a oposição do terreno e do espiritual em *Cristo e Maomé* para o grande círculo histórico-dramático. Uma comédia histórica sobre *Luís XIV*. *Lutero* para um gênero especial, uma peça revolucionária. *Luís XIV* é mais puramente cômico que *Lutero*.

[903] Não deve haver uma poesia especial para as *crianças, mulheres* e para as três potências dos homens?

[904] As *Elegias* em uma obra como cantos das *Parcen*[174] – A vida dos árabes representada em *Omar*. A vida dos gregos representada em *Hércules*.

[905] Apenas os *gregos*, os *egípcios* e os *árabes* tiveram uma vida característica. Tudo em um estilo, belo e original.

[906] Virtude + arte = formação; ideal da mitologia helênica.

[907] Serão as saturnálias talvez físicas? Polêmica contra a ordem – algo sobre a constituição do chiste alemão – ou em relação à *volúpia* – Por que não existe outra forma de chiste?

[908] A forma da vida romântica é a chistosa. O chiste está entre a arte e a virtude – o amor e a fantasia – a mais pura indi-

---

174 Deusas mitológicas gregas.

ferença, por isso é tão extremamente filosófico. Amor é também uma indiferença entre a ânsia e a fantasia.

[909] *Saturnálias* e *Sociabilidades* também para a natureza por meio do chiste e da volúpia. Uma iniciação da física e da religião. *Baco* = poesia poética = drama. *Apolo* em vez dos *Ditirambos* ou *Titanomaquia*.

[910] Apenas as *romanças* são originalmente árabes, os *contos de fadas* talvez sejam persas. <Não é mais possível ser tão entusiástico e prático como os árabes.> Os espíritos bons e maus são muito necessários para o verdadeiro conto de fadas; caso contrário se tornam puros hieróglifos.

[911] Os *chineses* também têm uma vida original. A vida [exposta] em miniaturas é exatamente o oposto para os egípcios.

[912] A Idade Média egípcia – A Era Moderna chinesa – Itália – Cita[175] – Grega.

[913] *Botany Bay*[176] ou a humanidade, um assunto para a comédia.

[914] Em uma epopeia cômica a viagem de Macartney para lá.[177]

---

175 *Scythisch*, em alemão no original. Schlegel trata da terra dos citas, o povo nômade de origem indo-europeia. Ver nota 162 da página 457.
176 Região na Austrália onde aportou o explorador inglês James Cook (1728-1779).
177 George Macartney (1737-1806) viajou para a China em 1793 em uma missão da Coroa britânica.

[915] Comédias cristãs e contos de fadas são o mais elevado. — Por que não fazer os contos de fadas já logo de início cristãos? — *Sebastian* já não é sidéreo? — *Osíris*, drama e *Kamadeva*, épica. <Ou como romance.> — A primeira *romança*, fogo — a morte petrificada — o romance central, volúpia — aí também as *Histórias de santos* — começando com *Maria* — *Atena* em especial e de um modo bem acentuado na *Titanomaquia* — Em vez da *Titanomaquia*, talvez apenas *Baco* e *Apolo*.

[916] A *Magia da Idade Média* é uma mitologia própria, mas fundamentada no nórdico. — Introduzir essa também no *Drama*! O outro polo da mitologia cristã é também uma ficção arbitrária de gigantes, anões, fadas, em um caos como em uma alegoria arbitrária.

[917] Nos *Contos de fadas* e nas *Comédias*, talvez a mitologia grega e oriental; embora não de um modo direto; talvez apenas a mitologia oriental. *Alexandre* como poema épico, o mesmo com *Maomé*. *Luís XIV* e *Sancho*, uma obra.

[918] Dante é ainda mais subjetivo que Camões. Os poetas românticos são em geral muito *românticos* na épica e no drama; isso não significa que seja demais, mas atrapalha o poema épico e o drama.

[919] Guarini foi o único que possuiu *idílio*; mas não como a poesia de cavalaria de tais épocas.

[920] <Os editores do *Romancero* falam de uma *poesia galega*; essa é, ao lado da poesia portuguesa e da provençal, a fonte da poesia castelhana; todas as três se ocuparam com *amoretes* e *devociones*.>

[921]
                    i
        a   u   e
                    o

[922] Ditirambos[178]

_____a
_____b
_____b
_____a
_____b
___c
_____c
_____c
_____b
_____c
___d
_____d
_____c

[923] *Dodecamerão*, um romance sobre toda a história mundial – associado ao *João Batista* e a *Salomão*.

[924] Assim como a *rima* na métrica italiana é inteiramente artificial e *arbitrária*, ela deve surgir nas canções de um modo totalmente *apaixonado* e quase irado. As aliterações, ao que parece, para os *Romanzi – Alexandre* talvez como episódio do

---

178 De acordo com Hans Eichner, a partir de 1801 esquemas desse tipo surgem com frequência cada vez maior nos cadernos de poesia e literatura de Schlegel. Geralmente, os algarismos indo-arábicos correspondem ao número de sílabas e as letras ao esquema das rimas. Cf. KA-XVI, p.332.

César, como modelo. *João Batista* bem elegíaco – como lenda dramática – também o cômico e o musical para romantizar o drama – *Melegys*[179] para a comédia.

[925] A história dos séculos XVI e XVII em um só conjunto. Uma época maldosa e satânica entre a egípcia e a chinesa. A época antiga dos francos é um modelo do horror dos séculos XVI e XVII. Princípios do satanismo nos modernos.

[926] Os *Contos de fadas* deslocados para o *Paraíso*. Todas as comédias devem terminar com o reino de Deus. O *Dodecamerão* deve ser idêntico à antiga ideia de um romance antigo cristão, neogrego e romano.

[927] Na história de Constantinopla deve ser fixado simultaneamente o princípio chinês.

[928] <*Epitome de las historias portuguesas*, por Manoel de Faria y Sousa (1799); *Crônica de Palmeirim de Inglaterra* (1786), 4º, vol. I-III.>[180]

[929] Talvez o latim já tenha se dividido em dialetos antes da invasão dos alemães. Em toda a costa do Sul – segundo o fundamento – já predominava o *provençal*. Já naquela época o dialeto gaélico foi repelido para as montanhas do Norte. O espanhol tem talvez algo do basco na pronúncia. Será que o antigo francês e o antigo espanhol não seriam uma coisa só?

---

179 Figura das narrativas de Ludwig Tieck, representa um primo que tem poderes mágicos.
180 *Epitome de las historias [...]*, em espanhol no original. Manoel de Faria y Sousa (1590-1649), historiador português. A primeira edição da *Epitome* foi em 1626. Francisco de Moraes, *Palmeirim de Inglaterra*. Edição portuguesa de 1786.

[930] Assim como ocorreu após a destruição do todo,[181] em que os dialetos românticos surgiram a partir do latim, com o alemão aconteceu algo similar. No alemão mais antigo os polos contrários ainda estavam mais unificados. <Reunir as palavras alemãs que existem no espanhol e no italiano.> Há um pouco de alemão mesmo no provençal e no português.

[931] Camões é verdadeiramente belo, romântico e fantástico. Dante é antigo.

[932] A terceira maneira de Shakespeare é um retorno à primeira e a solidificação da segunda.[182]

[933] O português e o provençal são apenas ramificações de um tronco.

[934] A poesia italiana é, ao que parece, uma *ânsia em retornar ao romano*.

[935] As histórias de cavalaria provençais talvez inteiramente alegóricas (Melusina – Titurel[183] – Parzival).

[936] A terceira época da poesia alemã é Jakob Böhme. I) Burgúndios. II) Suábia.

---

181 Schlegel se refere ao todo do Império Romano.
182 *Manier* pode significar, em Schlegel, "fase", "período" e "maneira" (em contraposição a "estilo"). Como indica Márcio Suzuki, "Schlegel distingue cuidadosamente *maneira* e *estilo*. No estudo da poesia grega, a presença da *maneira* indica a poesia individual interessante dos modernos, que carece justamente da unidade formal dada pelo *estilo*, traço característico do acabamento artístico dos antigos". Cf. Suzuki, Márcio. Notas. In: Schlegel, Friedrich. *O dialeto dos fragmentos*. São Paulo: Iluminuras, 1997, p.175, nota 58.
183 Romance medieval escrito por Wolfram von Eschenbach.

[937] A tendência de Dante aponta para a representação do céu e da mãe de Deus.

[938] Será que não haverá também livros de cavalaria bizantina e neogrega? Existem muitas *Moralidades* ainda em português.[184]

[939] Ao que parece, o *auto espanhol* foi tomado já em sua forma completa do português, ou seja, a partir de formas que já existiam antes.

[940] Cervantes também tem três períodos. I) A Galateia. II)[185] III) Persiles; a segunda parte do *Dom Quixote* é um sair de si mesmo.

[941] Tucídides é inteiramente um poema épico.

[942] Na métrica alemã também há um sistema.

[943] *Maria*, um sistema de hinos.

[944] O Império da Borgonha do Sul e de Arles talvez seja uma potência mais elevada do antigo Reino de Portugal e de Aragão.[186]

---

184 *Moralitäten*, em alemão no original. Espécie de teatro didático medieval. De acordo com J. A. Cuddon, é um tipo de alegoria em forma dramática, cujas origens se encontram nas peças de mistérios e milagres do final da Idade Média tardia; são obras de edificação moral em que geralmente ocorre uma luta entre as forças do bem e do mal na alma humana, assim como a exteriorização dos conflitos interiores do homem. Cf. Cuddon, J. A. *The Penguin Dictionary of Literary Terms & Literary Theory*. Londres: Penguin Books, 1998, p.519, verbete "Morality plays".
185 Schlegel pulou o II.
186 Região atual do Sul e Sudeste da França. O Reino de Arles foi também chamado de segundo reino da Borgonha, estabelecido em 933.

[945] *Situação*, a parte integrante pitoresca do drama; *pathos*, a parte musical; *coro*, a parte plástica.

[946] Os *saynètes*[187] são bastante obscenos, especialmente em Cadis[188] e Barcelona; neste último lugar é realizado no dialeto da província.

[947] De acordo com Fischer,[189] o catalão é muito semelhante ao provençal; valenciano = languedócio.[190]

[948] Uma *ménagerie*[191] de pessoas para o *Sancho*. (Não se esquecer de *Botany Bay*.)

[949] O *temor* e o terceiro princípio da humanidade, e, de fato, o negativo – a volúpia ou o amor são o princípio do meio.

[950] A *Titanomaquia* inteiramente lírica. Usar os escolásticos como filósofos para as *Comédias*. A história de *Amadis* talvez para uma peça teatral, e também como poema romântico. *A Guerra de Warteburg* – (como romance para o *Fausto*). – *O jardim de rosas* – *Florian* – *Ricardo, Coração de Leão* é um assunto fantástico. *Maria* como a unificação final de todos os contos de fadas e dramas. *Amadis* e a *Távola redonda* talvez juntos.

[951] Toda forma de poesia é chistosa; apenas onde a matéria predomina novamente de forma pura é que ela pode faltar. Na *Cosmogonia* etc. A *ironia* é chistosamente filosófica – A razão de

---

187 Farsas, burlescos.
188 Cidade do Sul da Espanha.
189 Christian August Fischer. *Viagem de Amsterdam por Madrid e Cadis até Genova nos anos de 1797 e 1798* (Berlim, 1799).
190 Região provençal do Sul da França.
191 Forma arcaica de zoológico.

tudo. Empregar o humor e o *burlesco* como mera brincadeira e capricho.

[952] A παρεκβασις [parábase] tem como que a forma da volúpia. A repetição do tema é o oposto disso.[192]

[953] O *Ulyssippo*, de Macedo,[193] é um bom poema épico dos portugueses.

[954] A terminologia é *como que* um mundo de palavras. A linguagem não é natural, ela é mundo ou homem.

[955] O mais antigo arcaísmo seria levar a palavra de volta à linguagem dos olhos e das mãos.

[956] A dicção também deve ser determinada de acordo com princípios naturais, e não por princípios artificiais.

[957] O Olimpo representado em Baco; o abismo representado em *Hércules*. – O *Metal* para o *Dodecamerão*, assim como pedras preciosas – ou isso para o *Lucinde*. – Em *Maria* ao mesmo tempo o Sul – também pedras preciosas. – No centro de todos os poemas místicos, encenações cristãs. – As obras que são ao

---

192 Παρεκβασις, "parábase", em grego no original. Movimento do coro na antiga comédia grega, quando os atores, quase ao final da peça – sem as máscaras –, voltam-se ao público em um discurso que continha geralmente a opinião do autor. Schlegel utilizaria a parábase como um dos elementos centrais em seu conceito de ironia romântica, como um movimento de metacrítica e reflexão crítico-literária ou filosófica. Sobre a parábase e a ironia romântica, ver Strohschneider-Kohrs, Ingrid. *Die romantische Ironie in Theorie und Gestaltung*. Tübingen: Max Niemeyer Verlag, 2002, p.14.

193 *Ulyssippo* (1640), poema épico heroico de Antonio de Sousa de Macedo (1606-1682).

mesmo tempo contos de fadas e comédias dialógicas – *Hércules, Baco, Osíris – Maria* como que em uma série. – Coros cristãos e ditirâmbicos como forças da natureza. – *Titanomaquia* muito boa para glória de *Atena*, talvez relacionar às *Parcen. Florine* como caos para os romances. – Considerar *Aurora* e *Cosmogonia* talvez como puramente líricas.

[958] *O mundo é o enredo das pequenas circunstâncias.* O temor, a fraqueza, a doença, a razão, a desrazão, tudo junto. <Nota: por essa razão se chama o temor do mundo.> Certamente uma condição necessária de tudo o que é imanente, <ou seja, toda a poesia não mística>. É estranho que essa vilania ocorra exatamente onde antes se encontrava o paraíso. O mundo = vilania.

[959] Não há nada mais temeroso que o temor, nada mais horroroso que o horror.

	Igreja	
<Temor	Mundo	Ira>
	Volúpia	

[960] O mundo é mais representado nos *contos de fadas* do que no idílio.

[961] *Salomão* e *Moisés* talvez em uma só obra. O último é apenas um episódio do primeiro.

[962] A música pode ser telúrica e etérea, ou apenas o último caso. A pintura, apenas sidérea.

[963] A *alegria* originária é superior ao *fantástico* do *corpo* e superior ao *orgânico* da *alma*. Ou seja, é *volúpia* e *pensamentos*. Toda alegria é uma mensageira do céu. Toda dor tem relação com a doença – com a ira reprimida – ao mesmo tempo que

se relaciona também com a *tolice*. As dores mais intensas são talvez apenas a *destruição da alegria*, a morte da carne – muito verdadeiro.

[964] A volúpia é apenas um elemento do amor, pois está presa ao presente, assim como a paixão aponta para o futuro.

<Presente> <Futuro>
Lembrança
Volúpia Paixão
Amor
Feminino Masculino

<A lembrança imanente não auxilia o homem. Ele deve ampliar [...]¹⁹⁴ até a humanidade.>

[965] O cristianismo poderia se dividir ainda em quatro religiões. A religião de Jeová – de Maria – de Cristo – do espírito santo. A última ainda deve ser inteiramente fantasiada. Cristo = arte. Cristo e Maria formam a esfera do meio.

[966] Ânsia = devoção = santidade = humildade – Temor = morrer = morte. Telúrico no todo = morte, ao contrário do prazer. A volúpia é sidérea, ou seja, solar. – Agora é a época sidérea: o saturnino e o mavórtico[195] devem se unir para que a humanidade possa se completar. – Ânsia = morte.

[967] Onde se deve buscar a perfeição de nossa consciência, e de toda a humanidade? – Na completude da memória. Ao que parece, essa é a tendência da arte e da ciência. | Isso aconte-

---

194 Palavra inelegível no manuscrito. [Nota de Hans Eichner.]
195 Relativo a Marte, belicoso.

cerá na forma da *intuição* ou da *divinação*? <No futuro a arte e a ciência devem ser unas, como a poesia e a filosofia agora.>

[968] <A poesia de Goethe é inteiramente poesia poética. Na primeira época ela é trágica, um verdadeiro espanto. Na segunda época é bela. Na terceira é um rir de si mesma.>

[969] Os planetas telúricos talvez moldem o destino – assim como o conjunto das estrelas mais distantes – bem como a profundidade e o ar. – A mulher deve ser compreendida de um modo inteiramente solar; o homem, apenas de um modo saturnino ou cósmico mavórtico.

[970] Quando Cristo retornar, ele será uno com Maria.

[971] *Morgante* para as comédias.

[972] Será que o destino infeliz dos poetas da época moderna já não é visível entre os italianos, espanhóis e em Shakespeare? Também em Böhme e na pintura.

[973] <Uma forma (natural) especial do caótico>:

                    Sidéreo

Telúrico   Etéreo

                Caótico

Para o *sidéreo* – Luz, plantas, animais e pedras. A matemática é o princípio do caótico. A forma matemática surge por meio do irracional, do potenciado, do combinatório, do progressivo etc. Além disso, animais, plantas, água, tudo qualificado pela volúpia. <Shakespeare tem um caráter inteiramente caótico.>

Notas

A tradução segue o padrão da numeração dos fragmentos sistematizada por Hans Eichner no volume XVI da *Kritische Friedrich Schlegel Ausgabe* [Edição crítica das obras de Friedrich Schlegel]. No entanto, como o texto *von der Schönheit in der Dichtkunst* [Da beleza na arte poética], o qual introduz o referido volume, não é composto propriamente de fragmentos, mas de um estudo teórico sobre a poética, inicia-se a tradução pela terceira série de fragmentos. Assim, a série I da presente tradução [*Sobre a filologia — I*] equivale à série III da edição crítica de Hans Eichner [*Zur Philologie — I*].

Para efeito de cálculo, a tradução estabelece a seguinte tabela:

Kritische Friedrich Schlegel Ausgabe – KA-XVI			Fragmentos sobre poesia e literatura		
[série]	[nome]	[de nº – até nº]	[série]	[nome]	[de nº – até nº]
[III]	*Zur Philologie — I*	[1 – 239]	[I]	Fragmentos sobre a filologia – I	[1 – 239]
[IV]	*Zur Philologie —II*	[1 – 224]	[II]	Fragmentos sobre a filologia – II	[1 – 224]
[V]	*Fragmente zur Literatur und Poesie*	[1 – 1279]	[III]	Fragmentos sobre poesia e literatura	[1 – 1279]

[VI] *Ideen zu Gedichten* — *I* [1 – 60]   [IV] Ideias sobre poemas — I [1 – 60]
[VII] *Ideen zu Gedichten* — *II* [1 – 298]   [V] Ideias sobre poemas — II [1 – 298]
[VIII] *Ideen zu Gedichten* — *III* [1 – 232] [VI] Ideias sobre poemas — III [1 – 232]
[IX] *Fragmente zur Poesie und Literatur* — *II* [VII] Fragmentos sobre poesia e literatu-
[1 – 973]   ra — II e Ideias sobre poemas [1 – 973]

* Totalidade de fragmentos de Friedrich Schlegel traduzidos na presente edição: 3305.

Referências bibliográficas

ADELUNG, J. C. *Grammatisch-kritisches Wörterbuch der hochdeutschen Mundart*. Wien, 1808.
CUDDON, J. A. *The Penguin Dictionary of Literary Terms & Literary Theory*. Londres: Penguin Books, 1998.
HOUAISS, A. *Dicionário da língua portuguesa*. Rio de Janeiro: Objetiva, 2004.
SCHLEGEL, F. *Über das Studium der griechischen Poesie*. In: SCHLEGEL, F. *Kritische Friedrich Schlegel Ausgabe*, v.I. Paderborn: Ferdinand Schöningh, 1979.
_____. *Fragmente zur Poesie und Literatur*. In: SCHLEGEL, F. *Kritische Friedrich Schlegel Ausgabe*, vol. XVI. Paderborn: Ferdinand Schöningh, 1981.
_____. *O dialeto dos fragmentos*. São Paulo: Iluminuras, 1997. Tradução de Márcio Suzuki.
STROHSCHNEIDER-KOHRS, I. *Die romantische Ironie in Theorie und Gestaltung*. Tübingen: Max Niemeyer Verlag, 2002.
THIBAUT, M. A. *Französischen und Deutschen Sprache*. Braunschweig: Georg Westermann, 1810.
THOUARD, D. *Der unmögliche Abschluss. Schlegel, Wolf und die Kunst der Diaskeuasten*. In: BENNE, C.; BREUER, U. *Antike – Philologie –Romantik*. Paderborn: Ferdinand Schöningh, 2011.

Conversa sobre poesia

Conversa sobre a poesia[1]

A poesia irmana e une em laços indissolúveis todos os espíritos que a amam. Por mais que aquilo que busquem na própria vida seja completamente diferente, um desprezando de todo o que o outro considera mais sagrado, um desconhecendo, não tomando conhecimento do outro, permanecendo-lhe sempre alheio, nessa região eles mantêm-se unidos e em paz por uma força mágica superior. Cada musa procura e encontra a outra, e todos os rios da poesia correm juntos para o grande mar universal.

A razão é apenas uma e, em todos, a mesma; mas, assim como todo indivíduo tem sua própria natureza e seu próprio amor, também cada um traz a própria poesia em si mesmo. Essa poesia precisa e deve permanecer nele, tão certo como ele é aquele que é, tão certo quanto haja nele algo de original; e nenhuma crítica pode ou deve lhe roubar a essência mais própria, sua força mais íntima, depurando-o e limpando-o até alcançar uma

---

[1] Título original: *Gespräch über die Poesie* (1800). Tradução de Márcio Suzuki e Constantino Luz de Medeiros.

imagem universal sem espírito e sentido, como se esforçam os tolos que não sabem o que querem. Mas a elevada ciência da crítica genuína deve ensiná-lo como ele precisa se formar em si mesmo e, acima de tudo, deve ensiná-lo a captar todas as outras formas autônomas da poesia, em sua força e abundância clássicas, para que a flor e o cerne de outros espíritos se tornem alimento e semente para a sua própria fantasia.

O espírito que conhece as orgias da verdadeira musa jamais chegará ao fim desse caminho, ou terá a ilusão de que o alcançou; pois jamais pode calar um anseio que se renova eternamente a partir da mesma abundância da satisfação. O mundo da poesia é imenso e inesgotável, como a riqueza da natureza vivificante o é em plantas, animais e formas de todo tipo, figura e cor. Mesmo o espírito mais abrangente não abrangerá todas as obras artísticas nem os produtos naturais que carregam o nome e a forma de poemas. E o que são elas em comparação com a poesia sem forma e inconsciente que se faz sentir nas plantas, brilha na luz, sorri na criança, cintila na flor da juventude e arde no seio amoroso das mulheres? — Essa, entretanto, é a primeira, a original, sem a qual certamente não existiria nenhuma poesia das palavras. De fato, nós todos que somos humanos não teremos para sempre e eternamente outro objeto e outra matéria de toda atividade e de toda alegria senão a poesia da divindade, da qual também somos parte e flor — a terra. Somos capazes de ouvir a música desse instrumento infinito, de entender a beleza desse poema, porque uma parte do poeta, uma fagulha do seu espírito criador também vive em nós e, com força secreta, jamais cessa de arder no fundo, sob as cinzas da insensatez que nós mesmos provocamos.

Conversa sobre poesia

Não é preciso que ninguém se esforce por conservar e semear a poesia mediante discursos e ensinamentos sensatos, ou mesmo por produzi-la, descobri-la, apresentá-la e dar-lhe leis punitivas, como tanto seria do agrado da teoria da arte poética. Assim como o centro da Terra se revestiu espontaneamente de camadas e vegetação, assim como a vida brotou por si mesma das profundezas, e tudo se enche de seres que se multiplicavam alegremente, também a poesia floresce espontaneamente da força originária invisível da humanidade, quando o raio ardente do sol divino a toca e frutifica. Somente forma e cor podem expressar, formando de novo, como o homem é formado; e assim, na verdade, não se pode falar em poesia a não ser em poesia.

A visão que cada um tem a seu respeito é verdadeira e boa, desde que seja ela mesma poesia. Mas como sua poesia, justamente por ser sua, é limitada, também sua visão a seu respeito só pode ser limitada. Isso o espírito não pode suportar, com certeza porque ele, sem o saber, ainda assim sabe que nenhum homem é apenas homem, mas pode e deve ser ao mesmo tempo real e verdadeiramente toda a humanidade. Por isso, certo de se reencontrar novamente, o homem sai de si mesmo sempre de novo, para procurar e encontrar o complemento de sua essência mais interior na profundeza de um amigo. O jogo da comunicação e da aproximação é a ocupação e a força da vida, o acabamento absoluto só existe na morte.

Por isso, também ao poeta não pode ser suficiente deixar em obras duradouras a expressão de sua poesia característica, como nele surgiu e se formou. Ele precisa se esforçar para ampliar eternamente sua poesia e sua visão da poesia, aproximando-as daquilo que de mais elevado possa haver na Terra mediante o esforço de encaixar o mais precisamente a sua parte no grande todo: pois a generalização mortal tem precisamente o efeito oposto.

Quando encontra o centro, ele consegue fazer isso comunicando-se com aqueles que igualmente o encontraram, a partir de outro lado e de outra maneira. O amor tem necessidade de ser correspondido. Pois, para o verdadeiro poeta, mesmo o trato com aqueles que se divertem apenas na alegre superficialidade pode ser saudável e instrutivo. Ele é um ser sociável.

Para mim houve desde sempre grande encanto em conversar sobre poesia com poetas e pessoas de propensão poética. Nunca me esqueci de muitas conversas dessa natureza; quanto a outras, não sei exatamente o que pertence à fantasia ou à lembrança: nelas há muito de real, outro tanto é imaginado. Assim é a presente conversa, que deve contrapor opiniões completamente diferentes, cada uma das quais podendo mostrar de seu ponto de vista, sob um novo prisma, o espírito infinito da poesia, cuja verdadeira essência quase todos, ora deste lado, ora daquele, aspiram a penetrar. O interesse nessa variedade gerou a decisão de comunicar a todos que sentem verdadeiro amor em seu peito e pretendem se iniciar nos mistérios sagrados da poesia por força da plenitude da vida interior aquilo que observei num círculo de amigos e foi inicialmente pensado somente em relação a ele.

***

Amália e Camila haviam acabado de entabular uma conversa cada vez mais animada sobre um novo espetáculo quando dois dos amigos esperados, que chamaremos de Marcus e Antônio, se juntaram à sociedade com uma sonora gargalhada. Com a chegada dos dois se completou o grupo que costumava se reunir na casa de Amália para se dedicar livre e alegremente a seu passatempo comum. Sem combinação ou regra, na maioria das vezes espontaneamente, a poesia acabava sendo o assunto, o motivo, o centro de seus encontros. Até aqui, ora um, ora outro dentre eles lia uma obra dramática ou de outro gênero, sobre a qual as opiniões se alternavam, e se dizia muita coisa boa e bela. Todos, porém, logo sentiram, uns mais, outros menos, que faltava algo a esse tipo de entretenimento. Amália foi a primeira a notar a situação e como ela poderia ser contornada. Ela pensava que os amigos não tinham clareza o bastante sobre a diferença de suas opiniões. Por isso, a comunicação se tornava confusa, e alguns se calavam, quando bem poderiam falar. Cada um, ou primeiro só aquele que tivesse mais vontade, deveria exprimir, do fundo do coração, as suas ideias sobre a poesia, ou sobre uma parte ou um aspecto dela, ou, de preferência, que as escrevesse, para que se tivesse, preto no branco, o que cada um queria dizer. Camila concordou animadamente com a amiga, a fim de que pelo menos acontecesse algo de novo, como variação às leituras sem fim. Só então, disse ela, a contenda seria para valer; e esta também tem de ser assim, pois senão não há esperança de paz perpétua.

 Os amigos aceitaram a sugestão e puseram imediatamente mãos à obra. Mesmo Lotário, que era quem menos falava e discutia, permanecendo com frequência calado por horas, não importasse o que os outros dissessem ou discutissem, não se deixando incomodar em sua digna tranquilidade, parecia tomado do mais vivo interesse e fez até promessas de que apresentaria algo. O interesse cresceu com o trabalho e com os preparativos para ele; as mulheres o transformaram numa festa, e finalmente foi fixado o dia em que cada um deveria ler aquilo que trouxesse.

Todas essas circunstâncias tornaram a expectativa mais tensa do que o habitual; o tom da conversa, todavia, permaneceu tão descontraído e leve como costumava ser entre eles.

Camila havia descrito e elogiado com muito entusiasmo um espetáculo que fora apresentado na véspera. Amália, ao contrário, o censurava e afirmava que não havia nele o menor assomo de arte ou mesmo de inteligência. Isso a amiga logo admitiu, mas, dizia, ele é desordenado e vivo o bastante, ou ao menos bons atores podem fazer que o seja, bastando estarem de bom humor. – Se são mesmo bons atores, disse Andrea, não tirando o olho do seu texto e da porta, para ver se estavam chegando os que faltavam, se são mesmo bons atores, eles têm propriamente de perder todo o seu bom humor, já que devem primeiro realizar o dos poetas. – Teu bom humor, meu amigo, retrucou Amália, faz mesmo de você um poeta; pois chamar de poetas a tais escrevinhadores de peças só pode ser um poema e, na verdade, muito mais grave do que quando os atores se chamam ou fazem chamar de artistas. – Deixe-nos ser do nosso jeito, disse Antônio, tomando visivelmente o partido de Camila; se por feliz acaso uma centelha de vida, de alegria e espírito se desenvolve entre o vulgo, nós preferimos reconhecê-lo a ficarmos sempre repetindo o quanto o vulgo é vulgar. – Mas a discussão é justamente sobre isso, disse Amália; por certo, na peça de que estamos falando não se desenvolve absolutamente nada que já não transcorra quase todos os dias: uma boa dose de tolice. Em seguida, começou a citar exemplos, no que logo lhe pediram para não continuar, e, com efeito, eram provas mais que suficientes daquilo que deviam provar.

Camila retrucou que isso não a atingia de modo algum, pois ela não havia prestado especialmente atenção aos diálogos e ao modo de falar das personagens na peça. – Perguntaram em que então ela prestara atenção, já que não se tratava de uma opereta. – No espetáculo, disse ela, que eu deixei que tocassem para mim como uma música leve. Ela elogiou então uma das atrizes mais espirituosas, descreveu suas maneiras, o belo vestido e expressou sua admiração de que se leve tão a sério algo como nosso teatro. Em regra, quase tudo nele é comum; mas, mesmo na vida, onde nos toca mais de perto, o comum quase sempre tem um aspecto romântico e agradável. – Em regra, quase tudo é comum, disse Lotário. É bem verdade. Realmente, não deveríamos ir com tanta frequência a um local onde se pode dizer que tem sorte aquele que não sofre com aperto, mau cheiro e vizinhos desagradáveis. Certa vez se pediu a um sábio a inscrição para o frontispício da casa de espetáculos. Eu proporia que ali se afixasse o seguinte: "Entre, transeunte, e veja o que há de mais trivial"; isso acabaria acontecendo, na maioria dos casos.

Nesse instante, a conversa foi interrompida pela chegada dos amigos — com os quais, estivessem presentes antes, a discussão certamente teria tomado outro rumo e desfecho, pois Marcus não pensava da mesma forma sobre o teatro, não podendo perder a esperança de que algo de bom deveria surgir dele.

Como se disse, eles chegaram à reunião rindo descomedidamente e, pelas últimas palavras que puderam ser ouvidas, era possível inferir que a conversa versava sobre os chamados poetas clássicos dos ingleses. Falou-se ainda um pouco sobre esse assunto, e, como não gostava de deixar passar oportunidade de se intrometer com ideias polêmicas na conversa, raramente conduzida por ele, Antônio afirmou que os princípios da crítica e do entusiasmo dos ingleses deviam ser buscados no escrito de Smith sobre a riqueza das nações. Eles só ficavam contentes quando conseguiam fazer mais um clássico entrar para o erário público. Assim como todo livro naquela ilha se tornava ensaio, também todo escritor, tendo passado o tempo devido, se tornava um clássico. Pelo mesmo motivo e da mesma maneira que se orgulhavam de fabricar as melhores tesouras, eles também se orgulhavam de fabricar a melhor poesia. Assim, o modo como o inglês lê Shakespeare não é, na realidade, muito diferente do modo como lê Pope, Dryden ou outro clássico qualquer; lendo um, ele não pensa mais do que ao ler o outro. – Marcus opinou que a época de ouro havia se tornado uma doença moderna pela qual toda nação tinha de passar, assim como as crianças passam pela varíola. – Então deveriam poder tentar enfraquecer a força da doença por inoculação, disse Antônio. Ludovico, que com sua filosofia revolucionária gostava de praticar o aniquilamento por atacado, começou a falar de um *sistema da falsa poesia*, que ele gostaria de expor, o qual grassava e, em parte, ainda continuava a grassar nessa época, especialmente entre os ingleses e franceses; a conexão profunda, radical, existente entre todas essas falsas tendências, que se harmonizam tão bem, umas completando as outras e todas se encontrando amigavelmente na metade do caminho, era tão notória e instrutiva quanto engraçada e grotesca. Ele gostaria de saber fazer versos, pois o que ele queria dizer só poderia ser bem propriamente expresso num poema cômico. Ele ainda queria dizer algo a respeito, mas as mulheres o interromperam e pediram a Andrea que começasse, pois senão os preâmbulos não teriam fim. Eles teriam tanto mais a falar e discutir depois. Andrea abriu o papel e leu.

Épocas da poesia

Onde algum espírito vivo aparece unido à letra cultivada, ali há arte, separação, matéria a superar, instrumentos a utilizar, um projeto e leis de tratamento. É por isso que vemos os mestres da poesia se esforçarem poderosamente para formá-la das mais diversas maneiras. Ela é uma arte, e, onde ainda não chegou a sê-lo, deve se tornar tal, e quando se tornou, ela desperta por certo naqueles que verdadeiramente a amam um forte anseio de entendê-la, de conhecer a intenção do mestre, de compreender a natureza da obra, de saber a origem da escola e o andamento de sua formação. A arte repousa sobre o saber, e a ciência da arte é sua história.

É da própria essência de toda arte ligar-se ao que é cultivado e, por isso, a história remonta mais e mais, de geração em geração, de degrau em degrau, à Antiguidade, à fonte original.

Para nós, modernos, para a Europa, essa fonte se encontra na Hélade e, para os helenos e sua poesia, ela era Homero e a antiga escola dos homéridas. Eles foram uma fonte inesgotável para todas as formas de poetização, uma corrente poderosa de representação, na qual uma onda de vida murmurava sobre a procuram a origem da natureza na água, também a mais antiga poesia se mostra em forma fluida.

O conjunto de lendas e canções se unifica em torno de dois centros diferentes. Num deles, um grande empreendimento coletivo, um tumulto de força e conflito, a fama do mais corajoso; no outro, a abundância do sensível, do novo, do desconhecido, do atrativo, a felicidade de uma família, a imagem da mais hábil prudência, que consegue finalmente o difícil regresso ao lar. Mediante essa separação original se prepararam e formaram o que chamamos de *Ilíada* e *Odisseia* e aquilo que nelas encontrou uma base sólida, mais capaz de permanecer para a posteridade que outros cantos da mesma época.

No florescimento da poesia homérica vemos como que o surgimento de toda poesia; as raízes, porém, se esquivam ao olhar, e as flores e os ramos da planta surgem incompreensivelmente belos da noite da Antiguidade. Esse caos formado encantadoramente é o germe de que se organizou o mundo da poesia antiga.

A forma épica rapidamente se corrompeu. Em seu lugar surgiu, também entre os jônios, a arte dos versos jâmbicos, que, na matéria e no tratamento, era o oposto exato da poesia mítica e, por isso, foi o segundo centro da poesia helênica; com ela e junto a ela, surgiu a elegia, que passou por quase tantas transformações e mudanças quanto a épica.

Além dos fragmentos, relatos e imitações nos *Epodos*, de Horácio, só podemos conjecturar o que foi Arquíloco pelo parentesco com as comédias de Aristófanes e pelo parentesco mais distante com a sátira romana. Não temos mais nada com que preencher a maior lacuna da história da arte. Para todo aquele que quiser refletir parece, contudo, evidente que, da essência da mais alta poesia, também faz eternamente parte irromper em cólera sagrada, pela exteriorização de sua plena força na matéria mais estranha, o presente trivial.

Essas são as fontes, fundamento e princípio da poesia helênica. Sua mais bela floração abrange as obras mélicas, corais, trágicas e cômicas dos dórios, eólios e atenienses, de Álcman e Safo até Aristófanes. O que nos restou dessa época verdadeiramente áurea dos gêneros mais altos da poesia apresenta, em maior ou menor medida, um estilo belo ou elevado, a força vital do entusiasmo e o cultivo da arte em divina harmonia.

O todo repousa sobre o solo firme da poesia antiga, tendo permanecido uno e indivisível graças à vida majestosa de homens livres e à força sagrada dos deuses antigos.

A poesia mélica, com sua música de todos os belos sentimentos, se prende inicialmente ao gênero jâmbico e ao elegíaco, dos quais, no primeiro, o ímpeto da paixão e, no segundo, a mudança de ânimo no jogo da vida aparecem de modo tão vivo que podem substituir o ódio e o amor com que o caos sereno da poesia homérica foi impulsionado a novas formações e configurações. Os cantos corais, por outro lado, pendiam mais para o espírito heroico da epopeia, dividindo-se com a mesma simplicidade segundo preponderavam, na disposição e estado de ânimo do povo, a seriedade da lei ou a sagrada liberdade. O que Eros inspirou a Safo respirava música; e assim como a dignidade de Píndaro era amenizada pelo alegre encanto dos exercícios de ginástica, também os ditirambos se assemelhavam, em sua exaltação, às mais ousadas belezas orquestrais.

Os fundadores da arte trágica encontraram matéria e modelos na epopeia, e assim como esta fez surgir, de si mesma, a paródia, também os mesmos mestres que descobriram a tragédia brincavam de inventar dramas satíricos.

O novo gênero surgiu juntamente com as artes plásticas, assemelhando-se a elas na força da formação e na lei da estruturação.

Repleta da mímica mais elevada, a qual só é possível em palavras, a comédia surgiu da união da paródia com os antigos jambos e em oposição à tragédia. Assim como, nessas ações e acontecimentos, característica individual e paixão eram harmoniosamente organizadas e constituídas num belo sistema a partir de um mito existente; aqui se delineou audaciosamente, como rapsódia, uma pródiga abundância de invenção, com sentido profundo em sua aparente desarticulação.

Ambos os gêneros do drama ático intervieram da forma mais eficaz na vida em virtude de sua ligação com o ideal de ambas as grandes formas nas quais se manifesta a vida suprema e única, a vida do homem entre homens. Em Ésquilo e Aristófanes encontramos o entusiasmo pela república; na base de Sófocles está um elevado modelo da bela família em meio às condições heroicas da época antiga.

Se Ésquilo é modelo eterno de grandeza rude e entusiasmo inculto, enquanto Sófocles é modelo de acabamento harmonioso, Eurípedes mostra aquela flacidez insondável, possível apenas ao artista decadente, e sua poesia é com frequência apenas a mais engenhosa das declamações.

Essa primeira massa da poesia helênica, a epopeia antiga, os jambos, a elegia, os cantos festivos e as peças teatrais são a poesia mesma. Tudo o que veio depois, até nossa época, é apenas resto, eco, pressentimento isolado, aproximação e retorno àquele Olimpo supremo da poesia.

A exaustividade me obriga a mencionar que as primeiras fontes e modelos do poema didascálico, as passagens da poesia à filosofia e da filosofia à poesia também devem ser buscadas nesse apogeu da cultura antiga: nos hinos dos mistérios inspirados pela natureza, nos ensinamentos judiciosos da moral social dos poemas gnômicos, nos poemas globalizantes de Empédocles e outros investigadores, assim como nos simpósios, nos quais o diálogo filosófico e sua exposição se transformam completamente em poesia.

Espíritos de grandeza única como Safo, Píndaro, Ésquilo, Sófocles, Aristófanes não surgiram novamente; mas ainda houve virtuoses geniais como Filoxeno, os quais marcam o estado de dissolução e efervescência que constitui a transição da grande poesia ideal à poesia elegante e erudita dos helenos. Um dos centros dessa poesia foi Alexandria. Não foi, porém, apenas aí que floresceu uma plêiade clássica de poetas trágicos; no teatro ático também brilharam muitos virtuoses, e ainda que os poetas fizessem em todos os gêneros muitas tentativas de imitar ou remodelar cada uma das formas antigas, foi sobretudo no gênero dramático que se mostrou a força inventiva ainda remanescente dessa época, numa grande profusão, em parte a sério, em parte como paródia, de novas combinações e composições as mais engenhosas e, com frequência, estranhas. Todavia, nesse gênero também prevaleceram o refinamento, o espirituoso, o artificial, assim como nos outros, dentre os quais apenas o idílio merece ser mencionado como forma peculiar da época; forma, porém, cuja peculiaridade consiste, quase exclusivamente, na ausência de forma. No ritmo, em algumas expressões da língua e no modo de apresentação, o idílio segue de certa maneira o estilo épico; na ação e no diálogo segue os mimos dóricos de cenas individuais tiradas da vida social em suas cores mais locais; nos cantos alternados segue as canções sem artifício dos pastores; no espírito erótico se parece com a elegia e a epigrama dessa época, na qual esse espírito se introduziu mesmo em obras épicas, muitas das quais eram apenas uma forma em que o artista buscava mostrar, no gênero didascálico, que o seu modo de expor era capaz de vencer até a matéria mais difícil e árida; no gênero mítico, ao contrário, ele buscava mostrar que mesmo o assunto mais raro era conhecido e que também o mais antigo e mais elaborado podia ser renovado e transformado em algo mais delicado; ou que se podia jogar, em finas paródias, com um objeto meramente fictício. Em geral a poesia dessa época se voltava ou para a artificialidade da forma, ou para a atração sensual do conteúdo, que dominou mesmo na nova comédia ática; a maior voluptuosidade, no entanto, se perdeu.

Depois que a imitação também se esgotou, não se fez mais que trançar novas grinaldas com as velhas flores, e a poesia helênica se encerrou com antologias.

Os romanos tiveram apenas um breve surto poético, durante o qual lutaram e se esforçaram com grande energia para se apropriar da arte de seus modelos. Estes lhes chegaram primeiro pelas mãos dos alexandrinos; em suas obras de arte predomina, por isso, o aspecto erótico e erudito, e, no tocante à arte, elas também devem continuar sendo apreciadas desse ponto de vista. Pois o conhecedor deixa cada criação em sua esfera, julgando-a somente pelo ideal próprio a ela. Por certo, Horácio parece interessante em todas as formas, e em vão procuraríamos um homem do valor desse romano entre os helenos tardios; tal interesse geral por ele, no entanto, é mais um juízo romântico do que artístico, o qual só pode tê-lo em alta consideração na sátira. É um fenômeno admirável quando a força romana se une à arte helênica até se fundirem numa só. Foi assim que Propércio deu forma a uma grande natureza mediante a arte mais erudita; a torrente de amor íntimo jorra poderosamente do seu peito sincero. Ele pode nos consolar da perda dos elegíacos helênicos, como Lucrécio da perda de Empédocles.

Durante algumas gerações, todos queriam fazer poesia em Roma, e cada qual acreditava que deveria favorecer as musas, ajudando-as a se reerguer; e a isso chamaram de idade de ouro de sua poesia. Foi, por assim dizer, um florescimento estéril na cultura da nação. Nele foram seguidos pelos modernos; o que aconteceu sob Augusto e Mecenas foi um presságio dos quinhentistas da Itália. Luís XIV tentou obter à força a mesma primavera do espírito na França; os ingleses também foram unânimes em considerar o gosto da época da rainha Ana como sendo o melhor, e dali em diante nenhuma nação quis permanecer sem sua idade de ouro; mas a seguinte era ainda mais vazia e pior do que a anterior, e a dignidade desta exposição impede que se descreva de forma detalhada o que os alemães imaginaram como sendo ouro.

Retorno aos romanos. Eles tiveram, como ficou dito, apenas um surto de poesia, a qual, a bem da verdade, permaneceu para eles sempre antinatural. Apenas a poesia da urbanidade era nativa entre eles, e seu enriquecimento do domínio da arte se restringiu à sátira. Esta recebeu uma nova forma de cada mestre, visto que o antigo estilo grandioso da sociabilidade e do chiste romanos ora se apropriou da ousadia clássica de Arquíloco e da comédia antiga, ora transformou a leveza despreocupada de um improvisador na mais límpida elegância de um heleno escorreito, ora retornou, com sentido estoico, e no mais autêntico estilo, à antiga maneira elevada da nação, ora se entregou ao entusiasmo do ódio. Graças à sátira aparece com novo brilho o que ainda vive da urbanidade da Roma eterna em Catulo, em Marcial ou de forma isolada e dispersa em outros autores. A sátira nos dá um ponto de vista romano para os produtos do espírito romano.

Depois que a força da poesia se extinguiu tão rapidamente como havia crescido, o espírito humano tomou outra direção, a arte desapareceu no tumulto entre o velho e o novo mundo, e transcorreu mais de um milênio antes que surgisse novamente um grande poeta no Ocidente. Entre os romanos, quem tinha talento para a eloquência dedicava-se aos assuntos legais e, caso fosse heleno, dava lições populares sobre os mais variados temas filosóficos. Eles se contentavam em conservar, compilar, mesclar, abreviar e corromper os tesouros antigos em todas as suas espécies; e, assim como noutros ramos da cultura, também na poesia só muito raramente surgia, de forma isolada e sem vigor, algum traço de originalidade; em parte alguma um único artista, e nenhuma obra clássica em tão longo período. Em compensação, tanto mais intensos eram a criação e o entusiasmo na religião; devemos buscar a força daquela época no desenvolvimento da nova religião, nas tentativas de transformação da antiga, na filosofia mística; ela foi grande sob esse aspecto, foi um mundo intermediário da cultura, um caos fecundo para uma nova ordem das coisas, a verdadeira Idade Média.

Com os germanos jorrou sobre a Europa uma nascente pura de nova poesia heroica, e quando a força selvagem da poesia gótica entrou em ressonância, graças à influência árabe, com o cativante conto maravilhoso do Oriente, floresceu na costa mediterrânea o alegre ofício de inventores de canções amáveis e de histórias estranhas, e, ora nesta ora naquela forma, se difundiu, juntamente com a lenda sagrada latina, o romance profano, cantando o amor e as armas.

    A hierarquia católica, entretanto, havia se desenvolvido; a jurisprudência e a teologia mostravam alguns caminhos de volta à Antiguidade. Por um deles, unindo religião e poesia, seguiu o grande Dante, sagrado fundador e pai da poesia moderna. Com os antepassados da nação ele aprendeu a comprimir em dignidade e força clássica o mais próprio e o mais singular, o mais sagrado e o mais doce do novo dialeto comum, enobrecendo, assim, a arte provençal da rima; e, como não lhe fora possível chegar à fonte, a ideia geral de uma obra grande organizada em sua estrutura também pode lhe ter sido sugerida por intermédio dos romanos. Sua compreensão dela foi poderosa, a força de seu espírito criador se concentrou num ponto central, envolvendo com seus braços fortes, num poema monumental, sua nação e sua época, a Igreja e o império, a sabedoria e a revelação, a natureza e o reino de Deus. Compêndio do mais nobre e do mais vergonhoso que ele havia visto, do mais elevado e do mais estranho que podia imaginar; a mais sincera apresentação de si mesmo e de seus amigos, a mais esplêndida glorificação da amada; tudo de forma fiel e verídica no plano visível e cheio de significação e relação secreta com o invisível.

    Petrarca deu acabamento e beleza à *canzone* e ao soneto. Suas canções são o espírito de sua vida, e um só alento as anima e as forma como obra una e indivisível; a eterna Roma na Terra e a Madonna no céu, reflexo da incomparável Laura em seu coração, torna sensível e mantém em bela liberdade a unidade espiritual de todo o poema. Seu sentimento inventou, por assim dizer, a linguagem do amor, que mesmo depois de séculos continua a ser aceita por todos os espíritos nobres, assim como a inteligência de Boccaccio instituiu, para os poetas de todas as nações, uma fonte inexaurível de histórias notáveis, verdadeiras em sua maioria e minuciosamente elaboradas, elevando, pela poderosa expressão e pela construção dos grandes períodos, a linguagem narrativa da conversação a uma base sólida para a prosa do romance. Enquanto a pureza do amor em Petrarca é rigorosa, a força em Boccaccio é material, tendo ele preferido consolar todas as mulheres atraentes a divinizar uma só. Renovando a *canzone* depois de seu mestre pelo encanto jovial e pelo gracejo em sociedade, teve mais êxito do que ele em se assemelhar ao grande Dante na *Visão* e nos tercetos.

Esses são os três principais expoentes do estilo antigo da arte moderna; o conhecedor de arte deve entender seu valor, enquanto precisamente o que neles há de melhor e de mais peculiar permanece difícil ou, ao menos, estranho para o sentimento do aficionado.

Tendo se originado de tais fontes, o grande rio da poesia não poderia secar novamente na privilegiada nação dos italianos. Por certo, aqueles criadores não deixaram uma escola, mas apenas imitadores; logo, porém, se gerou algo novo. Quando a forma e o cultivo da poesia, que agora voltava a ser arte, foram aplicados à matéria aventurosa dos livros de cavalaria, surgiu o *romanzo* dos italianos; desde o início destinado a leituras em sociedade, este transforma aberta ou tacitamente em grotesco as histórias maravilhosas do passado por um bafejo de chiste social e aroma espiritual. No entanto, em Ariosto mesmo, que, assim como Boiardo, ornamentou o *romanzo* com novelas e, segundo o espírito de sua época, com belas flores colhidas dos antigos, alcançando uma graça elevada nas estâncias, esse grotesco se dá apenas isoladamente, e não no todo, quase não merecendo esse nome. Por essa qualidade e pela inteligência lúcida, ele está acima de seu predecessor; a riqueza de imagens claras e a feliz mescla do jocoso e do sério fizeram dele mestre e modelo na narrativa leve e em fantasias sensuais. A tentativa de alçar o *romanzo*, pela elevação do tema e pela linguagem clássica, à antiga dignidade da epopeia, pensando-o como uma grande obra de arte de todas as obras de arte para a nação e, mais particularmente ainda, por seu sentido alegórico, para os eruditos, permaneceu apenas uma tentativa, que não conseguiu acertar o ponto certo, por mais que fosse repetida. Caminho completamente diferente e novo, mas que podia ser trilhado uma única vez, foi aquele tomado por Guarini no *Pastor Fido*, a maior obra, a única obra de arte dos italianos depois daqueles grandes poetas, na qual ele conseguiu fundir o espírito romântico e a cultura clássica na mais bela harmonia, pela qual deu também nova força e novo encanto ao soneto.

A história da arte dos espanhóis, que tinham a maior intimidade com a poesia dos italianos, e a história da arte dos ingleses, cujo senso para o romântico era então bastante forte, embora este só lhes chegasse de terceira ou quarta mão, se concentram na arte de dois homens, Cervantes e Shakespeare, que, de tão grandes, todo o resto, comparado a eles, parece apenas um ambiente preparatório, explicativo e complementar. A riqueza de suas obras e a progressão de seu imenso espírito seriam, por si sós, matéria para uma história à parte. Queremos apenas indicar seu fio condutor, em que massas determinadas se divide o conjunto ou ao menos onde se podem enxergar alguns pontos fixos e a orientação seguida.

Friedrich Schlegel

Quando empunhou pela primeira vez a pena em vez da espada, que já não podia manejar, Cervantes escreveu *A Galateia*, composição grande e maravilhosa da eterna música da fantasia e do amor, o mais terno e amável de todos os romances; escreveu, além disso, muitas obras que dominaram os palcos, as quais, como a divina *Numância*, estavam à altura do coturno antigo. Essa foi a primeira grande época de sua poesia, cujo caráter era a beleza elevada, séria, mas amável.

A obra-prima de sua segunda fase é a primeira parte do *Dom Quixote*, onde predominam a engenhosidade fantástica e uma esbanjadora riqueza em invenções audazes. No mesmo espírito e provavelmente também na mesma época, ele compôs muitas de suas novelas, especialmente as cômicas. Nos últimos anos de vida, ele se deixou levar pelo gosto dominante em relação ao drama, tratando-o, por esse motivo, de forma negligente; na segunda parte do *Dom Quixote* também levou em conta as apreciações; mas estava livre para bastar-se a si mesmo e elaborar com inteligência insondável e com a mais penetrante profundidade essa massa, totalmente ligada à primeira, de uma obra única dividida em duas e por duas composta, que aqui, por assim dizer, retorna a si mesma. Ele escreveu o grande *Persiles* com engenhoso artifício, numa maneira obscura, séria, segundo a ideia que se fazia do romance de Heliodoro; a morte, contudo, o impediu de escrever o que ainda pretendia, algo presumivelmente no gênero dos livros de cavalaria e do romance dramatizado, assim como a segunda parte da *A Galateia*.

Antes de Cervantes, a prosa dos espanhóis tinha um belo estilo arcaizante nos livros de cavalaria, florescia no romance pastoril e, no drama romântico, imitava com apuro e precisão a vida imediata em linguagem coloquial. A forma mais aprazível para canções delicadas, cheias de música ou brincadeiras engenhosas, e os romances, produzidos para narrar com grandeza e simplicidade, séria e fidedignamente, antigas histórias nobres e comoventes, haviam desde muito cedo se aclimatado àquele país. O terreno estava menos preparado para Shakespeare, e quase unicamente pela colorida variedade do palco inglês, para o qual trabalhavam tanto eruditos como atores, nobres e bufões, onde mistérios da infância do drama ou antigas farsas inglesas se revezavam com novelas estrangeiras, histórias nacionais e outros assuntos: isso de todas as maneiras e formas, mas nada que pudéssemos chamar de arte. Foi, no entanto, uma circunstância propícia para o efeito e mesmo para a sua consolidação que desde cedo os atores trabalhassem para uma cena que não visava de modo algum ao esplendor da aparência externa, e que, no drama histórico, a monotonia da matéria tivesse dirigido o espírito do poeta e dos espectadores para a forma.

As primeiras obras de Shakespeare têm de ser consideradas com o mesmo olho com que o conhecedor reverencia as obras antigas da pintura italiana. Elas não têm perspectiva nem outro acabamento, mas são profundas, grandes e cheias de sentido, sendo superadas em seu gênero apenas pelas produzidas segundo a mais bela maneira desse mestre. Incluímos ali o *Locrine*, em que o mais alto coturno em língua gótica se une de modo chocante com a rude comicidade inglesa antiga, o divino *Péricles* e outras obras de arte desse mestre singular, cuja autoria, contra todos os relatos históricos, foi contestada pelo desatino de pedantes superficiais, ou não foi reconhecida pela tolice deles. Consideramos que essas produções são anteriores ao *Adônis* e aos *Sonetos*, porque não há nelas o menor traço da cultura doce e amável, do belo espírito que exala, em maior ou menor grau, de todos os dramas tardios do poeta, sobretudo aqueles da época de seu apogeu. Amor, amizade e nobre companhia, segundo a representação que tinha de si, provocaram uma bela revolução em seu espírito; o conhecimento travado com os ternos poemas de Spencer, muito em voga entre os nobres, deu alimento a seu novo impulso romântico, e este pode tê-lo levado à leitura das novelas que, muito mais do que ocorrera antes, adaptou para o palco com a inteligência mais profunda, reconstruindo-as e dramatizando-as com fantástico encanto. Esse aprimoramento repercutiu também em suas obras históricas, deu-lhes mais riqueza, graça e espirituosidade e insuflou em todos os seus dramas um sopro de espírito romântico, que é, junto com a profunda solidez, a sua característica mais própria e que faz deles um fundamento romântico do drama moderno, capaz de durar para todo o sempre.

Das primeiras novelas dramatizadas mencionamos apenas o *Romeu* e os *Trabalhos de amores perdidos* como os pontos mais luminosos de sua fantasia juvenil e que mais se aproximam do *Adônis* e dos *Sonetos*. Na trilogia de *Henrique VI* e no *Ricardo III* podemos ver uma transição contínua da maneira antiga, ainda não romantizada, à sua grande maneira. A esse grupo ele acrescentou o que vai de *Ricardo II* a *Henrique V*; essa obra representa o auge de sua força. Em *Macbeth* e *Rei Lear* vemos os limites de sua maturidade viril, e o *Hamlet* paira indeciso na transição da novela para aquilo que são essas tragédias. De sua última época é preciso mencionar *A tempestade*, *Otelo* e as peças romanas; nelas há um sentido inesgotável, embora já haja um pouco da frieza da velhice.

Após a morte desses grandes, a bela fantasia se extinguiu em seus países. Bastante digno de nota é que a filosofia, que permanecera rudimentar até então, se constituiu em arte, suscitando e atraindo o entusiasmo de homens ilustres outra vez para si. Na poesia, ao contrário, houve certamente alguns virtuoses apreciáveis, de Lope de Vega a Gozzi, mas nenhum poeta, e mesmo aqueles apenas para o teatro. De resto, pululavam cada vez mais as falsas tendências em todos os gêneros e formas, eruditas e populares. De abstrações e raciocínios superficiais, de uma Antiguidade mal-entendida e do talento medíocre surgiu na França um abrangente e coeso sistema da falsa poesia, que se baseava numa teoria igualmente falsa da arte poética; e dali essa enfermidade e fraqueza espiritual do chamado bom gosto se alastrou por quase todos os países da Europa. Franceses e ingleses instituíram suas diferentes idades de ouro, escolhendo cuidadosamente, como representantes dignos do panteão de glória da nação, o seu número de clássicos entre autores que não poderiam sequer ser mencionados numa história da arte.

Entretanto, também ali se manteve ao menos uma tradição, a de que era necessário voltar aos antigos e à natureza, e essa fagulha se acendeu entre os alemães, depois que aos poucos conseguiram ultrapassar os seus modelos. Winckelmann ensinou a considerar a Antiguidade como um todo, dando o primeiro exemplo de como se deveria fundamentar uma arte pela história de sua formação. A universalidade de Goethe proporcionou um suave reflexo da poesia de quase todas as nações e épocas; uma sequência inesgotavelmente instrutiva de obras, estudos, esboços, fragmentos, ensaios em todos os gêneros e nas mais diferentes formas. Em poucos passos audazes, a filosofia conseguiu chegar a entender a si mesma e ao espírito humano, na profundeza do qual ela descobriu a fonte da fantasia e do ideal da beleza, sendo assim obrigada a reconhecer nitidamente a poesia, cuja essência e existência ela até então não havia sequer pressentido. Forças supremas do homem, que atuaram cada qual isoladamente, mesmo em seu máximo florescimento em Atenas, filosofia e poesia agora engrenam uma na outra para se vivificar e formar mutuamente em eterna determinação recíproca. A tradução dos poetas e a imitação de seus ritmos se tornaram arte, e a crítica, ciência, os erros antigos foram destruídos e se abriram novas perspectivas no conhecimento da Antiguidade, sobre cujo fundo se apresenta uma história completa da poesia.

O que falta aos alemães é apenas continuar utilizando esses meios e seguir o modelo estabelecido por Goethe, de investigar por toda parte as formas da arte até a sua origem, a fim de poder revivificá-las ou recombiná-las; é voltar às fontes de sua própria língua e poesia e libertar mais uma vez a antiga força, o alto espírito que ainda agora dorme desconhecido em documentos de épocas remotas da nação, da canção dos *Nibelungos* até Flemming e Weckherlin: assim, a poesia, que não foi trabalhada de modo tão original e esmerado em nenhuma outra nação moderna, tendo sido primeiro saga heroica, depois jogo de cavalheiros e, finalmente, ofício burguês, será agora e continuará sendo entre eles uma ciência sólida de verdadeiros letrados e uma arte vigorosa de poetas inventivos.

Camila. Você quase não mencionou os franceses.

Andrea. Não foi especialmente premeditado; simplesmente não encontrei ocasião.

Antônio. Usando-os como exemplo, ele teria podido mostrar ao menos como pode haver uma grande nação sem nenhuma poesia.

Camila. E expor como se vive sem poesia.

Ludovico. Mediante essa astúcia, ele quis antecipar de maneira indireta minha obra polêmica sobre a teoria da falsa poesia.

Andrea. Isso só dependerá de você, eu apenas anunciei de leve o que você pretende fazer.

Lotário. Como na passagem da poesia à filosofia, e da filosofia à poesia, você citou o exemplo de Platão como poeta, pelo que a musa haverá de agraciá-lo; eu esperava ouvir também a seguir o nome de Tácito. O completo acabamento do estilo, a exposição sólida e clara que encontramos nas grandes histórias da Antiguidade deveriam ser um modelo para o poeta. Estou convencido de que esse grande recurso ainda pode ser utilizado.

Marcus. E talvez aplicado de forma inteiramente nova.

Amália. Se continuar assim, cada coisa, uma após a outra, antes mesmo de nos darmos conta, transformar-se-á em poesia. Então tudo é poesia?

Lotário. Quando praticadas como arte em vista de si mesmas, e quando atingem o ponto mais alto, toda arte e toda ciência que atuam por meio de discurso aparecem como poesia.

Ludovico. E mesmo aquelas que não atuem com as palavras da língua têm um espírito invisível, e este é poesia.

Marcus. Estou de acordo com você não só em muitos pontos, como na quase maioria deles. Gostaria apenas que você tivesse dado um pouco mais de atenção aos gêneros poéticos; ou, melhor dizendo, gostaria que sua exposição tivesse proporcionado uma teoria mais precisa deles.

Andrea. Nesse extrato, eu quis permanecer inteiramente nos limites da história.

Ludovico. De qualquer modo, você também poderia ter recorrido à filosofia. Eu ao menos ainda não tinha encontrado em nenhuma outra divisão a oposição originária da poesia tal como você estabeleceu na comparação entre o modo épico e o modo jâmbico de compor.

Andrea. Que, todavia, é apenas histórica.

Lotário. Quando surge de forma tão grandiosa, como naquela terra afortunada, é natural que a poesia se manifeste de dois modos. Ou ela forma um mundo de dentro de si ou se junta ao mundo exterior, o que, a princípio, não acontece por meio de idealização, mas de forma dura e hostil. É assim que explico a mim mesmo os gêneros épico e jâmbico.

Amália. Sempre tenho arrepios quando folheio um livro no qual a fantasia e suas obras são classificadas em rubricas.

Marcus. Ninguém exigirá de você que leia tais livros abomináveis. Mas o que nos falta é justamente uma teoria dos gêneros poéticos. E o que seria ela senão uma divisão que pudesse ser ao mesmo tempo história e teoria da arte poética?

Ludovico. Ela expor-nos-ia como e de que modo a fantasia de um poeta fictício, que fosse o arquétipo do poeta de todos os poetas, tem necessariamente de se limitar e dividir por força e por intermédio de sua própria atividade.

Amália. Mas como essa criação artificial pode servir à poesia?

Lotário. Até agora você, Amália, tem propriamente poucos motivos para se queixar com seus amigos de tais criações artificiais.

Algo ainda inteiramente diverso tem de acontecer para que a poesia se torne realmente uma criação artificial.

Marcus. Sem separação, não há formação, e formação é a essência da arte. Assim, você deve aceitar aquelas divisões, pelo menos como meio.

Amália. Esse meio se transforma frequentemente em fim, permanecendo como um desvio perigoso, que muitas vezes mata o sentido para o mais elevado antes que o objetivo seja alcançado.

Ludovico. O verdadeiro sentido não se deixa matar.

Amália. E que meios para qual fim? É um fim que se alcança rapidamente ou não se alcança nunca. Todo espírito livre deveria apreender o ideal diretamente e se entregar à harmonia que tem de encontrar em seu interior, tão logo ele a queira procurar ali.

Ludovico. Apenas pela exposição exterior pode a representação interior tornar-se mais clara e inteiramente viva.

Marcus. E a exposição é assunto da arte, queiramos ou não.

Antônio. Então deveríamos tratar também a poesia como arte. Seria pouco frutífero considerá-la assim numa história crítica se os próprios poetas não fossem artistas e mestres, procedendo como bem lhes aprouvesse, com instrumentos seguros para fins específicos.

Marcus. E por que não o deveriam ser? Sem dúvida que o devem ser, e com certeza o serão. O essencial são os fins determinados, a delimitação pela qual a obra adquire contorno e se torna completa em si mesma. A fantasia do poeta não deve se derramar numa caótica poesia genérica, mas cada obra deve ter seu caráter inteiramente determinado segundo a forma e o gênero.

Antônio. Você já está apontando de novo para sua teoria dos gêneros poéticos. Se ao menos já tivesse clareza sobre ela.

Lotário. Não se deve censurar nosso amigo por retornar com tanta frequência a ela. A teoria dos gêneros poéticos deveria ser a verdadeira doutrina da arte da poesia. Frequentemente tenho confirmado no particular o que já sabia em geral: que os princípios do ritmo e mesmo da rima são musicais; e que o essencial na exposição de caracteres, situações, paixões, ou seja, o interior, o espírito, deveria ter seu solo nativo nas artes plásticas e do desenho. Mesmo a dicção, embora esteja diretamente relacionada com a própria essência da poesia, é comum a esta e à retórica. Na verdade, os gêneros poéticos são a própria poesia.

Marcus. Mesmo com uma teoria concludente sobre os gêneros poéticos, ainda restaria muito ou até mesmo tudo por fazer. Que a poesia é e deve ser uma arte, e como ela o deve ser, sobre isso não faltam doutrinas e teorias. Mas estas a transformam efetivamente em arte? — Isso só poderia ocorrer pelo caminho prático, quando vários poetas se reunissem para fundar uma escola de poesia; onde o mestre, como em outras artes, se ocupasse realmente do discípulo e não lhe desse sossego, mas, com o suor no rosto, lhe deixasse também de herança um sólido fundamento sobre o qual o sucessor tivesse desde o início a vantagem de poder continuar construindo com cada vez mais grandeza e ousadia, até chegar a se mover com leveza e liberdade na mais orgulhosa das alturas.

Andrea. O reino da poesia é invisível. Se vocês não olharem apenas para a forma exterior, poderão encontrar em sua história uma escola de poesia maior do que em qualquer outra arte. Os mestres de todas as épocas e nações abriram o caminho para nós, deixando-nos um capital imenso. Mostrá-lo concisamente foi o objetivo de minha apresentação.

Antônio. Também entre nós e muito perto de nós não faltam exemplos de mestres que, sem que talvez o saibam ou o queiram, abrem poderosamente o caminho a seus sucessores. Quando a poesia de Voss já de há muito tiver desaparecido, seu mérito como tradutor e artista da língua, que desbravou uma nova região com indizível força e perseverança, resplandecerá com tanto mais brilho quanto mais seus trabalhos preparatórios forem superados por trabalhos subsequentes superiores, porque se compreenderá que estes se tornaram possíveis somente graças àqueles.

Marcus. Também entre os antigos houve escolas de poesia no seu sentido mais próprio. E não quero negar que alimento a esperança de que isso ainda seja possível. O que há de mais factível e, ao mesmo tempo, de mais desejável que o ensino meticuloso na arte métrica? No teatro certamente nada de bom se obtém antes que um poeta dirija o todo para o qual muitos trabalham num mesmo espírito. Estou apenas apontando alguns caminhos possíveis para a execução de minhas ideias. A meta de minha ambição poderia ser, na verdade, reunir uma tal escola e colocar numa situação sólida ao menos alguns gêneros e meios da poesia.

Amália. Por que novamente apenas gêneros e meios? – Por que não a poesia como um todo, una e indivisível? – Nosso amigo não consegue se libertar de seu velho mau costume; ele precisa sempre separar e dividir, quando só o todo pode atuar e satisfazer sem nenhuma divisão de força. Você também não vai querer fundar a sua escola sozinho?

Camila. Aliás, ele também pode permanecer seu próprio discípulo, se quer ser o único mestre. Nós, pelo menos, não iremos nos submeter ao aprendizado desse jeito.

Antônio. Certamente que não, você não deve ser assim tiranizada por um só indivíduo, querida amiga; todos nós poderemos lhe ensinar, segundo a ocasião. Nós todos queremos ser ao mesmo tempo mestres e discípulos, ora uma coisa, ora outra, conforme o caso. E a mim tocará com muito mais frequência ser discípulo. Mas eu não hesitaria em participar de uma liga de defesa e ataque da poesia e para a poesia, caso pudesse ao menos me convencer da possibilidade de tal escola de arte.

Ludovico. A realidade é que decidiria isso melhor.

Antônio. Antes seria necessário investigar e apurar se a poesia pode mesmo ser ensinada e aprendida.

Lotário. Isso será ao menos o mesmo que compreender como a engenhosidade e a arte humanas podem tirar a poesia das profundezas e trazê-la para a luz. O que, no entanto, permanece um mistério, seja lá como vocês o entendam.

Ludovico. Assim é. Ela é o ramo mais nobre da magia, e o homem isolado não pode se elevar à magia; mas onde algum impulso humano atue em cooperação com o espírito humano, ali se faz sentir uma força mágica. É com essa força mágica que tenho contado; sinto a aragem do espírito soprar entre os amigos; vivo não na esperança, mas na certeza de um novo alvorecer da poesia. O restante se encontra aqui nestas páginas, se agora for chegado o momento.

Antônio. Estamos prontos para escutá-lo. Espero que nisso que vai nos apresentar possamos encontrar uma oposição às épocas da poesia de Andrea. Assim poderemos depois empregar um modo de ver e uma força como alavanca para a outra, e disputar tanto mais livre e energicamente, e voltar à grande questão de saber se é possível ensinar e aprender poesia.

Camila. Ainda bem que finalmente chegaram ao fim. Vocês querem que todos ingressem na escola, e não têm sequer domínio sobre o modo como proferem as suas falas; assim me dá ainda mais vontade de me constituir como presidenta e pôr ordem na conversa.

Antônio. Iremos manter a ordem e, caso necessário, apelaremos a você. Agora escutemos.

Ludovico. O que tenho a lhes oferecer e que me parecia mais que na hora de trazer à baila é um

Discurso sobre a mitologia

Pela seriedade com que veneram a arte, meus amigos, eu os exorto a se perguntar: também na poesia deve a força do entusiasmo continuar se desfazendo em pedaços e por fim se calar solitária, quando houver cansado de lutar contra o elemento adverso? O que há de mais elevado e sagrado deve permanecer sempre sem nome e sem forma, abandonado ao acaso, na obscuridade? É o amor realmente invencível e há mesmo arte merecedora do nome, se não tem o poder de cativar com sua palavra mágica o espírito do amor, de modo que este tenha de animar as criações mais belas obedecendo ao seu comando e segundo sua necessária arbitrariedade? –

Mais do que quaisquer outros, vocês entendem o que quero dizer. Vocês mesmos já fizeram poesia e, ao fazê-lo, devem ter frequentemente sentido que lhes faltava um apoio firme para atuar, um solo materno, um céu, um ar vital.

Tudo isso o poeta moderno tem de elaborar e tirar de seu interior, e muitos o fizeram magnificamente, mas até agora cada um sozinho, cada obra, foi como uma nova criação desde o princípio, a partir do nada.

Vou direto ao ponto. Afirmo que falta um centro a nossa poesia, como a mitologia o foi para os antigos, e todo o essencial daquilo em que a poesia moderna fica atrás da poesia dos antigos pode ser resumido nas seguintes palavras: nós não temos uma mitologia. Mas, acrescento, estamos bem próximos de ter uma, ou melhor, é chegado o momento de cooperar seriamente para produzi-la.

Pois ela virá a nós por um caminho inteiramente oposto ao da mitologia antiga, que foi então por toda parte a primeira floração da fantasia juvenil, em sua aderência imediata ao que há de mais próximo, ao que há de vivo no mundo sensível, junto ao qual se formou. A nova mitologia, ao contrário, tem de ser formada e extraída da mais funda profundeza do espírito; ela tem de ser a mais artificial de todas as obras de arte, pois deve abranger todas as outras, um novo leito e receptáculo para a antiga e eterna fonte original da poesia, sendo ela também o poema infinito, que guarda os germes de todos os outros poemas.

Vocês podem rir desse poema místico e da desordem que a multidão e profusão de poemas poderiam ocasionar. Mas a beleza suprema, a ordenação suprema, é somente a do caos, isto é, de um caos que espera tão só o contato do amor para se transformar num mundo harmônico, de um caos como também o foram a poesia e a mitologia antigas. Pois ambas, mitologia e poesia, são uma só e inseparáveis. Todos os poemas da Antiguidade se encadeiam uns aos outros, até que o todo se forme de massas e membros cada vez maiores; tudo se encaixa e por toda parte há um mesmo e único espírito, apenas expresso de modo diverso. E, assim, não é realmente uma imagem vazia dizer: a poesia antiga é um poema único, indivisível, perfeito e acabado. Por que o que já foi não poderia vir a ser de novo? De outra maneira, claro. E por que não de uma maneira mais bela, mais grandiosa? –

Peço apenas que não deem espaço à descrença na possibilidade de uma nova mitologia. Dúvidas com o intuito de tornar a investigação tanto mais livre e rica ser-me-ão bem-vindas, não importa de que parte ou em que direção vierem. E agora ouçam com atenção as minhas suposições! Não posso pretender lhes oferecer mais do que suposições, dado o estado da questão. Mas espero que essas suposições possam se tornar verdade, graças a vocês mesmos. Pois são, de certo modo, propostas para ensaios, caso queiram transformá-las nestes.

Se uma nova mitologia puder ser elaborada e tirada, como que por si mesma, da mais íntima profundeza do espírito, então encontraremos um indício muito significante e uma confirmação notável daquilo que estamos procurando no grande fenômeno da época, o Idealismo! Este surgiu da mesma maneira, como que do nada, e agora também no mundo do espírito está constituído um ponto firme, de onde a força do homem pode se propagar, com desenvolvimento crescente, em todas as direções, segura de si mesma e de não perder jamais o caminho de volta. Todas as ciências e artes serão arrebatadas pela grande revolução. Vocês já a veem atuando na física, em que, na verdade, o Idealismo aflorou por si mesmo mais cedo, antes que ela fosse tocada pela varinha mágica da filosofia. E esse grande fato maravilhoso pode lhes dar ao mesmo tempo um indício da conexão secreta e da unidade interna da época. O Idealismo, que do ponto de vista prático nada mais é que o espírito dessa revolução, as suas grandes máximas, que devemos praticar e difundir por nossa própria força e liberdade, é do ponto de vista teórico, por maior que ele se mostre aqui, apenas uma parte, um ramo, um modo de manifestação do fenômeno de todos os fenômenos, a humanidade lutando com todas as suas forças para encontrar seu centro. No estado em que as coisas estão, ela deve perecer ou rejuvenescer. O que é mais verossímil e o que não se pode esperar de tal época de rejuvenescimento? — A Antiguidade encanecida tornar-se-á viva de novo, e o futuro mais distante da cultura já se anunciará em preságios. Não é isso, porém, o que primeiramente me importa aqui; pois não gostaria de saltar nada, guiando-os, passo a passo, até a certeza dos mistérios mais sagrados. Assim como a essência do espírito é determinar a si próprio, e sair de si e retornar a si em eterna alternância; assim como cada pensamento nada mais é do que o resultado de tal atividade, o mesmo processo é visível no todo e em cada grande forma do Idealismo, que é apenas o reconhecimento dessa legislação sobre si e a nova vida reduplicada pelo reconhecimento, a qual revela, do modo mais esplêndido, sua força secreta pela ilimitada profusão de novas descobertas, pela comunicabilidade universal e pela viva eficácia. Naturalmente, o fenômeno assume uma figura diferente em cada indivíduo, onde então com frequência o resultado tem de ficar aquém de nossa expectativa. Mas nossa expectativa não pode ser frustrada por aquilo que leis necessárias fazem esperar da marcha do todo. Qualquer que seja a sua forma, o Idealismo, de uma maneira ou de outra, tem de sair de si para poder voltar outra vez a si e permanecer aquilo que é. Por isso, há de brotar e brotará de seu seio um novo realismo igualmente ilimitado; e, portanto, o Idealismo não se tornará para a nova mitologia um exemplo apenas pelo modo de seu surgimento, mas ele mesmo tornar-se-á, de maneira indireta, uma fonte para ela. Agora vocês já podem perceber por toda parte os vestígios de semelhante tendência; especialmente na física, à qual não parece faltar mais nada senão uma visão mitológica da natureza.

Eu mesmo já trago há muito tempo o ideal de tal realismo em mim, e se até agora não se chegou a comunicá-lo foi somente porque ainda procuro o órgão para ele. Sei, porém, que só posso encontrá-lo na poesia, pois o realismo jamais poderá surgir de novo na forma da filosofia ou até de um sistema. E mesmo segundo uma tradição universal é de se esperar que, sendo de origem ideal e tendo, por assim dizer, de pairar num fundamento e solo ideais, ele aparecerá como poesia que deve se apoiar sobre a harmonia do ideal e do real.

Espinosa, parece-me, tem o mesmo destino que o bom e velho Saturno da fábula. Os novos deuses derrubaram o magnífico do alto trono da ciência. Ele se retirou para a sagrada obscuridade da fantasia, onde vive e mora com os outros titãs em venerável desterro. Mantenham-no lá! Que no canto das musas a lembrança do antigo poderio se funda em suave nostalgia. Que ele se despoje do ornamento belicoso do sistema e partilhe com Homero e Dante a morada no templo da nova poesia, juntando-se aos lares e aos amigos íntimos de todo poeta de inspiração divina.

De fato, não consigo compreender como se pode ser poeta sem venerar, sem amar Espinosa e tornar-se inteiramente um dos seus. A fantasia de vocês é bem rica na invenção do singular; nada mais apropriado para incitá-la, estimulá-la à atividade e lhe dar alimento que as poesias de outros artistas. Em Espinosa, porém, vocês encontrarão o começo e o fim de toda fantasia, o solo e o fundamento universais sobre os quais se firma a singularidade de vocês, e justamente tal separação do que é original e eterno da fantasia, de tudo o que é particular e singular, terá de lhes ser muito bem-vinda. Aproveitem a oportunidade e vejam! O que lhes é oferecido é um olhar profundo na oficina mais íntima da poesia. O sentimento de Espinosa é da mesma espécie que sua fantasia. Nenhuma suscetibilidade a isto ou àquilo, nenhuma paixão que infla e depois diminui; mas uma clara fragrância paira sobre o todo, invisivelmente visível, por toda parte a eterna nostalgia é acolhida nas profundezas daquela obra simples, na qual respira, em serena grandeza, o espírito do amor original.

E esse suave reflexo da divindade no homem não é a verdadeira alma, a centelha do entusiasmo que inflama toda poesia? — Isso, na verdade, não pode ser produzido pela mera apresentação de homens, paixões e ações, como tampouco por formas artificiais; e nem mesmo se vocês misturassem e revolvessem um milhão de vezes a velha tralha. Isso é apenas o corpo exterior e visível e, se a alma se apaga, apenas o cadáver da poesia. Mas quando aquela centelha do entusiasmo faísca nas obras, uma nova manifestação surge diante de nós, plena de vida e de bela glória, de luz e de amor.

E que é toda bela mitologia senão uma expressão hieroglífica da natureza circundante nessa transfiguração de fantasia e amor?

A mitologia tem uma grande vantagem. Aquilo que de costume sempre foge à consciência pode ser contemplado aqui de modo sensível-espiritual e fixado, como a alma nos fala ao ouvido no corpo que a envolve, graças ao qual cintila a nossos olhos.

O ponto em questão é que, no tocante ao mais elevado, não confiemos inteiramente apenas em nosso ânimo. Naturalmente, para quem este esteja seco, de parte alguma brotar-lhe-á uma fonte; e essa é uma verdade conhecida, contra a qual não tenho a mínima intenção de me opor. Mas devemos sobretudo nos ligar ao que é cultivado e também desenvolver, inflamar e alimentar o que é mais elevado pelo contato com o homogêneo, com o semelhante ou com o adverso de igual dignidade. Se, no entanto, o mais elevado não admite efetivamente nenhum cultivo intencional, devemos abandonar imediatamente toda pretensão de chegar a qualquer arte de ideias que seja livre, a qual seria então apenas um nome vazio.

A mitologia é uma tal obra de arte da natureza. O mais elevado foi realmente cultivado em sua trama; tudo é relação e metamorfose, formado e transformado, e esse formar e transformar é justamente seu modo peculiar de agir, sua vida interior, seu método, se posso dizê-lo assim.

Aqui vejo forte semelhança com aquele grande chiste da poesia romântica, que não se revela em achados isolados, mas na construção do todo, e que já nos foi tão bem desenvolvido por nosso amigo nas obras de Cervantes e de Shakespeare. Com efeito, essa confusão artisticamente ordenada, essa atraente simetria de contradições, essa maravilhosa e eterna alternância de entusiasmo e ironia, que vive até nas menores partes do todo, já me parecem ser uma mitologia indireta. A organização é a mesma, e certamente o arabesco é a forma mais antiga e original da fantasia humana. Nem esse chiste, nem uma mitologia podem existir sem algo primordialmente original e inimitável, que é pura e simplesmente indissolúvel, que ainda faz transluzir a antiga natureza e força mesmo depois de todas as metamorfoses, em que a profundidade ingênua faz transparecer o fulgor do que é ao revés e desatinado, simplório e tolo. Pois este é o princípio de toda poesia, suprimir o curso e as leis da razão razoavelmente pensante e nos colocar de novo na bela confusão da fantasia, no caos original da natureza humana, para o qual não conheço até agora símbolo mais belo do que a turba confusa dos deuses antigos.

Por que não se erguer e dar nova vida a essas figuras esplêndidas da grande Antiguidade? — Tentem ao menos uma vez considerar a antiga mitologia cheios de Espinosa e das visões que a física atual tem de despertar em todo aquele que reflete, e tudo parecer-lhes-á em novo esplendor e vida.

Mas também as outras mitologias precisam ser novamente despertadas, na medida de seu sentido profundo, de sua beleza e de sua formação, a fim de acelerar o nascimento da nova mitologia. Se os tesouros do Oriente nos fossem acessíveis como os da Antiguidade! Que nova fonte de poesia poderia fluir para nós da Índia se alguns artistas alemães, com a universalidade e a profundidade de sentido, com o gênio da tradução que lhes é tão peculiar, tivessem essa chance que uma nação cada vez mais embotada e brutal pouco sabe aproveitar. É no Oriente que devemos buscar o mais altamente romântico, e, se pudermos beber dessa fonte, a aparência de ardor meridional que agora tanto nos encanta na poesia espanhola parecer-nos-á talvez apenas ocidental e parcimoniosa.

É preciso, sobretudo, poder chegar à meta por mais de um caminho. Que cada qual percorra o seu, com alegre confiança, do modo o mais individual, pois os direitos da individualidade – se é mesmo aquilo que a palavra designa, unidade indivisível, viva coesão interna – não valem em nenhum outro lugar mais do que aqui, onde o que está em questão é o mais elevado; desse ponto de vista eu não hesitaria em afirmar que o verdadeiro valor, a virtude do homem, é sua originalidade.

E se coloco uma ênfase tão grande em Espinosa, isso não ocorre realmente por predileção subjetiva (cujos objetos eu mantive antes expressamente afastados) ou para elevá-lo a senhor de uma nova monarquia absoluta; mas porque, com esse exemplo, pude mostrar da forma mais clara e compreensível meus pensamentos sobre o valor e dignidade da mística e sua relação com a poesia. Por sua objetividade a esse respeito, eu o escolhi como o representante de todos os outros. É o que penso sobre isso. Assim como a doutrina da ciência, segundo a opinião dos que não compreenderam a infinitude e a inalterável riqueza do Idealismo, permanece sendo ao menos uma forma perfeitamente acabada, um esquema universal para toda ciência, Espinosa, do mesmo modo, representa o fundamento e a base universal para todo tipo individual de misticismo; e isso, acredito, será prontamente reconhecido até por aqueles que não entendem muito nem de misticismo, nem de Espinosa.

Não posso concluir minha exposição sem novamente exortá-los ao estudo da física, de cujos paradoxos dinâmicos brotam agora, de todas as partes, as mais sagradas revelações da natureza.

Assim, não mais hesitemos pela luz e pela vida, mas aceleremos, a cada segundo, seu sentimento, o grande desenvolvimento para o qual fomos chamados. Sejam dignos da grandeza da época, e a névoa dissipar-se-á ante seus olhos; o dia iluminar-se-á diante de vocês. Todo pensar é uma divinação, mas só agora o homem começa a ter consciência de sua força divinatória. Que ampliações imensas ele ainda experimentará, e mesmo agora. Creio que alguém que fosse capaz de compreender a época, ou seja, que fosse capaz de compreender o grande processo de rejuvenescimento universal, os princípios da revolução eterna, deveria poder alcançar também os polos da humanidade, e saber e reconhecer a ação dos primeiros homens, assim como o caráter da idade de ouro que ainda virá. Então cessaria o palavrório vazio, e o homem compreenderia o que ele é, e entenderia a Terra e o sol.

É isso o que quero dizer com uma nova mitologia.

***

Antônio. Durante sua preleção me lembrei de duas observações que tenho de ouvir com frequência, e que agora me ficaram bem mais claras do que antes. Os idealistas me asseguravam em toda parte que Espinosa é realmente bom, embora completamente ininteligível. Nos escritos críticos constatei, ao contrário, que toda obra do gênio, apesar de clara para o olho, permanece eternamente misteriosa para o entendimento. Segundo sua visão, essas duas afirmações estão correlacionadas, e me deleito sinceramente com sua involuntária simetria.

Lotário. Gostaria que nosso amigo nos explicasse por que ele parece ter nomeado quase exclusivamente a física, enquanto em toda parte tacitamente se fundava na história, que poderia muito bem ser, tanto quanto a física, a verdadeira fonte de sua mitologia, se nos é permitido usar um nome antigo para algo ainda inexistente. Entretanto, em minha opinião, sua visão de nossa época me parece algo que merece o nome de uma visão histórica.

Ludovico. Nós começamos por aquilo em que percebemos os primeiros sinais da vida. Agora isso ocorre na física.

Marcus. Sua marcha foi muito rápida. Com frequência me teria sido preciso pedir que se detivesse em alguns pontos específicos para me dar explicações. Mas, no conjunto, sua teoria me deu uma nova visão sobre o gênero didático, ou, como nosso filólogo o denomina, sobre o gênero didascálico. Compreendo, finalmente, como esse nó de todas as classificações até agora realizadas pertence necessariamente à poesia. Pois, indiscutivelmente, a essência da poesia é justamente essa visão mais elevada e ideal das coisas, tanto do homem como da natureza exterior. É compreensível que, ao desenvolvê-la, possa ser vantajoso isolar também essa parte essencial do todo.

Antônio. Não posso admitir que a poesia didática seja considerada um gênero propriamente dito, assim como não o é a poesia romântica. Todo poema deve ser propriamente romântico, e didático naquele sentido mais amplo da palavra, em que ela designa a tendência a um sentido profundo e infinito. Também fazemos tal exigência por toda parte, sem nem mesmo empregar o nome. Exigimos ironia até nos gêneros inteiramente populares, como, por exemplo, no espetáculo teatral; exigimos que os acontecimentos, os seres humanos, em resumo, todo o jogo da vida, seja realmente apreendido e exposto também como um jogo. Isso nos parece o mais essencial, e tudo não se encontraria aí? — Nós nos atemos apenas ao significado do todo; o que, isoladamente, estimula, emociona, ocupa e apraz os sentidos, o coração, o entendimento e a imaginação nos parece apenas um sinal, um meio para a intuição do todo, no instante em que a ele nos elevamos.

Lotário. Todos os jogos sagrados da arte são apenas imitações distantes do jogo infinito do mundo, da obra de arte que eternamente forma a si mesma.

Ludovico. Noutras palavras: toda beleza é alegoria. O que há de mais elevado, justamente por ser inefável, só pode ser dito alegoricamente.

Lotário. Por isso, os mistérios mais íntimos de todas as artes e ciências pertencem à poesia. Tudo saiu de lá e para lá deve voltar. Num estado ideal da humanidade só haveria poesia; ou seja, as artes e as ciências seriam então uma coisa só. Na nossa situação, somente o verdadeiro poeta seria um homem ideal e um artista universal.

Antônio. Ou a comunicação e exposição de todas as artes e ciências não podem ocorrer sem um componente poético.

Ludovico. Sou da opinião de Lotário, de que a força de todas as artes e ciências se encontra em um ponto central, e espero, pelos deuses, poder tirar até mesmo da matemática alimento para o entusiasmo de vocês e inflamar-lhes o espírito com as suas maravilhas. No entanto, dei preferência à física também porque aqui o contato é o mais visível. A física não pode fazer experimento algum sem hipótese; toda hipótese, mesmo a mais limitada, se é pensada de forma consequente, conduz a hipóteses sobre o todo, apoiando-se, na verdade, nestas, mesmo que aquele que as emprega não tenha consciência disso. – É, de fato, maravilhoso como a física, quando não se ocupa de fins técnicos, mas de resultados gerais, deságua, sem sabê-lo, em cosmogonia, em astrologia, em teosofia, ou como quiserem chamá-lo, em suma, numa ciência mística do todo.

Marcus. E Platão não deve ter tido menos consciência disso que Espinosa, o qual, por sua forma bárbara, me é insuportável.

Antônio. Supondo-se que Platão também fosse tão objetivo a esse respeito quanto Espinosa, o que ele, no entanto, não é, mesmo assim foi melhor que nosso amigo tenha escolhido este último para nos mostrar a fonte original da poesia nos mistérios do realismo, justamente porque nele não se pode pensar em nenhuma poesia da forma. Para Platão, ao contrário, a apresentação, sua perfeição e sua beleza não são meios, mas fins em si. Por isso, sua forma já é, a rigor, inteiramente poética.

Ludovico. Eu disse no próprio discurso que mencionava Espinosa apenas como representante. Se quisesse me estender mais, teria tratado também do grande Jakob Böhme.

Antônio. Com ele você poderia ao mesmo tempo ter mostrado se as ideias sobre o universo se apresentam pior na figuração cristã do que nas figurações antigas que você quer reintroduzir.

Andrea. Peço que se mantenha o respeito para com os antigos deuses.

Lotário. E eu peço que nos lembremos dos Mistérios de Elêusis. Desejaria ter colocado no papel minhas ideias sobre isso, para poder apresentá-las a vocês na ordenação e detalhamento exigidos pela dignidade e importância do tema. Foi somente seguindo os traços dos Mistérios que aprendi a entender o sentido dos deuses antigos. Presumo que a visão da natureza que ali predominava acenderá uma grande luz aos investigadores de hoje, se já estiverem maduros para ela. A melhor apresentação do realismo é a mais atrevida e poderosa, eu quase diria, a mais selvagem e furiosa. – Lembre-me ao menos, Ludovico, de lhe mostrar oportunamente o fragmento órfico que começa com a bissexualidade de Zeus.

Marcus. Recordo-me de uma alusão a isso em Winckelmann, a qual me faz supor que ele estimava esse fragmento tanto quanto você.

Camila. Não seria possível, Ludovico, que você pudesse expor o espírito de Espinosa numa bela forma; ou, melhor ainda, a própria visão do que você chama de realismo?

Marcus. Eu preferiria o último.

Ludovico. Quem tivesse em vista algo assim só poderia expô-lo e só poderia querer ser como Dante. Como este, ele teria de trazer um só poema no espírito e no coração, desesperando-se com frequência sobre a possibilidade de expô-lo. Mas se o conseguisse, teria feito o bastante.

Andrea. Você menciona um modelo admirável! Certamente Dante foi o único que, sob algumas circunstâncias favoráveis e uma quantidade indizível de outras desfavoráveis, inventou e desenvolveu inteiramente só, com sua força gigantesca, uma espécie de mitologia, tal como então era possível.

Lotário. Na verdade, toda obra deve ser uma nova revelação da natureza. Apenas na medida em que é um uno que é tudo uma obra se torna obra. Somente por isso ela se distingue de um estudo.

Antônio. Mas eu gostaria de lhe referir estudos que, segundo esse seu ponto de vista, também são obras.

Marcus. E, já por sua objetividade, poemas calculados para um efeito externo, que não sejam tão místicos nem pretendam abarcar tudo, como dramas excelentes, não se distinguiriam de estudos, que se voltam antes de tudo apenas para o aprimoramento interior do artista, e somente preparam sua meta final, aquele efeito objetivo externo?

Lotário. Se forem simplesmente bons dramas, são apenas meios para o fim; falta-lhes a autonomia, o perfeito acabamento interno, para o qual não encontro outra palavra a não ser obra, e, por isso, gostaria de reservá-la para esse uso. Em comparação com o que Ludovico tem em mente, o drama é apenas uma poesia aplicada. Mas o que concebo como obra pode ser muito bem, num caso particular, objetivo e dramático, segundo sua perspectiva.

Andrea. Dessa maneira, entre os gêneros antigos, apenas no épico seria possível uma obra nesse seu sentido elevado.

Lotário. A observação é correta, uma vez que na épica uma obra também costuma ser única. As obras trágicas e cômicas dos antigos, ao contrário, são apenas variações, diferentes expressões de um só e mesmo ideal. Elas permanecem os modelos supremos para a armação sistemática, para a construção e organização, e são, se assim posso dizer, as obras entre as obras.

Antônio. A contribuição que posso dar ao banquete é uma iguaria um pouco mais leve. Amália já me perdoou e permitiu que divulgasse minhas lições particulares para ela.

Carta sobre o romance

É necessário que eu retire o que pareci dizer ontem em sua defesa, cara amiga, e lhe dê tanto quanto nenhuma razão. Você mesma a perdeu ao final da discussão, ao se envolver tão profundamente, porque é contrário à dignidade feminina descer do elemento inato do alegre gracejo e da eterna poesia à meticulosa e pesada seriedade dos homens, como corretamente a denominou. Concordo com você, contra você mesma, que você não tem razão. Afirmo, além disso, que não basta apenas reconhecer que não se tem razão; também é preciso expiar-se disso, e a expiação apropriada por sua intimidade com a crítica deve ser impor-se paciência para ler esta epístola crítica sobre o assunto de ontem.

Eu poderia ter dito ontem mesmo o que quero dizer; ou melhor, eu não o poderia fazer, em virtude de meu estado de ânimo e das circunstâncias. Com que adversário você estava lidando, Amália? Ele deve certamente entender muito bem do assunto de nossa conversa, e não caberia ser de outra maneira num virtuose hábil. Assim, ele seria capaz de falar tão bem sobre o assunto quanto qualquer outro, caso fosse simplesmente capaz de falar. Mas isso lhe foi negado pelos deuses; como disse, ele é um virtuose, e só; infelizmente, as Graças lhe faltaram. Como ele não podia sequer desconfiar do que você pensava em seu mais íntimo, e como exteriormente a razão estava toda do lado dele, não tive que me preocupar senão em defendê-la com toda a minha força, apenas com o intuito de que o equilíbrio do grupo não fosse totalmente destruído. Além disso, quando não há outra opção, para mim é mais natural dar lições escritas que orais, as quais, segundo meu sentimento, profanam a sacralidade do diálogo.

Nossa conversa começou quando você afirmou que os romances de Friedrich Richter não são romances, mas uma mistura de todo tipo de chiste doentio. As poucas histórias são tão mal apresentadas que, para passar por histórias, seria preciso adivinhá-las. E mesmo que quiséssemos tomá-las em conjunto e simplesmente narrá-las, dali resultariam, no máximo, confissões! A individualidade do homem é visível demais e, ainda por cima, que individualidade!

Passo por alto esse último ponto porque é novamente apenas uma questão individual. Concordo com você no que concerne à mistura de todo tipo de chiste doentio, mas, tomando-a em defesa, afirmo decididamente que tais grotescos e confissões são os únicos produtos românticos de nossa época não romântica.

Conceda-me este momento para que desafogue o que há muito tempo trago em meu coração.

Com espanto e raiva por dentro, tenho visto com frequência o criado lhe trazer um monte de livros. Como pode tocar as mãos naqueles volumes imundos? – Como pode permitir que tal palavrório informe e confuso entre por seus olhos no santuário da alma? Entregar sua fantasia, por horas, a pessoas com as quais, frente a frente, você envergonhar-se-ia de trocar apenas umas poucas palavras. – Isso não serve realmente para nada, a não ser para matar o tempo e estragar a imaginação! Você leu quase todos os livros ruins, de Fielding a La Fontaine. Pergunte a si mesma o que ganhou com isso. Sua própria memória despreza essas coisas reles, que um fatal costume juvenil acabou tornando uma necessidade, e aquilo que precisa ser conseguido com tanto empenho é inteiramente esquecido logo depois.

Você talvez ainda se lembre, no entanto, de que houve um tempo em que você amava Sterne e se deliciava com frequência, meio por imitação, meio por zombaria, em adotar a maneira dele. Ainda tenho algumas cartinhas engraçadas nesse gênero, que guardarei cuidadosamente. – O humor de Sterne lhe havia causado, portanto, uma determinada impressão; mesmo não sendo assim uma forma idealmente bela, pelo menos era uma forma, uma forma espirituosa, que conquistou sua fantasia, e uma impressão que nos permanece tão determinada que podemos utilizá-la e configurá-la, seja para o gracejo, seja para a seriedade, não está perdida; e o que pode ter valor mais fundamental do que aquilo que de alguma maneira estimula e alimenta o jogo de nossa formação interior?

Você mesma sente que sua diversão com o humor de Sterne era pura e de natureza completamente diferente da curiosa expectativa que com frequência um livro ruim pode extorquir de nós no momento exato em que o vemos assim. Ora, pergunte se seu deleite não era aparentado àquele que sentimos quando observamos as graciosas pinturas decorativas que chamamos de arabesco. No caso de você não conseguir se libertar completamente de todo interesse pela sensibilidade de Sterne, remeto-lhe aqui a um livro, mas, para que você se previna diante de estranhos, devo lhe adiantar que tem o azar ou a sorte de ser pouco difamado. Trata-se de *Jacques, o fatalista, e seu amo*, de Diderot. Penso que lhe agradará e que você encontrará nele abundância de engenho totalmente livre de intromissões sentimentais. Ele foi delineado com inteligência e executado com mão segura. Posso chamá-lo, sem exagero, de uma obra de arte. Naturalmente, não é alta poesia, mas apenas um arabesco. Mas é exatamente por isso que a meu ver as pretensões da obra não são pequenas; pois considero o arabesco uma forma totalmente determinada e essencial ou um modo de exteriorização da poesia.

Penso a questão assim. A poesia está tão profundamente arraigada no homem que, mesmo nas condições mais adversas, sempre há momentos em que ela cresce de modo desordenado. Assim como entre quase todo povo circulam canções e histórias, e se pratica alguma espécie mesmo rudimentar de drama, também em nossa época não fantástica, entre os verdadeiros representantes da prosa, quero dizer, entre as pessoas ditas eruditas e cultivadas, alguns indivíduos sentiram em si e exteriorizaram uma rara originalidade da fantasia, embora estivessem, por isso, ainda muito distantes da verdadeira arte. O humor de um Swift, de um Sterne, penso, é a poesia de natureza das camadas mais altas de nossa época.

Estou bem distante de colocá-los ao lado daqueles grandes; mas você há de convir comigo que quem tem senso para estes, quem tem senso para Diderot, já se encontra num caminho melhor para aprender a compreender o divino engenho e a fantasia de um Ariosto, de um Cervantes, de um Shakespeare do que um outro que ainda não se elevou nem a isso. Nesse aspecto, não devemos exigir demais dos homens da época atual, pois o que cresceu em condições tão doentias não poderia naturalmente ser outra coisa que doentio. Considero, todavia, antes uma vantagem que o arabesco não seja uma obra de arte, mas apenas um produto natural e, por isso, coloco Richter também acima de Sterne, porque sua fantasia é bem mais doentia, ou seja, mais maravilhosa e fantástica. Releia Sterne mais uma vez. Já faz algum tempo que você não o lê, e penso que ele parecer-lhe-á um pouco diferente de antes. Compare então nossos alemães com ele. Ele realmente tem mais chiste, ao menos para aquele que o entenda chistosamente; pois aqui ele poderia facilmente ser injusto consigo mesmo. Mas, por essa vantagem, já como se manifesta, sua sentimentalidade se eleva acima da esfera do sentimentalismo inglês.

Friedrich Schlegel

Ainda temos um fundamento exterior para formar em nós esse sentido para o grotesco e nos manter nesse estado de ânimo. É impossível, nessa época de livros, não ter de folhear e até mesmo de ler muitos, muitíssimos livros ruins. Felizmente, quanto a isso, podemos ter alguma certeza, alguns dentre eles sempre são do gênero tolo e, portanto, só depende realmente de nós achá-los divertidos, ou seja, na medida em que o consideremos como produtos engenhosos da natureza. Laputa não está em parte alguma, ou em todas, querida amiga; basta um ato de nosso arbítrio e de nossa fantasia para estarmos no meio dela. Se a tolice atinge uma certa altura, a qual principalmente a vemos alcançar agora em que tudo se separa mais nitidamente, então ela também se assemelha, no aspecto externo, à loucura. E a loucura, você há de convir comigo, é o que de mais amável o homem pode imaginar, e o verdadeiro e último princípio de tudo o que é divertido. Nesse estado de espírito, quando estou sozinho comigo mesmo, frequentemente quase não consigo conter a gargalhada com livros que de modo algum parecem destinados a isso. E é justo que a natureza me dê essa compensação, porque não consigo de modo algum rir de tantas coisas hoje chamadas de graça ou sátira. Em contrapartida, para mim gazetas eruditas se convertem em farsas, e aquela que se denomina universal, eu a considero bem expressamente como o fazem os vienenses com o teatro de marionetes. Do meu ponto de vista, ela não apenas é a mais variada de todas, mas também a mais incomparável, sob todos os aspectos: pois, tendo descido da nulidade a uma certa banalidade e desta a uma espécie de embotamento, acabou, por fim, no caminho do embotamento, caindo na tola loucura.

Isso já é, no conjunto, um prazer demasiado erudito para você. Mas se quiser fazer, num novo sentido, aquilo de que infelizmente você já não pode abdicar, então não mais ralharei com o criado quando ele lhe trouxer aqueles montes de livros da biblioteca circulante. Eu mesmo me ofereço como encarregado dessa necessidade e prometo lhe enviar uma infinidade das mais belas comédias em todas as áreas da literatura.

Retomo o fio da conversa, pois estou decidido a não lhe fazer nenhuma concessão, mas a seguir passo a passo suas afirmações.

Você também acusou Jean Paul, de uma maneira quase desdenhosa, de ser sentimental.

Quisessem os deuses que o fosse no sentido em que tomo a palavra, e creio ter de tomá-la por sua origem e natureza. Pois, segundo minha visão e meu modo de falar, romântico é precisamente o que nos expõe uma matéria sentimental numa forma fantástica.

Esqueça por um instante o significado usual pejorativo de sentimental, sob cuja denominação se entende quase tudo que é comovente e lacrimoso de uma maneira trivial, e cheio daquele sentimento familiar de nobreza, em cuja consciência homens sem caráter se sentem tão indescritivelmente felizes e grandes.

Pense antes em Petrarca ou em Tasso, cujos poemas, comparados ao *romanzo* mais fantástico de Ariosto, bem poderiam ser chamados de sentimentais; e não consigo me lembrar de um exemplo em que o contraste seja tão claro e a preponderância de um sobre o outro tão decisiva como aqui.

Tasso é mais musical, e o pitoresco em Ariosto não é, com certeza, o que há de pior. A pintura já não é tão fantástica como foi outrora em sua grande época, nos mestres da escola veneziana, e, se posso confiar em meu sentimento, também em Correggio, e talvez não apenas nos arabescos de Rafael. Já a música moderna, ao contrário, no que diz respeito à força humana que a domina, permaneceu no todo tão fiel a seu caráter que posso sem medo chamá-la de uma arte sentimental.

O que é, então, esse sentimental? O que nos interpela, onde domina o sentimento, não exatamente o sentimento sensível, mas o espiritual. A fonte e a alma de todas essas emoções é o amor, e na poesia romântica o espírito do amor deve pairar por toda parte, invisivelmente visível; é o que a definição dele deve dizer. As paixões galantes, das quais não conseguimos escapar nas poesias dos modernos, da epigrama à tragédia, como se queixa jocosamente Diderot no *Jaques, o fatalista, e seu amo*, são justamente o que há de menos importante nele ou, antes, elas não são sequer a letra exterior daquele espírito, por vezes não sendo nada ou algo bastante desagradável e frio. Não, ele é o sopro sagrado que nos comove nos sons da música. Ele não se deixa apanhar violentamente, nem agarrar mecanicamente, mas pode ser amistosamente atraído pela beleza fugaz e nela se envolver; e também as palavras mágicas da poesia podem ser penetradas e animadas por sua força. Mas no poema em que ele não esteja ou não possa estar presente em todas as partes, ele certamente não estará presente de modo algum. Ele é uma essência infinita, e seu interesse não se prende ou se sujeita de forma alguma apenas às pessoas, aos acontecimentos, situações e inclinações individuais: para o verdadeiro poeta, por mais intimamente que sua alma o possa abranger, tudo isso é apenas alusão ao mais elevado e infinito, hieróglifo do amor único e eterno e da sagrada plenitude de vida da natureza formadora.

Apenas a fantasia pode compreender o enigma desse amor e apresentá-lo como enigma; e esse caráter enigmático é a fonte do fantástico na forma de toda apresentação poética. A fantasia se esforça com todas as suas forças para se exteriorizar, mas o divino só pode se comunicar e se exteriorizar de forma indireta na esfera da natureza. Por essa razão, daquilo que era originalmente fantasia, permanece, no mundo das aparências, apenas aquilo que chamamos de chiste.

Na significação do sentimental ainda há, porém, algo que toca precisamente na peculiaridade da poesia romântica em oposição à poesia antiga. Nesta, não se leva de modo algum em conta a diferença entre aparência e verdade, entre jogo e seriedade. Aí está a grande diferença. A poesia antiga segue integralmente a mitologia e evita até mesmo a matéria propriamente histórica. Mesmo a antiga tragédia é um jogo, e seria punido o poeta que representasse um acontecimento verdadeiro que dissesse seriamente respeito a todo o povo. A poesia romântica, ao contrário, se assenta totalmente sobre fundamento histórico, muito mais do que se sabe ou acredita. Qualquer drama a que você assista, uma narrativa que você leia, se neles há uma intriga espirituosa, pode ter quase certeza de que no seu fundamento se encontra uma história verdadeira, ainda que por diversas vezes modificada. Boccaccio é quase todo histórias verdadeiras, assim como as outras fontes das quais provém toda invenção romântica.

Apresentei uma característica precisa da oposição entre o antigo e o romântico. Peço-lhe, entretanto, que não pense imediatamente que para mim romântico e moderno significam exatamente o mesmo. Penso que são tão diferentes quanto, por exemplo, as pinturas de Rafael e Correggio são diferentes das gravuras agora em moda. Se quiser ver a diferença entre eles em toda a sua clareza, faça o obséquio de ler, por exemplo, a *Emília Galotti*, obra indizivelmente moderna e, todavia, nem um pouco romântica, e lembre-se então de Shakespeare, no qual eu gostaria de situar o verdadeiro centro, o núcleo da fantasia romântica. É aí que procuro e encontro o romântico, nos modernos mais antigos, em Shakespeare, em Cervantes, na poesia italiana, na época dos cavaleiros, do amor e das fábulas, de onde derivam a coisa e a própria palavra. Até agora, só isso pode produzir um contraponto com a poesia da Antiguidade clássica; somente essas flores eternamente frescas da fantasia são dignas de cingir as antigas imagens dos deuses. E é certo que tudo o que há de excelente na poesia moderna, tanto pelo espírito como pela maneira, tende para lá; teria de haver, pois, um retorno ao antigo. Da mesma forma que nossa arte poética principia com o romance, a poesia dos gregos começou com a épica e também nela novamente se dissolveu.

A única diferença é que o romântico não é tanto um gênero quanto um elemento da poesia, que pode dominar ou retroceder um pouco mais ou um pouco menos, mas nunca faltar de todo. Do meu ponto de vista, tem de estar evidente para você que exijo e por que exijo que toda poesia seja romântica, mas desprezo o romance, na medida em que quer ser um gênero particular.

Ontem, no momento mais caloroso da discussão, você pediu uma definição do romance, como se já soubesse que não receberia uma resposta satisfatória. Não considero o problema insolúvel. Romance é um livro romântico. – Para você, isso não passará de uma tautologia que não diz nada. Mas quero primeiro chamar sua atenção para o fato de que, quando pensamos num livro, pensamos numa obra, num todo existente por si mesmo. Além disso, há um contraponto muito importante com o drama, que consiste em que este é composto para ser visto, enquanto o romance, desde os tempos mais antigos, foi destinado à leitura, e daí podem ser deduzidas quase todas as diferenças no modo de apresentação de ambas as formas. O drama também deve ser romântico, como toda poesia; mas um romance apenas pode sê-lo sob certas restrições, como romance aplicado. Em contrapartida, a coerência dramática da história não é suficiente para fazer do romance um todo, uma obra, sem a referência de toda composição a uma unidade que seja superior à unidade da letra, para além da qual ele frequentemente se põe e pode se pôr, em virtude do elo existente entre as ideias, em virtude de um centro espiritual.

Afora isso, há tão pouca oposição entre drama e romance que, pelo contrário, o drama, tomado e tratado de forma tão profunda e histórica, como o fez Shakespeare, torna-se o verdadeiro fundamento do romance. Certo, você afirmou que o romance tem parentesco sobretudo com o gênero narrativo, com o gênero épico. Ao contrário, lembro primeiramente que uma canção pode ser tão romântica como uma história. Quase não posso pensar o romance senão como mistura de narrativas, canto e outras formas. Cervantes não compôs de outra maneira, e mesmo Boccaccio, geralmente tão prosaico, adornou sua coleção de novelas com um filete de canções. Se há romance em que isso não ocorre ou não pode ocorrer, é por conta da individualidade da obra, e não do caráter do gênero; nesse caso, ela já é uma exceção a este. Mas isso é apenas preliminar. Minha verdadeira objeção é a seguinte. Nada é mais oposto ao estilo épico do que quando as influências da disposição individual se tornam minimamente visíveis; e, menos ainda, quando ele se deixa levar pelo próprio humor e joga com ele, como acontece nos romances mais primorosos.

Em seguida, você se esqueceu novamente de sua proposição, ou abriu mão dela, e quis afirmar que todas essas divisões não levam a nada; que existe apenas uma única poesia, e que o que importa é apenas se algo é belo; e que só um pedante pode perguntar por uma rubrica. – Você já sabe o que penso das classificações, que estão tão em voga. Mas vejo que é bastante necessário para todo virtuose limitar-se a um fim inteiramente determinado; e na investigação histórica cheguei a diversas formas originais que não mais se deixam misturar umas às outras. Desse modo, no próprio âmbito da poesia romântica, novelas e fábulas, por exemplo, se assim posso dizer, me parecem infinitamente opostas. E nada mais desejo a não ser que um artista possa renovar cada um desses gêneros, reconduzindo-os a seu caráter original.

Se tais exemplos viessem à luz, eu criaria coragem para compor uma *teoria do romance* que fosse uma teoria no sentido original da palavra: uma intuição espiritual do objeto, com o ânimo completamente tranquilo e sereno, como convém para contemplar, com festiva alegria, o jogo significativo das imagens divinas. Tal teoria do romance teria de ser ela mesma um romance, que restituísse fantasticamente cada tonalidade eterna da fantasia, emaranhando mais uma vez o caos do mundo da cavalaria. Ali os seres antigos viveriam sob novas figuras; ali, a sombra sagrada de Dante se reergueria de seu mundo subterrâneo, Laura passearia celestialmente diante de nós, Shakespeare e Cervantes entabulariam conversas íntimas – e Sancho poderia novamente gracejar com Dom Quixote.

Esses seriam verdadeiros arabescos, que, ao lado das confissões, são, como afirmei no início de minha carta, os únicos produtos naturais românticos de nossa época.

Que eu também inclua as confissões não lhe será mais estranho, caso tenha admitido que histórias verdadeiras são o fundamento de toda poesia romântica; e, se quiser refletir sobre isso, você facilmente se recordará e se convencerá de que o que há de melhor nos melhores romances nada mais é do que uma autoconfissão mais ou menos velada do autor, o produto de sua experiência, a quintessência de sua individualidade.

Todos os chamados romances aos quais minha ideia de forma romântica não possa de modo algum ser aplicada, eu os aprecio bem exatamente pela quantidade de intuição própria e de vida representada que contêm; e, nesse aspecto, até mesmo os seguidores de Richardson podem ser bem-vindos, por mais que tenham trilhado um caminho errado. De uma obra como *Cecília* aprendemos ao menos como, no tempo em que isso era moda, poderíamos nos entediar em Londres, ou também como uma dama britânica finalmente desmaiava por delicadeza e se feria ao cair no solo; em Fielding, o praguejar, os *squires*[2] etc. parecem ter sido subtraídos à vida, e o Wakefield nos proporciona um olhar profundo da visão de mundo de um pregador do campo; se Olivia reencontrasse no fim sua inocência perdida, esse seria talvez o melhor de todos os romances ingleses.

Mas com que parcimônia e às gotas o pouco de real é difundido em todos esses romances! E que descrição de viagens, epistolário, autobiografia não seria, para aquele que os leia num sentido romântico, um romance melhor do que o melhor desses livros?

---

2 Escudeiros, aqueles que acompanham as damas. Em inglês no original. (N. T.)

Pela via do ingênuo, as confissões³ em especial desembocam na maioria das vezes no arabesco, ao qual aqueles romances se elevam, quando muito, no final, quando os comerciantes falidos ganham novamente dinheiro e crédito, todos os pobres-diabos recebem o que comer, os amáveis patifes se tornam honestos, e as mocinhas perdidas voltam a ser virtuosas.

Na minha opinião, as *Confissões*, de Rousseau, são um romance excelente; *Júlia ou a nova Heloísa*, apenas um romance bem medíocre.

Envio-lhe a autobiografia de um homem famoso que você, até onde sei, ainda não conhece: as *Memórias de minha vida e escritos*, de Gibbon. É um livro infinitamente culto e infinitamente divertido. Ele vem ao encontro de suas expectativas, e o romance cômico nele contido está realmente quase inteiramente pronto. Por meio da dignidade desses períodos históricos, você terá muito claramente diante dos olhos, como sempre desejou, o inglês, o *gentleman*, o virtuose, o erudito, o solteirão, o elegante de bom-tom, em toda a sua graça ridícula. Certamente, é preciso ter examinado muitos livros ruins e muitos homens insignificantes antes de encontrar reunido tal monte de matéria para o riso.

Depois que Antônio leu essa epístola, Camila começou a elogiar a bondade e a indulgência das mulheres, já que Amália não tinha desdenhado aceitar tamanha quantidade de ensinamentos; e elas seriam, em geral, um modelo de modéstia, permanecendo sempre pacientes e, o que queria dizer ainda mais, sérias diante

---

3 O termo usado no original é *Confessions*, como em francês. Até então, Antônio vinha usando o termo alemão *Bekenntnisse*. (N. T.)

da seriedade dos homens, pondo até certa fé no caráter artístico deles. Se por modéstia você entende essa fé, acrescentou Lotário, essa pressuposição de excelência que nós mesmos ainda não possuímos, mas de cuja existência e dignidade começamos a suspeitar, então ela poderia muito bem ser o fundamento seguro de toda nobre formação para mulheres primorosas. — Camila perguntou se para os homens isso não seria talvez orgulho e presunção, porque, na maioria das vezes, quanto mais único cada um deles se considerava, mais incapaz era de compreender o que o outro queria. — Antônio a interrompeu com a observação de que esperava, pelo bem da humanidade, que aquela fé não fosse tão necessária como pensava Lotário; pois certamente era bem rara. Tanto quanto pude perceber, disse ele, as mulheres, em sua maioria, consideram a arte, a Antiguidade, a filosofia etc. tradições sem fundamento, preconceitos que os homens querem fazer acreditar uns aos outros para passar o tempo.

Marcus anunciou algumas observações sobre Goethe. "Ou seja, mais uma caracterização de um poeta vivo?", perguntou Antônio. Você encontrará a resposta à sua censura na própria dissertação, respondeu Marcus, e começou a ler.

Ensaio sobre as diferenças de estilo entre as obras da juventude e as obras tardias de Goethe

A universalidade de Goethe tem se tornado cada vez mais evidente para mim, quando observo o modo diverso como suas obras atuam sobre poetas e amigos da poesia. Um ambiciona o idealismo de *Ifigênia* ou de *Torquato Tasso*, o outro se apropria da maneira ligeira e singular de suas canções sem artifício; este se deleita com a forma bela e ingênua do *Hermann*, enquanto aquele se inflama todo de entusiasmo pelo *Fausto*. Para mim, *Os anos de aprendizado de Wilhelm Meister* continua sendo o conjunto mais compreensível para abarcar de algum modo, como reunida num centro, toda extensão de sua variedade.

O poeta pode seguir o próprio gosto, e mesmo para o aficionado se pode aceitar isso por algum tempo; mas o conhecedor, e quem quiser chegar ao conhecimento, deve sentir o empenho de entender o próprio poeta, isto é, sondar, tanto quanto possível, a história de seu espírito. Naturalmente, isso pode permanecer só uma tentativa, pois na história da arte apenas uma massa explica e ilumina melhor a outra. Não é possível entender uma parte isoladamente, ou seja, é incompreensível querer considerá-la em sua individualidade. O todo, porém, ainda não está definitivamente concluído, e todo conhecimento dessa espécie continua sendo apenas aproximação e obra parcial. Mas não podemos nem devemos desistir totalmente do empenho por ele se essa aproximação, essa obra parcial, é componente essencial do aprimoramento do artista.

Essa necessária incompletude terá de estar ainda mais presente, quando se considera a obra de um poeta cuja trajetória ainda não está terminada. Esta, no entanto, não é de modo algum, razão contra todo o empreendimento. Devemos nos esforçar por entender como artistas também os artistas vivos, o que é possível apenas daquele modo; e se quisermos, poderemos julgá-lo como se fosse um antigo; aliás, ele tem de certa maneira de se transformar num antigo no momento de nosso julgamento. Seria indigno se não quiséssemos comunicar o resultado de nossa honesta investigação por sabermos que essa comunicação seria, de diversos modos, mal interpretada pela falta de entendimento da plebe, conforme a velha maneira desta. Devemos antes pressupor que há vários indivíduos que, com a mesma seriedade que nós, se esforçam por conhecimento profundo daquilo que sabem que é o correto.

Vocês não encontrarão facilmente outro autor cujas obras de juventude e de maturidade sejam tão evidentemente diversas, como é o caso aqui. Todo o ímpeto do entusiasmo juvenil e a maturidade do pleno desenvolvimento estão no mais nítido contraste. Essa diversidade, porém, não se mostra apenas nos pontos de vista e maneiras de pensar, mas também no modo de apresentação e nas formas e, por esse caráter artístico, ela tem em parte semelhança com o que na pintura se entende pelas diversas maneiras de um mestre, em parte semelhança com a gradação de um desenvolvimento que avança por transformações e metamorfoses, como observamos na história da arte e da poesia antigas.

Quem estiver de algum modo familiarizado com as obras do poeta e refletir com atenção sobre aqueles dois extremos tão evidentes poderá facilmente notar um período intermediário entre eles. Em vez de caracterizar em geral esses três períodos, o que proporcionaria somente uma imagem imprecisa, prefiro indicar as obras que, após uma reflexão madura, me parecem representar melhor o caráter de seu período.

Para o primeiro período, indico o *Götz von Berlichingen*; *Tasso* para o segundo período e *Hermann e Doroteia* para o terceiro. São três obras no sentido mais pleno da palavra, mais do que muitas outras da mesma época, e com um grau mais elevado de objetividade.

Passarei brevemente por elas tendo em vista o estilo diverso do artista e acrescentarei, com esse mesmo fim, alguns esclarecimentos a partir de suas demais obras.

Em *Os sofrimentos do jovem Werther*, o puro isolamento de toda contingência na apresentação, que se dirige direta e seguramente para sua meta e para o essencial, anuncia o futuro artista. Ele tem detalhes admiráveis; mas o todo me parece muito abaixo da força com a qual, no *Götz*, os valentes cavaleiros da antiguidade alemã são trazidos para diante de nossos olhos, e com a qual também a ausência de forma é imposta até o excesso, ausência essa que, exatamente por isso, se torna em parte novamente forma. Desse modo, mesmo o amaneirado da apresentação ganha certo encanto, e o todo é incomparavelmente menos antiquado que o *Werther*. Mas há também algo de eternamente jovem nessa obra e que sobressai sozinho em relação a todo o restante. É a grande visão da natureza, não apenas nas passagens tranquilas, mas também nas apaixonadas. São antecipações de *Fausto* e, dessas efusões do poeta, deveria ser possível predizer a seriedade do investigador da natureza.

Não foi minha intenção classificar todos os produtos do poeta, mas apenas assinalar os momentos mais significativos no desenvolvimento de sua arte. Deixo ao juízo de vocês decidir se devem inserir o *Fausto* nessa primeira maneira, pela forma alemã antiga, tão favorável à força ingênua e ao vigoroso engenho da poesia masculina, pela inclinação ao trágico e por outros indícios e afinidades. O certo, porém, é que esse grande fragmento não representa apenas o caráter de um período, como as três obras citadas anteriormente, mas revela todo o espírito do poeta, como não mais aconteceu; com exceção, ainda que de outro modo, do *Meister*, que, nesse aspecto, é o contraponto do *Fausto*, do qual nada mais se pode dizer aqui a não ser que pertence ao que de mais grandioso a força do homem jamais criou.

No *Clavigo* e em outras criações menos importantes do primeiro período, o mais digno de nota para mim é que o poeta já tenha desde muito cedo sabido limitar-se precisa e estritamente a um fim determinado, para satisfazer o assunto escolhido.

Considero a *Ifigênia* como transição entre a primeira e a segunda maneira.

O característico no Tasso é o espírito da reflexão e da harmonia, ou seja, de que tudo está referido a um ideal de vida e de formação harmônicas e de que mesmo a desarmonia é mantida num tom harmônico. A delicadeza profunda de uma natureza inteiramente musical jamais foi representada com tão sensata solidez entre os modernos. Aqui, tudo é antítese e música, e o sorriso mais terno da mais fina sociedade paira sobre essa pintura tranquila, que parece se refletir do princípio ao fim em sua própria beleza. Os maus hábitos de um virtuose mimado não só deviam vir à luz, como tinham que fazê-lo: mas eles se mostraram quase amáveis no mais belo arranjo de flores da poesia. O todo repousa sobre a atmosfera das relações e conflitos artificiais da nobreza, e o enigmático da solução está previsto desde aquele ponto de vista em que entendimento e arbítrio dominam sozinhos, e o sentimento quase cala. Em todas essas qualidades considero o *Egmont* semelhante a essa obra ou tão simetricamente diferente dela que se torna, por isso mesmo, um par seu. Também o espírito de Egmont é um espelho do universo; os outros são apenas reflexo dessa luz. Também aqui uma bela natureza se sujeita ao poder eterno do entendimento. Mas em Egmont o entendimento tem uma nuança maior de ódio; o egoísmo do herói, ao contrário, é mais nobre e digno do que o de Tasso. Neste, a desproporção se encontra originalmente nele mesmo, em sua maneira de sentir; os outros estão em acordo consigo mesmos e são perturbados apenas pelo estranho vindo de esferas mais altas. No *Egmont*, ao contrário, toda dissonância é colocada nas personagens secundárias. O destino de Klärchen nos dilacera, e queremos quase fugir da dor de Brackenburg, o pálido eco de uma dissonância. Ele ao menos desparece, e Klärchen vive em Egmont, enquanto os outros apenas representam. Egmont é o único que vive uma vida superior em si mesmo, e em sua alma tudo é harmônico. Mesmo a dor se funde em música, e a catástrofe trágica dá uma impressão suave.

Surgido das mais leves e frescas florações, o mesmo belo espírito presente nesses dois dramas paira em *Claudine von Villabella*. Nesta, pela mais notável transformação, o encanto sensual de Rugantino, em quem o poeta já havia representado amorosamente a vida romântica de um alegre vagabundo, é transfigurado na graça mais espiritual, elevando-se da atmosfera mais grosseira para o mais puro éter.

A maioria dos esboços e estudos para o palco é dessa época. Uma série instrutiva de experimentos dramáticos, nos quais o método e a máxima do procedimento artístico são, com frequência, mais importantes do que o resultado isolado. *Egmont* também foi composto segundo as ideias do poeta sobre os dramas romanos de Shakespeare. E, mesmo no *Tasso*, ele deve ter pensado talvez no único drama alemão que é inteiramente uma obra do entendimento (ainda que não do entendimento dramático), o *Natan, o sábio*, de Lessing. Isso não seria tão admirável quanto o fato de que o *Meister*, que todos os artistas deverão estudar eternamente, é de certo modo, por sua origem material, um estudo a partir de romances, os quais, num exame rigoroso, não podem ser considerados nem individualmente como obras, nem em conjunto como um gênero.

Eis o caráter da verdadeira imitação, sem a qual uma obra dificilmente pode ser uma obra de arte! O modelo é apenas estímulo e meio para o artista, para que configure mais individualmente o pensamento que quer desenvolver. Compor como Goethe significa compor segundo ideias, no mesmo sentido que Platão exige que se viva segundo ideias.

Também o *Triunfo da sensibilidade* se desvia de Gozzi, superando-o amplamente na ironia.

Deixo para vocês inserir onde queiram *Os anos de aprendizado de Wilhelm Meister*. Na sociabilidade artística, no aprimoramento do entendimento, que dão o tom na segunda maneira, não faltam reminiscências da primeira, enquanto em segundo plano se anuncia por toda parte o espírito clássico que caracteriza o terceiro período.

Esse espírito clássico não se encontra apenas na exterioridade, pois, se não me engano, mesmo no *Reineke Fuchs* a singularidade do tom, que o artista compôs em conformidade com os antigos, tem a mesma tendência que a forma.

Métrica, linguagem, forma, semelhança nas locuções e identidade de visões, além de colorido e vestuário preponderantemente meridionais, o tom tranquilo, suave, o estilo antigo, a ironia da reflexão, transformam as elegias, as epigramas, as epístolas, os idílios num círculo, numa espécie de família de poemas. Seria mesmo justo tomá-los e considerá-los como um todo, ou, em certo sentido, como uma obra.

Muito da magia e do encanto desses poemas está na bela individualidade que neles se expressa e que, por assim dizer, se deixa facilmente comunicar. Pela forma clássica, ela se torna ainda mais picante.

Nos produtos da primeira maneira, subjetivo e objetivo estão totalmente misturados. Nas obras da segunda época, a execução é objetiva no mais alto grau. Mas o propriamente interessante nelas, o espírito da harmonia e da reflexão, revela sua relação com uma individualidade determinada. No terceiro período, ambos estão puramente separados, e o *Hermann e Doroteia* é totalmente objetivo. Pelo que tem de verdadeiro e íntimo, poderia parecer um retorno à juventude espiritual, uma reunificação do último estágio com a força e o calor do primeiro. Aqui, porém, a naturalidade não é uma efusão espontânea, popularidade intencional, com vistas ao efeito exterior. Nesse poema, encontro toda a atitude idealista que outros buscam apenas na *Ifigênia*.

Não poderia ser minha intenção organizar todas as obras do artista num esquema de seu desenvolvimento. Para torná-lo mais visível mediante um exemplo, menciono apenas que o "Prometeu" e a "Dedicatória" me parecem dignos de estar entre as maiores obras desse mestre. Na miscelânea de poemas, em geral, todos gostam mais do interessante. Mas seria difícil desejar formas mais felizes para os sentimentos dignos aqui expressos, e o verdadeiro conhecedor deveria estar em condições de adivinhar, apenas por uma dessas peças, a altura em que estão todas.

Devo dizer ainda apenas algumas palavras sobre o *Meister*. São três as qualidades que nele me parecem mais admiráveis e grandes. Primeiro, a individualidade que ali surge é refletida em diferentes raios, repartida entre diversas pessoas. Depois, o espírito antigo, que reconhecemos por toda parte sob roupagem moderna, quando nos familiarizamos um pouco mais com a obra. Essa grande combinação abre uma perspectiva completamente nova e infinita sobre o que parece ser a tarefa suprema de toda arte poética, a harmonia entre o clássico e o romântico. Terceiro: o fato de que, de certa forma, uma obra indivisível seja também uma obra duplicada, uma obra dupla. Exprimo talvez melhor o que penso: afirmo que essa obra foi feita duas vezes, em dois momentos criativos diversos, a partir de duas ideias. A primeira era a simples ideia de um romance de artista; mas, surpreendida pela tendência de seu gênero, a obra se tornou subitamente muito maior que sua primeira intenção, acrescentando-se a doutrina da formação da arte de viver, que se tornou o gênio do todo. Uma duplicidade que chama igualmente a atenção pode ser vista nas duas obras de arte mais artísticas e cheias de entendimento em todo o âmbito da arte romântica: no *Hamlet* e no *Dom Quixote*. Mas ambos Cervantes e Shakespeare tiveram seu auge, de onde, por fim, na realidade, decaíram um pouco. Porque cada obra deles é um novo indivíduo, constituindo um gênero por si, elas também são as únicas com as quais a universalidade de Goethe pode ser comparada. A maneira como Shakespeare transforma sua matéria não se distingue do processo pelo qual Goethe trata o ideal de uma forma. Cervantes também toma formas individuais por modelo. No entanto, apenas a arte de Goethe é totalmente progressiva; e, se a época foi mais favorável àqueles, se não foi desvantajoso à sua grandeza que não tenha sido reconhecida por ninguém, permanecendo solitária, a época atual, nesse aspecto, pelo menos não está privada de meios e fundamentos.

Em sua longa trajetória, desde as efusões do fogo inicial, como apenas eram possíveis numa época em parte rudimentar e em parte deformada, cercada por todos os lados de prosa e falsas tendências, Goethe se esforçou para se elevar a uma altura artística que abrange pela primeira vez a poesia dos antigos e dos modernos e contém o germe de um eterno progresso.

O espírito que agora se agita também deve tomar essa direção e, podemos esperar, não faltarão naturezas capazes de fazer poesia, de fazê-la segundo ideias. Se, segundo o modelo de Goethe, elas procurarem incansavelmente o melhor em ensaios e em obras de todo tipo; se tornarem suas a tendência universal e as máximas progressivas desse artista, que ainda são capazes das mais diversas aplicações; se preferirem, como ele, a segurança do entendimento ao brilho do que é engenhoso, aquele germe não se perderá, e Goethe não poderá ter o mesmo destino de Cervantes e de Shakespeare, mas será o fundador e o guia de uma nova poesia, para nós mesmos e para a posteridade, como o foi Dante de outro modo na Idade Média.

Andrea. Alegra-me que, no ensaio que nos foi comunicado, foi finalmente proferida aquela que me parece ser propriamente a questão mais importante de todas sobre a arte da poesia. A saber, a que trata da unificação do antigo e do moderno; em que condições ela é possível, em que medida é aconselhável. Tentemos nos aprofundar nesse problema!

Ludovico. Eu gostaria de protestar contra as limitações e aprovar a unificação incondicionada. O espírito da poesia é apenas um e o mesmo em todo lugar.

Lotário. Ah, sim, o espírito! Eu gostaria de aplicar aqui a divisão entre o espírito e a letra. O que você expôs, ou pelo menos indicou, em seu discurso sobre a mitologia é, se quer saber, o espírito da poesia. E *você* com certeza não faria objeção alguma se eu considerasse a métrica e até mesmo as personagens, as ações, e o que delas fizer parte, apenas como a letra. Sua unificação absoluta do antigo e do moderno só pode ocorrer no espírito; e, para esta, nosso amigo nos chamou a atenção. Mas não na letra da poesia. O antigo ritmo, por exemplo, e a rima metrificada permanecem eternamente opostos. Entre os dois não há um terceiro elemento.

Andrea. Percebi com frequência que o tratamento das personagens e das paixões é totalmente diferente entre os antigos e entre os modernos. Naqueles, elas são pensadas de modo ideal e executadas de modo plástico. Nestes, ou a personagem é realmente histórica, ou é construída como se o fosse; já a execução é mais pitoresca e à maneira do retrato.

Antônio. Então você tem de incluir bastante estranhamente a dicção, que deveria ser o núcleo central de toda letra, no espírito da poesia. Pois embora também aqui, nos extremos, se manifeste aquele dualismo geral e, no todo, o caráter da antiga linguagem sensível e o da nossa abstrata sejam completamente opostos, ainda assim existem muitas passagens de um domínio a outro; e não vejo por que não poderiam existir muitas outras, ainda que uma unificação completa não fosse possível.

Ludovico. E não vejo por que nos atemos somente à palavra, à letra da letra, e, apenas em virtude dela, não devamos reconhecer que a linguagem está muito mais próxima do espírito da poesia do que outros meios dela. Pensada originalmente, a linguagem é idêntica à alegoria, é o primeiro órgão imediato da magia.

Lotário. Podemos encontrar, em Dante, Shakespeare e outros grandes, passagens e expressões que, consideradas em si mesmas, já carregam a marca da mais completa e elevada singularidade; elas estão mais próximas do espírito de seu autor do que qualquer outro órgão da poesia jamais poderia estar.

Antônio. Em relação ao ensaio sobre Goethe, gostaria apenas de acrescentar que os juízos foram expressos de modo demasiado categórico. Poderia haver pessoas além das montanhas com uma visão completamente diferente sobre esse ou aquele ponto.

Marcus. Reconheço de bom grado que me expressei como me parece ser. Ou seja, como me pareceu ser depois de ter investigado com toda a honestidade, levando em conta aquelas máximas da arte e da formação, sobre as quais estamos todos de acordo.

Antônio. Essa concordância pode muito bem ser apenas relativa.

Marcus. Seja como for. Um verdadeiro juízo artístico, você há de concordar comigo, uma visão elaborada e totalmente acabada de uma obra, é sempre um fato crítico, se assim o posso dizer. Mas é apenas um fato e, justamente por isso, é trabalho inútil querer motivá-lo, pois o próprio motivo deveria conter um novo fato ou uma determinação mais precisa do primeiro. Também quanto a seu efeito exterior, não há nada a fazer a não ser mostrar que possuímos a ciência sem a qual o juízo artístico não seria possível, mas que essa ciência se identifica tão pouco com tal juízo que, com muita frequência, a vemos coexistir da maneira mais primorosa com o oposto absoluto de toda arte e de todo juízo. Entre amigos, é melhor deixar de lado as provas de habilidade, pois em toda comunicação de um juízo artístico, ainda que preparada com toda a arte, pode, por fim, não haver outra pretensão que a de convidar cada um a conceber com pureza e a determinar com rigor sua própria impressão e, então, a dar-se o trabalho de refletir se concorda completamente com aquela impressão, de modo a reconhecê-la por livre e espontânea vontade.

Antônio. E se não concordarmos, ao final isso significa: eu amo o doce. Não, dirá o outro, muito pelo contrário, eu prefiro o amargo.

Lotário. Pode ser que isso ocorra em alguns casos particulares, mas, ainda assim, a existência de um saber sobre os fenômenos da arte continua bem possível. Penso que se aquela visão histórica tivesse sido executada de forma completa, e se conseguisse estabelecer os princípios da poesia pela via tentada por nosso amigo filósofo, então a arte poética teria um fundamento ao qual não faltariam nem solidez, nem amplitude.

Marcus. Não se esqueça do modelo, que é tão essencial para que possamos nos orientar no presente e que, ao mesmo tempo, nos incita a nos elevar constantemente ao passado e trabalhar rumo a um futuro melhor. Deixe-nos, ao menos, perseverar naquele fundamento e permanecer fiéis ao modelo.

Lotário. Uma decisão digna, contra a qual nada se pode objetar. E, certamente, por esse caminho aprenderemos a compreender cada vez mais o que é essencial para o outro.

Antônio. Então não devemos desejar nada mais que encontrar ideias para poemas em nós mesmos e, depois, a louvada capacidade de fazer poesia segundo ideias.

Ludovico. Você considera mesmo impossível compor poemas futuros *a priori*?

Antônio. Dê-me ideias para poemas, e atrever-me-ei a dar-lhe essa capacidade.

Lotário. Você deve ter razão, segundo sua maneira de pensar, ao considerar impossível o que você disse. — Mas, por experiência própria, eu sei o contrário. Posso afirmar que, algumas vezes, o êxito correspondeu a minhas expectativas acerca de um poema determinado, o que, neste ou naquele campo da arte, poderia ser necessário ou, ao menos, possível.

Andrea. Se você possui esse talento, então poderia me dizer se podemos esperar obter novamente as tragédias antigas.

Lotário. Seja por gracejo, seja também a sério, a exigência que você me faz é bem-vinda, para que não apenas opine sobre a opinião dos outros, mas possa contribuir com algo de minha própria visão para o banquete. — Apenas quando os mistérios e a mitologia forem renovados, pelo espírito da física será possível compor tragédias, onde tudo seja antigo, e que, ainda assim, capturem pelo significado o sentido de sua época. Nelas seria permitido e até mesmo aconselhável uma amplitude maior e uma diversidade maior de formas externas, assim como ocorreu em muitas subespécies e variedades da tragédia antiga.

Marcus. Em nossa língua, versos de três pés se formam tão bem quanto o hexâmetro. Mas temo que a métrica do coro seja uma dificuldade insolúvel.

Camila. Por que o conteúdo deveria ser completamente mitológico, e não também histórico?

Lotário. Porque num tema histórico exigimos o modo de tratamento moderno dos personagens, o qual simplesmente contradiz o espírito da Antiguidade. De um modo ou de outro, o artista sairá perdendo, seja em relação à tragédia antiga, seja em relação à tragédia romântica.

Camila. Assim, espero que você inclua Níobe entre os temas mitológicos.

Marcus. Eu preferiria pedir um Prometeu.

Antônio. Enquanto eu sugeriria modestamente a antiga fábula de Apolo e Mársias. Ela me parece muito atual; ou, melhor dizendo, ela será sempre atual em toda literatura bem-composta.

SOBRE O LIVRO

Formato: 14 x 21 cm
Mancha: 23 x 44 paicas
Tipologia: Venetian 301 12,5/16
Papel: Off-white 80 g/m² (miolo)
Couché fosco encartonado 120 g/m² (capa)
1ª edição Editora Unesp: 2016

EQUIPE DE REALIZAÇÃO

Edição de texto
Giuliana Gramani (Copidesque)
Arlete Sousa (Preparação de original)
Richard Sanches (Revisão)

Capa
Andrea Yanaguita

Editoração eletrônica
Eduardo Seiji Seki

Assistência editorial
Alberto Bononi
Jennifer Rangel de França

www.mundialgrafica.com.br